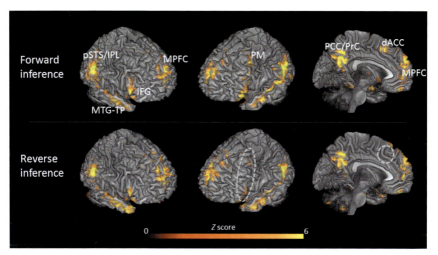

図5-3　fMRI研究の大規模データベースを用いた「心の理論」のメタ解析（表中の統計閾値はp<.01, False Discovery Rate : FDRによる多重比較補正下）（本文p.66）

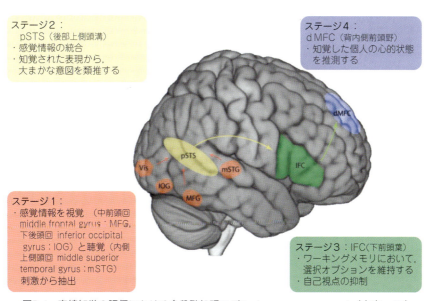

図5-4　表情知覚の評価における多段階処理モデル（Dricu & Frühholz, 2016）（本文p.67）

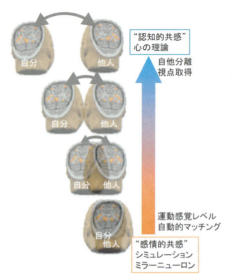

図5-5　自他分離からみた心の理論とシミュレーション（守口，2014より改変）（本文 p.70）

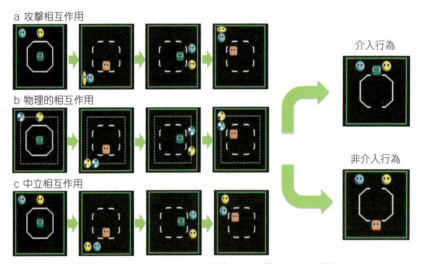

図9-1　鹿子木ほか（Kanakogi et al., 2017）の実験1-3で用いられた刺激アニメーション（本文 p.121）

　各映像の最後では，中央にいる立方体のエージェント（緑またはオレンジ）が各相互作用に介入したり，しなかったりする。a）実験1の刺激のスキーマ：中央にいるエージェント（緑またはオレンジ）が水色と黄色のエージェント間の攻撃相互作用を観察している。b）実験2の刺激のスキーマ：中央にいるエージェント（緑またはオレンジ）が水色と黄色の球体間の物理的な衝突を観察している。c）実験3の刺激のスキーマ：中央にいるエージェント（緑またはオレンジ）が水色と黄色のエージェント間の激しい衝突をともなわない中立相互作用を観察している。

発達科学ハンドブック **9**

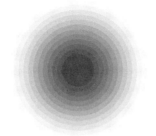

社会的認知の発達科学

日本発達心理学会 [編] ／尾崎康子・森口佑介 [責任編集]

新曜社

『発達科学ハンドブック』発刊にあたって

　日本発達心理学会は発足以来，すでに 20 年以上を経て，会員数も当初の 400 名台から約 10 倍の 4,200 名台に至るまでになりました。会員も当初の研究者中心であったのが，有能な実践家，臨床家の方々の参加も得て，その研究活動も基礎研究から実践研究まで大きく展望を広げてきたところです。今や学会員は研究・実践において社会的責務も大いに高まってきているのが現状であります。

　それだけに，それらの諸研究を遂行するうえで基盤となる諸理論の吟味，あるいは先行諸研究の概念化を行うことの重要性がますます求められていると同時に，広範になってきた諸領域の展望を行うことの難しさも痛感されるところであります。

　そこで，学会としては 2007 年に理事長諮問の検討会（後に，出版企画委員会に昇格）を設けて，学会員に寄与し得る発達心理学研究の展望をどう行えばよいか吟味を重ねてきました。その結果，1989 年の学会発足の記念として多数の有志で編纂した福村出版刊『発達心理学ハンドブック』を基盤に，それ以降のおよそ 20 年間における発達心理学研究の動向を中心に展望すること，しかし，単に情報の追加をするのではなく，この間の発達心理学研究の発展を反映した新たな発想を提起すべく，『発達科学ハンドブック』として，新構想のもとに新たに編纂し直すことになりました。

　新名称に込められた意図には，学会設立の大きな要因ともなった隣接諸領域との積極的交流を通しての「発達学」構築への気運と模索が，この 20 年において世界的展開を見せ始め，「発達科学」として統合化され始めているということがあります（第 1 巻序章参照）。当学会としても，発達心理学を「発達科学」の重要な位置を占めるものとしてその方向性を明示していくことで総合科学である「発達科学」への貢献を目指していきたいとの願いを本書の新構想に込めており，それが以下のような本ハンドブックの構成の特徴となって現れています。

(1) 本ハンドブックを，当学会が責任をもって編集にあたることで，日本および世界の発達心理学，発達科学領域の研究と実践の動向を展望するだけでなく，新たな動向を創造していくことを目指した経常的な学会活動へと転化させる媒体として位置づける。

(2) 上記の意図を実行に移すために，本ハンドブックは複数巻で構成することとし，総論の 2 巻を頭に据えて，3 巻以降は進化し続ける米国の *Handbook of*

Child Psychology（Wiley 刊）のようなテーマ領域ごとに展望する巻として，今後の研究動向の進展に基づき随時追加していくことができる構成とした。

　具体的には，総論の 2 巻においては，〈理論・方法論概説〉（第 1 巻）と〈研究法概説〉（第 2 巻）から成っており，発達心理学および発達心理学に影響を及ぼした隣接諸領域の理論的，方法論的基盤をもとに発達科学への道筋について概説を行うことに焦点を絞った。

　3 巻以降のテーマ領域ごとの展望巻では，今回は比較的広範なテーマを扱う 4 領域を選択，〈発達研究における時間の扱い方〉（第 3 巻），〈発達の認知的，情動的，生物学的（生命科学的，脳科学的）側面〉（第 4 巻），〈発達の社会・文化的側面〉（第 5 巻），〈発達を支援する発達臨床・障害科学論，保育・教育論〉（第 6 巻）から構成されている。

(3) 今後はおよそ 10 年ごとに既存巻の構成・内容を改訂していくとともに，経常的に新企画巻を追加していくことで，定期的展望を意欲的に進めることとする。

(4) さらに，本ハンドブックの内容から，詳細な展開が必要と思われるジャンルについて単行本発刊を企画・提案していく。

(5) そのため，毎年の年次大会において出版企画委員会主催の展望シンポジウムを企画したり，機関誌『発達心理学研究』の特集テーマを機関誌編集委員会と共同提案しながら，各ジャンルについての経常的な研究動向の展望を通して，それらを 10 年ごとの改訂，あるいは適当な時期に新領域についてハンドブック化していくといった方法論をとっていく。

　以上のような当学会の意図と経常的，将来的なハンドブック発展計画を含む本ハンドブック構成について深甚なご理解をいただき，出版をお引き受けくださった新曜社の塩浦暲社長，編集実務をご担当いただいた田中由美子さんには心からの御礼を申し上げる次第です。

2011 年 2 月吉日

　　　　　　　　　　　　　　　　　　日本発達心理学会
　　　　　　　　　　　　　　　　　　日本発達心理学会出版企画委員会

目　次

『発達科学ハンドブック』発刊にあたって　i

序　章　社会的認知の発達科学　1 ──────────────── 尾崎康子

第1節　社会的認知の発達科学に関する研究動向　1
第2節　社会的認知発達の研究課題　2
第3節　本巻の目的　3
第4節　本巻の構成　3
第5節　社会的認知発達と自閉スペクトラム症　4

第Ⅰ部　社会的認知とは

第1章　社会的認知と心の発達　6 ──────────────── 森口佑介

第1節　心の理論　6
第2節　心の理論の発達機構　7
第3節　心の理論と実行機能，言語機能　9
第4節　社会的認知の連続性　10
第5節　視線計測を用いた誤信念理解　12
第6節　社会的認知の脳内機構　13
第7節　社会的認知の脳内機構の発達　15

第2章　社会的認知発達の連続性　20 ──────── 板倉昭二

第1節　発達における連続性　20
第2節　乳幼児期における社会性の発達　22
第3節　社会性の発達における領域固有性　27
第4節　社会的認知の連続性　29
第5節　今後の展望　30

iii

第 II 部　社会的認知の生物学的基盤

第 3 章　生物知覚の脳内機構　36 ───────────── 平井真洋

第 1 節　生物学的知覚　36

第 2 節　生物学的知覚を支える脳内機構と発達変化　40

第 4 章　顔認知の神経基盤　47 ───────────── 大塚由美子

第 1 節　成人の顔認知の神経基盤　47

第 2 節　乳児の顔認知の神経基盤　50

第 5 章　心の理論に関する脳内機構　59 ───────────── 守口善也

第 1 節　心の理論とその背景　59

第 2 節　脳機能画像　60

第 3 節　心の理論に関するニューロイメージング研究　62

第 4 節　ニューロイメージングからみた心の理論の諸相　68

第 5 節　結論に代えて──脳機能局在論とその限界　70

第 6 章　共感と向社会的行動の生物学的基盤　74 ───────────── 大西賢治

第 1 節　共感の発達　74

第 2 節　向社会的行動の発達　77

第 3 節　神経伝達物質と遺伝子　80

第 4 節　共感，向社会的行動の理解に発達科学が果たした役割と今後の展望　84

第 7 章　霊長類の社会的認知　88 ───────────── 服部裕子

第 1 節　霊長類における他者理解の基盤　89

第 2 節　霊長類における利他行動　91

第8章　イヌの社会的認知　100 ——————————————————— 黒島妃香・藤田和生

第1節　イヌとヒトとの関係性と共進化　100
第2節　イヌの社会的知性　103
第3節　今後の課題　109

第Ⅲ部　社会的認知発達の諸側面

第9章　発達初期の社会的認知スキル　114 ——————————— 鹿子木康弘

第1節　顔，表情，視線，動きなどの認知　114
第2節　行為者の認知　116
第3節　乳児の道徳的判断　118
第4節　他者への情緒的信号の発信　122

第10章　模倣　126 ————————————————————————— 明和政子

第1節　模倣の起源と発達　126
第2節　模倣の認知理論——「生得説」と「経験説」　129
第3節　模倣とミラーニューロン　131
第4節　模倣の社会的認知機能　133

第11章　自己と他者　140 ———————————————————————— 佐藤　徳

第1節　身体に感じる自己の感覚　141
第2節　意図する主体としての自己の感覚　144
第3節　他者とのかかわりの中での自己の感覚　147

第12章　共同注意　153 ————————————————————————— 岸本　健

第1節　共同注意とは何か　154
第2節　乳幼児による養育者との共同注意の形成を促進する要因　157
第3節　共同注意が乳幼児と養育者にもたらすもの　159

第 4 節　まとめと今後の課題　163

第 13 章　心の理論　167 ──────────────────── 郷式　徹

第 1 節　誤信念課題への反応　168
第 2 節　他者の志向的行動への注意　169
第 3 節　他者の行動の直感的予測　171
第 4 節　誤信念の理解　172
第 5 節　児童期の心の理論の発達　174
第 6 節　心の理論の発達段階説　176

第 14 章　感情認知　181 ──────────────────── 溝川　藍

第 1 節　幼児期・児童期の感情理解の発達　182
第 2 節　感情理解と社会的認知の発達，社会的アウトカムとの関連　186
第 3 節　今後の展望　188

第 15 章　児童期以降の社会的認知　192 ─────────── 林　創

第 1 節　児童期以降の心の理論　192
第 2 節　児童期以降の社会性の発達　196
第 3 節　今後の検討　199

第 16 章　語用論的コミュニケーション　204 ─────── 松井智子

第 1 節　語用論的コミュニケーションとは　204
第 2 節　伝達意図の理解と推論的発話解釈　207
第 3 節　語用論的コミュニケーションの発達と障害　211

第Ⅳ部　社会的相互作用

第 17 章　社会的相互作用とは：
共有表象を生み出す基盤　220 ———————————— 大藪　泰

第 1 節　乳児の有能性の発見　220

第 2 節　親子の社会的相互作用の構成要因　221

第 3 節　社会的認知発達の基盤としての社会的相互作用　226

第 4 節　四項関係としての社会的相互作用　231

第 18 章　養育者による
発達初期の社会的やりとりの支え　238 ———————— 篠原郁子

第 1 節　発達早期の子ども・親・親子の特徴　238

第 2 節　相互作用における子どもと親の調和　243

第 19 章　二項関係と三項関係　249 ———————————— 中野　茂

第 1 節　「見られる」ことと自己意識の情動喚起　249

第 2 節　自他関係とインターサブジェクティビティ　250

第 3 節　「自－他」関係から「自－他－プラス」関係への発達　253

第 4 節　二項関係と三項関係の境目　256

第 20 章　社会的関係と心の理論発達　265 ——————— 東山　薫

第 1 節　親子関係と心の理論発達　265

第 2 節　きょうだい関係と心の理論発達　269

第 3 節　ピア関係と心の理論発達　272

人名索引　278

事項索引　287

編者・執筆者紹介　295

装丁　桂川　潤

序章

社会的認知の発達科学

尾崎康子

第1節　社会的認知の発達科学に関する研究動向

　「ヒトは，他者をどのように認識し理解するのか？」そして「ヒトは，自己を
どのように認識し洞察するのか？」という最も基本的な質問に答えるヒントは
「社会的認知」にある。社会科学では，これまで「社会的認知」に大きな関心と
興味が注がれてきた。一方，発達科学では，近年，研究方法と計測技術が進展す
ることにより，赤ちゃんの社会的認知を調べることが可能となった。発達科学に
おける社会的認知とは，社会的および対人的場面における認知を示しており，自
己と他者の認知だけでなく，視線認知，共同注意，行動の予測，意図の気づきと
推測，心の理論などの領域が含まれる。そこで，ヒトの赤ちゃんは，どのような
プロセスを経て，自己と他者を認識し，さらに他者の心を理解する能力を獲得し
ていくか，すなわち社会的認知の発達が，発達科学の大きなテーマとなった。赤
ちゃんは，なぜ他者を物体ではなくヒトであると認識できるのか，なぜ自分と他
者が違うことがわかるのかなど，興味はつきない。発達科学者は，現在，このよ
うな社会的認知発達の疑問に，次々と取り組んでいるが，社会的認知発達の研究
が進んだのは，ここ20〜30年である。まだまだ解明されていないことが山積し
ている。

　発達科学では，認知発達は重要な課題であり，20世紀半ばからピアジェ（Piaget,
J.），ブルーナー（Bruner, J. S.），ヴィゴツキー（Vygotsky, L. S.）など著名な心理学者が
理論的基盤を構築している。発達心理学ではピアジェの認知発達論がよく知られ
ている。ピアジェは，子どもの成長過程をつぶさに観察し，その観察記録から乳
児から大人に至るまでの認知発達過程を段階づけた。しかし，近年，一人の子ど
もの成長を追うことによって調べられた認知発達過程について，問題提起がなさ

れている。発達科学や臨床心理にかかわる分野では，20世紀後半からヒトを単独に探求するのではなく，二者間の相互交流の中で把握することが重視されている。心理療法では，間主観性，相互主観性といった用語を使い，相手とかかわりあって対人関係を作り上げる中でこそ相手の心を理解できると主張されている。その潮流は，さまざまな分野で起こっており，発達科学においても，ピアジェの認知発達論のように一人の子どもだけの成長を追うのではなく，他者とのかかわりにおいてどのように発達推移するかについて探求されるようになった。これは社会的認知発達の基本的な問いでもある。

第2節　社会的認知発達の研究課題

　このような研究や実践の経過において，多くの研究者が社会的認知発達の解明に取り組んできた結果，それぞれの領域の発達特性が明らかになってきた。そして，研究は次のステージに入っている。現在，取り組まれている研究課題をみていこう。

　重要な課題として社会的認知の発達連続性がある。社会的認知発達の研究における主要な観点に，意図の気づき，共同注意，心の理論がある。それぞれの研究は進み，子どもがどの順序でどのような状態を獲得するかはある程度判明してきた。すなわち，意図の気づきが起こってから，共同注意が獲得され，共同注意によって気持ちや意図の共有ができたあとに，心の理論を獲得する。しかし，これらの意図の気づきから心の理論獲得に至るには，どのような要因がかかわっているかについて，研究者間で意見が異なっている。バロン＝コーエン（Baron-Cohen, S.）はモジュール理論，トマセロ（Tomasello, M.）は社会認知的理論によって説明し，そして社会的相互作用論者といわれるブルーナー（Bruner, J. S.），フォーゲル（Fogel, A.），レゲァスティ（Legerstee, M.），トレヴァーセン（Trevarthen, C.），トロニック（Tronick, E. Z.）らは，社会的相互作用によって社会的認知が連続的に発達すると主張している。このように，現在，社会的認知の発達連続性については，統一した見解が出されていない。

　また，社会的認知発達の神経メカニズムの解明が行われている。視線認知，共同注意，心の理論のように，社会的認知の行動的側面はすでに多くの研究によって報告されているため，現在は，脳内の神経システムを調べて，社会的認知にかかわるメカニズムを検討する研究が進められている。

　今後さらなる研究が期待されるのは，種を超えた社会的認知発達の比較研究で

ある。異なる種でも社会的認知の様相が共通しているか，あるいはどのような様相が人間独自のものであるかの問いが基本にある。現在，ある個体を見分けるだけでなく，自分の所属集団のメンバーを識別し，個体間の関係を理解する能力には，人間と動物との間に連続性があることがわかっている。とくに，基本的目標，意図，社会的動機づけを認識する能力は，人間と霊長類では共通していることが指摘されている。このような他の種との比較研究によって，人間の社会的認知の系統発生的起源や個体発生的起源について明らかになることが期待される。

第3節　本巻の目的

　先に述べたように，近年，社会的認知発達に大きな関心が向けられている。これまで，認知発達の研究は，一人称の観点から，また事物との関係から発達をとらえることが主流であったが，ヒトが関係性の中で発達するという観点の重要性が指摘されると，社会的認知の発達研究が一気に加速することとなった。それは，発達心理学にとどまらず，神経科学や比較認知科学などでも積極的に行われ，学際的な範囲で広まっている。そこで，本巻では，発達心理学の研究を中心に，神経科学と比較認知科学の研究にも言及し，国内外の先進的な研究を紹介していく。

　しかし，社会的認知発達の研究の歴史は浅く，発達側面ごとの研究は活発に発信されているものの，それらの諸側面を発達連続的にとらえる統一見解にはまだ時間が必要である。また，発達心理学とその関連領域の研究は相互に影響を与えているが，それらの知見を精緻に対応させるのもこれからの課題となろう。しかし，社会的認知の発達研究がさかんに行われている現在，この時点での研究の全体像を提示することが求められる。そこで，本巻では，各分野において第一線で活躍されている研究者に最先端の研究を紹介してもらうことによって，社会的認知発達の諸側面とその連続性，また種を超えた共通の能力や行動について，研究の現況と今後の課題を明らかにしていくことが，主な目的である。

第4節　本巻の構成

　本巻は，4部構成になっている。第Ⅰ部は，社会的認知とは何かを明示し，社会的認知の総論を述べるとともに，社会的認知の発達連続性について論じる。第Ⅱ部では，社会的認知についての神経科学や比較認知科学の研究知見を述べ，ヒトの社会的認知における生物学的基盤を述べる。第Ⅲ部では，社会的認知発達の

諸側面をとりあげる。各章では，それぞれの発達的側面について詳述する。それらの章立ては，おおむね発達変遷にそって配置されている。第Ⅳ部は，社会的認知発達を促進する要因として社会的相互作用をとりあげ，社会的認知発達と社会的相互作用の関連を述べる。

第5節　社会的認知発達と自閉スペクトラム症

　本巻は，発達心理学とその関連領域における社会的認知の発達研究について，現時点の知見をまとめて提示するものである。今回は，第 10 巻『自閉スペクトラムの発達科学』を本巻と同時に刊行する。自閉スペクトラム症において社会的認知発達に障害や偏りがあることが報告されているが，自閉スペクトラム症の特性を理解するうえで社会的認知発達の基礎研究は大変重要であると同時に，社会的認知発達の基礎研究に対しても自閉スペクトラム症の社会的認知障害の研究成果は寄与するものである。そのため，今回，第 9 巻と第 10 巻を同時に刊行することに大きな意義があるが，2 つの巻の内容が重複しないように，本巻は定型発達に焦点を当てている。自閉スペクトラム症の社会的認知発達に関しては，第 10 巻をご覧いただきたい。

第 I 部
社会的認知とは

第1章
社会的認知と心の発達

森口佑介

　社会的認知という言葉は，研究領域によって意味するものが若干異なるため，注意を要する。社会心理学においては，社会的認知とは，自己や他者に関する認識だけでなく，ステレオタイプなども含まれる。本書における社会的認知は，広義の心の理論に類する，「他者の行動や心的状態を予測し，観察し，解釈する能力」(Striano & Reid, 2009) という定義を採用する。具体的には，本書でも詳しく紹介するように，乳幼児の生物知覚，顔知覚，向社会行動，視線認知，行為者認知，善悪判断，心の理論，感情認知，などを含む。つまり，他者理解に必要な認知機能である。

　歴史的に，発達心理学の領域において，社会的認知は十分に検討されてこなかった。認知発達研究の礎を築いたピアジェ (Piaget, J.) は主に論理的思考の発達に焦点を当てていたし，社会文化的アプローチを採用したヴィゴツキー (Vygotsky, L. S.) も，他者に関する認識を十分に扱っていたとはいいがたい。20世紀後半に入り，乳幼児を対象にした研究がさかんになっても，主な研究テーマは，物理的事象や数についての認識であった。

　本章では，社会的認知に関する研究が飛躍するきっかけを作った心の理論研究の推移とそこで扱われてきた問題を概観したい。

第1節　心の理論

　ヒトは，他者の行動の背後に，心的状態を仮定する。心は，目で見ることはできず，本当に存在するかどうかわからないが，われわれは他者の心について考えずにはいられない。このような，他者の心についての私たちのもつ素朴な推論を，心の理論という。このような推論は，他者の心という領域に固有のものであり，物理学的な知識や生物学的な知識などの他の領域についてはあてはまらない（第

2章も参照）。

　心の理論は，目的・意図・知識・信念・思考・ふり等の内容から，他者の行動を理解したり推測したりすることができる能力などと定義される（Premack & Woodruff, 1978）。心の理論研究は，本書執筆時点から40年前に，チンパンジーを対象にした研究から始まった（第7章も参照）。ヒトは日常的に他者の心的状態を推測するが，ヒトの近縁種であるチンパンジーが，ヒトと同様の心の理論をもつのか，という点が検討された。プレマックらはチンパンジーを対象に，ヒトがある行動をしている場面を見せ，その場面を解決するためにどのような行動をすればいいかについて写真を選択させた（たとえば，ヒトがドアの鍵を開けようとしている様子を見せ，鍵を選べるか）。サラというチンパンジーが正しく写真を選べたことから，チンパンジーにも心の理論があるとプレマックは推測したが，他の研究者から他者の心を推測しなくてもこの課題を解決できることが示された。より洗練されたテストの必要性が提起され，その指摘を受けて作成されたのが有名な誤信念課題である（Wimmer & Perner, 1983）（第13章も参照）。現在標準的に使用されているのは，サリー・アン課題である（Baron-Cohen et al., 1985）。この課題は，子どもが，他者が誤った信念をもちうることを理解できるかどうかを評価する課題として現在でも広く用いられている。この課題では，サリーがボールをカゴの中に入れてその場を退出する。サリーがいない間，アンはカゴからボールを取り出し，箱に入れ替え，その場を退出する。次の場面では，サリーが戻ってきて，ボールで遊ぼうと考えている。このとき，サリーはカゴと箱のどちらを探すだろうか。このテストでは，サリーは，アンがボールを箱に入れ替えたことを知らないため，ボールはカゴに入っていると誤って信じており（誤信念），カゴを探すはずである。

　この課題を幼児に与えると，3歳児は，サリーは箱を探すだろうと予測する。メタ分析した研究によると，4歳半頃になるとこの課題を通過できることが知られている（Wellman et al., 2001）。

　これ以降，本章では，心の理論は，狭義の誤信念理解を指すこととして，広義の能力を指すときは社会的認知という言葉を使用する。

第2節　心の理論の発達機構

　心の理論はいかに発達するのか。これまでにさまざまな理論が提唱されてきた。ここでは代表的なものをいくつか紹介してみよう。まず，最も単純な説明は，モ

ジュール説である（Baron-Cohen, 1995）。モジュール説によれば，生得的に備えている心の理論モジュールが，発達とともに機能するようになる。この考えは，自閉症の子どもを対象にした研究に基づいている（詳しくは，第10巻参照）。バロン＝コーエンらが自閉症児にサリー・アン課題を与えたところ，定型発達児やダウン症児よりも成績が有意に悪いことが示された（Baron-Cohen et al., 1985）。自閉症者の中には物理的事象や数の認識に優れた人が多数いることから，心の理論は，他の知的領域などとは独立したモジュール性をもち，この部分だけが欠落した人がいると主張されるようになった。

　メタ表象説は，誤信念課題を開発したパーナーによって提唱された（Perner, 1991）。パーナーは，表象は，一次表象，二次表象，メタ表象の3段階を経て発達すると提唱している。1歳くらいの子どもは，一次表象しかもっておらず，今，ここにあるものしか表象できない。2歳頃になると，二次表象をもち，存在しないもの，過去のもの，未来のものを表象できるようになり，また，絵と写真のような，象徴的なものを理解することができるようになる。4歳頃にメタ表象が獲得される。メタ表象とは表象を表象することをさし，他者が表象している内容を表象するという入れ子構造になっている。誤信念課題でみられるように，サリーが表象している現実（ボールはカゴにあると思っている）について，4歳児は表象できるようになるということになる。この説によると，メタ表象の獲得こそが，誤信念理解の基盤にあるということになる。

　他にも，理論説とシミュレーション説がある。理論説によれば，子どもは日常的な観察や経験を通じて，科学理論と類似した，他者の心についての理論を形成していく。その理論は，単純なモノから複雑なものへと変遷していく。代表的な例として，ウェルマンは，心の理論は3つの段階を経て発達すると主張した（Wellman, 1990）。2歳頃の子どもは他者の行動は，その人の欲求に基づいて引き起こされると考えている。3歳頃になると他者の信念を考慮できるようになるがまだ不十分であり，4歳以降に他者の誤った信念が理解できるようになる。また，シミュレーション説は，他者の心を推測する際に，自分の心を参照するというものである（Gallese & Goldman, 1998）。自分が同じ状況に置かれたらどのような思いをするのか，などのように他者の心の理解の基盤として自分の心への理解があるという立場である。

　これらの理論は，現時点においても，いずれかが正しいということが証明されているわけではない。たとえば，あとで述べるように，ミラーニューロンの発見はシミュレーション説を支持するが（Gallese & Goldman, 1998），神の誤信念につい

8　第Ⅰ部　社会的認知とは

ての研究は理論説を支持する（Barrett et al., 2001）。後者について，西洋人の考えとして，神は，誤信念をもたない。このような認識が，幼児期からみられるのか，もう少し後になってからみられるのかを探る研究である。シミュレーション説によれば，他者の誤信念の理解は，子ども自身の心の状態の理解を基盤にするので，神も誤信念をもつはずである。一方，理論説によれば，とくに子ども自身の心的状態を基盤にするわけではないので，幼児期から神は誤信念をもたないと考えるはずである。研究の結果，幼児は，神は誤信念をもたないと考える傾向にあった。これは理論説を支持する。ただし，この結果を支持しない研究も報告されており，どの説も決め手に欠けるという側面は否定できない。そのため，より実証的な証拠に基づき，心の理論の発達機構を示そうとする研究が進展した。その点を次節に述べる。

第3節　心の理論と実行機能，言語機能

　心の理論の発達機構を実証的に示そうとする研究で，とくに有名な2つの研究を紹介しよう。実行機能と言語機能に関する研究である。

　実行機能とは，ある目標に向けて行動を制御する能力のことを指す。頭を切り替えたり，目標の到達に向けて必要な情報を更新したり，不要な行動を抑制したりすることを含む（Zelazo & Muller, 2002）。実行機能は3歳から5歳頃に著しい発達を遂げ，児童期から青年期にかけて緩やかな発達が続く。この実行機能の発達が，心の理論の発達と深い関連があることが示されるようになった。具体的には，3歳から5歳の子どもに誤信念課題と実行機能課題を与え，両者の成績に相関関係があるかを調べた。その結果，両者には中程度の相関関係があることが報告された（Carlson & Moses, 2001）。つまり，誤信念課題に通過できる子どもは，実行機能課題にも通過できる可能性が高いということである。あくまで相関関係なので，心の理論の発達が実行機能の発達に影響を及ぼす可能性と，実行機能の発達が心の理論の発達に影響を及ぼす可能性があるが，縦断的な研究などの知見を考慮すると，現在有力なのは，実行機能の発達が心の理論の発達を駆動するという説である（森口，2012）。この説によると，自分の思考や信念を抑制することができる子どもは，他者の信念や考えにも気づきやすいという。

　また，言語機能も心の理論の発達に影響を与える可能性がある。言語機能もさまざまな側面で心の理論に関連しており，具体的には①語彙数，②補語構造，③語用論，④聾者などが挙げられる（Milligan et al., 2007）。①に関しては，幼児の語

第1章　社会的認知と心の発達　　9

彙の数と誤信念課題の成績には比較的強い相関関係があることが示されている。これは，語彙が豊富だと他者との会話が促進されるため，そのような他者との相互作用が増えることで，他者の心的状態についての感受性が高まるというものである。②については，とくに英語において信念を表す場合，"She thinks that the person is nice" となる。この場合，補語には文が含まれる。このような文を含む補語は，たとえば know などの信念とは関連のない動詞でも使われるが，重要なのは，補語構造に気づくと，そのうちに，その補語の中の文が，現実とは異なる可能性があることに気づく点である。上の文でいえば，本当は the person is too mean かもしれないのである。このような過程を経て，誤信念の獲得が促されるという考えである。③に関しては，第16章で詳しく述べられているのでここでは割愛する。④については，親が聾者でない場合には聾者である子どもの心の理論の発達が遅れるが，親が聾者である場合は心の理論の発達が遅れないことが知られている。親が聾者でない場合に子どもとのコミュニケーションがうまくとれないため，心の理論の発達が促進されないと考えられる。

　このように，実行機能や言語機能など，比較的高次な精神機能と心の理論との関連が報告されるようになった。これによって心の理論の発達機構が明らかになるかのようにみえたのだが，このような研究が，むしろ幼児期の心の理論研究の妥当性に疑問符を投げかけるようになったのだから，皮肉としかいいようがない。この点は第5節で詳しく述べる。

第4節　社会的認知の連続性

　言語的な誤信念理解が獲得されるのは前述のとおり4歳半になるが，4歳半以前の乳幼児は他者の心的状態をまったく理解していないのだろうか。このような疑問から，対象年齢を広げ，4歳以前の乳幼児を対象とした，社会的認知能力の発達経路を探る研究が進展するようになった。また，4歳以降の社会的認知能力はどのように発達していくのかについても検討されている。この点は第2章以降で詳しく述べられるので，ここでは簡単に触れる程度にしておきたい。

　まず，新生児期において，すでにいくつかの社会的認知能力が備わっているようである。具体的には，近年異論も多い，他者の表情を模倣する新生児模倣を始め（Meltzoff & Moore, 1977），顔らしきパターンへの定位（Johnson et al., 1991），生物らしい動き（バイオロジカルモーション）への感受性（Simion et al., 2008），アイコンタクトしている顔への好み（Farroni et al., 2002）など，さまざまな能力を示す。こ

れらは，ヒトや生物の表面的な特徴への感受性を示していることを示唆している（第9，10章も参照）。

　生後半年頃までにみられる重要な特徴として，社会的随伴性の理解が挙げられる。社会的随伴性とは，他者に対して働きかければ，他者は自分に対して働きかけ返してくれることである。乳児が母親に微笑みかければ，母親は微笑み返す（第17，19章も参照）。このような社会的な随伴性を実験的にあえてなくすと，生後数カ月の乳児はそのことに気づくことが知られている（Toda & Fogel, 1993）。これらは乳児と養育者の二項関係が形成されていることの証拠とされる。また，社会的認知能力としては，他者の行為が目標志向的であることの理解（Woodward, 1998），善悪の判断などの道徳的判断がみられるようになる（Hamlin et al., 2007）。

　生後1年くらいまでには，乳児と他者が同じ対象に注意を向ける共同注意，他者の指さしの理解，指さしの産出などの行動が表れ，他者と乳児と対象という三項関係が形成されるようになる（Liszkowski et al., 2004）（第12章参照）。また，不確かな状況で，大人の表情を参考にして行動を決定するような，社会的参照行動も現れるようになり（Sorce et al., 1985），生後1年前後から他者の意図を理解することができるようになる（Meltzoff, 1995）。

　1歳半頃から4歳頃までの発達経路については，ウェルマンらが社会的認知の発達スケールを作成している（Wellman & Liu, 2004）。彼らによると，社会的認知能力は，他者が多様な欲求をもつことの理解，他者が多様な信念をもつことの理解，他者の知識状態を理解すること，他者が誤信念をもつことの理解，そして，他者が見せかけの情動と本当の情動をもつことの理解，の順序で発達していくようである（第14章も参照）。また，この時期には，他者に関する認識だけではなく，自己に関する認識も著しく発達する（第11章も参照）。

　幼児期以降には，他者の二次的信念を理解することができるようになる。二次的信念とは，「『Aの考えていることについてBが考える』ことを考える」という理解であり，二次的誤信念課題によってその発達が検討される（第15章も参照）。課題や文化によってばらつきはあるものの，8～9歳頃までの間にこの理解が獲得される（Sullivan et al., 1994）。

　児童期以降の研究はあまり報告されていなかったが，近年，青年期を対象にした研究に注目が集まっている。児童期以降の社会的認知能力は，ディレクター課題と呼ばれるものを使うことが多い。ディレクター課題とは，参加者とディレクターと呼ばれる他者との二人で行われる課題である。詳細は省くが，参加者の視点から見えるものとディレクターの視点から見えるものが異なり，食い違いが生

第1章　社会的認知と心の発達　11

じるようになっているような状況で，参加者が自分の視点とディレクターの視点の双方を考慮して意思決定できるかを調べる課題である。この課題を実施すると，青年期においても課題の成績が向上することが知られている（Dumontheil et al., 2010）。

第5節　視線計測を用いた誤信念理解

　誤信念課題は，作られたその当初から，課題の構造が複雑すぎることや，言語能力に依存するなど，さまざまな問題点が指摘されていた。いいかえれば，指標さえ変えれば，もっと早期の乳児でも誤信念についての感受性をみせる可能性がある。この点を決定的にしたのがベイラージョンらのグループの研究である（Onishi & Baillargeon, 2005）。この実験では，登場人物の前に，黄色い箱と緑の箱が置かれ，登場人物は，玩具を緑の箱の中に入れる。15 カ月の乳児がこのような様子を数試行見たあと，登場人物の前の壁が下りて，登場人物から 2 つの箱の様子が見えないという状況が作られる。この間に，緑の箱に入っている玩具が，黄色い箱の中に移動する。その後，壁があがり，登場人物が再びあらわれ，テスト試行が与えられる。テスト試行では，登場人物が緑色の箱を探す条件と，黄色い箱を探す条件が与えられた。登場人物は玩具が黄色い箱の方に移動したことを知らないわけだから，緑色の箱を探すはずである。このことから，緑色の箱を探す条件では乳児は驚かないこと，黄色い箱を探す条件では驚くことが予測される。実験の結果は，この予想を支持している。15 カ月の乳児は他者の誤信念に対して感受性がある可能性がある。類似した研究がこの後次々と報告され，1 歳以下の乳児ですら他者の誤信念に対して感受性があることが示されている。

　15 カ月における視線を用いた誤信念理解と従来用いられてきた誤信念課題における 4 歳半の結果の食い違いはどのように説明されるだろうか。これは，過去 10 年程度の発達心理学における重要な論争の一つであった。一つの立場は，乳児版の課題は，誤信念理解を測定しているのではないというものである。言語版の誤信念課題を作ったパーナーらは，言語版の誤信念の理解の重要性を強調している（Perner & Ruffman, 2005）。言語版の誤信念課題は幼児に直接他者の誤信念を問うものであるため，正しく誤信念理解を測定できていると考えられる。一方，乳児版の課題は乳児の視線行動から，乳児が誤信念理解をしているだろうという解釈をしているにすぎない。乳児の視線行動は，誤信念理解という点からも解釈できるが，もっと簡単なルールを乳児が用いている可能性を否定できない。この

ように，乳児が他者の心を理解していなくても，乳児の行動は説明できるという主張がなされている。

このような主張にもある程度の説得力はあるように思えるが，ベイラージョンらによると，言語版の誤信念課題を通過するには，他者の誤信念について表象する能力のほかに，課題の質問に答える際に誤信念の表象に対して言語的にアクセスする能力や，間違った箱を選択しそうになるのを抑制する能力が必要になると指摘している（Baillargeon et al., 2010）。上述のように，心の理論課題の成績は言語機能や実行機能と相関しているという結果が相次いで報告されていることを受けて，このような説が提唱されているのである。幼児版の誤信念課題には不必要なものがたくさん含まれており，それらを除去して純粋に誤信念理解のみ必要な課題を設計すれば，乳児でも誤信念理解を示すというのである。事実，言語版誤信念課題から実行機能の負荷を減らした課題を与えると，2歳半の幼児でも誤信念課題に通過できることも示されている（Setoh et al., 2016）。さらに，成人を対象にした研究ではあるが，乳児版の課題と言語版課題を与えられた際の脳活動を計測すると，同じような脳領域が活動することも報告されている（心の理論の脳内機構については次節参照）（Bardi et al., 2017）。現時点では，乳児でも誤信念を理解しているという立場がやや優勢のように思える。

とはいえ，この論争はまだ終わっているわけではない。乳児と幼児の誤信念は，知識のレベルが違うという議論もあるし，乳児の研究結果がどの程度頑健かという問題もある。幼児を対象にした研究は世界中でほぼ同じような結果が報告されており，その頑健性に疑いはない。一方，乳児の誤信念理解については，筆者が共同研究者らと実施した研究でも追試はできているし（Moriguchi et al., 2017），比較的追試はなされているという印象はあるが，近年乳児研究そのものの信頼性が揺らいでいるという事情もある（森口，2016）。さらにいえば，乳児が誤信念を理解しているとしても，このことは誤信念理解が生得的であることを意味するとは限らない。今後も議論は続くと思われる。

第6節　社会的認知の脳内機構

20世紀末に健常成人を対象にした脳機能計測が可能となり，fMRIなどを用いた脳機能イメージング研究がさかんになった。ヒトや霊長類の進化に関する議論から，社会脳という言葉が提案されたこともあり，社会的認知能力の脳内機構も，重要な研究対象になった。その成果として，他者理解の役割を担う二つの脳内

ネットワークが同定されている。一つがミラーニューロンネットワークであり，もう一つがメンタライジングネットワークである。詳細については，第3章から第6章を参照いただきたい。

　ミラーニューロンは20世紀末にサルにおいて発見されたニューロンであり，このニューロンは，サルがある運動をするときにも，別のサルの同じ運動を見たときにも活動することが知られている（di Pellegrino et al., 1992 ; Rizzolatti et al., 1996）。同様の仕組みはヒトにも備わっているようであり，fMRIなどの装置によって，サルのミラーニューロンが発見された部位と類似した部位が同様の活動をすることが示されている（Iacoboni et al., 1999）。このような脳内のネットワークを，ミラーニューロンネットワークと呼ぶ。具体的な脳内部位としては，サルのミラーニューロンが最初にみつかった下前頭回（inferior frontal gyrus : IFG）や，頭頂間溝（intraparietal sulcus : IPS）や上側頭溝後部（posterior superior temporal sulcus : pSTS）などが含まれる。このネットワークの役割の一つは，他者の行動の目的や意図を理解することである（Fogassi et al., 2005）。このネットワークは行為主体が運動をするときと他者の運動を観察する際の両方の場合に活動するが，行為主体の過去の経験を基に，他者の運動の目的や意図を理解していると考えられる。たとえば，他者のリーチングを見る際に，行為主体にリーチングの経験があれば，他者のリーチングの意味が理解できるということである。一方で，初めて見た運動や行動にはミラーニューロンネットワークは反応しない。そのような運動や行動に対しては，メンタライジングネットワークが反応すると考えられている。

　他者理解にかかわるもう一つの脳内の仕組みがメンタライジングネットワークである。心理学や神経科学においては，メンタライジングは心の理論という言葉とほぼ同じ意味合いで使われる。主な脳内の領域としては，内側前頭前野（medial prefrontal cortex : MPFC）や側頭－頭頂接合部（temporo-parietal junction : TPJ）などが含まれる（Van Overwalle & Baetens, 2009）。これらの領域がネットワークとして活動することによって他者の心的状態を推測することができるようである。ただし，内側前頭前野は行為主体や他者の心的状態を推測する際に活動することが多く，側頭－頭頂接合部は他者の視点を取得しようとする際に活動しやすいなど，ある程度の役割分担があることも知られている。ミラーニューロンネットワークとメンタライジングネットワークの関係性についてはまだ不明な点も多いが，比較的単純な運動や見慣れた行動を見た場合にはミラーニューロンネットワークが，文脈などを含めて，より複雑な行動を観察し，熟慮する必要がある場合にはメンタライジングネットワークが活動することが多いようである（Hamilton & Marsh, 2013）

（第 5 章も参照）。

第 7 節　社会的認知の脳内機構の発達

　次に，ミラーニューロンネットワークと，メンタライジングネットワークの発達についてみていこう。まず，ミラーニューロンネットワークの一部は乳児期から機能している可能性が示されている。近赤外分光法を用いた研究から，生後半年程度で，他者の行動を観察したときにミラーニューロンネットワークの一部である前頭領域が活動することが報告されている（Shimada & Hiraki, 2006）。ただし，乳児期において発達が終わるわけではなく，小学生から中学生くらいまでの間の時期に，大人と類似した領域が活動を示すようになることも報告されている（Biagi et al., 2016）。

　メンタライジングネットワークについては，内側前頭前野や側頭 − 頭頂接合部などのメンタライジングネットワークを構成する各領域が，生後半年から 1 歳頃までの間に，他者の行為に対して活動することが報告されている（Grossmann & Johnson, 2010）。これらの研究では，他者の行動を提示した場合と物理的な刺激の動きを提示した際の脳活動を比較し，前者の方が内側前頭前野や側頭 − 頭頂接合部などの領域の活動が強いことを示している。これらの研究では，あくまで他者の行動に対して内側前頭前野などの領域が活動することを示しているだけであり，これらの領域が他者の心に対して反応し始めるのは幼児期後期から児童期以降である。

　小学生から中学生くらいまでの子どもを対象にした研究では，他者の心に対して側頭 − 頭頂接合部が活動するようになるのは 9 歳以降であることが示されている（Saxe et al., 2009）。重要なのは，この領域は，8 歳頃までは他者の心以外にも反応するが，9 歳以降になってから心に対して特別に反応し始めるという点である。その意味で，メンタライジングネットワークが十分に発達するのはこの頃であるといえるかもしれない。

　誤信念課題に通過する乳児と幼児を対象にした脳機能研究はいまだ十分ではなく，今後進展が望まれる領域である。ごく最近になって，メンタライジングネットワークに含まれる領域間をつなぐ白質の成熟度が幼児の心の理論の発達と関係するという知見が報告されており（Grosse Wiesmann et al., 2017），今後の研究に期待したい。

第 1 章　社会的認知と心の発達　15

おわりに

　本章では，心の理論研究を中心に，社会的認知の発達研究がどう進展してきたかを述べた。最後に，本研究領域の展望について述べてみたい。

　まず，乳児を対象にした誤信念理解の研究については，今後も議論が続くと思われる。現状をみると乳児期から誤信念を理解しているという主張が有利のように思えるが，決着がついたわけではない。乳児研究は幼児期研究とは異なりデータが集めにくいこともあり，包括的な議論が十分になされているわけではない。今後の地道な知見の蓄積が重要になるだろう。

　2つ目は，乳幼児を対象にした認知神経科学研究の発展が期待される。成人を対象にした心の理論や社会的認知の神経基盤は明らかになってきたものの，それらの神経基盤がいかに発達していくのかについては十分に研究されてはいない。近年は幼児期の fMRI 研究も増えてきているので，この点は今後明らかになっていくと考えられる。

　3つ目は，2点目と関連して，計算論的なアプローチの進展に期待したい。心の理論や社会的認知の発達に関する計算論的モデルはいくつか提案されているが，誤信念理解を説明することが中心であり，社会的認知がいかに発達していくかについては十分な研究はなされていない。心理学的な知見は蓄積されているので，それらを包括的に説明しうるモデルが必要である。

　4つ目は，第二者アプローチの研究の重要性である（第19章参照）。このアプローチでは，他者とのかかわりの中での社会的認知を重視する。これまでの研究がこの視点をもっていなかったわけではないが，実証的研究においては他者を観察する主体としての子どもを扱うことが多かった。子どもは他者を観察するだけの主体ではなく，他者と積極的にかかわる主体であることを踏まえると，第二者アプローチを実証的に検証することは今後の重要な課題である。

　最後に，社会的認知研究が実社会といかに接点をもつかも考える必要があるだろう。これまでにも，社会的認知が，親子関係などの家庭環境に影響されることや，そして，社会的認知能力が後の友人関係や学校適応，学力などと関連することが示されている（第18，20章参照）。これらに基づき，社会的認知能力を訓練する研究も報告されている。しかしながら，訓練の効果は短期的にすぎないことも多く，実際の生活場面にまで転移するかは明らかではない。これらの点も今後進展する必要があるだろう。

引用文献

Baillargeon, R., Scott, R. M., & He, Z.（2010）. False-belief understanding in infants. *Trends in Cognitive Sciences*, **14**, 110−118.

Bardi, L., Desmet, C., Nijhof, A., Wiersema, J. R., & Brass, M.（2017）. Brain activation for spontaneous and explicit false belief tasks overlaps : New fMRI evidence on belief processing and violation of expectation. *Social Cognitive and Affective Neuroscience*, **12**, 391−400.

Baron-Cohen, S.（1995）. *Mindblindness : An essay on autism and theory of mind* : Cambridge, MA : MIT Press.

Baron-Cohen, S., Leslie, A. M., & Frith, U.（1985）. Does the autistic child have a "theory of mind"? *Cognition*, **21**, 37−46.

Barrett, J. L., Richert, R. A., & Driesenga, A.（2001）. God's beliefs versus mother's : The development of nonhuman agent concepts. *Child Development*, **72**, 50−65.

Biagi, L., Cioni, G., Fogassi, L., Guzzetta, A., Sgandurra, G., & Tosetti, M.（2016）. Action observation network in childhood : A comparative fMRI study with adults. *Developmental Science*, **19**, 1075−1086.

Carlson, S. M., & Moses, L. J.（2001）. Individual differences in inhibitory control and children's theory of mind. *Child Development*, **72**, 1032−1053.

di Pellegrino, G., Fadiga, L., Fogassi, L., Gallese, V., & Rizzolatti, G.（1992）. Understanding motor events : A neurophysiological study. *Experimental Brain Research*, **91**, 176−180.

Dumontheil, I., Apperly, I. A., & Blakemore, S. J.（2010）. Online usage of theory of mind continues to develop in late adolescence. *Developmental Science*, **13**, 331−338.

Farroni, T., Csibra, G., Simion, F., & Johnson, M. H.（2002）. Eye contact detection in humans from birth. *Proceedings of the National Academy of Sciences of the United States of America*, **99**, 9602−9605.

Fogassi, L., Ferrari, P. F., Gesierich, B., Rozzi, S., Chersi, F., & Rizzolatti, G.（2005）. Parietal lobe : From action organization to intention understanding. *Science*, **308**, 662−667.

Gallese, V., & Goldman, A.（1998）. Mirror neurons and the simulation theory of mind-reading. *Trends in Cognitive Sciences*, **2**, 493−501.

Grosse Wiesmann, C., Schreiber, J., Singer, T., Steinbeis, N., & Friederici, A. D.（2017）. White matter maturation is associated with the emergence of theory of mind in early childhood. *Nature Communications*, **8**, 14692. doi : 10.1038/ncomms14692

Grossmann, T., & Johnson, M. H.（2010）. Selective prefrontal cortex responses to joint attention in early infancy. *Biology Letters*, rsbl20091069. doi : 10.1098/rsbl.2009.1069

Hamilton, A., & Marsh, L.（2013）. Two systems for action comprehension in autism : Mirroring and mentalizing. In S. Baron-Cohen, H. Tager-Flusberg, & M. Lombardo（Eds.）, *Understanding other minds : Perspectives from developmental social neuroscience*（3rd ed., pp.380−396）. Oxford : Oxford University Press.

Hamlin, J. K., Wynn, K., & Bloom, P.（2007）. Social evaluation by preverbal infants. *Nature*, **450**, 557−559.

Iacoboni, M., Woods, R. P., Brass, M., Bekkering, H., Mazziotta, J. C., & Rizzolatti, G.（1999）. Cortical mechanisms of human imitation. *Science*, **286**, 2526−2528.

Johnson, M. H., Dziurawiec, S., Ellis, H., & Morton, J.（1991）. Newborns' preferential tracking of face-like stimuli and its subsequent decline. *Cognition*, **40**, 1−19.

Liszkowski, U., Carpenter, M., Henning, A., Striano, T., & Tomasello, M.（2004）. Twelve-month-olds point to share attention and interest. *Developmental Science*, **7**, 297−307.

Meltzoff, A. N.（1995）. Understanding the intentions of others : Re-enactment of intended acts by 18-month-old children. *Developmental Psychology*, **31**, 838−850.

Meltzoff, A. N., & Moore, M. K.（1977）. Imitation of facial and manual gestures by human neonates.

Science, **198**, 75-78.

Milligan, K., Astington, J. W., & Dack, L. A.(2007). Language and theory of mind : Meta-analysis of the relation between language ability and false-belief understanding. *Child Development*, **78**, 622-646.

森口佑介.(2012).*わたしを律するわたし：子どもの抑制機能の発達*.京都：京都大学学術出版会.

森口佑介.(2016).発達科学が発達科学であるために：発達研究における再現性と頑健性（特集 心理学の再現可能性).*心理学評論*, **59**, 30-38.

Moriguchi, Y., Ban, M., Osanai, H., & Uchiyama, I.(2017). Relationship between implicit false belief understanding and role play : Longitudinal study. *European Journal of Developmental Psychology*, 1-12. doi : 10.1080/17405629.2017.1280022

Onishi, K. H., & Baillargeon, R.(2005). Do 15-month-old infants understand false beliefs? *Science*, **308**, 255-258.

Perner, J.(1991). *Understanding the representational mind*. Cambridge, MA : MIT Press.

Perner, J., & Ruffman, T.(2005). Infants' insight into the mind : How deep? *Science*, **308**, 214-216.

Premack, D., & Woodruff, G.(1978). Does the chimpanzee have a theory of mind? *Behavioral and Brain Sciences*, **1**, 515-526.

Rizzolatti, G., Fadiga, L., Gallese, V., & Fogassi, L.(1996). Premotor cortex and the recognition of motor actions. *Cognitive Brain Research*, **3**, 131-141.

Saxe, R. R., Whitfield-Gabrieli, S., Scholz, J., & Pelphrey, K. A.(2009). Brain regions for perceiving and reasoning about other people in school-aged children. *Child Development*, **80**, 1197-1209.

Setoh, P., Scott, R. M., & Baillargeon, R.(2016). Two-and-a-half-year-olds succeed at a traditional false-belief task with reduced processing demands. *Proceedings of the National Academy of Sciences of the United States of America*, **113**, 13360-13365.

Shimada, S., & Hiraki, K.(2006). Infant's brain responses to live and televised action. *NeuroImage*, **32**, 930-939.

Simion, F., Regolin, L., & Bulf, H.(2008). A predisposition for biological motion in the newborn baby. *Proceedings of the National Academy of Sciences of the United States of America*, **105**, 809-813.

Sorce, J. F., Emde, R. N., Campos, J. J., & Klinnert, M. D.(1985). Maternal emotional signaling : Its effect on the visual cliff behavior of 1-year-olds. *Developmental Psychology*, **21**, 195-200.

Striano, T., & Reid, V.(2009). Social cognition at the crossroads : Perspectives on understanding others. In T. Striano & V. Reid (Eds.), *Social cognition : Development, neuroscience and autism* (pp.3-16). Chichester, UK : Wiley-Blackwell.

Sullivan, K., Zaitchik, D., & Tager-Flusberg, H.(1994). Preschoolers can attribute second-order beliefs. *Developmental Psychology*, **30**, 395-402.

Toda, S., & Fogel, A.(1993). Infant response to the still-face situation at 3 and 6 months. *Developmental Psychology*, **29**, 532-538.

Van Overwalle, F., & Baetens, K.(2009). Understanding others' actions and goals by mirror and mentalizing systems : A meta-analysis. *NeuroImage*, **48**, 564-584.

Wellman, H. M.(1990). *The child's theory of mind*. Cambridge, MA : MIT Press.

Wellman, H. M., Cross, D., & Watson, J.(2001). Meta-analysis of theory-of-mind development : The truth about false belief. *Child Development*, **72**, 655-684.

Wellman, H. M., & Liu, D.(2004). Scaling of theory-of-mind tasks. *Child Development*, **75**, 523-541.

Wimmer, H., & Perner, J.(1983). Beliefs about beliefs : Representation and constraining function of wrong beliefs in young children's understanding of deception. *Cognition*, **13**, 103-128.

Woodward, A. L.(1998). Infants selectively encode the goal object of an actor's reach. *Cognition*, **69**, 1-

34.

Zelazo, P. D., & Muller, U. (2002). Executive function in typical and atypical development. In U. Goswami (Ed.), *Blackwell handbook of childhood cognitive development*. (pp.445−469). Malden, MA : Blackwell.

第2章
社会的認知発達の連続性

板倉昭二

　本章では，まず発達の連続性について古くから問われてきた連続・不連続の古典ともいうべき研究を概観し，現在は当然のことと考えられている発達は連続的であるということが示された経緯を記述する。また，誕生から就学前期にいたる，いわゆる社会的認知の発達を，横断的ではあるが，筆者の作成したスキーマとともに大まかに記す。次いで，そうした社会的認知の発達が，領域一般であるか，領域固有であるかに関する論文を概観し，社会的認知の発達は領域固有である可能性を論じる。そして，最後に，社会的認知の連続性を直接的に示すとされる研究のいくつかを具体的に紹介する。

第1節　発達における連続性

　乳幼児の認知発達の理論においてとくに重要だと思われるテーマは，一般的には2つ想定されており，その一つは，連続性である。すなわち，乳児期の環境世界に対する理解は後の幼児期における環境世界の理解と連続しているかということである（たとえば，Spelke et al., 1992）。もう一つは，言語や心の理論といったような思考の核（core）となる領域の領域固有性である（たとえば，Hirschfeld & Gelman, 1994）。認知における領域一般性・領域固有性については，第3節で述べる。

　認知発達の連続性については，すでに古典的なレビューとなってしまったが，ボルンシュタインとシグマンにより詳細に論じられている（Bornstein & Sigman, 1986）。彼らは，「乳児期からの心の発達の連続性("Continuity in mental development from infancy")」という総説論文で，乳児期から始まる心的発達の連続性は，幼児期にまで拡張されるということを主題とした討論を行った。ボルンシュタインらによると，こうした連続性は，過去には必ずしも受け入れられてはいなかったという。半世紀にわたる古い研究から，一般に乳児期の認知的パフォーマンスと後の幼児

期のパフォーマンスにはほとんど関係がないと信じられていた（Bornstein & Sigman, 1986）。初期の認知発達と後の認知発達の連続性は，乳児期の標準的な課題に対する反応と後の認知発達課題に対する反応を縦断的に観察することによって検討されてきた。

　たとえば，ベイリーは，27人の参加児を対象とし，3カ月齢から18歳までのコホート研究によって，発達における複数時点での自ら考案したテストの得点と18歳時点の知能の関連を分析した（Bayley, 1949）。その結果，4歳までの得点と18歳時点での知能の間にはまったく相関がみられなかったが，5歳を過ぎてからのテストの得点と18歳時点の知能には相関がみられるようになり，11歳時点の得点と18歳時点の知能の相関は，0.9に達した。このような初期の研究は，その後も広く追試され，同様の結果がみられたようである（Honzik, 1983; Kopp & McCall, 1980）。これらの結果から，幼少期の発達と成熟してからの発達には連続性がないと考えられたのである。しかしながら，このようなデータは適切ではない方法で取得された可能性を，ボルンシュタインは指摘する。とくに，乳児期のテストにおいて，心的能力がどのようにとらえられ，作動され，そして，標準化されたかにおいて，その妥当性に問題があったのではないかということである。たとえば，ベイリー乳児発達尺度（Bayley scale of infant development; Bayley, 1969）で測定されるのは，大部分が，リーチング，把持，そして定位といったような感覚・運動に基づくものであり，後の幼児期に導入された伝統的な知能テストと概念的な関係は希薄なように思われる。つまり，それまで信じられていた乳児期の精神発達と幼児期の精神発達の連続性の欠如は，乳児期の発達課題と幼児期の知能テストで問われたことが異なるという不適切な課題の結果であったということである。連続性を測定するには，乳児期の認知を計測する新しい指標が必要であると考えられた。その候補となったのが，それ以前にも用いられた，注意の減衰（decrement）と回復（recover）であった。こうした指標は，運動という制約から解放されたものであり，有用だと考えられた。

　注意は，認知発達研究の中心的役割を果たすものであると考える研究者も存在した（McCall, 1971）。注意には，先述したように，乳児期の潜在的な認知発達を示す2つの指標がある。変化しない環境を理解したことを示す注意の減衰と環境が変化し新奇な状況となったことを示す注意の回復である。つまり，注意の減衰は，ある事象に対する"馴化（habituation）"や総注視時間の減少に現れる。また，注意の回復は，"新奇選好（novelty preference）"であり，新奇な事象に対して生じる。これらは，乳児研究で最もよく使用される期待違反法の基になるものである。相

対的に，新奇刺激に対するより大きな注意の減衰やその事象に対する短い注視時間は，より効率的な情報処理がなされた結果であると考えられる。

数多くの研究が，乳児期のこうした注意のパターンが幼児期の心的機能を予測することを示している。注意の効果的な減衰と回復を示す6カ月齢までの乳児は，後の2歳から8歳における，標準的な心理尺度で測られた認知能力，知能，および言語能力でより発達したパフォーマンスを示すことが報告されている (Bornstein, 1984, 1985a, b ; Fagan & McGrath, 1981 ; Lewis & Brooks-Gunn, 1981 ; Sigman, 1983 ほか)。

以上をまとめると，乳児期の心的能力は，少なくとも，後の幼児期を通して発達的に連続的であるということである。それでは，社会性の発達に連続性はどのように現れるのであろうか。次節では，横断的ではあるが，大まかな社会性の発達を記述する。

第2節　乳幼児期における社会性の発達

社会的認知の定義は，広義には，人について考えることとされる。もう少し，詳細に説明すると，人はどのように考え，知覚し，推論し，感じ，反応するかという要因によって，人の行為に折り合いをつけようとするわれわれの試みを含むものである（Hala, 1997）。

図2-1に，これまでの社会的認知研究の知見で得られた，おおよその社会性の発達の流れとその測定方法を示した（板倉，2008）。

ヒトは，誕生直後のきわめて早い時期から社会的な存在であることは多くの研究によって報告されている。以下，各月齢・年齢ごとに社会性に関連した発達を記す。

1　0〜2カ月

たとえ誕生直後の乳児でも，社会的知覚の原初的なものは十分に認められることが知られている。新生児は，ダイナミックな音刺激に対する感受性をもっており，とくにヒトの音声の方向を特定するのは容易である。母親の音声と未知の女性の音声とを区別し，母親の音声を聴くために，サッキング（吸啜）のパターンを変化させたりすることがわかっている。また，新生児は，かなり制限された視力しかもっていないが，生後すぐに顔のように見える単純な刺激（スキーマティック・フェイス）を，同じ要素をランダムに並べ替えたスクランブル刺激よりもよく追視することが，モートンとジョンソンによって報告されている（Morton

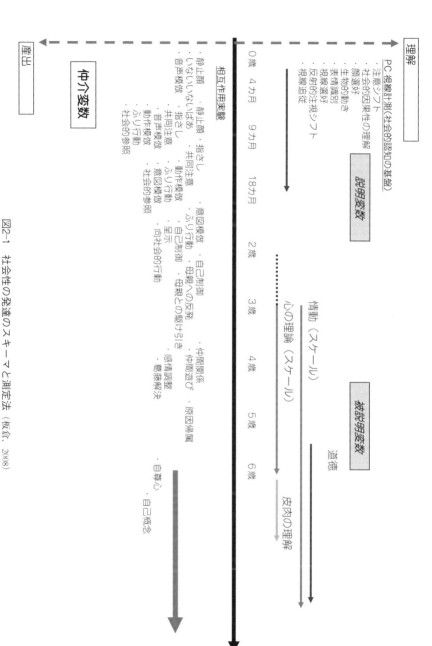

図2-1 社会性の発達のスキーマと測定法 (板倉, 2008)

第2章 社会的認知発達の連続性　23

& Johnson, 1991)。生後 4 日の赤ちゃんであっても，母親の顔と未知の女性の顔を並べて呈示すると，母親の顔のほうを長く注視することもわかっている（Bushnell et al., 1989）。こうしたことは，新生児が，社会的な存在を区別し，それは新生児にとって注意を払うべきものであることを示す。

　新生児期の最も有名な現象としては，新生児模倣があげられるであろう。これは，メルツォフとムーア（Meltzoff & Moore, 1983）によって発見されたあまりにも有名な現象である。誕生間もない赤ちゃんは，大人の顔の動き（facial gesture）を模倣する。大人が，新生児に向かって舌を出せば，それを見ている新生児も同じように舌を出す。舌出しに限らず，口を開けたり，口をすぼめたり，瞬きをしたり，指の動きをまねしたりなど，新生児模倣は広くいろいろな範囲の動作にもみられる。それだけにとどまらず，新生児は，喜び（happy）や悲しみ（sad），そして驚き（surprise）といったような情動的な表情をも模倣するという報告もある。このような報告には異論のある研究者もおり，まだまだ議論の余地はあると思われるが，いずれにしても，たとえ誕生直後の乳児であっても，大人の表情の変化に気づき，それに応じて自分も表情を変えるということを行うのである。

　ヒトが他者の心を見出すことの起源は，このあたりにその萌芽をみることができそうであるが，新生児期では，まだまだそれは微妙なものだと思われる。

2　2カ月〜6カ月

　この時期の乳児は，ヒトに対する反応とものに対する反応が異なる。ヒトに対しては，ものに対する場合よりも笑いかけや発声の頻度が高くなるが，ものに対しては，操作する対象として扱う。これを証拠として，社会的刺激に対する選好が生得的に組み込まれているのだと考える研究者もいる。顔の中の目に対する選好も認められるようになる。それだけではなく，ヒトの関節部分にポイントライトを付して，そのポイントライトの動きを呈示する，いわゆるバイオロジカルモーションとランダムに動くポイントライトの動きを区別できるようになる。すなわち，生物的動きに対して感受性をもつようになるのである。また，自己推進的に動く物体を追視するようになるのもこのころである。視線に対しても敏感であり，自分を見ている直視とどこか別のところを見ている逸視を区別する。

　マーレイとトレヴァーセン（Murray & Trevarthen, 1985）は，純粋に社会的随伴性だけを取り出すように工夫されたダブル・ビデオ・パラダイムを考案した。このパラダイムでは，テレビモニターを介した母親と乳児の自然な相互交渉をビデオに記録する。つまり，母親も乳児も，お互いに相手をテレビモニターで見ること

ができるようになっている。30秒後，突然，乳児に，以前に記録した母親のビデオを呈示する。このとき，乳児にとってモニターに映っている母親は，コミュニケーションのタイミングが合わない母親である。この場面では，母親の社会的刺激は，乳児の反応とまったく相関していない。これをリプレイ条件という。もし，このリプレイ条件のときに乳児の反応が変われば，その大きな要因は，社会的随伴性の欠如だということができる。マーレイとトレヴァーセンは，6週齢から12週齢の乳児を対象にして実験を行い，リプレイの期間中に，乳児が困惑したり，母親の映っている画面から視線をそらしたりすることを報告した。こうしたネガティブな反応は，乳児が，母親の随伴的な反応を期待しており，その期待が突然裏切られたからだと考えられた。この結果は，乳児が発達初期の段階から社会的随伴性に高い感受性をもっていることを示している。その後，同じようなパラダイムを用いたいくつかの研究が報告されている。

3 6カ月〜9カ月

　この時期になると，乳児は，物体がひとりでに動き出すと驚くが，ヒトが自発的に動き始めても驚かない。このことから，この時期の乳児は，自己推進的な運動に基づいて，アニメイト・エージェント（生き物としての行為の主体者）を区別していることがわかる。しかしながら，ここでは，自己推進的に動くものは，生き物である必要はない。おもちゃの車のように，何らかのメカニカルな仕掛けで動いてもいいのである。

4 9カ月〜12カ月

　この時期に，乳児は，エージェント（行為の主体者）は目標志向性をもつことを理解し，目的に近づく場合には，より合理的なあるいは節約的な動きを予測するようになる。いわば，「合理性の原則」を理解しているような特徴を示す。たとえば，期待違反法を用いた以下の実験でこの可能性が示唆されている。この実験では，あるエージェント（小さな円）が，障害物を飛び越えて別のエージェント（大きな円）のもとに着地するというアニメーション刺激を乳児に馴化刺激として呈示し，その後のテスト試行では，障害物を取り去った状態で，小さな円が直線的に転がり大きな円のもとに到達する刺激と，小さな円が馴化刺激と同様に，ジャンプして大きな円のもとに到達する場面を提示した。その結果，乳児は，後者の刺激を長く注視した。すなわち，乳児は小さな円の動きを見ているうちに，大きな円のもとに到達するという目標を小さな円に帰属し，障害物がなくなった

にもかかわらずジャンプして移動する，ということを予期していなかったということになる（Gergely et al., 1995）。つまり，この時期の乳児は，このような文脈において，小さな円に合理的な動きを期待したということである。エージェントのもつゴールと，それに到達するための方法を分けて表象することができるということである。こうした能力は，将来的には，他者の意図を表象する能力へと導かれると考えられている。

5　12カ月〜18カ月

　この時期には，たとえ見かけがヒト以外のエージェント，たとえば，オランウータンの着ぐるみを身に着けた実験者であっても，他者との相互交渉を観察することで，そのものを，意図をもつエージェントとしてとらえるようになる。また，他者の見ているところに自分も視線を向ける，いわゆる追視（gaze following）ができるようになる。さらに，他者の注意の状態に応じて，コミュニカティブな働きかけを変えることができるようになる。他者が目を閉じている場合と，目を開けている場合とで，視線追従の頻度をくらべると，明らかに後者の状態でよりよく追従が起こる。

6　18カ月〜3歳

　この時期は，実質的には乳児期の終わりであり，他者理解の基礎となる能力が急速に発達する時期である。話者の意図を読み取ることから語彙獲得も急速に進み，意図を読むことからの模倣もこの時期から確実に始まる。また，「ふり」も理解できるようになる。共同注意に関しては，自分の視野内にないターゲットに対しても他者の視線を追従することができるようになる。つまり，自分が直接には見えないところにも，他者が視線を向けた場合には，そこにあるものを表象できるようになるのである。これは，言い換えると，真の共同注意ができるようになるということである。

7　3歳〜5歳

　3歳より前から，幼児は，心的状態を表すことばを使用するようになる。3歳は，知る，考える，推測するということの違いを理解し始める原初的な時期である。写真が両面に印刷されている場合は，相手が見えているものと，自分の見えているものが違っていることを指摘できる。すなわち，「見る−知る（seeing-knowing）」の関係に気づき始める。この時期は，誤信念課題の通過へと近づく段

階である。誤信念課題のマクシ課題で，指さしでは間違った解答をするにもかかわらず，視線を指標とすると正しく答えられる子どもがいることも報告されている。

8　5歳以降

5歳になると，90％近くの子どもたちが，誤信念課題を通過できるようになる。これで，一応「心の理論」へ到達したわけであるが，他者の心の理解は，これで終わるわけではない。より複雑で高次な嘘の理解（他者のためにつく嘘など），比喩の理解，皮肉の理解へと続くと考えられる。

以上，0歳から始まる社会的認知から5歳以降に成立する心の理論へのプロセスを記述してきたが，これらはすべて横断的なデータからの推測であり，確かな発達のパスを記述するには，縦断的な研究により，ここで羅列的にあげられた項目のパスを正確に把握する必要があり，それが今後の課題となる。次節では，こうした社会的認知の発達に関する領域固有性について論じる。

第3節　社会性の発達における領域固有性

心の発達研究は，ピアジェの発達理論や情報処理理論に代表されるように，領域一般的（domain-general）な構造やプロセスに焦点が当てられてきた。しかしながら，ここ30年の流れをみると，心の発達における領域固有性（domain-specificity）に関する関心が高まっているように思われる。領域固有性においては，心は，特殊な情報を処理したり表象したりする特別なシステムとして存在するものであると考えられる（Caramazza & Shelton, 1998 ; Spelke, 1994 ; Wellman & Gelman, 1998）。第1節で示した発達の連続性から考えると，ある認知様式が，乳児期から幼児期にかけて連続的な形態をもって発達するものと思われる（Carruthers, 2002）。社会的な世界に関する事象の認知においても（アニメイト・エージェントの知覚や，それらの行為，意図，欲求や信念の推測）は，この枠組みの連続性の中で考えられるべきかもしれない。

乳児や幼児は，社会的で生き物である存在に対してどのように振る舞うのか，また，それは非社会的で生き物ではないものに対する反応とはどのように異なるのか検討することは重要なものとなる。たとえば，乳児は，ヒトの行為と機械の行為を区別し，ヒトの行為は模倣するが，機械の行為はたとえそれがヒトの行為

第2章　社会的認知発達の連続性　27

に類似したものであっても模倣はしない（Meltzoff, 1995）。同様に，乳児は，ヒト
の腕が示す行為には目標志向性を帰属させるが，単なる棒のような物体には目標
志向性を帰属しない（Woodward, 1998）。このような区別は，乳児の心の中では，
社会的な刺激は，非社会的な刺激とは異なって解釈されたり表象されたりしてい
ることを示唆するものである。

　こうした傾向は，幼児にもみられるようである。年長の幼児（3歳〜5歳）を対
象にした研究は，社会環境に対する適切な推論の原因となる認知的な処理は，社
会的な領域に制限されるかもしれないことを覗わせる。一般に，ヒトは4〜5歳
を過ぎる頃に，誤信念課題を通過する。すなわち，ヒトの行為をその背後にある
「心の機能」，たとえば欲求や要求，信念などによって解釈するようになるのであ
る。いわゆる，心の理論（theory of mind）の成立であるが，心の理論は，IQのレ
ベルとは独立であることが報告されている（Happé, 1995）。

　乳児においても幼児においても，社会的刺激に対する反応には類似した傾向が
あるということは，先にあげた発達の連続性に照らし合わせると，以下の問いが
浮かび上がってくる。乳児期において認められる社会的認知は，後の幼児期にみ
られる心の理論と関係があるのか否かという問いである。多くの研究者が，社会
的認知発達の連続性を示唆してきたが，それは，乳児期の認知能力は，後の幼児
期の認知能力を促進し，構成する基本となるものであるといったような階層性の
仮定によるものであった（たとえば，Csibra & Gergely, 1998；Leslie, 1994；Meltzoff & Brooks,
2001；Olineck & Poulin-DuBois, 2005；Povinelli, 2001）。このような考え方を社会的認知の
発達に適用すると，乳児期の社会的認知能力は，後の幼児期にみられる能力と質
的にはそれほど異なるものではないということになる。ただし，このような理論
の存在とは対照的に，実際の証拠となる研究報告は十分ではなかったのは事実で
ある。

　第1節でもその一部を論じたが，乳児期から幼児期の発達の連続性は，視覚認
知的な記憶，馴化，注意，そして物体の永続性（object permanence）といったよう
な乳児の認知能力と後の一般的な幼児期の能力，たとえばIQや言語との関係で
示されてきた（Bornstein & Sigman, 1986；Colombo, 1993；McCall & Carriger, 1993；Rose et al.,
2003, 2004）。しかしながら，これらの研究は，領域固有性を直接的に検討しよう
としたものではない。社会的認知の領域固有性については，次節の社会的認知の
連続性を検討した研究の中で言及する。

第4節　社会的認知の連続性

　前節では，社会的認知の発達には連続性があり，しかもそれは領域固有である可能性を論じた。本節では，以下，社会的認知の連続性に関する代表的な研究を，いくつか概観する。

　乳児の意図的行為の理解は，後の心の理論の発達の起源または前駆体であることがこれまでの研究で示唆されている（Wellman et al., 2004）。幼児期に成立する心の理論の起源は何に求めることができるのだろうか。ウェルマンらは，乳児期の社会的注意の能力が，後の幼児期の社会的認知を予測することを示した（Wellman et al., 2004）。この研究は，先行研究（Phillips et al., 2002）で対象となった参加児を，再び対象にした事後的な実験によるものであった。最初の乳児の課題は，馴化段階で，あるアクターが2つの対象のうちどちらかに，関心や喜びを示すようなポジティブな表情を向ける場面を見ることであった。次に続く，テスト試行の一致条件では，同じアクターが，ポジティブな表情を向けた対象に手を伸ばしてつかむ場面が見せられ，不一致条件では，最初にポジティブな表情を向けたほうと反対の対象に手を伸ばし，それをつかむ場面が見せられた。この実験に参加した子どもたちが4歳になったときに，心の理論の発達を尺度化したもの（Wellman & Liu, 2004）を実施された。この，心の理論尺度は，最初は，2つの誤信念課題のほかに，子どもの欲求の理解や知識，感情の理解を調べる7つの課題からなっていたが，このうち，3歳から5歳にかけて難易度が上がる5つの課題を精査し，心の理論尺度として構成された。

　また，言語IQを測定するものとして，ピーボディ絵画語彙検査（Peabody Picture Vocabulary Test : PPVT）も併せて実施した。乳児の注意の測度については，注意の減衰と注意の回復があることはすでに述べた。主な結果は以下のとおりであった。①注意の減衰に関しては，心の理論尺度得点と有意な相関がみられた。②テスト事象，すなわち，注意の回復については，心の理論尺度得点との相関はみられなかった。③注意の減衰は，PPVTと有意な相関はみられなかった。④心の理論尺度得点もPPVTとの相関はなかった。また，誤信念課題単独で実施するよりも，心の理論尺度を登用することの利点も強調されている。より，詳細な検討は必要ではあるが，この研究は，発達初期の社会的認知と後の心の理論の関係，つまり連続性を初めて示したものとして位置づけられる。

　ウェルマンらは，その後，乳児期の社会的注意と後の心の理論の発達の連続性

を，4歳の時点で，新しく WPPSI 知能診断検査（Wechsler Preschool and Primary Scale of Intelligence : WPPSI）と実行機能課題を加えて検討した。（Wellman et al., 2008）。この研究での乳児の課題は先述した課題と同様であった。4歳時点での課題は，これもまた先述した，心の理論尺度，そして WPPSI の語彙（言語の測度）とブロックデザイン（パフォーマンスの測度），および，ウィスパー課題（Whisper task：声の大きさを調整する課題；Kochanska et al., 1996）とベア／ドラゴン課題（Carlson & Moses, 2001）を少し変更したドッグ／ドラゴン課題の2つの実行機能課題が実施された。本研究でも，注意の減衰と心の理論の連続性が示され，さらにそれは言語能力や IQ，実行機能とは関係がないことが示された。これまで，幼児期の社会的認知の起源は何かということが長い間問われてきた。そして，それらの起源は，一般的な情報処理能力に依拠するものか，それとも，少なくともある側面では特殊な社会−認知の能力によるものなのか，いわゆる，領域一般か領域固有かという問いも発せられてきた。ウェルマンらは，この研究を，これらの問いに直接的な回答を与えるものだと論じている。

　これまでの研究は，社会的注意のパターン，とくに注意の減衰が，後の心の理論に関与しているということを検証することで社会的認知の連続性に言及するものであった。しかしながら，この連続性が領域固有であることを，より強く示すためには，乳児期の注意についても，社会的な課題と非社会的な課題を実施し，それらの結果と後の心の理論の関係を問うことが必要なのではないか。山口らは，乳児期の課題として，社会的注意課題と非社会的注意課題を準備し，その結果と，後の心の理論尺度との関係を調べた（Yamaguchi et al., 2009）。社会的注意の課題は，目標志向的行為の理解とその後に生起するであろう事象を，最初に観察した事象に基づいて解釈するか否かということが期待違反法により調べられた。非社会的注意の課題は，期待違反法を用いたことは同様であったが，観察した事象は時間長弁別課題であった。本研究の結果は，社会的注意のパターンは，4歳時点の心の理論課題と相関があったが，非社会的注意のパターンとの相関はその限りではなかったことを示している。このことも，発達初期の社会的注意が後の社会的認知と連続的であり，しかもそれが領域固有であることをさらに強く示した研究といえるであろう。

第5節　今後の展望

　本章で論じた結論としては，発達初期の社会的注意は，後の心の理論と関係が

あり，その連続性が示されたということである。しかしながら，幼児期や就学前期に機能し始める社会的認知は，何も心の理論の成立だけではない。図 2-1 に示したように，嘘の理解や皮肉の理解なども挙げられる。心の理論は，社会性の発達においてきわめて重要なマイルストーンではあるが，心の理論の成立後にも社会性は発達し続ける。今後は，そうした心の理論成立後の社会性にも視野を広げることが肝要であろう。さらに，関係は必ずしもその機序を説明するわけではない。社会的認知の連続性にも因果的視点を入れるべきである。

　また，現在研究報告が多くなった領域に，向社会的行動の発達がある。援助行動に代表されるような向社会的行動の発達の連続性なども検討されるべき重要な事項であろう。たとえば，サマービルらは，生後きわめて早い時期の公平感の理解と後の向社会的行動に関する発達の関係を検討している（Sommerville et al., 2013）。その結果，15 カ月児は，資料の分配に関して，公平性に感受性を示すが，こうした個人差は，おもちゃの共有の積極性とは関係するが，援助行動とは関係しないことを報告した。

　向社会的行動についてさらに考えると，援助行動の理解と援助行動の産出との関係も興味深い。誰が援助もしくは助けを求めているかに対する理解は，発達初期に認められることであるが（Köster et al., 2016），実際にそうした援助行動が出現するのは，生後 2 年目に入ってからのことである。誰が援助されるべき者かを理解できることと，実際に援助することとは別である。図 2-1 の社会性の発達のスキーマも，社会性の理解（社会的認知）と社会性の産出を分けて示した。社会性の発達には，理解と産出があるが，理解できる子どもが産出（運用）できるとは限らない。理解できることと産出できることをつなぐ媒介変数を見つけることも重要な研究課題であろう。結局，最後にきわめて月並みな結論となるが，社会性の連続性は，時間的関係，因果の関係，項目間の関係など，多様な視点からの研究が求められるのである。

引用文献

Bayley, N.（1949）. Consistency and variability in the growth of intelligence from birth to eighteen years. *The Pedagogical Seminary and Journal of Genetic Psychology*, **75**, 165−196.

Bayley, N.（1969）. *Manual for the Bayley scales of infant development*. New York : Psychological Corporation.

Bornstein, M. H.（1984）. A descriptive taxonomy of psychological categories used by infants. In C. Sophian（Ed.）, *Origins of cognitive skills*（pp.313−338）. Hillsdale, NJ : L. Erlbaum Associates.

Bornstein, M. H.（1985a）. Habituation of attention as a measure of visual information processing in human infants : Summary, systematization, and synthesis. In G. Gottlieb & N. A. Krasnegor（Eds.）, *Measurement of audition and vision in the first year of postnatal life : A methodological overview*（pp.253−300）.

Norwood, NJ : Ablex.

Bornstein, M. H.（1985b）. How infant and mother jointly contribute to developing cognitive competence in the child. *Proceedings of the National Academy of Sciences of the United States of America*, **82**, 7470−7473.

Bornstein, M. H., & Sigman, M. D.（1986）. Continuity in mental development from infancy. *Child Development*, **57**, 251−274.

Bushnell, I. W. R., Sai, F., & Mullin, J. T.（1989）. Neonatal recognition of the mother's face. *British Journal of Developmental Psychology*, **7**, 3−15.

Caramazza, A., & Shelton, J. R.（1998）. Domain-specific knowledge systems in the brain : The animate-inanimate distinction. *Journal of Cognitive Neuroscience*, **10**, 1−34.

Carlson, S. M., & Moses, L. J.（2001）. Individual differences in inhibitory control and children's theory of mind. *Child Development*, **72**, 1032−1053.

Carruthers, P.（2002）. The cognitive functions of language. *Behavioral and Brain Sciences*, **25**, 657−674.

Colombo, J.（1993）. *Infant cognition : Predicting later intellectual functioning*（Sage series on individual differences and development, Vol. 5）. Newbury Park, CA : Sage Publications.

Csibra, G., & Gergely, G.（1998）. The teleological origins of mentalistic action explanations : A developmental hypothesis. *Developmental Science*, **1**, 255−259.

Fagan, J. F., & McGrath, S. K.（1981）. Infant recognition memory and later intelligence. *Intelligence*, **5**, 121−130.

Gergely, G., Nádasdy, Z., Csibra, G., & Bíró, S.（1995）. Taking the intentional stance at 12 months of age. *Cognition*, **56**, 165−193.

Hala, S.（Ed.）.（1997）. *The development of social cognition*. Hove, UK : Psychology Press.

Happé, F. G.（1995）. The role of age and verbal ability in the theory of mind task performance of subjects with autism. *Child Development*, **66**, 843−855.

Hirschfeld, L. A., & Gelman, S. A.（Eds.）.（1994）. *Mapping the mind : Domain specificity in cognition and culture*. Cambridge, UK : Cambridge University Press.

Honzik, M. P.（1983）. Measuring mental abilities in infancy. In M. Lewis（Ed.）, *Origins of intelligence*（2nd ed., pp.67−105）. New York : Plenum Press.

板倉昭二.（2008）. 赤ちゃんの心の発達：メンタライジングの視点から. 日本学術会議 3 分科会連携シンポジウム「脳とこころの発達」（東京都港区 日本学術会議講堂）

Kochanska, G., Murray, K., Jacques, T. Y., Koenig, A. L., & Vandegeest, K. A.（1996）. Inhibitory control in young children and its role in emerging internalization. *Child Development*, **67**, 490−507.

Kopp, C. B., & McCall, R. B.（1980）. Stability and instability in mental performance among normal, at-risk, and handicapped infants and children. In P. B. Baltes & O. G. Brim（Eds.）, *Life-span development and behavior*（Vol.4, pp.33−61）. New York : Academic Press.

Köster, M., Ohmer, X., Nguyen, T. D., & Kärtner, J.（2016）. Infants understand others' needs. *Psychological Science*, **27**, 542−548.

Leslie, A. M.（1994）. ToMM, ToBy, and agency : Core architecture and domain specificity. In L. A. Hirschfeld & S. A. Gelman（Eds.）, *Mapping the mind : Domain specificity in cognition and culture*（pp.119−148）. Cambridge, UK : Cambridge University Press.

Lewis, M., & Brooks-Gunn, J.（1981）. Visual attention at three months as a predictor of cognitive functioning at two years of age. *Intelligence*, **5**, 131−140.

McCall, R. B.（1971）. Attention in the infant : Avenue to the study of cognitive development. In D. N. Walcher & D. L. Peters（Eds.）, *Early childhood : The development of self-regulatory mechanisms*（pp.107−137）. New York : Academic Press.

McCall, R. B., & Carriger, M. S.（1993）. A meta-analysis of infant habituation and recognition memory performance as predictors of later IQ. *Child Development*, **64**, 57−79.

Meltzoff, A. N.（1995）. Understanding the intentions of others : Re-enactment of intended acts by 18-month-old children. *Developmental Psychology*, **31**, 838−850.

Meltzoff, A. N., & Brooks, R.（2001）. "Like me" as a building block for understanding other minds : Bodily acts, attention, and intention. In B. F. Malle, L. J. Moses, & D. A. Baldwin（Eds.）, *Intentions and intentionality : Foundations of social cognition*（pp.171−191）. Cambridge, MA : MIT Press.

Meltzoff, A. N., & Moore, M. K.（1983）. Newborn infants imitate adult facial gestures. *Child Development*, **54**, 702−709.

Morton, J., & Johnson, M. H.（1991）. CONSPEC and CONLERN : A two-process theory of infant face recognition. *Psychological Review*, **98**, 164−181.

Murray, L., & Trevarthen, C.（1985）. Emotional regulation of interactions between two-month-olds and their mothers. In T. M. Field & N. A. Fox（Eds.）, *Social perception in infants*（pp.177−197）. Norwood, NJ : Ablex Publishing Corporation.

Olineck, K. M., & Poulin-Dubois, D.（2005）. Infants' ability to distinguish between intentional and accidental actions and its relation to internal state language. *Infancy*, **8**, 91−100.

Phillips, A. T., Wellman, H. M., & Spelke, E. S.（2002）. Infants' ability to connect gaze and emotional expression to intentional action. *Cognition*, **85**, 53−78.

Povinelli, D. J.（2001）. The self : Elevated in consciousness and extended in time. In C. Moore & K. Lemmon（Eds.）, *The self in time : Developmental perspectives*（pp.75−95）. Mahwah, NJ : Lawrence Erlbaum Associates.

Rose, S. A., Feldman, J. F., & Jankowski, J. J.（2003）. Infant visual recognition memory : Independent contributions of speed and attention. *Developmental Psychology*, **39**, 563−571.

Rose, S. A., Feldman, J. F., & Jankowski, J. J.（2004）. Infant visual recognition memory. *Developmental Review*, **24**, 74−100.

Sigman, M.（1983）. Individual differences in infant attention : Relations to birth status and intelligence at five years. In T. Field & A. Sostek（Eds.）, *Infants born at risk : Physiological, perceptual, and cognitive processes*（pp.271−293）. New York : Grune & Stratton.

Sommerville, J. A., Schmidt, M. F., Yun, J. E., & Burns, M.（2013）. The development of fairness expectations and prosocial behavior in the second year of life. *Infancy*, **18**, 40−66.

Spelke, E.（1994）. Initial knowledge : Six suggestions. *Cognition*, **50**, 431−445.

Spelke, E. S., Breinlinger, K., Macomber, J., & Jacobson, K.（1992）. Origins of knowledge. *Psychological Review*, **99**, 605−632.

Wellman, H. M., & Gelman, S. A.（1998）. Knowledge acquisition in foundational domains. In W. Damon（Ed.）, *Handbook of child psychology : Vol. 2. Cognition, perception, and language*（pp.523−573）. Hoboken, NJ : John Wiley.

Wellman, H. M., & Liu, D.（2004）. Scaling of theory-of-mind tasks. *Child Development*, **75**, 523−541.

Wellman, H. M., Lopez-Duran, S., LaBounty, J., & Hamilton, B.（2008）. Infant attention to intentional action predicts preschool theory of mind. *Developmental Psychology*, **44**, 618−623.

Wellman, H. M., Phillips, A. T., Dunphy-Lelii, S., & LaLonde, N.（2004）. Infant social attention predicts preschool social cognition. *Developmental Science*, **7**, 283−288.

Woodward, A. L.（1998）. Infants selectively encode the goal object of an actor's reach. *Cognition*, **69**, 1−34.

Yamaguchi, M., Kuhlmeier, V. A., Wynn, K., & VanMarle, K.（2009）. Continuity in social cognition from infancy to childhood. *Developmental Science*, **12**, 746−752.

第Ⅱ部
社会的認知の生物学的基盤

第3章
生物知覚の脳内機構

平井真洋

　本章は，社会的知覚・認知において基盤となる「生物知覚」の神経機序・発達変化について概観する。とくに，「動き情報」から知覚される「生物らしさ」に関する知見を紹介し，それがどのような要因により構成され，脳内において，いつどのように処理され，それが発達的にどのように変化するかについて解説する。

第1節　生物学的知覚

1　生物らしさとは何か？

　私たちは「社会的」な動物であり，他者に対する鋭敏性が備わっている。われわれの脳は他者理解のために進化したとする「社会脳仮説」(Brothers, 1990) に示されるように，他者に関する情報処理に特化した脳部位が存在する。とりわけ，他者を検出するための基盤となる「生物らしさ」の検出は社会脳を構成する重要な要因であろう。「生物らしさ」に敏感な例として，ある風景を写した2枚の写真が何もない画像を挟んで繰り返し提示された場合，その2枚の写真に写った生物が変化する場合には素早くその変化に気づくが，生物でないモノが変化した場合には，その変化に気づきにくいとの報告 (New et al., 2007) がある。また，ヒトの身体像に注意を引きつけられたり (Downing et al., 2004)，課題に無関係な顔に注意を引きつけられたり (Langton et al., 2008) することが報告されている。このように生物・ヒトらしい刺激に対する鋭敏さをわれわれは生まれながらにもっている。

　しかしながら，「生物らしさ」の定義は困難である。なぜならば，「生物らしさ」は主観に依存し，多義的であり，かつその要因も多岐に渡るため，科学的な研究の俎上に載せることが難しいからである。ただし，いくつかの知覚現象を手がかりとすることで，「生物らしさ」を定義し，その特性を明らかにすることができるかもしれない。たとえば，「顔」や「他者」が実際には存在しないのにもかか

36　第Ⅱ部　社会的認知の生物学的基盤

わらず,「顔」や「身体」を見出してしまう現象がある。これは「パレイドリア」と呼ばれ，無意味な模様やパターンから，生物らしさ，とくに「顔」を見出してしまう現象である（Uchiyama et al., 2012）。また，幾何学的な図形の「動き」だけから，意図を帰属できるアニマシー知覚やわずか十数個の光点の動きだけから他者に関するさまざまな情報がたやすく知覚できる現象である「バイオロジカルモーション」などがそれにあたる。このように私たちの認知システムは無意味なものから意味のある情報を抽出しやすいように創り上げられているようである[1]。

本章では「生物らしさ」の知覚のうち，「動き情報」の果たす役割に焦点を当て，その知覚のメカニズム，神経機序，発達変化，神経基盤の発達変化について概観する。

2 「動き情報」に基づく生物らしさ知覚

「動き情報」のみからでも私たちは「生物らしさ」を知覚することができる。一つの有名な例として，たとえば，ハイダーとジンメル（Heider & Simmel, 1944）が示したように[2]，複数の幾何学的図形の動き方によって，片方の幾何学図形が片方の幾何学図形を追跡しているような印象，あるいは意図をもっている印象を受ける（図3-1）。このような「生物らしさ」を構成する動き情報にはどのようなものがあるだろうか？

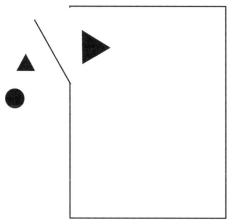

図3-1　幾何学図形の動きと「生物らしさ」の一例（Heider & Simmel, 1944）

---

[1]　Patternicity（パターンニシティ）
　　http://www.ted.com/talks/michael_shermer_the_pattern_behind_self_deception
[2]　https://www.youtube.com/watch?v=VTNmLt7QX8E

たとえば，プレマックらは生物的な動きを構成する要因として，自己推進性を指摘している（Premack & Premack, 1995）。この他にも，動きに含まれる加速度特性（Chang & Troje, 2008），動きの周波数成分の分布特性（Matsunaga & Watanabe, 2012），同期性（Takahashi & Watanabe, 2015）などの特定の物理量の操作によって，生物らしさの印象が変調することが知られている。この他にも，動きはランダムであってもその動きに矢印をつけ，その矢印が常にターゲットに向かうように動くだけで，生物らしい動きを知覚してしまう（wolfpack effect ; Gao et al., 2010）。スペルキほか（Spelke et al., 1995）は，「生物の動き」に固有の法則として，次の7つを挙げている。①自己駆動性をもった動き（self-propelled motion）：ヒトの動きは接触の原理に束縛されない，②社会応答性（social responsiveness）：ヒトは社会的パートナーの動きに随伴して反応する，③社会的相互作用（social reciprocity）：社会的パートナーの行為に反応する，④コミュニケーション（communication）：ヒトは社会的パートナーに情報を提供する，⑤感情（emotion）：ヒトの行為は動機や感情の状態に影響される，⑥目的志向性（goal-directed）：ヒトは目的を達成するために行為する，⑦知覚（perception）：ヒトの行為は知覚によって導かれる。このように，ヒトの動きを物体の動きにみられる特性と区別している。

3　バイオロジカルモーションを例に

身体の関節に装着したわずか十数個の光点運動のみから，他者の行為を生き生きと感じることのできる知覚現象を「バイオロジカルモーション」（図3-2）と呼ぶ（Johansson, 1973）。この知覚現象が研究者だけでなくさまざまな人々を魅了し

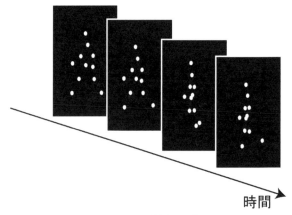

図3-2　バイオロジカルモーション（歩行運動）の一例（Johansson, 1973）

てやまないのは，「バイオロジカルモーション」からわれわれは他者を同定する
だけでなく，進行方向（Mather et al., 1992 ; Troje & Westhoff, 2006），感情（Dittrich et al.,
1996），行為のカテゴリ（Dittrich, 1993），性別（Kozlowski & Cutting, 1977），知人かそ
うでないか（Cutting & Kozlowski, 1977），あるいは2エージェントの相互作用（Neri et
al., 2006），騙しの動き（Sebanz & Shiffrar, 2009）といったさまざまな情報を読み取る
ことが可能だからである。光点の動き情報だけからでもかなり高次の情報を解読
することができる[3]。では，バイオロジカルモーション知覚処理を，どのように
定式化することができるだろうか？

　一つの方法として，バイオロジカルモーションにみられる2つの倒立効果から
その処理方略を特徴づけることができよう（Pavlova & Sokolov, 2000 ; Sumi, 1984 ; Troje
& Westhoff, 2006）。1つ目の倒立効果は顔知覚にみられるような倒立効果（顔を倒立
提示することにより，顔知覚処理が阻害される）（Farah et al., 1995）と同様に，バイオ
ロジカルモーションを倒立して提示することにより，光点運動のパターンによる
ヒトの形態（たとえばヒトの歩行運動）が阻害される現象である（Pavlova & Sokolov,
2000 ; Sumi, 1984）。すなわちこれは，顔の倒立効果にみられるような「大域的な処
理」を反映した倒立効果であろう。

　2つ目の倒立効果は，光点運動から知覚される形態処理とは独立した，脚の運
動に依存した倒立効果である（Troje & Westhoff, 2006）。トローヤらは，ヒト歩行の
バイオロジカルモーションの光点の空間パターン情報を崩した状態であっても，
正立の場合は方向弁別課題成績がチャンスレベルよりも高いのに対し，光点を倒
立することにより正答率がチャンスレベル付近に落ちることを見出した。とくに
足の光点運動のみを倒立にした場合にこの効果が強く現れることから，足の光点
運動の軌跡がこの倒立効果を引き起こすとしている。足の運動は重力と生体力学
的な制約を受け，その光点運動から進行方向を知覚することが可能である。しか
しながら，光点運動を倒立してしまうと，われわれの視覚系にとっては奇妙な運
動軌跡となり，その運動方向を弁別することが困難となる。このように，バイオ
ロジカルモーション知覚処理にみられる2つの倒立効果から，光点から知覚され
る形態情報処理といった単一の処理ではなく，光点の動的な側面に関する倒立効
果も加えた少なくとも2つの処理過程が関与していると考えることができる。

　このような2つの倒立効果は，バイオロジカルモーション知覚には階層的処理
が存在することを示唆する。トローヤ（Troje, 2008）は，バイオロジカルモーショ

---

[3]　このようなバイオロジカルモーションに関するデモンストレーションはたとえば，http : //www.
biomotionlab.ca/demos.php で体験できる。

ン知覚処理は複数の段階から構成されていることを提唱している。これによれば
バイオロジカルモーションの知覚処理には ①生物検出（life detection），②動きか
らの形態検出（structure from motion），③行為の認識（action recognition），④スタイル
の認識（style recognition）の少なくとも 4 つの段階が関与し，それぞれの段階では
光点運動から異なる情報を抽出するとしている。最初の段階（life detection）では，
たとえば単一の光点運動のみから生物らしさを検出する。これは，バイオロジカ
ルモーションの局所的な動き情報（加速度）の操作によって，生物らしさの印象
が変わる研究結果からも支持されよう（Chang & Troje, 2008）。生物らしさが検出さ
れたあとに，2 番目の段階（structure from motion）では光点運動から（ヒトあるいは
動物の）形態を検出する。さらに 3 番目の段階（action recognition）では検出された
形態情報から運動のカテゴリを検出し，4 番目の段階（style recognition）は性別，
感情など対象のより詳細な情報を抽出するとしている。

第 2 節　生物学的知覚を支える脳内機構と発達変化

「生物らしさ」知覚を支える「動き情報」に関しては，幾何学図形の動きやバ
イオロジカルモーションに関する研究が多数行われてきた。では，これらの知覚
処理を支える神経基盤はどのようになっているだろうか？

1　動き情報に基づく生物学的知覚の神経基盤

動き情報に基づく「生物学的知覚」に関する研究として，ハイダーとジンメル
（Heider & Simmel, 1944）らの提示刺激を用いたものがある。幾何学図形が意図を
もったような動きが提示された場合には，ランダムな動きと比較して上側頭溝
（superior temporal sulcus : STS）付近に活動がみられた（Castelli et al., 2000）。また，「バ
イオロジカルモーション」知覚で活動する脳部位は視線や意図の検出など社会的
知覚にかかわる，いわゆるソーシャルブレインネットワークの一つに含まれる後
部上側頭溝（posterior superior temporal sulcus : pSTS）（Grossman & Blake, 2001, 2002）のほ
か，ヒトの身体刺激に対して選択的に活動する紡錘状回身体領域（fusiform body
area : FBA），外側身体領域（extrastriate body area : EBA）（Peelen et al., 2006）や自己と他者
の行為を表象するミラーシステム（Rizzolatti & Craighero, 2004）の一部である運動前
野（premotor cortex : PM）（Saygin et al., 2004）などが関与している。さらに経頭蓋磁
気刺激法（transcranial magnetic stimulation : TMS）を用いた後部上側頭溝の活動の抑制
による研究（Grossman et al., 2005）や神経心理学的な研究（Saygin, 2007）により，後

部上側頭溝だけでなく，運動前野領域もバイオロジカルモーション知覚処理に関与することが示されている。

　これらバイオロジカルモーション知覚処理に関連した脳活動の空間的な同定に加え，その処理の時間的側面についても明らかになりつつある。これまでにもヒトを対象に，顔や身体静止画を提示した際にはおよそ150〜200ミリ秒後に「選択的」に後頭側部において計測される陰性方向の事象関連電位（event-related potential : ERP）成分であるN170（Bentin et al., 1996）やN190（Stekelenburg & de Gelder, 2004）が報告されているが，バイオロジカルモーションに関しても同様に電気生理学的な指標は確立できるのであろうか？

　平井らはバイオロジカルモーション刺激に対する指標を確立するために，その神経活動をERP計測により明らかにしてきた。バイオロジカルモーションと各光点をランダムに配置したスクランブルモーションを提示した際の脳活動を計測した結果，刺激提示後200ミリ秒，さらには300〜400ミリ秒後に2つの陰性成分の活動を計測した（Hirai et al., 2003）。平井らの脳磁図計測を用いた実験においても後期成分に相当する成分に対して信号源を推定した結果，後部上側頭溝付近において同様に400ミリ秒でヒト光点運動パターンに対する活動がみられた（Hirai et al., 2008）。これら2つの成分の機能を同定するため，順応パラダイムと呼ばれる手法を用いた結果，初期成分についてはバイオロジカルモーションの局所的な運動情報に鋭敏であり，後期成分は光点運動の全体的なパターン処理に鋭敏である可能性が示された（Hirai & Kakigi, 2008）。これを裏づけるように，バイオロジカルモーションと道具の光点運動を提示した場合，刺激提示後約500ミリ秒後に右半球上側頭溝および中側頭回（middle temporal gyrus : MTG），左半球の下側頭溝（inferior temporal suclus : ITS）付近においてバイオロジカルモーションに対して道具の光点運動よりも強い活動が示された（Safford et al., 2010）。これは，光点の運動パターンから知覚される動き情報の属性に関する処理が長い潜時で関与していることを示唆している。

　これらの研究結果は，先に示したバイオロジカルモーション知覚処理における階層処理モデルと対応し，初期成分は形態情報によらない局所的な動きから検出される生物らしさに関する処理「①生物検出」を，後期成分については，動きから知覚される「②ヒトらしい形態に関する処理」を反映するのかもしれない。では，このような「生物学的知覚」はいつから可能となり，それがどのように変化するのだろうか？

第3章　生物知覚の脳内機構　**41**

2 動き情報に基づく生物学的知覚の発達変化

「動き情報」に基づく生物らしさ知覚の発達に関する研究報告では，たとえば生後数日の新生児において，バイオロジカルモーションへの選好があることが報告されている。たとえばメアリーらは生後4日の乳児ですでに生物らしい単一光点の運動パターンに対する選好がみられることを示している（Méary et al., 2007）。さらに，生後2日の新生児においても倒立よりも正立のバイオロジカルモーションに対して選好があることを示している（Simion et al., 2008）。ヒトに限らず，ニワトリやメダカもこのようなバイオロジカルモーションへの選好を有することが報告されている。たとえば，孵化直後のニワトリの初生雛を用いた研究でもバイオロジカルモーションに対する選好が示されている（Vallortigara et al., 2005）。また，たとえば，メダカでも生物らしい動きに選好があることや（Matsunaga & Watanabe, 2012），ランダムではない，特定の周波数分布に偏った動きを提示した際には捕食行動がみられることが報告されている（Nakayasu & Watanabe, 2014）。

　このような生後初期にみられる生物らしい動きやバイオロジカルモーションへの選好は，その後の発達において変化し続ける。バーテンサールらの一連の研究（Bertenthal et al., 1984 ; Bertenthal et al., 1987）では生後3〜5カ月の間にバイオロジカルモーションと光点の位相関係をずらした刺激を弁別することが可能になること，フォックスらによる研究（Fox & McDaniel, 1982）では生後4カ月でバイオロジカルモーションとランダムの点を弁別することができることが示されている。また，動きから知覚されるヒトらしさだけでなく，ヒトとモノの動きの区別，あるいは，動きから知覚される意図理解なども生後6〜12カ月の間に急速に発達することが示されている（Gergely et al., 1995 ; Woodward et al., 1993）。一方，このような知見に対し，新生児でも目的志向的な動きへの選好があるなど（Craighero et al., 2011）の報告があり，今後，生後初期にみられる動きから知覚される生物らしさや意図理解の発達過程に関する研究が必要であろう。

　バイオロジカルモーションのようなヒトの動きのパターン検出に関する発達過程は，10歳まで変化し続ける（Freire et al., 2006 ; Pavlova et al., 2001）。これらの研究結果は，バイオロジカルモーションの検出に関する神経回路は生まれながらに備わっている可能性が高いが，10歳付近までその処理過程が変化することを示している。

3 動き情報に基づく生物学的知覚の神経基盤の発達変化

このような「生物らしい」動き処理の神経基盤はどのように発達するのだろう

か？　平井らの脳波研究によれば生後 8 カ月児においてすでにバイオロジカル
モーションとスクランブルモーションで ERP が異なること（Hirai & Hiraki, 2005 ;
Reid et al., 2006）が報告されている。また，8 カ月児において，生物学的に可能な
動きと不可能な動きで ERP が異なることも報告されている（Reid et al., 2008）。平
井らの 5 歳から 14 歳までの児童を対象とした脳波研究（Hirai et al., 2009）によれば，
10 歳までは初期成分については発達的な変化を遂げるが，11 歳群では成人のそ
れと変化しないことが示された。一方，後期成分については発達的な変化はみら
れなかった。fMRI による研究では，学童期（7 歳から 10 歳）における後部上側頭
溝の活動が発達にともなって変化することが示されている（Carter & Pelphrey, 2006）。
このような動きの情報からヒトの動きを知覚するだけでなく，動き情報から目的
の表象に関連する脳活動が，前頭頂間溝（anterior intraparietal sulcus : aIPS）において
すでに 9 カ月児でみられる（Southgate et al., 2014）。

　これらの研究結果から，少なくとも生後すぐに皮質下の「生物検出器」のはた
らきによって生物らしい動きへ選好が生じ，その後生後 1 年の間に皮質上の動き
から構成される生物の形態学的な処理が発達にともない変化する可能性が考えら
れる。とくに皮質上では上側頭溝といった「生物らしさ」を検出する神経回路の
発達にともない，意図・目的に関する処理についても急速に変化する可能性が考
えられる。しかしながら，現時点においては十分なエビデンスが蓄積しておらず，
今後のさらなる研究が待たれる。

まとめ

　本章では，社会的知覚・認知の基盤となる「生物学的知覚」について，「動き
情報」に解体し，その知覚メカニズム，神経基盤，発達変化について概観した。
われわれの知覚システムは，動き情報に含まれる「生物らしさ」を検出する仕組
みをあらかじめ備えており，その知覚・認知特性が発達にともないゆるやかに変
化する。今後，「生物学的知覚」を構成する要因とそれらの発達過程について明
らかにする必要がある。また，近年，このような「生物学的知覚」が非定型発達
児において異なることが多数報告されており，生物学的知覚の定型発達メカニズ
ムについて解明するだけでなく，その非定型発達メカニズムについても明らかに
することは重要であろう。

引用文献

Bentin, S., Allison, T., Puce, A., Perez, E., & McCarthy, G. (1996). Electrophysiological studies of face perception in humans. *Journal of Cognitive Neuroscience*, **8**, 551−565.

Bertenthal, B. I., Proffitt, D. R., & Cutting, J. E. (1984). Infant sensitivity to figural coherence in biomechanical motions. *Journal of Experimental Child Psychology*, **37**, 213−230.

Bertenthal, B. I., Proffitt, D. R., & Kramer, S. J. (1987). Perception of biomechanical motions by infants : Implementation of various processing constraints. *Journal of Experimental Psychology : Human Perception and Performance*, **13**, 577−585.

Brothers, L. (1990). The social brain : A project for integrating primate behavior and neurophysiology in a new domain. *Concepts in Neuroscience*, **1**, 27−51.

Carter, E. J., & Pelphrey, K. A. (2006). School-aged children exhibit domain-specific responses to biological motion. *Social Neuroscience*, **1**, 396−411.

Castelli, F., Happé, F., Frith, U., & Frith, C. (2000). Movement and mind : A functional imaging study of perception and interpretation of complex intentional movement patterns. *NeuroImage*, **12**, 314−325.

Chang, D. H. F., & Troje, N. F. (2008). Perception of animacy and direction from local biological motion signals. *Journal of Vision*, **8**(5) : 3, 1−10. doi : 10.1167/8.5.3

Craighero, L., Leo, I., Umiltà, C., & Simion, F. (2011). Newborns' preference for goal-directed actions. *Cognition*, **120**, 26−32.

Cutting, J. E., & Kozlowski, L. T. (1977). Recognizing friends by their walk : Gait perception without familiarity cues. *Bulletin of the Psychonomic Society*, **9**, 353−356.

Dittrich, W. H. (1993). Action categories and the perception of biological motion. *Perception*, **22**, 15−22.

Dittrich, W. H., Troscianko, T., Lea, S. E., & Morgan, D. (1996). Perception of emotion from dynamic point-light displays represented in dance. *Perception*, **25**, 727−738.

Downing, P. E., Bray, D., Rogers, J., & Childs, C. (2004). Bodies capture attention when nothing is expected. *Cognition*, **93**, B27−B38.

Farah, M. J., Tanaka, J. W., & Drain, H. M. (1995). What causes the face inversion effect? *Journal of Experimental Psychololgy : Human Perception and Performance*, **21**, 628−634.

Fox, R., & McDaniel, C. (1982). The perception of biological motion by human infants. *Science*, **218**, 486−487.

Freire, A., Lewis, T. L., Maurer, D., & Blake, R. (2006). The development of sensitivity to biological motion in noise. *Perception*, **35**, 647−657.

Gao, T., McCarthy, G., & Scholl, B. J. (2010). The wolfpack effect : Perception of animacy irresistibly influences interactive behavior. *Psychological Science*, **21**, 1845−1853.

Gergely, G., Nádasdy, Z., Csibra, G., & Biró, S. (1995). Taking the intentional stance at 12 months of age. *Cognition*, **56**, 165−193.

Grossman, E. D., Battelli, L., & Pascual-Leone, A. (2005). Repetitive TMS over posterior STS disrupts perception of biological motion. *Vision Research*, **45**, 2847−2853.

Grossman, E. D., & Blake, R. (2001). Brain activity evoked by inverted and imagined biological motion. *Vision Research*, **41**, 1475−1482.

Grossman, E. D., & Blake, R. (2002). Brain areas active during visual perception of biological motion. *Neuron*, **35**, 1167−1175.

Heider, F., & Simmel, M. (1944). An experimental study of apparent behavior. *The American Journal of Psychology*, **57**, 243−259.

Hirai, M., Fukushima, H., & Hiraki, K. (2003). An event-related potentials study of biological motion perception in humans. *Neuroscience Letters*, **344**, 41−44.

Hirai, M., & Hiraki, K.（2005）. An event-related potentials study of biological motion perception in human infants. *Cognitive Brain Research*, **22**, 301−304.

Hirai, M., & Kakigi, R.（2008）. Differential cortical processing of local and global motion information in biological motion : An event-related potential study. *Journal of Vision*, **8**(16)：2, 1−17. doi： 10.1167/8.16.2

Hirai, M., Kaneoke, Y., Nakata, H., & Kakigi, R.（2008）. Neural responses related to point-light walker perception : A magnetoencephalographic study. *Clinical Neurophysiology*, **119**, 2775−2784.

Hirai, M., Watanabe, S., Honda, Y., & Kakigi, R.（2009）. Developmental changes in point-light walker processing during childhood and adolescence : An event-related potential study. *Neuroscience*, **161**, 311−325.

Johansson, G.（1973）. Visual perception of biological motion and a model for its analysis. *Perception and Psychophysics*, **14**, 201−211.

Kozlowski, L. T., & Cutting, J. E.（1977）. Recognizing the sex of a walker from a dynamic point-light display. *Perception and Psychophysics*, **21**, 575−580.

Langton, S. R., Law, A. S., Burton, A. M., & Schweinberger, S. R.（2008）. Attention capture by faces. *Cognition*, **107**, 330−342.

Mather, G., Radford, K., & West, S.（1992）. Low-level visual processing of biological motion. *Proceedings of the Royal Society B : Biological Sciences*, **249**, 149−155.

Matsunaga, W., & Watanabe, E.（2012）. Visual motion with pink noise induces predation behaviour. *Scientific Reports*, **2**, 219. doi：10.1038/srep00219

Méary, D., Kitromilides, E., Mazens, K., Graff, C., & Gentaz, E.（2007）. Four-day-old human neonates look longer at non-biological motions of a single point-of-light. *PLoS ONE*, **2**, e186. doi： 10.1371/journal.pone.0000186

Nakayasu, T., & Watanabe, E.（2014）. Biological motion stimuli are attractive to medaka fish. *Animal Cognition*, **17**, 559−575.

Neri, P., Luu, J. Y., & Levi, D. M.（2006）. Meaningful interactions can enhance visual discrimination of human agents. *Nature Neuroscience*, **9**, 1186−1192.

New, J., Cosmides, L., & Tooby, J.（2007）. Category-specific attention for animals reflects ancestral priorities, not expertise. *Proceedings of the National Academy of Sciences of the United States of America*, **104**, 16598−16603.

Pavlova, M., Krägeloh-Mann, I., Sokolov, A., & Birbaumer, N.（2001）. Recognition of point-light biological motion displays by young children. *Perception*, **30**, 925−933.

Pavlova, M., & Sokolov, A.（2000）. Orientation specificity in biological motion perception. *Perception and Psychophysics*, **62**, 889−899.

Peelen, M. V., Wiggett, A. J., & Downing, P. E.（2006）. Patterns of fMRI activity dissociate overlapping functional brain areas that respond to biological motion. *Neuron*, **49**, 815−822.

Premack, D., & Premack, A. J.（1995）. Intention as psychological cause. In D. Sperber, D. Premack, & A. J. Premack（Eds.）. *Causal cognition : A multidisciplinary debate*（pp.185−199）. New York： Clarendon Press /Oxford University Press.

Reid, V. M., Hoehl, S., Landt, J., & Striano, T.（2008）. Human infants dissociate structural and dynamic information in biological motion : Evidence from neural systems. *Social Cognitive and Affective Neuroscience*, **3**, 161−167.

Reid, V. M., Hoehl, S., & Striano, T.（2006）. The perception of biological motion by infants： An event-related potential study. *Neuroscience Letters*, **395**, 211−214.

Rizzolatti, G., & Craighero, L. (2004). The mirror-neuron system. *Annual Review of Neuroscience*, **27**, 169–192.

Safford, A. S., Hussey, E. A., Parasuraman, R., & Thompson, J. C. (2010). Object-based attentional modulation of biological motion processing : Spatiotemporal dynamics using functional magnetic resonance imaging and electroencephalography. *Journal of Neuroscience*, **30**, 9064–9073.

Saygin, A. P. (2007). Superior temporal and premotor brain areas necessary for biological motion perception. *Brain*, **130**, 2452–2461.

Saygin, A. P., Wilson, S. M., Hagler, D. J., Jr., Bates, E., & Sereno, M. I. (2004). Point-light biological motion perception activates human premotor cortex. *Journal of Neuroscience*, **24**, 6181–6188.

Sebanz, N., & Shiffrar, M. (2009). Detecting deception in a bluffing body : The role of expertise. *Psychonomic Bulletin and Review*, **16**, 170–175.

Simion, F., Regolin, L., & Bulf, H. (2008). A predisposition for biological motion in the newborn baby. *Proceedings of the National Academy of Sciences of the United States of America*, **105**, 809–813.

Southgate, V., Begus, K., Lloyd-Fox, S., di Gangi, V., & Hamilton, A. (2014). Goal representation in the infant brain. *NeuroImage*, **85**, 294–301.

Spelke, E., Phillips, A., & Woodward, A. L. (1995). Infants' knowledge of object motion and human action. In D. Sperber, D. Premack, & A. J. Premack (Eds.), *Causal cognition : A multidisciplinary debate* (pp.44–78). New York : Oxford University Press.

Stekelenburg, J. J., & de Gelder, B. (2004). The neural correlates of perceiving human bodies : An ERP study on the body-inversion effect. *NeuroReport*, **15**, 777–780.

Sumi, S. (1984). Upside-down presentation of the Johansson moving light-spot pattern. *Perception*, **13**, 283–286.

Takahashi, K., & Watanabe, K. (2015). Synchronous motion modulates animacy perception. *Journal of Vision*, **15**(8) : 17, 1–17. doi : 10.1167/15.8.17

Troje, N. F. (2008). Biological motion perception. In A. I. Basbaum, et al. (Eds.). *The senses : A comprehensive reference* (pp.231–238). Oxford : Elsevier.

Troje, N. F., & Westhoff, C. (2006). The inversion effect in biological motion perception : Evidence for a "life detector"? *Current Biology*, **16**, 821–824.

Uchiyama, M., Nishio, Y., Yokoi, K., Hirayama, K., Imamura, T., Shimomura, T., et al. (2012). Pareidolias : Complex visual illusions in dementia with Lewy bodies. *Brain*, **135**, 2458–2469.

Vallortigara, G., Regolin, L., & Marconato, F. (2005). Visually inexperienced chicks exhibit spontaneous preference for biological motion patterns. *PLoS Biology*, **3**, e208. doi : 10.1371/journal.pbio.0030208

Woodward, A. L., Phillips, A. T., & Spelke, E. (1993). Infants' expectation about the motion of animate versus inanimate objects. *Proceedings of the 15th annual meeting of the Cognitive Science Society, Boulder, CO* (pp.1087–1091). Hillsdale, NJ : Erlbaum.

第4章
顔認知の神経基盤

大塚由美子

　われわれは他者の顔から，その人物が見知らぬ人物か，あるいは知人のうち誰であるか，その人物の性別や年齢，感情の状態の他，注意の方向といったさまざまな情報を瞬時に読み取ることができる。ニューロイメージング技術の発展にともない，このような顔認知能力の神経基盤を解明しようとする試みが精力的に行われてきた。本章では顔認知の神経基盤について，ハクスビー（Haxby, J. V.）らのモデルを中心として，主に機能的磁気共鳴画像法（functional magnetic resonance imaging : fMRI）を用いて得られた成人からの知見を紹介するとともに，乳児を対象とした研究を中心として発達に関する知見を紹介する。

第1節　成人の顔認知の神経基盤

1　顔反応領域

　顔認知に選択的に関与する脳領域の存在は，脳損傷による相貌失認患者についての知見からはじめて示唆された。1980年代には，マカクサルを対象とした単一細胞記録研究において，顔に選択的に反応を示すニューロンの存在が明らかにされ（Desimone et al., 1984 ; Gross et al. 1972 ; Perrett et al., 1982 ; Rolls, 1984），1990年代になると fMRI を用いることで，ヒトの紡錘状回（fusiform gyrus : FG）の一部の領域が顔に対して特異的に強い反応を示すことを明らかにされた（Kanwisher et al., 1997 ; McCarthy et al., 1997）。後に，顔に選択的な反応を示す領域（顔領域）は紡錘状回の他，下後頭回（inferior occipital gyrus : IOG）（Haxby et al., 1999 ; Gauthier et al., 2000）や上側頭溝の後部（posterior superior temporal sulcus : pSTS）などにも存在することが報告されてきた（Hoffman & Haxby, 2000 ; Kanwisher et al., 1997）。

2 ハクスビーらの顔認知の神経基盤モデル

2000 年にハクスビーほか（Haxby et al., 2000）は上記の 3 つの顔領域を顔情報の視覚的分析を担う中核システム（core system）と位置づける顔認知の神経基盤モデルを提案した。このうち下後頭回は顔特徴の初期の分析を担い，その出力を紡錘状回や上側頭溝の顔領域へと伝達すると仮定された。顔から認識される情報の中でも，人物を同定するためには顔の向きや視線方向，口の動きや表情などの変化を無視して普遍的な形態の特徴を抽出することが必要とされる。一方で，上記のように人物同定の際に無視される表情や視線，唇の動きなどはそれ自体，社会的コミュニケーションのための重要な情報である。これら 2 種類の視覚情報処理を比較的独立したものとして仮定したブルースとヤング（Bruce & Young, 1986）の顔認知モデルに基づいて，ハクスビーらは人物同定などの顔の普遍的情報については紡錘状回の顔領域で，表情や視線，口の動きなどの顔の可変的情報については上側頭溝（superior temporal sulcus：STS）において，それぞれ独立に表象されると提案した。さらに彼らは，上記 3 つの中核システムと協調して，顔への選択性をもたず注意や発話理解・情動・個人に関する知識などの情報の処理をそれぞれ専門的に担うさまざまな脳領域が，顔の視覚的情報からさまざまな意味を引き出すために機能すると提案した。

このうち，下後頭回顔領域が，顔の視覚情報の初期の分析を担うという提案を支持する証拠としては，下後頭回顔領域の顔情報処理が他の 2 領域に先行して生じることを示した脳波と fMRI の同時計測を行った研究（Sadeh et al., 2010）や，顔提示後 100 ミリ秒以内に行われた下後頭回顔領域への経頭蓋磁気刺激（transcranial magnetic stimulation：TMS）が顔認識を阻害することを示した研究がある（Pitcher et al., 2007）。

これまでに紡錘状回が人物同定に関与することや（Ewbank & Andrews, 2008；Rotshtein et al., 2005 など），上側頭溝が表情や視線知覚に関与することを支持する多くの報告がなされてきた（Calder et al., 2007；Engell & Haxby, 2007；Said et al., 2010）。また，人物同定と表情認識が比較的独立した経路で処理されていることを支持する知見もある（Winston et al., 2004）。一方で，紡錘状回の表情変化への感受性を示した知見も存在することから，人物同定処理と表情処理の厳格な分離には疑問も呈されている（Calder, 2011）。

3 人物に普遍的な表情処理・顔の向きや表情に普遍的な人物同定処理

われわれはどの人物の顔からも一貫して笑顔や怒りなどの共通の表情を読み取

ることができる。このような人物に普遍的な表情の処理に上側頭溝が関与することを示唆した知見としては，ハリスほか（Harris et al., 2012）の研究がある。彼らは上側頭溝後部の顔領域と扁桃体（amygdala）は人物が同一であるか否かにかかわらず，表情の変化に高い反応を示すと報告した。一方，後頭部や紡錘状回の顔領域は顔の人物が同一である場合にのみ，表情変化に対する反応の増加を示した。さらに，物理的な画像の変化量を統制した条件であっても，扁桃体は同じカテゴリー内の表情変化（笑顔とやや弱い笑顔）よりもカテゴリーを越えた表情変化（笑顔と恐れ顔など）に高い反応を示した。一方で，上側頭溝顔領域はカテゴリー内・カテゴリー間の表情変化に等しく反応したと報告している。これらの結果は上側頭溝の顔領域が表情の連続的な処理を担い，扁桃体が表情のカテゴリカルな処理を担っていることを示唆する。

　われわれはある程度の顔の向きや表情の変化にかかわらず，人物を同定することができる。このような普遍的な人物同定の処理に関与する脳領域を明らかにする試みが，fMRI 順応法を用いて行われてきた。fMRI 順応法は繰り返される刺激に対する特定の脳部位の活動の低下（神経順応）と，刺激の変化に対する活動の回復を調べることで，その脳部位で識別される刺激の特性を検討しようとする方法である。しかし，fMRI 順応法を用いた多くの研究は，ハクスビーらのモデルの提案とは異なり紡錘状回が人物変化以外のさまざまな画像変化にも反応することを示し，この領域が普遍的顔情報処理を担うという考えに疑問を投げかけるものであった（Davies-Thompson et al., 2009 ; Natu et al., 2010, Table 1 参照）。一方で，領域ごとの活動の平均値を比較するのではなく，脳活動の分布に多変量パターン解析を行った研究では，紡錘状回が表情にかかわらず顔人物を表象することを示唆する知見も報告されている（Nestor et al., 2011）。また，近年，ガンチュパリほか（Guntupalli et al., 2017）はこの手法を用いて，右半球の下前頭前皮質（inferior prefrontal cortex : iPFC）では顔の向きにかかわらず顔人物に依存した反応パターンが示されたと報告した。さらに彼らは，後頭部からより前頭部の顔領域にかけて徐々に反応が人物普遍・視点依存のパターンから視点普遍・人物依存のパターンへと変化し，前頭部と後頭部の顔領域の中間に位置する紡錘状回では視点依存と人物依存の両方の反応パターンが確認されたと報告している。これらの結果は紡錘状回およびより前頭寄りに位置する顔領域が視点の変化に普遍的な人物同定処理に関与することを示唆する。

第 4 章　顔認知の神経基盤　49

第2節　乳児の顔認知の神経基盤

　乳児は誕生時から顔や顔のようなパターンを選好注視する（Farroni et al., 2005 ; Macchi Cassia et al., 2004 など）。新生児の顔選好反応は顔画像がもつ画像特性を反映したものである可能性も指摘されているが（Simion et al., 2001），生後 3〜5 カ月頃までにより顔に特異的な選好注視反応が生じるようになる（Chien, 2011 ; Turati et al., 2005）。新生児の顔選好には，上丘（superior colliculus : SC）や視床枕（pulvinar : Pul）などの皮質下の情報処理が関与すると主張する説もある（Johnson, 2005 ; Johnson et al., 1991）。ヒト新生児の顔検出に皮質下の神経機構が関与することを示す直接的な証拠はほとんどない。しかし，新生児が顔パターンへ注視を向ける反応（定位反応）に，顔パターンの提示視野位置が影響することを示した知見は皮質下機構の関与と一致すると考えられている（Simion et al., 1998）。シミョンほか（Simion et al., 1998）は，視覚皮質へ情報を送る膝状体－有線皮質投射系（geniculostriate system）と比較して皮質下へ投射する視覚経路は各眼の視野の鼻側よりも耳側からより多くの情報入力を受けることに注目した。そこで，もし新生児の顔選好反応が皮質下の情報処理に依存するのであれば，顔パターンを鼻側ではなく耳側の視野に提示した際により有効に乳児の定位反応を引き起こすと予測された。新生児の一方の目を覆った単眼観察状況での新生児の顔パターンへの定位反応を調べたところ，予測と一致して耳側の視野に画像が提示された場合にだけ新生児は顔パターンへの選好定位反応を示したのである。

　一方で，新生児の顔知覚に皮質が関与することを示唆する報告も存在する。ファローニほか（Farroni et al., 2013）は生後 5 日以内の新生児の左右両側頭部の脳活動を近赤外分光法（near-infrared spectroscopy : NIRS）を用いて計測した。NIRS では頭皮や頭蓋を透過しやすく血中ヘモグロビンに吸収されやすい近赤外光を頭皮上から照射する。皮質の表面から反射され戻ってきた光の量を分析することで脳活動に関連した血中ヘモグロビン濃度の相対的な変化を調べることができる。ファローニらの NIRS 計測の結果，玩具の画像とくらべて，顔の動画像に対して酸素化ヘモグロビン（oxy-Hb）濃度が有意に上昇したが，このような反応は機械的に動く玩具の動画像には生じず，顔などの社会的対象の知覚に関与する皮質メカニズムが生後まもなくから機能しはじめている可能性が示唆された。

　より年長の乳児を対象とした研究では，脳波や NIRS を用いたより多くの研究から顔観察時の皮質の脳活動が報告されている。さらに近年，いくつかの研究に

おいては幼児や乳児を対象として顔観察時の脳活動を fMRI を用いて検討する試みもなされてきた。以下では，顔認知機構の発達について得られた知見について脳活動の計測手法別に概説する。

1 脳波を用いた発達研究からの知見

　脳波を用いて顔に対する脳活動を検討した研究では，主に事象関連電位（event-related potential：ERP）が検討されてきた。ERP の計測では，特定の刺激に対する脳波の変化を繰り返し計測し，記録された脳波を平均化することで，その刺激にともなって生じる脳活動の時間的変化のパターンを検討する。成人を対象として顔に対する ERP を検討した研究は，刺激提示からおよそ 170 ミリ秒後に頭皮の後側頭領域で観察される成分が顔認知に関連することを報告してきた。この成分は N170 と呼ばれ，家，車，動物の顔などの物体よりも人の顔に対してより大きな陰性の振幅を示す（Bentin et al., 1996 ; Iidaka et al., 2006）。また，N170 は顔の向きに敏感であり，正立の顔よりも倒立の顔に対してより促進される（Rossion et al., 2000）が，物体や異種の顔に対しては倒立の影響を示さない（Bentin et al., 1996）。

　乳児を対象とした研究では顔処理に関連した成分として N290 と P400 の 2 つの成分が報告されてきた。N290 は乳児の後頭の電極で観察され，刺激提示から 290〜350 ミリ秒後に生じる陰性成分である（de Haan et al., 2003 ; Halit et al., 2003）。生後 3 カ月児においても N290 の振幅は顔に対して，同一の空間周波数成分を含むノイズ画像よりも大きく，左半球よりも右半球においてより大きい振幅を示す（Halit et al., 2004）。また，生後 3 カ月児と 9 カ月児においてヒトの顔に対してサルの顔よりも潜時が早く，より大きな振幅を示す（Halit et al., 2003）。9 カ月児では未知顔よりも既知顔に対して大きな振幅を示すこと（Scott et al., 2006）や，直前に提示される顔の人物によって潜時が影響を受けたという報告もあり（Peykarjou et al., 2016），この脳波成分が乳児による顔の人物同定処理に関与することが示唆される。また，N290 は生後 4 カ月児において顔の向きにかかわらず視線の逸れた顔画像よりもアイコンタクトを示す顔画像に対して大きな振幅を示すことが報告されている（Farroni et al., 2002 ; Farroni et al., 2004）。

　P400 は刺激提示から 390〜450 ミリ秒後にピークを迎える，後頭部の電極で最大となる陽性成分である（de Haan et al., 2003）。P400 の潜時は物体や（de Haan & Nelson, 1999 ; McCleery et al., 2009），視覚ノイズ（Halit et al., 2004），倒立したヒトの顔（Halit et al., 2003）とくらべて正立したヒトの顔に対して短い。また，既知顔や繰り返される顔と比較して新奇な顔に対してより大きな振幅が示されることや（Key et al.,

2009 ; Scott et al., 2006)，顔の表情によっても振幅の大きさが変化することが報告されている（Leppänen et al., 2007）。これらの潜時や振幅の差異は，P400 も顔の人物と表情の両方の識別処理に関与することを示唆する。

　乳児の頭皮上から得られた脳波データに基づいて，ERP 成分の脳内の発生源を推定する試みもなされている。N290 が乳児の視線知覚に関与することを報告したファローニほか（Farroni et al., 2002）のデータの信号源分析を行ったジョンソンほか（Johnson et al., 2005）は，上側頭溝の信号源よりも紡錘状回の信号源が視線に対する N290 反応の差異に寄与することを発見し，視線知覚には上側頭溝が強く関与することを示す成人からの知見との相違を指摘している。また，最近の研究で，ガイほか（Guy et al., 2016）は顔画像と玩具画像に対する生後 4.5〜7.5 カ月児の ERP を計測し，信号源の分析を行った。その結果 N290 の信号源として紡錘状回，海馬傍回（parahippocampal gyrus : PHG），および側頭極（temporal pole : TP）が推定された。一方，P400 の信号源については前頭および頭頂中央部，前側頭部，後側頭部と後頭部の関与が推定された。ただし，この研究では P400 の振幅は顔よりも玩具に対して大きかったため，顔特異的な処理を反映した反応ではない可能性も指摘された。

　成人での顔処理に関連する成分として N170 という単一の成分が観察されるが，乳児では上記のように N290 と P400 の 2 つの成分が観察される。乳児研究ではこのうち一方の成分のみが N170 へと発達するのではなく，両方の成分が発達過程で N170 へと統合されると議論されている（de Haan et al., 2003 ; Halit et al., 2003）。より年長の児童を対象とした研究では，N170 は 12 歳前後までは 2 つのピークをもち，その潜時は児童期から青年期にかけて年齢とともに減少すると報告されている（Miki et al., 2015 ; Taylor et al., 2004）。タイラーほか（Taylor et al., 2004）は 3〜4 歳の幼児から児童期にかけて観察される N170 の発達的変化の観点からも，乳児の N290 と P400 の両方の成分が N170 へと発達の過程で統合されるという見解は妥当なものであると議論している。この統合過程は，発達初期には時間的に分散して生じていた複数の処理段階が顔処理能力の発達にともなって視覚情報処理の初期段階へと時間的に統合されることにより生じると推測されている（Halit et al., 2003）。

2　NIRS を用いた発達研究からの知見

　新生児の脳の側頭領域が顔や顔の動きに対し選好的な反応を示す可能性を報告したファローニほか（Farroni et al., 2013）の研究と同様，NIRS を用いて乳児の顔に

対する脳活動を計測した多くの研究は側頭領域での計測を行ってきた。大塚ほか（Otsuka et al., 2007）は生後5～8カ月児の右側頭部で物体画像や倒立顔画像と比較して正立顔画像が総ヘモグロビン（total-Hb）濃度の上昇を引き起こすと報告した。NIRS では皮質表面の反応しか検出することができないことから，この反応は比較的に皮質の表面に位置する上側頭溝の活動に起因する可能性が推測された。後の研究でも，物体画像と比較して野菜や果物の配置関係から顔が知覚されるアルチンボルド画像（Arcimboldo images）や母親の顔画像，横向きの顔画像に対して乳児の側頭部の oxy-Hb 濃度や total-Hb 濃度が上昇したという報告がなされている（Kobayashi, Otsuka, Nakato, et al., 2012 ; Nakato, Otsuka, Kanazawa, Yamaguchi, Honda, et al., 2011 ; Nakato et al., 2009）。また，表情や視線方向の違いに応じた反応の差異や（Grossmann et al., 2008 ; Nakato, Otsuka, Kanazawa, Yamaguchi, & Kakigi, 2011 ; Yamashita et al., 2012），顔のバイオロジカルモーションに対する反応（Ichikawa et al., 2010）を乳児の側頭領域において発見した研究もある。さらに，神経順応パラダイムを用いた研究では，生後7～8カ月児の側頭部において，顔の大きさや向き，表情などの変化にかかわらず，人物への順応が生じている可能性が示唆された（Kobayashi et al., 2011 ; Kobayashi, Otsuka, Kanazawa, et al., 2012, 2014）。

　側頭以外の領域での反応を検討した研究では，顔画像の視線方向の差異が生後4カ月児の右前頭前皮質（right prefrontal cortex : rPFC）付近の計測部位で oxy-Hb 濃度に影響することや（Grossmann et al., 2008），12カ月児の眼窩前頭皮質（orbitofrontal cortex : OFC）付近の計測部位で，無表情顔と比較して笑顔の動画像に対する oxy-Hb 濃度の上昇が母親の顔に限定して生じること（Minagawa-Kawai et al., 2009）が報告されている。

3　fMRI を用いた発達研究からの知見

　長年の間，乳児を対象として視覚刺激に対する脳活動を fMRI で計測することは困難であると考えられてきたが，ディーンほか（Deen et al., 2017）は顔，物体，身体，風景などの動画像を観察中の生後3～8カ月の乳児の脳活動を fMRI を用いて計測することに成功したと報告している。顔映像と風景映像への反応を比較した結果，顔に選好的に反応を示す領域が紡錘状回・側頭後頭皮質（lateral occipital cortex : LOC）・上側頭溝および内側前頭前皮質（medial prefrontal cortex : mPFC）に，風景に選好的反応を示す領域が海馬傍回と側頭後頭皮質に発見された。これらの乳児で観察された顔選好領域と風景選好領域の分布は成人で得られた結果と類似したものであった。さらに，これらの中に顔や風景に特異的に反応する領域があ

る可能性が検討されたが，成人とは異なり乳児では物体よりも顔や風景に特異的
に高い反応を示す領域は確認されなかったと報告している。

　幼児を対象とした fMRI 研究では，4〜5 歳児の紡錘状回において顔に特異的な
反応を示す領域を発見した研究もある（Cantlon et al., 2011）。一方，物体や風景に
選択性を示す領域とは異なり，顔に選択性を示す領域は児童期から青年期そして
成人期にかけて拡張することが報告されている（Golarai et al., 2007 ; Golarai et al.,
2010）。児童期における N170 の潜時の減少を報告した脳波を用いた研究と同様に，
これらの fMRI 研究は顔認知の基盤となる神経機構が長期にわたる発達過程をた
どることを示唆する。また，定量的磁気共鳴画像（quantitative magnetic resonance imag-
ing）の手法を用いることで，児童期から成人期にかけて顔選択性領域に特有な組
織特性の発達的変化が生じている可能性を示唆した報告もある（Gomez et al., 2017）。
ゴメズほか（Gomez et al., 2017）は児童期から成人期にかけての顔選択性領域の組
織特性の発達的な変化には，神経細胞軸索の髄鞘化だけでなく神経細胞周辺のタ
ンパク組織や星状膠細胞・グリア細胞の変化が関与する可能性を指摘している。

まとめ

　本章では主に成人と乳児を対象として顔に対する脳活動を記録した研究から得
られた知見を紹介し，発達初期の乳児においてさえ成人と類似した顔への脳活動
の特性が確認されることを示した。ERP 研究で示されたように，成人と乳児の
脳活動の差異は時間的側面で顕著であり，乳児での反応は成人と比較して遅延し
て生じるようである。一方，脳活動の空間的分布は NIRS 研究や最近の fMRI 研
究で示されたように乳児期においてもすでに成人とおおよそ類似しているようで
ある。

　近年，健康な乳児の脳活動計測に適用可能な方法が増えつつあるが，いずれの
方法を用いた場合でも，乳児や幼児を対象とした計測は容易ではない。また，多
面的な顔認知能力の十数年にわたる長期的な発達過程の全貌を明らかにするのは
一朝一夕になしうる課題とはいい難いが，行動研究と脳活動計測手法を含むさま
ざまな手法からもたらされる発達的変化についての知見を照らし合わせることで
徐々に解明が進んでいくことが期待される。

引用文献

Bentin, S., Allison, T., Puce, A., Perez, E., & McCarthy, G.（1996）. Electrophysiological studies of face perception in humans. *Journal of Cognitive Neuroscience*, **8**, 551−565.

Bruce, V., & Young, A.（1986）. Understanding face recognition. *British Journal of Psychology*, **77**, 305−327.

Calder, A. J.（2011）. Does facial identity and facial expression recognition involve separate visual routes? In A. J. Calder, G. Rhodes, M. H. Johnson, & J. V. Haxby（Eds.）, *The Oxford handbook of face perception*（pp.427−448）. Oxford, UK : Oxford University Press.

Calder, A. J., Beaver, J. D., Winston, J. S., Dolan, R. J., Jenkins, R., Eger, E., et al.（2007）. Separate coding of different gaze directions in the superior temporal sulcus and inferior parietal lobule. *Current Biology*, **17**, 20−25.

Cantlon, J. F., Pinel, P., Dehaene, S., & Pelphrey, K. A.（2011）. Cortical representations of symbols, objects, and faces are pruned back during early childhood. *Cerebral Cortex*, **21**, 191−199.

Chien, S. H.（2011）. No more top-heavy bias : Infants and adults prefer upright faces but not top-heavy geometric or face-like patterns. *Journal of Vision*, **11**（6）. doi : 10.1167/11.6.13

Davies-Thompson, J., Gouws, A., & Andrews, T. J.（2009）. An image-dependent representation of familiar and unfamiliar faces in the human ventral stream. *Neuropsychologia*, **47**, 1627−1635.

de Haan, M., Johnson, M. H., & Halit, H.（2003）. Development of face-sensitive event-related potentials during infancy : A review. *International Journal of Psychophysiology*, **51**, 45−58.

de Haan, M., & Nelson, C. A.（1999）. Brain activity differentiatesface and object processing in 6-month-old infants. *Developmental Psychology*, **35**, 1113−1121.

Deen, B., Richardson, H., Dilks, D. D., Takahashi, A., Keil, B., Wald, L. L., et al.（2017）. Organization of high-level visual cortex in human infants. *Nature Communications*, **8**（13995）. doi : 10.1038/ncomms 13995

Desimone, R., Albright, T. D., Gross, C. G., & Bruce, C.（1984）. Stimulus-selective properties of inferior temporal neurons in the macaque. *Journal of Neuroscience*, **4**, 2051−2062.

Engell, A. D., & Haxby, J. V.（2007）. Facial expression and gaze-direction in human superior temporal sulcus. *Neuropsychologia*, **45**, 3234−3241.

Ewbank, M. P., & Andrews, T. J.（2008）. Differential sensitivity for viewpoint between familiar and unfamiliar faces in human visual cortex. *NeuroImage*, **40**, 1857−1870.

Farroni, T., Chiarelli, A. M., Lloyd-Fox, S., Massaccesi, S., Merla, A., Di Gangi, V., et al.（2013）. Infant cortex responds to other humans from shortly after birth. *Scientific Reports*, **3**（2851）. doi : 10.1038/srep 02851

Farroni, T., Csibra, G., Simion, F., & Johnson, M. H.（2002）. Eye contact detection in humans from birth. *Proceedings of the National Academy of Sciences of the United States of America*, **99**, 9602−9605.

Farroni, T., Johnson, M. H., & Csibra, G.（2004）. Mechanisms of eye gaze perception during infancy. *Journal of Cognitive Neuroscience*, **16**, 1320−1326.

Farroni, T., Johnson, M. H., Menon, E., Zulian, L., Faraguna, D., & Csibra, G.（2005）. Newborns' preference for face-relevant stimuli : Effects of contrast polarity. *Proceedings of the National Academy of Sciences of the United States of America*, **102**, 17245−17250.

Gauthier, I., Skudlarski, P., Gore, J. C., & Anderson, A. W.（2000）. Expertise for cars and birds recruits brain areas involved in face recognition. *Nature Neuroscience*, **3**, 191−197.

Golarai, G., Ghahremani, D. G., Whitfield-Gabrieli, S., Reiss, A., Eberhardt, J. L., Gabrieli, J. D., et al.（2007）. Differential development of high-level visual cortex correlates with category-specific recognition memory. *Nature Neuroscience*, **10**, 512−522.

Golarai, G., Liberman, A., Yoon, J. M., & Grill-Spector, K. (2010). Differential development of the ventral visual cortex extends through adolescence. *Frontiers in Human Neuroscience*, **3**(80). doi : 10.3389/neuro.09.080.2009

Gomez, J., Barnett, M. A., Natu, V., Mezer, A., Palomero-Gallagher, N., Weiner, K. S., et al. (2017). Microstructural proliferation in human cortex is coupled with the development of face processing. *Science*, **355**, 68−71.

Gross, C. G., Rocha-Miranda, C. E., & Bender, D. B. (1972). Visual properties of neurons in inferotemporal cortex of the Macaque. *Journal of Neurophysiology*, **35**, 96−111.

Grossmann, T., Johnson, M. H., Lloyd-Fox, S., Blasi, A., Deligianni, F., Elwell, C., et al. (2008). Early cortical specialization for face-to-face communication in human infants. *Proceedings of the Royal Society B : Biological Sciences*, **275**, 2803−2811.

Guntupalli, J. S., Wheeler, K. G., & Gobbini, M. I. (2017). Disentangling the representation of identity from head view along the human face processing pathway. *Cerebral Cortex*, **27**, 46−53.

Guy, M. W., Zieber, N., & Richards, J. E. (2016). The cortical development of specialized face processing in infancy. *Child Development*, **87**, 1581−1600.

Halit, H., Csibra, G., Volein, A., & Johnson, M. H. (2004). Face-sensitive cortical processing in early infancy. *Journal of Child Psychology and Psychiatry*, **45**, 1228−1234.

Halit, H., de Haan, M., & Johnson, M. H. (2003). Cortical specialisation for face processing : Face-sensitive event-related potential components in 3- and 12-month-old infants. *NeuroImage*, **19**, 1180−1193.

Harris, R. J., Young, A. W., & Andrews, T. J. (2012). Morphing between expressions dissociates continuous from categorical representations of facial expression in the human brain. *Proceedings of the National Academy of Sciences of the United States of America*, **109**, 21164−21169.

Haxby, J. V., Hoffman, E. A., & Gobbini, M. I. (2000). The distributed human neural system for face perception. *Trends in Cognitive Sciences*, **4**, 223−233.

Haxby, J. V., Ungerleider, L. G., Clark, V. P., Schouten, J. L., Hoffman, E. A., & Martin, A. (1999). The effect of face inversion on activity in human neural systems for face and object perception. *Neuron*, **22**, 189−199.

Hoffman, E. A., & Haxby, J. V. (2000). Distinct representations of eye gaze and identity in the distributed human neural system for face perception. *Nature Neuroscience*, **3**, 80−84.

Ichikawa, H., Kanazawa, S., Yamaguchi, M. K., & Kakigi, R. (2010). Infant brain activity while viewing facial movement of point-light displays as measured by near-infrared spectroscopy (NIRS). *Neuroscience Letters*, **482**, 90−94.

Iidaka, T., Matsumoto, A., Haneda, K., Okada, T., & Sadato, N. (2006). Hemodynamic and electrophysiological relationship involved in human face processing : Evidence from a combined fMRI-ERP study. *Brain and Cognition*, **60**, 176−186.

Johnson, M. H. (2005). Subcortical face processing. *Nature Reviews Neuroscience*, **6**, 766−774.

Johnson, M. H., Dziurawiec, S., Ellis, H., & Morton, J. (1991). Newborns' preferential tracking of face-like stimuli and its subsequent decline. *Cognition*, **40**, 1−19.

Johnson, M. H., Griffin, R., Csibra, G., Halit, H., Farroni, T., de Haan, M., et al. (2005). The emergence of the social brain network : Evidence from typical and atypical development. *Development and Psychopathology*, **17**, 599−619.

Kanwisher, N., McDermott, J., & Chun, M. M. (1997). The fusiform face area : A module in human extrastriate cortex specialized for face perception. *Journal of Neuroscience*, **17**, 4302−4311.

Key, A. P. F., Stone, W., & Williams, S. M. (2009). What do infants see in faces? ERP evidence of different roles of eyes and mouth for face perception in 9-month-old infants. *Infant and Child Development*, **18**, 149−162.

Kobayashi, M., Otsuka, Y., Kanazawa, S., Yamaguchi, M. K., & Kakigi, R.（2012）. Size-invariant representation of face in infant brain : An fNIRS-adaptation study. *NeuroReport*, **23**, 984−988.

Kobayashi, M., Otsuka, Y., Kanazawa, S., Yamaguchi, M. K., & Kakigi, R.（2014）. The processing of faces across non-rigid facial transformation develops at 7 month of age : A fNIRS-adaptation study. *BMC Neuroscience*, **15**（81）. doi : 10.1186/1471-2202-15-81

Kobayashi, M., Otsuka, Y., Nakato, E., Kanazawa, S., Yamaguchi, M. K., & Kakigi, R.（2011）. Do infants represent the face in a viewpoint-invariant manner? Neural adaptation study as measured by near-infrared spectroscopy. *Frontiers in Human Neuroscience*, **5**（153）. doi : 10.3389/fnhum.2011.00153

Kobayashi, M., Otsuka, Y., Nakato, E., Kanazawa, S., Yamaguchi, M. K., & Kakigi, R.（2012）. Do infants recognize the Arcimboldo images as faces? Behavioral and near-infrared spectroscopic study. *Journal of Experimental Child Psychology*, **111**, 22−36.

Leppänen, J. M., Moulson, M. C., Vogel-Farley, V. K., & Nelson, C. A.（2007）. An ERP study of emotional face processing in the adult and infant brain. *Child Development*, **78**, 232−245.

Macchi Cassia, V., Turati, C., & Simion, F.（2004）. Can a nonspecific bias toward top-heavy patterns explain newborns' face preference? *Psychological Science*, **15**, 379−383.

McCarthy, G., Puce, A., Gore, J. C., & Allison, T.（1997）. Face-specific processing in the human fusiform gyrus. *Journal of Cognitive Neuroscience*, **9**, 605−610.

McCleery, J. P., Akshoomoff, N., Dobkins, K. R., & Carver, L. J.（2009）. Atypical face versus object processing and hemispheric asymmetries in 10-month-old infants at risk for autism. *Biological Psychiatry*, **66**, 950−957.

Miki, K., Honda, Y., Takeshima, Y., Watanabe, S., & Kakigi, R.（2015）. Differential age-related changes in N170 responses to upright faces, inverted faces, and eyes in Japanese children. *Frontiers in Human Neuroscience*, **9**（263）. doi : 10.3389/fnhum.2015.00263

Minagawa-Kawai, Y., Matsuoka, S., Dan, I., Naoi, N., Nakamura, K., & Kojima, S.（2009）. Prefrontal activation associated with social attachment : Facial-emotion recognition in mothers and infants. *Cerebral Cortex*, **19**, 284−292.

Nakato, E., Otsuka, Y., Kanazawa, S., Yamaguchi, M. K., Honda, Y., & Kakigi, R.（2011）. I know this face : Neural activity during the mother' face perception in 7- to 8-month-old infants as investigated by near-infrared spectroscopy. *Early Human Development*, **87**, 1−7.

Nakato, E., Otsuka, Y., Kanazawa, S., Yamaguchi, M. K., & Kakigi, R.（2011）. Distinct differences in the pattern of hemodynamic response to happy and angry facial expressions in infants : A near-infrared spectroscopic study. *NeuroImage*, **54**, 1600−1606.

Nakato, E., Otsuka, Y., Kanazawa, S., Yamaguchi, M. K., Watanabe, S., & Kakigi, R.（2009）. When do infants differentiate profile face from frontal face? A near-infrared spectroscopic study. *Human Brain Mapping*, **30**, 462−472.

Natu, V. S., Jiang, F., Narvekar, A., Keshvari, S., Blanz, V., & O'Toole, A. J.（2010）. Dissociable neural patterns of facial identity across changes in viewpoint. *Journal of Cognitive Neuroscience*, **22**, 1570−1582.

Nestor, A., Plaut, D. C., & Behrmann, M.（2011）. Unraveling the distributed neural code of facial identity through spatiotemporal pattern analysis. *Proceedings of the National Academy of Sciences of the United States of America*, **108**, 9998−10003.

Otsuka, Y., Nakato, E., Kanazawa, S., Yamaguchi, M. K., Watanabe, S., & Kakigi, R.（2007）. Neural activation to upright and inverted faces in infants measured by near infrared spectroscopy. *NeuroImage*, **34**, 399−406.

Perrett, D. I., Rolls, E. T., & Caan, W. (1982). Visual neurones responsive to faces in the monkey temporal cortex. *Experimental Brain Research*, **47**, 329−342.

Peykarjou, S., Pauen, S., & Hoehl, S. (2016). 9-month-old infants recognize individual unfamiliar faces in a rapid repetition ERP paradigm. *Infancy*, **21**, 288−311.

Pitcher, D., Walsh, V., Yovel, G., & Duchaine, B. (2007). TMS evidence for the involvement of the right occipital face area in early face processing. *Current Biology*, **17**, 1568−1573.

Rolls, E. T. (1984). Neurons in the cortex of the temporal lobe and in the amygdala of the monkey with responses selective for faces. *Human Neurobiology*, **3**, 209−222.

Rossion, B., Gauthier, I., Tarr, M. J., Despland, P., Bruyer, R., Linotte, S., et al. (2000). The N170 occipito-temporal component is delayed and enhanced to inverted faces but not to inverted objects : An electrophysiological account of face-specific processes in the human brain. *NeuroReport*, **11**, 69−74.

Rotshtein, P., Henson, R. N., Treves, A., Driver, J., & Dolan, R. J. (2005). Morphing Marilyn into Maggie dissociates physical and identity face representations in the brain. *Nature Neuroscience*, **8**, 107−113.

Sadeh, B., Podlipsky, I., Zhdanov, A., & Yovel, G. (2010). Event-related potential and functional MRI measures of face-selectivity are highly correlated : A simultaneous ERP-fMRI investigation. *Human Brain Mapping*, **31**, 1490−1501.

Said, C. P., Moore, C. D., Engell, A. D., Todorov, A., & Haxby, J. V. (2010). Distributed representations of dynamic facial expressions in the superior temporal sulcus. *Journal of Vision*, **10**(5), 11. doi : 10.1167/10.5.11

Scott, L. S., Shannon, R. W., & Nelson, C. A. (2006). Neural correlates of human and monkey face processing in 9-month-old infants. *Infancy*, **10**, 171−186.

Simion, F., Macchi Cassia, V., Turati, C., & Valenza, E. (2001). The origins of face perception : Specific versus non-specific mechanisms. *Infant and Child Development*, **10**, 59−65.

Simion, F., Valenza, E., Umiltà, C., & Dalla Barba, B. (1998). Preferential orienting to faces in newborns : A temporal-nasal asymmetry. *Journal of Experimental Psychology : Human Perception and Performance*, **24**, 1399−1405.

Taylor, M. J., Batty, M., & Itier, R. J. (2004). The faces of development : A review of early face processing over childhood. *Journal of Cognitive Neuroscience*, **16**, 1426−1442.

Turati, C., Valenza, E., Leo, I., & Simion, F. (2005). Three-month-olds' visual preference for faces and its underlying visual processing mechanisms. *Journal of Experimental Child Psychology*, **90**, 255−273.

Winston, J. S., Henson, R. N., Fine-Goulden, M. R., & Dolan, R. J. (2004). fMRI-adaptation reveals dissociable neural representations of identity and expression in face perception. *Journal of Neurophysiology*, **92**, 1830−1839.

Yamashita, W., Kanazawa, S., Yamaguchi, M. K., & Kakigi, R. (2012). The effect of gaze direction on three-dimensional face recognition in infant brain activity. *NeuroReport*, **23**, 799−803.

第5章
心の理論に関する脳内機構

守口善也

　本章では，「心の理論に関する脳内機構」と題し，これまで心の理論に関して，ニューロイメージングなどの神経科学的な手法を用いて明らかになっている知見を概説し，それによって何がいえるのか，何がまだわからないのか，そして今後の方向性・可能性に関して議論する。心の理論に限らず，このような「社会神経科学」の分野は，人々の耳目を集めているトピックスであるものの，いまだ発展途上にある分野であり，解明されたことは氷山の一角であることをまず述べておきたい。ここでは，研究者がどのような動機で，このような漠たるテーマに向かって探索を行ってきたのかという，その息吹の幾ばくかが伝えられればよいと考えている。

　本章では，心の理論や発達障害とのかかわりの記載には力点を置かず，他章に譲るとして，脳科学，とくにニューロイメージングから心の理論を探索してみるとどのようにみえるのか，という視点で話を進めてみたい。また，大規模データベースを用いたメタ解析も，自験例として追加しておいた。心の理論という言葉自体の定義もやや広がりがあって，議論が多少総花的になる可能性があるが，「心の理論」というものを立体的にみることができるのであれば，あえて多面的に心の理論を考えてみるのもよいだろう。

第1節　心の理論とその背景

1　心の理論とは

　心の理論（theory of mind あるいは "ToM"）の定義そのものに関する詳細な議論は，他章に譲るとして，ここでは，他者の内的状態（感情，信念，知識など）について推論し，それに基づいて他者の行動を予測・解釈するために必要な認知能力（Wimmer & Perner, 1983）を指すものとする。

59

2 心の理論研究の背景としての自閉スペクトラム症（ASD）

「心の理論」の概念は霊長類研究に端を発している。プレマックとウッドラフの論文「チンパンジーには心の理論があるのか」(Premack & Woodruff, 1978) では，チンパンジーなどの霊長類が，他の個体の動物が感じ考えていることを推測しているかのような行動をとっていること，それは他者の行動に心の状態を帰属させるという「心の理論」という機能が働いているからであり，人間においてもこの機能が社会認知のキーとなるとの主張がなされた。この機能は，行動のように直接観察可能な「現象」というよりは，システムあるいは「理論」という言葉が適切であって，心というものに対する一般的な理論体系と解釈するべきである，として，「心の理論」という言葉が当てはめられた。

特にこの心の理論が注目されたのは，自閉症群とのかかわりからである。まず，「サリーとアン課題」（詳細は他章に譲る）のような「誤信念課題」(Baron-Cohen et al., 1985) が心の理論を行動学的に測定することができる，という前提があり，自閉症群が誤信念課題の達成に困難があることから，心の理論が，自閉症にみられる他者とのコミュニケーション障害を説明する病理仮説として台頭してきた，という歴史的な変遷がある。よって，心の理論に関するニューロイメージングを含めた神経学的研究も，この自閉症の障害仮説を念頭に置いたものが一つの主流であり，多くの自閉スペクトラム症（autism spectrum disorder : ASD）者が「心の理論」の脳画像研究の対象にされてきた。このあたりの ASD に関する詳細な議論は，第 10 巻を参照されたいが，以上のような生物学的研究の歴史的背景を理解しておくことは必要と考える。

第 2 節　脳機能画像

1　脳機能画像とは

脳機能画像（functional neuroimaging）とは，簡潔にいえば「脳の神経活動の画像化」ということであり，さまざまな手法が用いられる。ミリ秒単位で変化する神経電気活動を即時的に測定するものとして，たとえば神経細胞集団の電気活動の総和として起こる微弱な頭皮・脳表電流を測定するものが「脳波」(EEG) であり，神経電流にともなう微細な磁場変化を測定するものとして「脳磁図」(MEG) などがある。一方で，神経活動の間接的な測定手法として，局所的な神経活動にともなう局所の脳血流変化を測定する手法がとられることが多く，「単一光子放射型コンピュータ断層撮影」(SPECT)，「陽電子放出断層撮影」(PET)，「近赤外

分光法」（NIRS），「機能的磁気共鳴画像」（functional magnetic resonance imaging：fMRI）
などがある。これらのいずれもが「脳機能画像」の手法であり，長所短所がある
が，ここでは現在台頭している fMRI について述べる。

2 fMRI とは

　現在，非侵襲的に体内の構造を画像化することができ，医療的な診断・治療に
多く利用されている技術として磁気共鳴画像（MRI）が浸透している。この MRI
を用いて，脳内の構造のみならず，神経活動を画像化する手法が，現在普及して
いる fMRI である。fMRI は，1990 年に小川らによって発見された BOLD（blood
oxygen level dependent）効果と呼ばれる原理（Ogawa et al., 1990）を利用し，脳の賦活
化された局所領域で血流が変化したことによる磁化率変化をとらえている。

　血液中のヘモグロビンには，酸素と結合した酸素化ヘモグロビン（oxy-Hb）と，
結合していない脱酸素化ヘモグロビン（deoxy-Hb）が存在し，oxy-Hb が動脈血に
よって運搬され，体の局所に酸素を供給し，deoxy-Hb となって静脈血に返され
る。この deoxy-Hb は常磁性体で，周囲の組織との間にわずかな磁場不均一性を
生じる性質をもっている。この時点で MRI 高速撮像法のひとつの EPI（echo planar
imaging）を行うと，この局所の deoxy-Hb による磁場不均一は結果として MRI の
局所信号を相対的に低下させる方向に働いている。ここで，その局所の神経活動
が何らかの契機で上昇すると，そのきわめてわずかな酸素消費増加を補うために
動脈血が局所的に増加するが，補われるべきわずかな酸素消費量に比して動脈血
の増加は過剰である（過補償）であるので，局所の毛細血管～静脈では相対的に
deoxy-Hb が減少する。このため，局所の MRI 信号強度がわずかに（最高でも数
％）増加し，賦活脳部位が MRI 画像によって描出できる，というきわめて巧妙
なトリックを使っている。

　このトリックのおかげで，fMRI を用いた脳血流量変化の測定の際には，SPECT
や PET で必要な放射性物質の注射や造影などの生体への侵襲は必要なく，一般
的に病院などで普及している臨床用 MRI 装置にて安全に検査可能である。これ
が fMRI の最大の長所である。また，時間・空間分解能（解像度）が高く，かつ
反復測定が容易である。一方短所として留意が必要なのは，PET が血流量を直
接測定しているのに対し，fMRI では，血流変化を BOLD 効果によるトリックを
用いて「間接的に」測定している点であり，最大でも 2～3％ 程度のきわめて微
細な MRI 信号値の変化により脳賦活を描出しなければならない。また，神経活
動に付随する血流変化を測定するものであるため，時間分解能は秒単位であり，

脳波や脳磁図といったミリ秒単位の分解能のものには及ばない。さらに，動脈拍動や体動などのノイズ混在によって偽の脳活動が作り出されてしまうことや，眼窩前頭野，前・下内側側頭葉などの部分は副鼻腔の含気と接することによる磁化率アーチファクトと呼ばれるノイズのため，撮像が困難なことがある。

　実際によく行われる fMRI 研究の手順としては，被験者に MRI スキャナの中で何らかの神経心理学的な課題を行わせ，その際に，全脳の 3 次元 EPI 高速撮像（空間分解能は数 mm ごと）を数秒ごとに繰り返し行うことにより，3 次元の時系列脳画像データを得る。この時系列データを，SPM（Statistical Parametric Mapping ; Wellcome Department of Imaging Neuroscience, London, UK）などのソフトを用いて，各ボクセル（脳を数 mm 立方ごとに空間的に小さく区切った単位）ごとに統計検定する。課題・刺激に相応して活動すると仮定したデザイン（design matrix）に沿って，統計的に有意に BOLD 信号の変動があるボクセルが脳賦活部位として描出される。

第3節　心の理論に関するニューロイメージング研究

1　心の理論に関する脳機能画像研究の勃興

　先に述べたような，より非侵襲的で空間・時間分解能の優れた脳機能画像手法，とくに fMRI の発展にともなって，心の理論においても多くの脳画像研究が行われるようになった。2016 年までに，論文検索サイト（Pubmed）によって 'theory of mind' あるいは 'mentalizing' という用語がタイトルあるいは抄録にみられる，fMRI

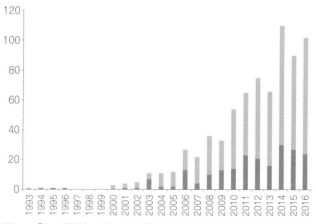

図5-1　「心の理論」を扱った国際論文数の年次推移（濃いアミは，タイトルの中に 'theory of mind' あるいは 'mentalizing' が含まれるもの）

あるいは PET 研究の数（図 5-1）の年次推移をみてみると，2000 年代に入ってから急増し，今では年間 100 件以上もの，心の理論を扱った脳機能画像研究（現在では多くは fMRI を用いたもの）が発表されていることになる。

2　方法論としての心の理論課題

多くの fMRI 研究で用いられてきたのは，心の理論の機能を必要とするような認知的な課題を MRI の中で行わせ，その際の時系列脳機能画像データから，局所脳血流変化を BOLD 信号の変化として描出しようとするものである。

これまで多く使われてきた課題（メタ解析は，Schurz et al., 2014 ; van Veluw & Chance, 2014 を参照）として，まず①誤信念課題がある。たとえば，登場人物が誤った信念をもっているというストーリーのシナリオを読ませたり，聞かせたり，写真を見せたりして，その後の行動を予測させた際の脳活動を測定させるといった課題である（まったく誤信念とは関係ない予測課題をコントロール課題として，誤信念課題のときとコントロール課題のときの脳活動を比較する）。さらに，②登場人物の性格を行動から判断させたときの脳活動，③他者理解をしなければいけないゲームをさせたときの脳活動（他者理解をしなくてよいゲームとの対比），④社会性をもったアニメーション（人のように動く三角形）を見せて，そこに人間の心を帰属させるような課題，⑤表情，とくに目の写真などから心的状況を読み取るような課題，⑥心の理論から判断して適当な行動を判断させること（たとえば，漫画を見せて，推察される登場人物の心的状態から行動を予測させるなど），といった，多彩な課題が用いられてきた。

ここではその中の代表的な課題として，カステリほか（Castelli et al., 2000）による三角形のアニメーション課題を挙げる（研究者 Uta Frith のホームページで，動画の例（silent animations）が公開されている：https : //sites.google.com/site/utafrith/research）。これは，大小の 2 つの三角形が，あたかもお互いが人間の気持ちをもっているかのように交流しながら動いてストーリーを紡ぐアニメーションである。つまり，無機質であるはずの三角形の動きに，どのくらい人の心の働きを帰属させるか，という能力が要求されるわけである。これを見てもらいながら，「三角形が何を考え，どんなふうに感じているのか」を想像してもらっているときの脳の活動を測定する（同じ距離だけ三角形が動くが，ランダムな動きのときの脳活動を統計解析で差し引きし結果を得る）。

3 メタ解析——フリスらの論文から

では，心の理論課題を使って脳機能画像研究を行うと，どのような脳領域の関与が示唆されるだろうか？　心の理論に関しての脳機能画像に関する，初めての体系立ったレビュー論文として，2003 年のフリスらの論文（Frith & Frith, 2003）があげられる。fMRI や PET などの脳機能画像を用いて，心の理論を必要とするさまざまな課題施行時の脳活動部位を集めて，より重要な脳の部分を編み出してみると，とくに 3 つの重要な脳の部位 – 後部上側頭溝（posterior superior temporal sulcus : pSTS），側頭極（temporal pole : TP），内側前頭前野（medial prefrontal cortex : MPFC）の 3 領域がクローズアップされる（図 5–2：上から順に）。さらに，こうした脳部位の活動は，ASD 群では低下することが認められる（Castelli et al., 2002）ので，ASD 者では，こうした心の理論に関する障害に何らかの神経的な異常が背景にあるのではないか，という議論が展開されるようになった。

その後のメタ解析でも，内側前頭前野と上側頭溝（superior temporal sulcus : STS）および側頭頭頂結合（temporo-parietal junction : TPJ）の関与が強調されており（Schurz et al., 2014 ; van Veluw & Chance, 2014），フリスらによる初期の知見をほぼ再現するものになっている。

4 Neurosynth による，心の理論の機能画像研究のメタ解析

ここで自験例として，Neurosynth（www.neurosynth.org）を用いた大規模 fMRI データベースによるメタ解析を提示したい。Neurosynth は NIH（National Institutes of Health）の助成下で 11,406 編の fMRI 論文に基づく 40 万以上の活動領域をデータベース化したものであり，すべてのデータが 3,107 の認知機能に関するキーワード（term）に紐付けられている（2017 年 4 月現在）（Yarkoni et al., 2011）。ここでは，term を 'theory mind' と指定し，この term に関連している 140 編の fMRI 論文で報告されている 6,092 の活動領域を，2 種類の方法（フォワード推定とリバース推定）で統計解析した。フォワード推定（forward inference）は，'theory mind' が使われている研究で，各ボクセルがどのくらい一貫して活動として認められているかを統計値（Z 値）として表示したものである（これは，一般の fMRI 研究で多くなされるアプローチである）。ただし，フォワード推定では，必ずしも心の理論課題でなくても，より非特異的に活動がみられる危惧がある。リバース推定（reverse inference）は，より term に関する「特異性」を重視した検定で，140 の 'theory mind' が使われている研究とデータベースのその他のすべての研究を比較し，Z 値化したものである。

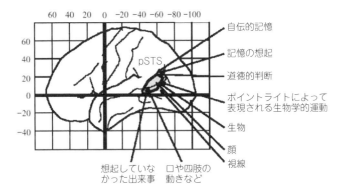
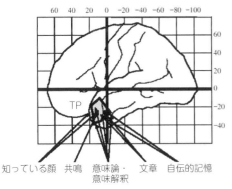
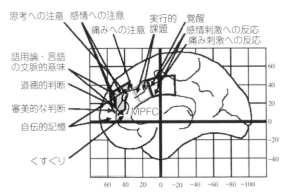

図5-2　心の理論における関連脳領域 (Frith & Frith, 2003) より

第5章　心の理論に関する脳内機構　65

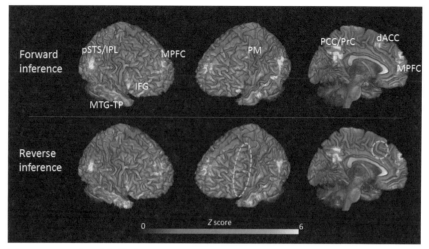

図5-3 fMRI 研究の大規模データベースを用いた「心の理論」のメタ解析（表中の統計閾値は $p<.01$, False Discovery Rate : FDR による多重比較補正下）（カラー口絵参照）

　結果をみてみると（図5-3），とくに両側の後部上側頭溝（pSTS）から下頭頂小葉（inferior parietal lobule : IPL），ミラーニューロンなどに関係すると考えられる下前頭回（inferior frontal gyrus : IFG），中側頭回（middle temporal gyrus : MTG）から側頭極（TP），内側前頭前野（MPFC），そして後部帯状回（posterior cingulate cortex : PCC）から楔前部（precuneus : PrC）などがより一貫して観察される脳領域であることがわかる。これらの領域は，過去のメタ解析でもおおむね示唆されているものである。また，ミラーニューロン（後述）などに関係する前運動野（premotor cortex : PM）や，背側前帯状回（dorsal anterior cingulate cortex : dACC）はフォワード推定では認められるが，リバース推定ではあまりはっきりとした結果がみえていない（図5-3下段　点線部囲い部）。この2領域は，他の幅広い認知パラダイムにも関係していて，さまざまな画像研究で非特異的に活動が認められていると考えられる。ただし，前運動野や背側前帯状回は心の理論にとって重要でないという意味ではなく，心の理論にとって「も」重要であるという意味である。もう一つ重要なことは，リバース推定が特異性により焦点を当てているといっても，あくまでこれは統計的な比較解析の結果であり，この領域が「心の理論」に特異的，ということを結論づけるものではないことを強調しておきたい。

　いずれにしても，メタ解析の結果からは，心の理論の認知プロセスが，ある一定の神経基盤をベースにしている様子がうかがえる。実は，「他者の表情の知覚」に関する脳画像研究のメタ解析論文でも，きわめて似たネットワークが描出され

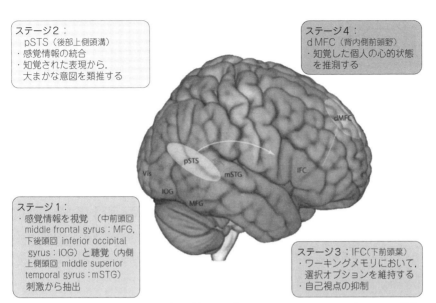

図5-4 表情知覚の評価における多段階処理モデル（Dricu & Frühholz, 2016）（カラー口絵参照）

ており（Dricu & Frühholz, 2016），その中で筆者らは表情の知覚情報の多段階モデルを提唱している（図5-4）。それによると，視覚・聴覚などの感覚情報は後頭葉や中側頭回から後部上側頭溝（下頭頂小葉に近接している）の統合領域に運ばれ，そこで基本的な「(他者の)意図」の情報の抽出が行われる（Decety & Lamm, 2007）。この段階で基礎的な感情が構築される。次にその情報を元にして，何らかの評価等の出力が要求される場合（fMRI 課題において多い）においては，その情報が下前頭葉（inferior frontal cortex：IFC）へと運ばれワーキングメモリに維持されながら，その感情の情報が社会コンテクストの中でもつ「意味」が付与される。同時に，自己の視点が抑制され，自己・他者の視点の整理が行われる。とくに，この自己視点の抑制は心の理論において強調される。反応抑制課題と自己視点課題の両方で下前頭回の活動が起こること（van der Meer et al., 2011），さらに同部位の障害例で自己視点抑制が難しくなること（Samson et al., 2005）から，下前頭回は自己視点抑制のコア領域とされる。最終的にこの情報は，背内側前頭野（dorsomedial frontal cortex：dMFC）に運ばれ，そこで他者の意図の推察が行われ，プロセスが最終化されると考えられる。このプロセスは，とくに表情画像に特化したものとは考えられず，「何らかの他人に関する知覚からその意図を推論する」という心の理論の脳内プロセスにも当てはまるものと考えられる。

さらに，楔前部も心の理論に重要な部位として挙がる領域である。楔前部の一つの役割は，より長期の記憶や（Brodt et al., 2016）個人的経験に基づいた長期のエピソード記憶の想起などにかかわっている（Cavanna & Trimble, 2006）ことから，心の理論においては，より経験による個人的な（社会的知識の）記憶から，知覚された他者の行動の意味を，自己の経験則から引き出すような役割を果たすものと考えられる。他にも，楔前部は，内側前頭前野とともに cortical midline structures と呼ばれるネットワークを形成し，「自己参照」機能，つまり自分を振り返ることにかかわる脳領域とされ（Northoff et al., 2006），その際に必要な視点の転換（とくに第三人称視点を取得）に関与していることが示唆されている（Mano et al., 2009；間野・米田，2015 ; Schaafsma et al., 2015）。

　側頭極の関与については，左側側頭極が傷害されても心の理論が保たれているケースもあり（Michel et al., 2013），本当に心の理論で必須なのかは議論が続いている。

第4節　ニューロイメージングからみた心の理論の諸相

1　心の理論と関連概念，とくにミラーニューロンとの異同

　以上のような心の理論に関する脳機能画像からみえてくるのは，とくにミラーニューロン，共感，モラルなどの他の社会認知機能との共通項である。

　ここではミラーニューロンについて触れる。サルの研究中に，自分がある運動をしても，他者が同じ意図をもった運動をしても共通に反応する，つまり，まるで相手の運動が，自分の頭の中で模倣・再現されているかのような運動系の神経があることがわかり，「ミラーニューロン」と名づけられた（Fogassi et al., 2005 ; Gallese et al., 1996 ; Rizzolatti et al., 1996）。このミラーニューロンは下前頭回（サル F5 領域）と下頭頂小葉の前運動神経に見いだされたこと，とくにこの F5 領域が，ヒトでは下前頭回のブローカ野（言語領域）に相当すると考えられること，模倣が言語獲得において重要な役割を果たすことなどから，ミラーニューロンは，模倣によって他人の行動を理解し，心の理論の能力を修得する際に重要であると提唱する研究者もいた。実際に，前述のメタ解析では，心の理論ネットワーク領域は，ミラーニューロン領域とオーバーラップしている部分もある（下頭頂小葉，下前頭回，前運動野）。心の理論課題とミラーニューロン課題を同一被験者で行った初めての fMRI 研究（Ohnishi et al., 2004）でも，やはり共通の神経基盤が見いだされている。以上，脳画像研究からは，心の理論の発達にとって，ミラーニューロンはあ

る一定の役割を果たしていることが示唆される。異なるのは，ミラーニューロンのネットワークは，観察された運動の内部シミュレーションという「感覚運動」の要素が強いことであり，心の理論よりは，より自動的なプロセスであることである。

2 シミュレーション説 vs. 理論説

こうしたミラーニューロンをはじめとした感覚運動レベルの自動的マッチングと，心の理論のようなより「推論」「メタ認知」「視点取得」などの認知的プロセスに依存する認知的共感とはどのような関係にあるのだろうか？　このことに関しては，理論説（theory theory）とシミュレーション説（simulation theory）の論争が有名である（Davies & Stone, 1995）。理論説は，他者の気持ち，といった目に見えない状態の理解においては，人間の心的機能の一般理論，つまり「人間の心とはこんなものだ」といった法則（素朴心理学）を他人に当てはめることによって，その行動を説明・予測するというものであり，より心の理論のコンセプトに近似する。その際には，離れた視点から他人を客観的に観察し，「三人称」の立場をとる。対してシミュレーション説は，ミラーニューロンに代表されるように，「他人の靴を履いてみる」，つまり他者の状況に自分の身を置いた場合，自分の脳内でその他人の感覚運動状態をシミュレートして得た結果，他者の心的状態がわかるはずである，というものである。その際には，自分が他者と同一になり，「一人称」であるかのような立場になる。より基礎的なレベルでの他者理解のシステムとしてシミュレーションがあり，それを基礎として心の理論ベースの他者理解も発達していく，と考えることもできよう。しかしながら，第三者視点の取得に基づく心の理論のプロセスは，ミラーニューロンなどの，原始的な感覚運動シミュレーションをベースにした他者理解と相反する側面をもっている。自他の距離でいえば，心の理論では離れており，一方でシミュレーションでは自他が同一化している（図5-5；守口，2014）。また，最近の研究では，あえて運動のシミュレーション（模倣）をしないようにトレーニングした方が視点取得の能力が向上したという報告もある（Santiesteban et al., 2012）。つまり，シミュレーションのような自他の同一化による原始的な他者理解は，発達の段階によっては，心の理論・メタ認知的な，第三者的な他者理解を部分的にも阻害する可能性がある，ということを示している。心の理論においては，ある一定の部分では同一化を抑制し，自分・他人というそれぞれのトラックが混線しないで走るようにすることが必要なのではないかと想像される。

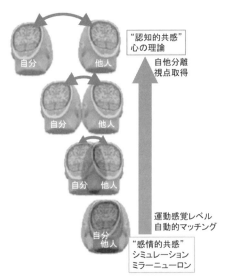

図5-5 自他分離からみた心の理論とシミュレーション（守口，2014より改変）（カラー口絵参照）

第5節 結論に代えて——脳機能局在論とその限界

1 心脳問題 (Mind-Brain Problem)

　脳機能画像は，われわれにさまざまな知見と「想像力」を与えてくれるが，脳をみれば心がわかるかという問題（心脳問題）は，いまだ深遠な哲学的問題のままである。たとえば，心の理論課題で活動する脳領域がわかったところで，その領域が活動しさえすれば心の理論の機能を駆動させている，といえるのか，という問題は解決しない。脳科学の進歩は，山のような新たな知見を生み出したが，とくに脳機能画像が出現してから，「脳の多義性と複雑性」というさらなる大きなハードルが姿を現したということがわかったことが最大の成果なのかもしれない。

2 脳機能局在論と逆問題

　従来は，ある認知プロセスはある脳の領域が担っている（たとえば言語が言語野，記憶が海馬など）という「脳機能局在論」に立脚した考察が主流だった。たとえば，ある認知課題をしたときの脳機能画像による賦活脳領域を得たとして，その

領域の局在論から，そのときの人間の心的状態を推し量るような逆問題を解く，という手法が従来とられてきた。しかし，実は思ったより脳は複雑で，ある認知課題をさせて，脳活動をみればその認知プロセスがわかる，という簡単なものではない。なぜならば，多くの脳領域は，それぞれが単一の認知モジュールに特異的に帰属させられるものではないからである。とくに「心の理論」という複雑な認知プロセスは，ある特定の脳活動領域を生み出すが，それをみて解釈（＝逆問題を解く）さえすれば心の理論の正体がわかる，ということではないことに留意する必要がある。

3　ネットワークとしての脳

　さらに，現在脳科学でトピックスになっているのは「ネットワーク」としての脳の働きである。ある単一の脳領域の活動がある一つの認知モジュールに対応する，という一対一の対応があるわけではなく，たとえば，複数の領域の活動の（たとえばボクセルレベルでの）多次元「パターン」が非常に多くの情報を含有していること（Jimura & Poldrack, 2012）や，脳の局所の活動量だけではなく，離れた複数の脳領域の時系列での同期性（コヒーランス：「機能的結合」）自体が，心的状態に関する情報を含有している，ということが知られるようになり，全脳に広くわたる規模でのネットワークがあることがわかってきた（たとえばShirer et al., 2012）。脳機能画像研究全体として，局所からネットワークへ，一変量から多変量パターンへ，というパラダイムシフトが起きている。心の理論の脳画像研究自体も，このパラダイムシフトに，今後どのようにコミットしていくかが問われていると思われる。

引用文献 ··

Baron-Cohen, S., Leslie, A. M., & Frith, U.（1985）. Does the autistic child have a "theory of mind"? *Cognition*, **21**, 37−46.

Brodt, S., Pöhlchen, D., Flanagin, V. L., Glasauer, S., Gais, S., & Schönauer, M.（2016）. Rapid and independent memory formation in the parietal cortex. *Proceedings of the National Academy of Sciences of the United States of America*, **113**, 13251−13256.

Castelli, F., Frith, C., Happé, F., & Frith, U.（2002）. Autism, Asperger syndrome and brain mechanisms for the attribution of mental states to animated shapes. *Brain*, **125**, 1839−1849.

Castelli, F., Happé, F., Frith, U., & Frith, C.（2000）. Movement and mind : A functional imaging study of perception and interpretation of complex intentional movement patterns. *NeuroImage*, **12**, 314−325.

Cavanna, A. E., & Trimble, M. R.（2006）. The precuneus : A review of its functional anatomy and behavioural correlates. *Brain*, **129**, 564−583.

Davies, M., & Stone, T.（Eds.）.（1995）. *Folk psychology : The theory of mind debate*. Oxford, UK : Blackwell.

Decety, J., & Lamm, C.（2007）. The role of the right temporoparietal junction in social interaction : How low-level computational processes contribute to meta-cognition. *Neuroscientist*, **13**, 580-593.

Dricu, M., & Frühholz, S.（2016）. Perceiving emotional expressions in others : Activation likelihood estimation meta-analyses of explicit evaluation, passive perception and incidental perception of emotions. *Neuroscience and Biobehavioral Reviews*, **71**, 810-828.

Fogassi, L., Ferrari, P. F., Gesierich, B., Rozzi, S., Chersi, F., & Rizzolatti, G.（2005）. Parietal lobe : From action organization to intention understanding. *Science*, **308**, 662-667.

Frith, U., & Frith, C. D.（2003）. Development and neurophysiology of mentalizing. *Philosophical Transactions of the Royal Society B : Biological Sciences*, **358**, 459-473.

Gallese, V., Fadiga, L., Fogassi, L., & Rizzolatti, G.（1996）. Action recognition in the premotor cortex. *Brain*, **119**, 593-609.

Jimura, K., & Poldrack, R. A.（2012）. Analyses of regional-average activation and multivoxel pattern information tell complementary stories. *Neuropsychologia*, **50**, 544-552.

Mano, Y., Harada, T., Sugiura, M., Saito, D. N., & Sadato, N.（2009）. Perspective-taking as part of narrative comprehension : A functional MRI study. *Neuropsychologia*, **47**, 813-824.

間野陽子・米田英嗣.（2015）. 視点転換. 脳科学辞典編集委員会（編）, 脳科学辞典. 　Retrieved from http://bsd.neuroinf.jp/wiki/視点転換

Michel, C., Dricot, L., Lhommel, R., Grandin, C., Ivanoiu, A., Pillon, A., & Samson, D.（2013）. Extensive left temporal pole damage does not impact on theory of mind abilities. *Journal of Cognitive Neuroscience*, **25**, 2025-2046.

守口善也.（2014）. アレキシサイミアと社会脳. 苧阪直行（編）, *自己を知る脳・他者を理解する脳 : 神経認知心理学からみた心の理論の新展開*（pp.1-39）. 東京：新曜社.

Northoff, G., Heinzel, A., de Greck, M., Bermpohl, F., Dobrowolny, H., & Panksepp, J.（2006）. Self-referential processing in our brain : A meta-analysis of imaging studies on the self. *NeuroImage*, **31**, 440-457.

Ogawa, S., Lee, T. M., Nayak, A. S., & Glynn, P.（1990）. Oxygenation-sensitive contrast in magnetic resonance image of rodent brain at high magnetic fields. *Magnetic Resonance in Medicine*, **14**, 68-78.

Ohnishi, T., Moriguchi, Y., Matsuda, H., Mori, T., Hirakata, M., Imabayashi, E., et al.（2004）. The neural network for the mirror system and mentalizing in normally developed children : An fMRI study. *NeuroReport*, **15**, 1483-1487.

Premack, D., & Woodruff, G.（1978）. Does the chimpanzee have a theory of mind? *Behavioral and Brain Sciences*, **1**, 515-526.

Rizzolatti, G., Fadiga, L., Gallese, V., & Fogassi, L.（1996）. Premotor cortex and the recognition of motor actions. *Brain Research. Cognitive Brain Research*, **3**, 131-141.

Samson, D., Apperly, I. A., Kathirgamanathan, U., & Humphreys, G. W.（2005）. Seeing my way : A case of a selective deficit in inhibiting self-perspective. *Brain*, **128**, 1102-1111.

Santiesteban, I., White, S., Cook, J., Gilbert, S. J., Heyes, C., & Bird, G.（2012）. Training social cognition : From imitation to Theory of Mind. *Cognition*, **122**, 228-235.

Schaafsma, S. M., Pfaff, D. W., Spunt, R. P., & Adolphs, R.（2015）. Deconstructing and reconstructing theory of mind. *Trends in Cognitive Sciences*, **19**, 65-72.

Schurz, M., Radua, J., Aichhorn, M., Richlan, F., & Perner, J.（2014）. Fractionating theory of mind : A meta-analysis of functional brain imaging studies. *Neuroscience and Biobehavioral Reviews*, **42**, 9-34.

Shirer, W. R., Ryali, S., Rykhlevskaia, E., Menon, V., & Greicius, M. D.（2012）. Decoding subject-driven cognitive states with whole-brain connectivity patterns. *Cerebral Cortex*, **22**, 158-165.

van der Meer, L., Groenewold, N. A., Nolen, W. A., Pijnenborg, M., & Aleman, A.（2011）. Inhibit yourself and understand the other : Neural basis of distinct processes underlying Theory of Mind. *NeuroImage*, **56**, 2364−2374.

van Veluw, S. J., & Chance, S. A.（2014）. Differentiating between self and others : An ALE meta-analysis of fMRI studies of self-recognition and theory of mind. *Brain Imaging and Behavior*, **8**, 24−38.

Wimmer, H., & Perner, J.（1983）. Beliefs about beliefs : Representation and constraining function of wrong beliefs in young children's understanding of deception. *Cognition*, **13**, 103−128.

Yarkoni, T., Poldrack, R. A., Nichols, T. E., Van Essen, D. C., & Wager, T. D.（2011）. Large-scale automated synthesis of human functional neuroimaging data. *Nature Methods*, **8**, 665−670.

参考文献 ……………………………………………………………………

守口善也.（2014）. アレキシサイミアと社会脳. 苧阪直行（編）. *自己を知る脳・他者を理解する脳：神経認知心理学からみた心の理論の新展開*（pp.1−39）. 東京：新曜社.

第6章
共感と向社会的行動の生物学的基盤

大西賢治

　共感や向社会的行動は，ヒトが他者と心を通わせ，協力的な集団を形成して生きるために不可欠な要素である。共感（empathy）は「他者の感情を理解し，思いやる性質」であると考えられており，「他者に親切にする行動」である向社会的行動（prosocial behavior）を動機づけ，促進する。これらは，好ましい性質であると考えられており，長年にわたり，さまざまな分野の研究者がそれぞれに研究を行ってきた。

　近年，ヒトの心理，行動も進化によって形作られており，生物学的な基盤を有するという考えが受け入れられ，その流れから，共感，向社会性（利他性）といった性質が，ヒトの進化に重要な役割を担ったと考えられるようになった。その結果，共感や向社会性の研究は学問領域を超えて爆発的に発展し，ヒトの心の成り立ちを探る試みの中でも最も重要なトピックの一つとなっている。

　本章では，共感，向社会性といった概念を，生物学的視点を取り入れながら整理し，その機能，メカニズムについての議論を紹介する。また，発達科学の視点から，ヒトの個体発達の中でそれぞれの能力がどのように変容するのかを概観する。その後，遺伝子や神経伝達物質とこれらの性質の関連について，明らかになりつつある知見をまとめる。

第1節　共感の発達

1　共感とは

　実生活で「共感した」体験を思い浮かべると，容易に多様な場面を思い浮かべることができる。共感は，簡単に例が浮かぶほど，ヒトの心の広範囲に影響する複合的な概念であり，学問分野や立場によってさまざまな定義が用いられてきた。近年，学際的な研究が進み，共感に含まれる概念を整理する試みが進んでいる。

バトソンは，共感という言葉が表している現象を，概念的に別個で独立した8つの心理学的状態として整理，区分した（Batson, 2009）。この8つの心理学的状態は，各分野で使用されてきたほとんどの概念や指標を包含しており，共感の全体像を理解するのに有用である。ただし，このモデルに含まれている概念のうちどこまでを共感に含めるのかは立場によって異なる。

　発達心理学者であるアイゼンバーグは，共感を「ある状況下において他者が感じている，もしくは感じているだろうと予測されるものと同一もしくは，非常に似た感情的反応」と定義し，他者の情動状態の理解に根差しているとした（Eisenberg et al., 2010）。彼女らは，単純な情動伝染（emotional contagion；後に詳述）や，バトソンが共感に含めている同情（sympathy）[1]，個人的苦痛（personal distress）[2]を共感とは分けて考えている。

　動物行動学者であるドゥ・ヴァールは，共感を哺乳類全体で保存された進化的起原が古い性質であるととらえ，より単純なモデルを提唱した。彼は共感を，進化的に古い層を新しい層が包んでいる入れ子構造としてモデル化し，マトリョーシカに例えた（de Waal, 2009）。このモデルでは，共感の要素は，内側に位置する最も古い層から「状態の一致（情動伝染）」，「他者への気遣い（慰め）」，「視点取得（対象に合わせた援助）」とされ，外側の新しい性質は，内側の古い性質を基盤として獲得され，機能すると考えた。

　また，共感は，その処理過程から情動的共感と認知的共感に分けられることもある。前者は他者の感情表出に触れた際に起こる自動的反応であり，後者はより高次な認知過程による理性的処理である（Preston & de Waal, 2002）。

　ドゥ・ヴァールが，共感の最も古い要素であると考えた情動伝染とは，他個体の情動表出を知覚することで，自動的に同じ情動状態になることとされる。ヒトは，他者が表出する感情に触れると同様の感情をいだくことが知られており（Hatfield et al., 2009），ヒト以外の動物においても同様の反応が確認されている（たとえばLangford et al., 2006）。他個体が負の情動（苦痛や危険への反応）を表出しているときにはそれを観察している個体にも同様の危険が迫っている場合が多く，自動的な反応で危険への感受性が上がることは適応的である。

　次に古いと考えられている要素は，他者への気遣いや慰めである。ヒトでは2歳頃から現れ，発達とともに頻繁にみられるようになる（Zahn-Waxler et al., 1992）。

---

[1]　共感と同様に，他者の情動状態の理解から生じる情動反応であるが，その他者と同じ情動状態である必要はない（たとえば，苦痛を表出する他者を見て，哀れむ）。
[2]　他者の情動状態の理解から生じる嫌悪的な感情反応のこと。

慰め行動は，ヒト以外の霊長類でも確認されており，チンパンジーは，攻撃を受けて負の感情表出をしている個体に親和的にかかわり，落ち着かせる（Romero et al., 2010）。つまり，ヒト以外にもこの能力の基盤が存在している。

そして，共感の最も新しい要素とされているのが，視点取得（対象に合わせた援助）である。この能力は，心の理論（相手の心的表象を理解できる能力）と関連が深い。他者の内的状態を理解できれば，より適切な援助が可能となる。ヒト以外の動物は，誤信念の理解を基準にするならば，心の理論をもっているとはいいにくい。しかし，類人猿は，他者の目的，意図，知識は理解できると考えられている（Call & Tomasello, 2008）。ヒトの場合，他者視点取得に関する萌芽的な能力は2歳までにすでに備わっていると考えられており，3〜4歳頃から，言語を用いた課題において，他者の誤信念の理解が可能になってくる（子安・郷式，2016）。ヒトでは，発達にともない，共感や同情に心の理論が影響してくる。

共感を構成すると考えられる要素の多くについて，ヒト以外の動物にも共通の基盤がみられる。一方で，誤信念の理解など，ヒトに特有の要素も共感に関連している。ヒトはすべての層を併用して高度な共感を実現していると考えられる。

2　共感の初期発達

ヒトにおける共感は，向社会的行動や協力行動を促進し，後の道徳の発達にも影響を及ぼすため，発達心理学を中心に，乳幼児における発達の研究が多く実施されてきた。ヒトの乳児は生後すぐに他者の鳴き声に反応して泣く（Sagi & Hoffman, 1976）。このような反応は，共感，もしくはその前駆的な反応とみなされており，情動伝染によって説明されることが多い。つまり，ヒトは乳幼児期から他者の感情表出に反応し，自動的に同様の情動反応を示す。

幼児は単なる情動伝染ではない，他者への気遣い（慰め）を発揮することもできる。幼児は，2歳までに苦痛の感情を示す他者を慰める行動を行うようになり，その後，慰めの頻度は上昇する（Zahn-Waxler et al., 1992）。慰めは，情動表出をしていない他者に対しても2歳時点で現れる（Vaish et al., 2009）。この結果は，幼児の慰めが，単純な情動伝染や個人的苦痛の回避によるものではなく，他者への配慮から行われることを示している。実は，このような他者志向の思いやりの萌芽は生後初期からみられる。ヒトは生後10カ月の時点で，幾何学図形が動くアニメーションを見て，エージェントの動きに攻撃・被攻撃の文脈を付与し，原初的な同情的反応を示すことができる（Kanakogi et al., 2013）。

ヒトの成人は，他者の感情表出を直接観察しなくても，共感・同情し，状況に

合わせた援助を行うことができる。このような反応には、他者視点取得や心の理論が重要だと考えられる。先行研究により他者視点取得の能力と認知的共感が関連していることが報告されており、ヒト幼児はこれらの能力の発達にともない、より高次な認知的共感を発揮するようになると考えられる（Bensalah et al., 2016）。

　ヒトは、生後初期から、情動伝染、他者への気遣い、他者視点取得のすべてについて、萌芽的な能力を有している。認知能力の発達とともに、これらの要素が変容し、ヒトの成人がみせる共感の特徴が獲得されていくと考えられる。

第2節　向社会的行動の発達

1　向社会的行動の進化を説明する理論

　向社会的行動とは、他者に利益になるよう行われる自発的・意図的行動（Eisenberg et al., 2006）とされる。重要な点は、行為者が不利益を被るかどうかは問題としないという点である。それに対して、利他行動とは、「行為者がなんらかの損失を払って他者に利益を与える行動」であり、この定義に沿うと、利他行動は向社会的行動に包含される。

　生物学の分野において、動物がなぜ向社会的行動（や利他行動）を行うのかは大きな謎であった。ダーウィン（Darwin, C. R.）が提唱した自然選択の理論では、個体にとって生存や繁殖に得となり、次世代に遺伝子が伝わりやすい形質が選択されていく。向社会的行動は、他個体を有利にし、場合によっては自分が損をする行動であるため、このような特徴が進化の過程で選択されて定着するのは難しい。生物全体でみると、ほとんどの向社会的行動は、血縁個体に対して行われる。向社会的行動を行う個体が損をしても、受ける個体との間に血縁関係があれば、遺伝子を共有している血縁個体の適応度が上昇することを通じて、向社会的行動の基盤となる遺伝子が選択される（包括適応度理論；Hamilton, 1964）。しかし、この理論は、非血縁個体間でみられる向社会的行動の進化を説明できない。

　そこで、トリヴァースは直接互恵性と呼ばれる仕組みを提唱した（Trivers, 1971）。直接互恵性とは、二者間で向社会的行動を交換することにより、両者が単独で得られるよりも多くの利益を得る仕組みのことで、以前自分に向社会的行動を行った個体に、選択的にお返しをすることによって維持される。直接互恵性はヒト以外の動物でも広く成立が確認されている（総説として、Schino & Aureli, 2009）。直接互恵性が成立するためには、二個体間でやりとりが維持される必要がある。しかし、ヒトの向社会的行動は、初めて会う人に対しても発揮されるし、募金のよう

に，相手が匿名で返報が期待できない状態でも行われる。

　この問題は，間接互恵性によって説明された。間接互恵性とは，他者に対して行った向社会的行動が，受け手ではなく，第三者から返ってくる仕組みの総称である。間接互恵性の中でとくに理論的検討が進んでいるのが，一般互恵性(Pfeiffer et al., 2005) と評価型間接互恵性（Nowak & Sigmund, 1998）である。一般互恵性は，ある個体が他者に向社会的行動を行うと，受け手に向社会的行動の動機が生じ，第三者に向社会的行動を行うという仕組みである。このやりとりが集団内で維持されると，最初に向社会的行動を行った個体も廻りまわって第三者から向社会的行動を受ける機会を得る。しかし，向社会的行動を交換する集団が小さくないとこの仕組みが進化するのは難しい。評価型間接互恵性とは，ある個体が他者に向社会的行動を行った結果，直接観察や評判を介してその個体の評価が高まり，他者に行った向社会的行動が別の第三者から返ってくる仕組みである。現在，評価型間接互恵性の成立はヒト以外の動物では確認されておらず，ヒトが非血縁個体間で広範囲に及ぶ向社会的行動のネットワークを形成できるのは，ヒトの社会でこの仕組みが成立しているためだと考えられている。

　ここまでに概観してきたとおり，非血縁個体間の向社会的行動の交換ネットワークの形成に重要な仕組みは，直接互恵性と評価型間接互恵性である。そして，これらの2つの仕組みを支える心理的な特性として重要になるのは，他者評価とそれに基づく交渉相手の選択である。直接互恵性や基礎的な他者評価の能力はヒト以外の動物でも確認されていることから，ヒトと他の動物に共通する基盤が存在すると考えられる。共通部分とヒト特有の部分を明らかにしていく必要がある。

2　乳幼児期から就学前期における向社会的行動の発達

　向社会的行動は，生後1年目からみられるようになり，1歳から2歳にかけて頻度が上昇する（Eisenberg et al., 2006）。幼児期にみられる向社会的行動として，援助行動，分与行動，慰め行動，情報共有などがあげられる。

　ヒトは，14〜18カ月齢の時点で，困っている他者が何をしようとしているのかを理解したうえで，自発的に他者を助けることが示されている（Warneken & Tomasello, 2006）。まだよちよち歩きの子どもが，初めて会った実験者が物を落としたり，両手に物を持っていて扉が開けられない様子を見て，自ら落とした物を拾ってあげたり，扉を開けに行く。このような行動は，親がその場にいなくても生起し（Warneken & Tomasello, 2013b），いったん物的な報酬を与えてしまうと，報酬がなくなったときには援助をやめてしまう（Warneken & Tomasello, 2008）。これら

一連の研究は，幼児が生得的に他者に対して向社会的行動を行おうとする性質を
もっており，向社会性が発揮される対象に選択性が働いていないことを示唆して
いる。発達初期の幼児は，利己的な行動をとることも多いが，向社会的行動を行
う際には，純粋な利他主義者のように振る舞う。

　一方で，ヒトは，発達初期から，他者評価を行う能力を有している。ハムリン
らは前言語期の 6 カ月児と 10 カ月児が，他者を助ける親切なキャラクターと他
者を妨害する意地悪なキャラクターを判別し，前者に好んで触れようとすること
を示した（Hamlin et al., 2007）。また，8 カ月児は，援助行動や意地悪な行動を故意
に行おうとしていたかという意図まで考慮してキャラクターの社会的評価を行う
ことが示された（Hamlin, 2013）。これらの研究から，ヒトは発達初期から行為の
善悪を判断し，キャラクターを社会的に評価する能力を有していることが示され
た。他者評価は，誰に親切にし，誰にしないのかを決定するうえで重要な能力で，
互恵性の成立に不可欠である。発達初期は無差別的であった幼児の向社会的行動
は，幼児期の間に徐々に選択的になっていき，向社会的行動の互恵的な交換がみ
られるようになる。

　直接互恵的な行動傾向は，発達初期から徐々に現れる。1 歳 9 カ月児は，以前
の交渉において，向社会的であった相手に，より好んで援助を行う（Dunfield &
Kuhlmeier, 2010）。3 歳 6 カ月児は，以前に親切だった人形，親切でなかった人形，
親切でなかったうえにその意図を口頭で話す人形の順に多くの資源を分与したが，
2 歳 6 カ月児ではそのような傾向はみられなかった（Warneken & Tomasello, 2013a）。
日常場面においても，3, 4 歳児は自分に対して親切な子に同程度の量の向社会的
行動を返しており，直接互恵的な交換が成立していた（Fujisawa et al., 2008）。これ
らの研究結果から，幼児は 3〜4 歳までには，直接互恵性に従って親切にする相
手を選択するようになると考えられる。

　幼児は発達にともなって，評価型間接互恵的な行動傾向も示すようになる。2
歳 3 カ月児は，向社会的な他者と反社会的な他者では，前者を好んで助けたが，
それよりも月齢が低い 1 歳 4 カ月児では，そのような傾向がみられなかった（Dahl
et al., 2013）。3 歳になると，幼児は，他者が第三者に害を与える意図をもっていた
のかを評価し，意図をもって第三者を害した他者を助けにくくなる（Vaish et al.,
2010）。また，人形劇を見せておもちゃを分配させる実験を行った研究から，3 歳
6 カ月児はより利他的な他者に自分の資源を多く分配することが示された（Olson
& Spelke, 2008）。5〜6 歳の時点で，幼児は，実験場面だけではなく日常場面におい
ても評価型間接互恵的な行動傾向を示した（Kato-Shimizu et al., 2013）。他児に対し

て親切を行った子は，周りでそれを見ていた子から好ましく思われ，後に親切にされることが多くなることが明らかになった。これらの研究から，幼児が評価型間接互恵性に従って向社会的行動を行うようになるのは，直接互恵性の獲得と同時期か，少し遅れた時期であることが示唆された。

　ヒトはおそらく，生得的に，他者を助けたり，他者に分け与えたりする性質を有している。同時に，他者の行動から他者評価を行う能力も生まれながらにもっている。生後初期のヒトの向社会的行動は見境なく発揮されるが，認知能力が発達し，学習機会を得るにしたがい，就学前期までに互恵性が成立するような形で選択的になっていく。さらに，その後の発達により，社会的規範や道徳，罰などが学習され，行動に現れるようになる。

第3節　神経伝達物質と遺伝子

　本章ではここまで，ヒトの共感，向社会性は，その原初的な萌芽は哺乳類に広く保存されており，生得的に備わっている能力を基盤として，後に発達による変化が起こることを示した。ヒトの共感や向社会性が，長い進化過程の産物であり，生物学的基盤をもつならば，それに影響する遺伝子があり，他の動物種と連続的な内分泌系がこれらの性質の制御に重要な役割を果たしているはずである。

1　双生児法と共感・向社会性の遺伝率

　生物の行動や心の形成にどのように遺伝と環境の要因が影響しているのかを検討する学問領域は行動遺伝学と呼ばれる。ヒトの研究において，最初に発展したのは，具体的な遺伝子配列を決定することなく，遺伝と環境の影響を推定する双生児法（twin method）であった。この方法では，遺伝子配列を100％共有している一卵性双生児と，平均50％共有している二卵性双生児を比較して遺伝の影響を検討する（安藤，2014）。一卵性双生児も，二卵性双生児も，きょうだいは同様の家庭環境を経験して成長する。この前提に立って，ある形質における両者の類似性を比較すると，その差分は遺伝子共有度の違いに帰属させることができ，そこからその形質の遺伝率を計算することができる。遺伝率に帰属されなかった類似性は，共有環境の影響と考えられる。また，遺伝子配列がまったく同じである一卵性双生児のきょうだいの間で類似しなかった部分が非共有環境の影響となる。

　この手法を用いて，共感や向社会性にも有意に遺伝の影響があることが示されている。たとえば，共感については，個人的苦痛や共感的配慮（Davis et al., 1994），

共感に関する行動傾向（たとえば Knafo et al., 2008b）などの指標で，遺伝の影響が確認されており，遺伝率は 0〜47％ とかなりのばらつきがある。向社会性については，親や教師が質問紙によって評価した向社会性（たとえば Knafo & Plomin, 2006），向社会的な行動傾向（Knafo et al., 2011）などについて遺伝率が示されており，26〜62％ の範囲がある。共感や向社会性の遺伝率は，指標の種類や実験方法，実験参加者の発達段階などによって大きく異なる。これは，共感や向社会性が，複数の要素を含んだ多面的な概念であるためだと考えられる。

共感や向社会性について，遺伝や環境の影響は発達的に変化するだろうか。ナフォらは，苦痛を訴える人に対する幼児の反応から共感を測定し，遺伝率の発達変化を検討した（Knafo et al., 2008b）。その結果，14 カ月時の遺伝率は 0％，共有環境の影響は 69％ だったが，36 カ月時には，遺伝率 47％，共有環境の影響 0％ に変化していた。また，ナフォらは，親の評価による向社会性の遺伝率も，共感と類似した発達変化を示すことを報告している（Knafo & Plomin, 2006）。

近年，質問紙ではなく，行動実験を用いて遺伝率を算出した研究も出てきている。ナフォらは，3 歳 7 カ月児に対して，ワーネケンらが幼児に対して実施した行動実験（2 節 2 項参照）と同様の実験を行い，幼児の向社会性の遺伝率を算出した（Knafo et al., 2011）。その結果，自発的な向社会的行動の遺伝率は 43％ であった。さらに，この研究は遺伝と環境の交互作用についても検討しており，3 歳 7 カ月齢の時点で，遺伝と環境がお互いに影響しあって自発的な向社会的傾向を形成していることが示唆された。

双生児法を用いたこれらの研究は，共感や向社会性に遺伝的な基盤がたしかに存在する一方で，多くの場合，環境の影響が半分以上を占めることを示してきた。また，幼児期初期には遺伝率は低いが，青年期にかけて遺伝の影響は強まり，共有環境の影響は徐々に小さくなることも示した（たとえば Knafo et al., 2008b）。このような傾向は，これまでの章でみてきた，発達初期の共感や向社会性は生得的に備わった性質であるが，発達にともなって選択性を帯び，個性の影響が出てくるという知見と矛盾しない。行動にある程度のばらつきが出ることで個人のもつ遺伝的な素養や非共有環境の影響が大きく評価されるのかもしれない。もしくは，近年の研究が示すとおり，遺伝と環境の間の交互作用が重要な役割を果たしており，遺伝の影響が環境の影響を受けて発現するのかもしれない。

2 共感・向社会性に影響する候補遺伝子

ヒトの心理に対する遺伝の影響をより直接的に検討する方法は，遺伝子配列を

読み，心理的形質に関連する遺伝子を特定するものである。塩基配列に起こった変異が，同一種の集団内に一定の割合（通常 1% 以上）で定着している場合，そのような遺伝情報の多様性を遺伝子多型[3]と呼ぶ。多型は，個体差を生み出す要因となるもので，多型と行動や心理との関連が見いだせれば，その形質に影響を及ぼす候補遺伝子が特定されたということになる。このような解析方法を関連解析（association analysis）といい，すでに神経伝達物質と心理的形質の関連がわかっている場合，その物質の生成，制御，受容にかかわる遺伝子領域を候補とし，そこで発見された多型と行動との関連を調べることが多い。近年の研究によって，共感や向社会性とさまざまな遺伝子領域との関連が見出されてきている。

　オキシトシン経路やアルギニン・バソプレシン経路は，社会的認知や社会行動の制御と深くかかわることが知られている。オキシトシン受容体遺伝子（*OXTR*）において，複数の一塩基多型（SNP）が共感や向社会性のさまざまな指標と関連することが報告されている（後述，Christ et al., 2016；Wu & Su, 2015）。また，アルギニン・バソプレシン受容体遺伝子（*AVPR1a RS3*）における，反復配列多型は向社会性に影響する。独裁者ゲームにおいて，反復配列が長い群は短い群にくらべて，より多くの資源を分配し，質問紙による向社会性も高かった（Knafo et al., 2008a）。そして，反復配列が長い群は短い群にくらべて，海馬における mRNA（メッセンジャー RNA）の発現量が多く，向社会性と *AVPR1a RS3* の関連は，分子的な発現量の違いを基盤としている可能性が示唆された（Knafo et al., 2008a）。

　ドーパミン経路は，実行機能や学習，報酬系などと関連があることが知られている。この経路にかかわる候補遺伝子として，ドーパミン受容体第 4 遺伝子のエクソンⅢ領域（*DRD4-III*）が挙げられる。先行研究から *DRD4-III* の反復配列多型において，7 回反復の遺伝子型をもつ人は，認知的共感が高く（Uzefovsky et al., 2014），特定の条件下で自発的な向社会的行動を行いやすい（Knafo et al., 2011）ことが報告されている。7 回反復をもつ場合，それよりも短い場合と比較して，実験環境下での遺伝子発現量が少なく，受容体と結合物質との結合が減少し，ドーパミンの働きが落ちることが示唆されており（総説として，David & Munafò, 2008），ドーパミン経路において遺伝子多型が心理，行動を変容させるメカニズムの解明が期待されている。ナフォらは，3 歳 7 カ月児を対象として，7 回反復の有無と母親の養育態度が，向社会的行動と関連するのかを調査した（Knafo et al., 2011）。

---

[3]　遺伝子多型には，ある一塩基が別の塩基に置換される一塩基多型（single nucleotide polymorphism：SNP）や，特定の配列の繰り返し数の違いである反復配列多型（variable number of tandem repeat：VNTR や short tandem repeat polymorphism：STRP）などがある。

その結果，子の遺伝子多型と母親の養育態度の交互作用が確認された。7回反復をもつ子は，母親が予測不能な罰を多く行う場合，頻繁に向社会的行動を行っていた。ドーパミンは報酬系と深く関連することが知られている。7回反復の型をもつ子はドーパミン経路の働きが低いために，報酬に敏感で罰を避けようとする傾向が強い可能性がある。この傾向が，罰の多い養育下でのみ，罰を回避するために自発的に向社会的な行動を行う傾向を生み出したのかもしれない。

　このように，関連解析によって共感や利他性の基盤となっている遺伝子，神経伝達物質が特定され，環境との交互作用も検討され始めている。次項では，その中でも最も報告が多いオキシトシン経路について概観する。

3　オキシトシンやオキシトシン受容体遺伝子の知見

　オキシトシンは，視床下部で合成される神経伝達物質・ホルモンで，体の末端組織と脳の広い範囲に作用する。オキシトシンは，哺乳類に広く保存されており，出産や授乳など，繁殖に関する生理的変化に影響する（Gimpl & Fahrenholz, 2001）。また，オキシトシンはさまざまな社会行動に影響する。その影響は，親子間の愛着形成や繁殖ペア間の心理的な絆の形成，繁殖以外の文脈における非血縁個体間の親和的な関係まで多岐にわたる（Romero et al., 2016）。

　ヒトにおいて，オキシトシンを鼻腔から投与すると，共感精度（他者の内的な状態を正確に推定できる程度；Bartz et al., 2010），最後通告ゲーム（ultimatum game）における提示額の気前のよさ（Zak et al., 2007）などが上昇する。ヒト以外の哺乳類においても，オキシトシンの投与は社会性や親和性，協調性を高める（Romero et al., 2016）。オキシトシンは多くの場合，社会的文脈における不安を低減し，社会的な手がかりに対する認知を変化させ，親和的な動機を高めることを介して，個体の性質をより共感的，利他的にすると考えられている。また，他者からの親和的行動や信頼といった肯定的なかかわりは，オキシトシンの放出を促し，それが共感，利他性の発揮に影響を与えるという循環が成立している。しかし，オキシトシンの作用は，文脈や交渉相手などによって変化することも指摘されており，共感が発揮されにくい状況下や，親和的な関係ではない相手との交渉では，共感，利他性を低減させる方向に働くこともある（Olff et al., 2013）。

　遺伝子に関しても，オキシトシンの受容体遺伝子（OXTR）において，DNA配列のSNPが複数発見されており，遺伝子型の違いが共感や利他性に影響している。たとえば，共感精度（Rodrigues et al., 2009），共感的配慮や他者視点取得（Christ et al., 2016），独裁者ゲームにおける提示額（Israel et al., 2009），などが，OXTRにお

けるいくつかの SNP の影響を受ける。ウーらは，3〜5 歳齢の幼児を対象に，向社会性と心の理論を測定する実験を行い，*OXTR* の rs53576 と呼ばれる SNP において，遺伝子型が GG タイプの子は AA，AG の子よりも向社会的行動を行いやすく，心の理論課題の成績がよいことを示した（Wu & Su, 2015）。つまり，幼児期の時点ですでに *OXTR* の多型は向社会的行動に影響していた。

　これまでに，*OXTR* 内の 10 カ所程度の SNP が，共感や向社会性と関連していると報告されており，それらの影響は，オキシトシンそのものと同様に，社会的な不安の低減，社会的な手がかりへの敏感さ，親和的な動機の高まりを介して生じると予想されている。しかし，*OXTR* にある複数の SNP がどのように働いてこのような影響を生み出すのかはまだわかっていない。これらの多型はすべて，*OXTR* 内のイントロン領域（アミノ酸合成に直接かかわらない配列）に位置しており，この部分の配列が変化しても，たんぱく質が変化するわけではない。*OXTR* の SNP の違いがどのようにオキシトシン受容体の発生，分布，性質を変容させるのかを解明する必要がある。

第4節　共感，向社会的行動の理解に発達科学が果たした役割と 今後の展望

　ここ 15 年で発達科学者が示してきた乳幼児の共感，向社会性の知見は，ヒトの心に備わっている利他的な側面に光を当て，ヒトの本性の考察に実証性をもって新たな視点を示した。それと並行して，遺伝子や内分泌系の解析といった新しい手法が，共感，向社会性の制御メカニズムを徐々に明らかにしている。遺伝子の詳細な発現メカニズムについてはまだわからないことが多いが，今後，遺伝子発現の過程や脳内構造の発生過程の特定まで研究が進むことが待望されている。

　「遺伝」の影響が明らかになるにつれて，「環境」や「遺伝と環境の交互作用」の影響を検討する重要性も増している。現在，遺伝と環境の交互作用の原因の一つとしてエピジェネティクスが注目されている。これは，染色体に後生的に科学的な修飾が起こり，同一の遺伝情報でも発現に差が生じる現象である。環境要因はもちろんのこと，エピジェネティクスを検討するうえで，発達科学の視点は不可欠である。新たな手法が示す知見と発達科学のアプローチを併用することで，この分野にさらに大きな発展がもたらされることが期待されている。

引用文献 ∙∙

安藤寿康（2014）．遺伝と環境の心理学．東京：培風館．

Bartz, J. A., Zaki, J., Bolger, N., Hollander, E., Ludwig, N. N., Kolevzon, A., et al.（2010）．Oxytocin selectively improves empathic accuracy. *Psychological Science*, **21**, 1426−1428.

Batson, C. D.（2009）．These things called empathy : Eight related but distinct phenomena. In J. Decety & W. Ickes（Eds.）, *The social neuroscience of empathy*（pp.3−15）. Cambridge, MA : MIT Press.

Bensalah, L., Caillies, S., & Anduze, M.（2016）．Links among cognitive empathy, theory of mind, and affective perspective taking by young children. *The Journal of Genetic Psychology*, **177**, 17−31.

Call, J., & Tomasello, M.（2008）．Does the chimpanzee have a theory of mind? 30 years later. *Trends in Cognitive Sciences*, **12**, 187−192.

Christ, C. C., Carlo, G., & Stoltenberg, S. F.（2016）．Oxytocin receptor（*OXTR*）single nucleotide polymorphisms indirectly predict prosocial behavior through perspective taking and empathic concern. *Journal of Personality*, **84**, 204−213.

Dahl, A., Schuck, R. K., & Campos, J. J.（2013）．Do young toddlers act on their social preferences? *Developmental Psychology*, **49**, 1964−1970.

David, S. P., & Munafò, M. R.（2008）．Genetic variation in the dopamine pathway and smoking cessation. *Pharmacogenomics*, **9**, 1307−1321.

Davis, M. H., Luce, C., & Kraus, S. J.（1994）．The heritability of characteristics associated with dispositional empathy. *Journal of Personality*, **62**, 369−391.

de Waal, F.（2009）．*The age of empathy : Nature's lessons for a kinder society*. New York : Harmony Books.

Dunfield, K. A., & Kuhlmeier, V. A.（2010）．Intention-mediated selective helping in infancy. *Psychological Science*, **21**, 523−527.

Eisenberg, N., Eggum, N. D., & Di Giunta, L.（2010）．Empathy-related responding : Associations with prosocial behavior, aggression, and intergroup relations. *Social Issues and Policy Review*, **4**, 143−180.

Eisenberg, N., Fabes, R. A., & Spinrad, T. L.（2006）．Prosocial development. In N. Eisenberg, W. Damon, & R. M. Lerner（Eds.）, *Handbook of child psychology : Vol. 3. Social, emotional, and personality development*（6th ed., pp.646−718）. Hoboken, NJ : John Wiley & Sons.

Fujisawa, K., Kutsukake, N., & Hasegawa, T.（2008）．Reciprocity of prosocial behavior in Japanese preschool children. *International Journal of Behavioral Development*, **32**, 89−97.

Gimpl, G., & Fahrenholz, F.（2001）．The oxytocin receptor system : Structure, function, and regulation. *Physiological Reviews*, **81**, 629−683.

Hamilton, W. D.（1964）．The genetical evolution of social behaviour. I. *Journal of Theoretical Biology*, **7**, 1−16.

Hamlin, J. K.（2013）．Failed attempts to help and harm : Intention versus outcome in preverbal infants' social evaluations. *Cognition*, **128**, 451−474.

Hamlin, J. K., Wynn, K., & Bloom, P.（2007）．Social evaluation by preverbal infants. *Nature*, **450**, 557−559.

Hatfield, E., Rapson, R. L., & Le, Y. C. L.（2009）．Emotional contagion and empathy. In J. Decety & W. Ickes（Eds.）, *The social neuroscience of empathy*（pp.19−30）. Cambridge, MA : MIT Press.

Israel, S., Lerer, E., Shalev, I., Uzefovsky, F., Riebold, M., Laiba, E., et al.（2009）．The oxytocin receptor（*OXTR*）contributes to prosocial fund allocations in the dictator game and the social value orientations task. *PLoS ONE*, **4**, e5535. doi : 10.1371/journal.pone.0005535

Kanakogi, Y., Okumura, Y., Inoue, Y., Kitazaki, M., & Itakura, S.（2013）．Rudimentary sympathy in preverbal infants : Preference for others in distress. *PLoS ONE*, **8**, e65292. doi : 10.1371/journal.pone.0065292

Kato-Shimizu, M., Onishi, K., Kanazawa, T., & Hinobayashi, T.（2013）. Preschool children's behavioral tendency toward social indirect reciprocity. *PLoS ONE*, **8**, e70915. doi：10.1371/journal.pone.0070915.

Knafo, A., Israel, S., Darvasi, A., Bachner-Melman, R., Uzefovsky, F., Cohen, L., et al.（2008a）. Individual differences in allocation of funds in the dictator game associated with length of the arginine vasopressin 1a receptor RS3 promoter region and correlation between RS3 length and hippocampal mRNA. *Genes, Brain and Behavior*, **7**, 266−275.

Knafo, A., Israel, S., & Ebstein, R. P.（2011）. Heritability of children's prosocial behavior and differential susceptibility to parenting by variation in the dopamine receptor D4 gene. *Development and Psychopathology*, **23**, 53−67.

Knafo, A., & Plomin, R.（2006）. Prosocial behavior from early to middle childhood：Genetic and environmental influences on stability and change. *Developmental Psychology*, **42**, 771−786.

Knafo, A., Zahn-Waxler, C., Van Hulle, C., Robinson, J. L., & Rhee, S. H.（2008b）. The developmental origins of a disposition toward empathy：Genetic and environmental contributions. *Emotion*, **8**, 737−752.

子安増生・郷式　徹（編）.（2016）. *心の理論：第2世代の研究へ*. 東京：新曜社.

Langford, D. J., Crager, S. E., Shehzad, Z., Smith, S. B., Sotocinal, S. G., Levenstadt, J. S., et al.（2006）. Social modulation of pain as evidence for empathy in mice. *Science*, **312**, 1967−1970.

Nowak, M. A., & Sigmund, K.（1998）. Evolution of indirect reciprocity by image scoring. *Nature*, **393**, 573−577.

Olff, M., Frijling, J. L., Kubzansky, L. D., Bradley, B., Ellenbogen, M. A., Cardoso, C., et al.（2013）. The role of oxytocin in social bonding, stress regulation and mental health：An update on the moderating effects of context and interindividual differences. *Psychoneuroendocrinology*, **38**, 1883−1894.

Olson, K. R., & Spelke, E. S.（2008）. Foundations of cooperation in young children. *Cognition*, **108**, 222−231.

Pfeiffer, T., Rutte, C., Killingback, T., Taborsky, M., & Bonhoeffer, S.（2005）. Evolution of cooperation by generalized reciprocity. *Proceedings of the Royal Society B：Biological Sciences*, **272**, 1115−1120.

Preston, S. D., & de Waal, F. B.（2002）. Empathy：Its ultimate and proximate bases. *Behavioral and Brain Sciences*, **25**, 1−71.

Rodrigues, S. M., Saslow, L. R., Garcia, N., John, O. P., & Keltner, D.（2009）. Oxytocin receptor genetic variation relates to empathy and stress reactivity in humans. *Proceedings of the National Academy of Sciences of the United States of America*, **106**, 21437−21441.

Romero, T., Castellanos, M. A., & de Waal, F. B. M.（2010）. Consolation as possible expression of sympathetic concern among chimpanzees. *Proceedings of the National Academy of Sciences of the United States of America*, **107**, 12110−12115.

Romero, T., Onishi, K., & Hasegawa, T.（2016）. The role of oxytocin on peaceful associations and sociality in mammals. *Behaviour*, **153**, 1053−1071.

Sagi, A., & Hoffman, M. L.（1976）. Empathic distress in the newborn. *Developmental Psychology*, **12**, 175−176.

Schino, G., & Aureli, F.（2009）. Reciprocal altruism in primates：Partner choice, cognition, and emotions. *Advances in the Study of Behavior*, **39**, 45−69.

Trivers, R. L.（1971）. The evolution of reciprocal altruism. *The Quarterly Review of Biology*, **46**, 35−57.

Uzefovsky, F., Shalev, I., Israel, S., Edelman, S., Raz, Y., Perach-Barzilay, N., et al.（2014）. The dopamine D4 receptor gene shows a gender-sensitive association with cognitive empathy：Evidence from two independent samples. *Emotion*, **14**, 712−721.

Vaish, A., Carpenter, M., & Tomasello, M.（2009）. Sympathy through affective perspective taking and its relation to prosocial behavior in toddlers. *Developmental Psychology*, **45**, 534−543.

Vaish, A., Carpenter, M., & Tomasello, M.（2010）. Young children selectively avoid helping people with harmful intentions. *Child Development*, **81**, 1661−1669.

Warneken, F., & Tomasello, M.（2006）. Altruistic helping in human infants and young chimpanzees. *Science*, **311**, 1301−1303.

Warneken, F., & Tomasello, M.（2008）. Extrinsic rewards undermine altruistic tendencies in 20-month-olds. *Developmental Psychology*, **44**, 1785−1788.

Warneken, F., & Tomasello, M.（2013a）. The emergence of contingent reciprocity in young children. *Journal of Experimental Child Psychology*, **116**, 338−350.

Warneken, F., & Tomasello, M.（2013b）. Parental presence and encouragement do not influence helping in young children. *Infancy*, **18**, 345−368.

Wu, N., & Su, Y.（2015）. Oxytocin receptor gene relates to theory of mind and prosocial behavior in children. *Journal of Cognition and Development*, **16**, 302−313.

Zahn-Waxler, C., Radke-Yarrow, M., Wagner, E., & Chapman, M.（1992）. Development of concern for others. *Developmental Psychology*, **28**, 126−136.

Zak, P. J., Stanton, A. A., & Ahmadi, S.（2007）. Oxytocin increases generosity in humans. *PLoS ONE*, **2**, e1128. doi：10.1371/journal.pone.0001128

第7章
霊長類の社会的認知

服部裕子

　社会性の高さは霊長類全般にみられる特徴だが，そのなかでもとりわけヒトは，血縁関係に限らずたくさんの仲間と強いつながりを形成し，大勢で協力するなど際立った存在である。社会的知性仮説は，多くのグループメンバーとの複雑な社会交渉やかけひきが，ヒトにおける高度な知性を進化させたとする説であるが（Byrne & Whiten, 1988 ; Whiten & Byrne, 1997），実際に，さまざまな霊長類種の集団の大きさを比較すると，それらはその種がもつ大脳新皮質の大きさと相関することが報告されている（Dunbar, 1998）。

　社会的交渉には他者との競合と協力の2つの側面があるが，ヒトはとくに他者と協力するための能力が際立っているようである。たとえば，ヒト以外の霊長類も他者の視線や身振りに敏感であるが，ヒトは白目（強膜）の色素がとくに薄くかつ露出が大きいため，他者に視線の向きを伝えやすい目の構造をしている（Kobayashi & Koshima, 1997）。また，発達の初期の段階から積極的に自分の意図や目的を他者と共有しようとする強い動機がみられることもヒトの特徴だといわれている（Tomasello et al., 2005）。欲しいものに対して手を伸ばすだけでなく，情報を共有するためにする指さし（叙述の指さし）はヒト特有の身振りだといわれており，人工的な環境で育てられた類人を除いて，ヒト以外の霊長類ではみられない。さらに，分配行動についてもヒトは他者に積極的に自分の食べ物などを差しだす行為（active giving）がみられるが，他の霊長類ではほとんどの場合，自分のもっている食べ物を相手が取るのを許す（tolerated food transfer）という形で行われる。こうしたヒトの社会性はどのような進化を経て獲得されたのだろうか。また，それを支える生物学的基盤として，どのような能力が他の霊長類と共有されているのだろうか。

　本章では，社会的認知について，これまで行われてきたヒトを含めた霊長類の研究を概観し比較することで，ヒトが進化させてきた社会性の霊長類的基盤やそ

の進化的起源について考察する。

第1節　霊長類における他者理解の基盤

1　見ることと知ることに対する認識

　他者が何を見ているか，他者が何に注意を向けているかといった最も基礎的な他者理解の能力は，さまざまな霊長類種でみられる。一般的に，同種内であれば視線や顔の向きといった手がかりをつかって，他者が注意を向けている対象を特定できることが，多くの種で示されている。チンパンジーやフサオマキザルでは，複数ある箱のうち餌が隠されている箱を知っている実験者と知らない実験者がいた場合、知っている実験者に対して餌を要求するように訓練できることが報告されている（Kuroshima et al., 2003 ; Povinelli et al., 1990）。このことから，ヒト以外の霊長類も他者の視線や注意に敏感なだけでなく，箱の中を見る等の行為によって他者が中身を「知る」（視野にあるものに関する知識をえる）ことを理解していると思われる。

　とくにヒト以外の霊長類の場合には，こうした見ることと知ることの関係についての理解は，競合的な場面を利用すると，より優れた能力を発揮することがわかっている。たとえば，ヘアらが行った実験では，2カ所に食べ物が置かれた部屋をはさんで，チンパンジーの優位個体と劣位個体を向かい合うようにして準備室に入れた（Hare et al., 2001）。ただし，2つの食べ物のうち1つはついたてが置かれてあるため劣位個体しか見ることができず，もう1つの食べ物は両者から見ることができた。彼らがそれぞれ，食物をめぐってどういったふるまいをするか観察したところ，劣位個体が優位個体より少しだけ早く餌を取りにいけるように部屋に入れると，優位個体には見えない側の食べ物を取りにいくことがわかった。

　また，別の実験ではアカゲザルを対象に，実験者の近くに置かれている餌を盗むという状況を利用して他者の視線や注意の認識について調べられている。アカゲザルは餌を盗む際に，実験者からの距離にかかわらず，実験者から見えない餌を盗むという結果が得られた（Flombaum & Santos, 2005）。こうした結果から，ヒト以外の霊長類も相手に何が見え，また何が見えないのかということを自分の知覚経験とは分けて推測し，状況に応じて柔軟に対応していることがわかる。

2　意図・目的の認識

　相手が何をしようとしているかといった意図や目的の認識は，他者の行動を予

測するうえで重要である。ヒトは，丸や三角といった幾何学図形であっても特定の条件を満たした動きをすれば，そこに何らかの意図や目的を感じ取ってしまうほど，他者の行為に敏感である（Heider & Simmel, 1944）。ニホンザルでも，2つの物体の動きについて一方が他方を追いかけているように見える場合とそうでない場合を区別できることが示唆されているが（Atsumi et al., 2017），ヒト以外の霊長類がどの程度抽象的な対象物の動きに対して意図や目的を帰属するのかについては，まだ十分な検討がなされていない。

　しかしながら，実験者が実際に行為を提示した実験では，チンパンジーも，ヒトの幼児と同様に「食べ物をあげようとする」，「何かを取ろうとする」といった他者の意図を理解し，適切に反応することが知られている。たとえば，実験者が食べ物をあげようとして失敗した行為と，いじわるをしてわざと食べ物をあげない行為では，動きは非常に似ているがチンパンジーは後者に対してパネルを叩いたり押したりなど抗議するような行動がより多くみられた（Call et al., 2004）。

　また，他者の同じ動きを観察しても，状況に応じて行為者の異なる意図を認識できることも示されている。たとえば，行為者が手にバケツを持っていて手が使えない状況で明かりのスイッチを足で押す場面と，手がまったく自由なのにあえて足でスイッチを押す場面をチンパンジーに見せた。その後，同じ動作をするように促されると，14カ月児のヒト幼児と同様に（Gergely et al., 2002），手が使えない状況での行為を見た場合には手でスイッチを押し（バケツを持っているために手でスイッチを押せなかったと解釈して），手が自由な状況での行為を見たあとでは（手ではなく意図的に足で押したと解釈して）足で押した（Buttelmann et al., 2007）。こうした研究から，チンパンジーにも他者の目的や意図を理解する能力がある程度存在することが示されている。

3　心の理論

　1978年にプレマックとウッドラフによって発表された論文「チンパンジーは心の理論をもつか（"Does the chimpanzee have a theory of mind?"）」（Premack & Woodruff, 1978）に端を発して，「心の理論」に関する多くの研究が発達心理学などの領域で行われてきた。自分の心的状態とは異なっていても，他者の心的状態を正しく認識できるのかについて，これまで主に「誤信念課題」と呼ばれるテストでヒトの子どもを対象に行われている。ウィマーとパーナーが最初に考案したテスト法では，以下のような人形劇を被験者の子どもに見せるものであった。チョコレートが好きなマクシという男の子は，お母さんが買ってきたチョコレートを青い棚に

90　第Ⅱ部　社会的認知の生物学的基盤

置く。しかし，マクシが遊びに行っている間にお母さんはそのチョコレートを料理に使ったあと，別の緑の棚にしまう。さて，チョコレートを食べようと遊びから帰ってきたマクシは，どこを探すだろうか。マクシはチョコレートの場所が移動したことを知らないので，正しい答えは青い棚であるが，正しく答えられるのはおおむね4歳半以降だといわれている（Wimmer & Perner, 1983）。ヒト以外の霊長類を対象に，餌が入っているカップへの選択行動を指標にしてこうした課題に等価なテストがいくつか行われているが，現時点で肯定的な結果は得られていない。

　しかし，だからといって4歳半以下の幼児やヒト以外の霊長類が他者の心的状態を認識していないことにはならない。実際に，これらの課題は他者の信念について言語で答えさせたり，それにもとづいた積極的な選択行動を求めたりしており，心的状態の認識以外の認知的負荷があることが指摘されている。近年は，被験者が誤信念課題を観察した際の視線を計測することにより，より幼い年齢の幼児やヒト以外の類人でも，他者の誤信念を認識するという報告がいくつかされている（Krupenye et al., 2016 ; Onishi & Baillargeon, 2005 ; Southgate et al., 2007）。こうした潜在的な反応が，それ以前に行われてきた言語報告や選択行動を求める課題での成績とどのような関係にあるのか，また他者の信念の理解においてどのような位置づけになるのかは，今後の議論が待たれるところである。

第2節　霊長類における利他行動

1　利他行動の進化メカニズム

　利他行動とは，自身に直接的な利益がないにもかかわらず，他者に利益を与える行動をさす。一見適応的でないようにみえるこうした行動は，実はさまざまな動物で観察されている。進化生物学の分野では，利他行動がなぜ進化してきたのか，そのメカニズムについて検討されてきた。たとえば，ハミルトンが提唱した血縁淘汰は，アリやハチのコロニーで，なぜワーカー（働きアリや働きバチ）が女王の産卵する子どもを育てるのかを説明している。ワーカーにとって女王は母親であり，育てる対象は血縁個体であるため，自身とある程度同じ遺伝子をもつ個体を援助することで，結局は自身の遺伝子が後世に伝わる確率を高めることになる（Hamilton, 1964a, b）。一方で，血縁個体間でなくても利他行動が進化するメカニズムも提案されている。他個体に利益を与えるためには，コストを支払わなければならない。このコストが何らかの形で報いられるのであれば，利他行動は進化するといわれている。たとえばチスイコウモリは，哺乳類などの血を吸うこと

で生きているが、まったく血を吸うことができなかった個体がいた場合，他の仲間が血を分け与えることが知られている（Wilkinson, 1984）。こうした「食物分配」は個体間で相互的に行われており，お互いに持ちつ持たれつの関係が維持されているといわれている。互恵的利他主義と呼ばれるこうしたメカニズムでは，相互作用が繰り返し行われる 2 個体間で，受ける側の利益が，支払われるコストよりも大きければ，血縁がなくても利他行動が進化することが示されている（Trivers, 1971）。

　しかしながら，ヒトは血縁関係になくても，また将来的にお返しが見込まれない相手に対しても利他的にふるまう。困っている他者がいれば「助けるべき」といった社会的な規範をヒトはもっており，こうした道徳や規範にもとづく利他行動の進化メカニズムについては，「間接互恵」が提案されている。これは，互恵的利他主義のように二者間で援助のやりとりをするというものではなく，利他的にふるまった個体が将来困ったときには，第 3 の個体が助けるというものである。ただし，こうした状況で問題になるのは，助けてもらうばかりで助け返さないフリーライダーが出てきてしまうことだ。ただ乗りをする個体をうまく排除して集団内での利他行動を維持するためには，誰がお返しをしてくれそうか，そうでないかについての「評判」を皆で共有し，悪い評判をもつ個体を罰する必要がある。それぞれが各自で評価を決めるのではなく，グループで各個体についての「評判」を共有し，それにもとづいて行動するというのは，認知的に高度な能力が要求される。ヒト以外の霊長類も，血縁個体以外の相手を助けたり，利他的にふるまったりすることが報告されているが，ヒトの社会でみられる利他行動の基盤はどの程度共有されているのだろうか。近年，チンパンジーやボノボといった類人[1]や新世界ザル[2]を中心に実験や観察的手法を用いてさまざまな検討が行われてきた。

2　他者への供与，手助け

　ヒト以外の霊長類も，社会的な交渉の中でさまざまな利他行動を示す。その一つが，食物分配行動である。血縁個体間だけでなく，非血縁個体の間でも食物が分配されることが報告されている。ただし，ヒトのように積極的に食べ物を相手

---

[1]　ヒト上科に属するヒト以外の霊長類種（チンパンジー，ボノボ，ゴリラ，オランウータン，テナガザル）の総称。
[2]　南米に生息する霊長類種の総称。約 4,500〜4,000 万年前にヒトとの共通祖先から分岐したといわれている。

に差しだすというのではなく，ほとんどの場合，相手が自分のもっている食べ物を取るのを許すという形でみられる。こうした「食物分配」は，相手の状況や過去に行った相手とのやりとりにも影響を受ける。たとえば新世界ザルのフサオマキザルでは相手が少し前に食べ物を食べている様子を目撃すると，そうでないときにくらべて分配の頻度が低下する（Hattori et al., 2012）。また，チンパンジーでは，事前にグルーミングをしてくれた個体により多くの分配を行うことも報告されている（de Waal, 1997）。

　困っている他者を助けるという手助け行動についても，いくつか検討がされている。たとえばワーネケンらは，実験者がものを取ろうとして手が届かずに困っている様子や，別のチンパンジーが食べ物を取ろうとして自分では開けられない扉の前で待っているといった場面をチンパンジーに提示して，反応を調べた。すると，状況に応じてチンパンジーも他者の手助けをする様子が観察された（Warneken et al., 2007）。ただし，チンパンジーは要求があった場合に手助けが増えたが，ヒトはそうした働きかけがなくても一定の割合で協力すると報告されている。相手からの要求があった場合に手助けをするという反応は，チンパンジー間での手助け行動を調べた別の実験でも確認されている（Yamamoto et al., 2009）。こうした供与や手助けについての研究から，ヒト以外の霊長類にも互恵性の基盤は存在すると考えられるが，ヒトはとくに，相手の状態に敏感であり利他的な動機が強いことが示唆される。

3　規範，評判

　ヒトは，「他人の物をとってはいけない」とか「困っている人は助けるべき」といったルールが集団内で共有されている。また，そうした規範を守らない者は，集団内で悪い評判が立てられ，必要な状況で他者からの手助けを得られなかったりする。ヒト以外の霊長類の集団には，このような「間接互恵」を支える規範や評判は存在するのだろうか。

　他個体が所有している物に対して，持ち主に一定の所有権を認めるというのはさまざまな霊長類種で報告されている。たとえば，他個体が食べ物を持っているときには，集団内の順位にかかわらずその所有権が認められることが知られている（Kummer & Cords, 1991 ; Perry, 1997）。「所有している」とみなされる基準は，種や対象物によって異なり，たとえばカニクイザルは持ち歩くことができて初めて食べ物の所有権を持ち主に認めると報告されている（Kummer & Cords, 1991）。また，マントヒヒはハーレムを形成するが，オスは他のオスのハーレムに所属するメス

との交尾を避けるといわれている。オスがそうした判断を行うにあたって，別の
オスとの近接性の影響が指摘されている（Sigg & Falett, 1985）。

　しかしながら，集団で共有されているルールが破られたとき，他の個体がルー
ルを破った個体に罰を与えるのかについては，これまでにはっきりした報告はな
い。ただし，第三者間のやりとりを見て，行動を評価するというのはみられるよ
うである。たとえば，アンダーソンらはフサオマキザルを対象に次のような実験
を行った。ヒト演者 2 名のうち一方（ヒト A）が容器を開けようとするが開けら
れないという状況で，もう一方（ヒト B）に助けを求める。ヒト B は要求に応え
て容器を開ける場合と，要求を拒否する場合があった。こうした一連の様子をフ
サオマキザルに観察させ，ヒト A とヒト B どちらの提示した餌をより多く取り
にいくかを調べたところ，要求に応えて助けてあげた場合の方が，助けなかった
場合にくらべてより多くヒト B から餌を取りにいった（Anderson et al., 2013）。フサ
オマキザルは，他者間の社会的やりとりを見て，援助を拒否したヒトから餌を取
るのを避けたことが示唆される。こうした結果から，規範や評判といったヒト社
会での利他行動をささえる基盤は，ある程度ヒト以外の霊長類にも共有されてい
ることがわかる。

4　利他行動の進化に関する仮説

　ヒトでみられる高度な利他行動が進化した要因に関して，これまでにいくつか
の仮説が挙げられている。1 つ目は，狩猟における共同作業が関係していたとす
る説である。ヒトの祖先が森からサバンナへ適応する中で，十分な果実や植物を
採取できないため，森に残った他の霊長類種より頻繁に集団で狩りをする必要性
に迫られただろうと推測されている。一人では捕まえることができない大きな獲
物を仕留めるためには，お互いに役割を分担しながら協力し，仕留めた獲物は分
けあい，狩りに参加せず獲物だけ横取りしようとするような者には罰を与えるこ
とが必要だ。ヒトが示す発達した利他行動は，こうしたルールを維持し，共同で
狩りを行うようになったことが要因だったと指摘する研究者もいる（Tomasello et
al., 2012）。チンパンジーも集団で小型のサルを狩ることが知られているが，主食
として果物，虫や植物を食べるため，それほど頻繁に狩りを行わない。また，狩
りにおける役割分担についても，ある個体が獲物を追いかけ，別の個体が先回り
し捕まえるといった例が報告されているものの，はっきりとお互いの役割を認識
して行っているのか，それぞれが個別に獲物に向かっているだけなのかは不明で
ある。他の霊長類も集団で狩りをする報告がされている種がいくつかあるが，ヒ

ト以外の霊長類において，狩りの頻度と社会性の高さの関連については，あまりよくわかっていない。

2つ目の仮説は，攻撃性の低下への選択圧が他者への寛容性を高め，ヒトの利他行動を進化させたとするものである（自己家畜化説：self-domestication hypothesis；Hare et al., 2012）。人為的な要因にせよ環境的な要因にせよ，他個体への攻撃性が低くなるような選択圧を受けた種は，協力や利他行動で高い能力を示すことが近年の研究から指摘されている。

たとえば，ボノボとチンパンジーは同様にヒトに最も近縁の種であるが，他個体に対する攻撃性はボノボの方が低く，また協力課題における成功率も高いことがわかっている（Hare et al., 2007）。ボノボは肉食をすることは知られているが，チンパンジーのように集団で狩りをするという報告はない。しかしながら，2個体が同時に紐を引かなければ餌を手に入れられないといった協力課題では，チンパンジーよりも高い協力率を示すことが示されている。チンパンジーは優位な個体が餌を独占することが多く，もう一方の個体が協力しなくなるといった場合がほとんどだが，ボノボは他個体が餌をとることに寛容で，2個体で協力して手に入れた餌もお互い分けあって食べるといわれている。ボノボはメス同士のつながりが強く，メス同士連合を組んでオスの暴力に対抗することが知られている（Tokuyama & Furuichi, 2016）が，こうしたメスの連合パターンが，オスの攻撃性を抑え，さらには全体としての寛容性や協力的傾向の向上につながったのだろうと推測されている。

別の例では，ヒトに対して攻撃性の低いキツネの野生群を人為的に選別して繁殖させた結果，社会的認知能力が向上したという報告もある。ヘアらは，野生のキツネを何世代にもわたって選択的に繁殖させ，視線や身振りなどヒトが示す社会的なキューの読み取り能力について，そうした選択を行わなかったキツネと比較した。その結果，前者の方が後者よりも高い成績を示した（Hare et al., 2005）。さらに，そうした従順な形質が選択されたキツネの成績は，家畜化の歴史をもつイヌと同程度だったとも報告されている。

ヒトの利他行動の進化に関する3つ目の仮説は，協力的養育仮説（cooperative breeding hypothesis；たとえば，van Schaik & Burkart, 2010）である。これは，利他的な行動傾向はヒトと系統発生的に近い種で必ずしも多くみられるわけではないという一連の結果に端を発している。2000年代後半以降，「他者への配慮に対する選好（other-regarding preference）」について，さまざまな霊長類種で実験が行われてきた。手続きは，おおむね次のようなものである。被験体には餌の配分が異なる2つの

選択肢が与えられた。どちらを選んでも被験体自身の取り分は同じだが，一方は自分のみ餌を手に入れられる選択肢，もう一方は自分も隣にいるパートナーも餌を手に入れられる選択肢だった。チンパンジーで複数の実験が行われたが，どれも一方の選択肢を他方より多く選ぶといった「他者への配慮に対する選好」はみられなかった。つまり，チンパンジーは自分の取り分が同じであるなら，パートナーが餌をもらえるかどうかについてはとくに気にかけないというのだ。しかし，系統発生的にはヒトとは離れた新世界ザルで実験を行ったところ，他者の取り分に配慮するような選好が選択行動にみられた（Burkart et al., 2007 ; Takimoto et al., 2010）。

　とくに，マーモセットを対象に行った実験では，どちらの選択肢を選んでも被験体の取り分はゼロであり，これまで行われていた実験にくらべると，そもそも被験体が実験に参加する動機を保つのが難しい。しかしそれにもかかわらず，マーモセットは隣に誰もいない場合にくらべて，有意に多くの回数パートナーに餌がいく選択肢を選んでいた。実験を行った研究者らは，ヒトとマーモセットの養育行動における共通点に注目し，母親だけでなく，多くのグループメンバーによる協力的な養育行動が利他行動を進化させ，養育場面以外においても他者への配慮に対する高い選好として現れるようになったのだと主張している。たしかに，ヒトの子どもは他の類人にくらべて比較的体サイズが大きく，未成熟の段階で生まれてくるため，より長い期間，他者から保護される必要がある。さらに出産間隔は他の類人より短いため，まわりにいる多くの仲間に育児を助けてもらわなければ子どもたちを育てていくことはできない。マーモセットも母親の体サイズにくらべて比較的大きな赤ちゃんが双子で生まれるのが通常のため，群れのメンバーによる協力が必要になる。こうした協力的な養育行動における基盤が，他個体への寛容性や他者の状態に対する注意を促し，利他的・協力的な知性の進化につながったのだろうと推測されている。

5　社会的認知におけるヒトの特異性

　この章では，ヒトの社会性の進化的起源は何か，またその生物学的基盤を探るため，ヒトを含めたさまざまな霊長類種を対象に行われてきた社会的認知に関する研究を概観した。他者との社会的交渉を支える認知基盤は，霊長類である程度は共有されているものの，ヒトはとくに他者との協力や助け合いといった側面においてその特異性が顕著にみられるようである。それは，他の霊長類種は相手の視線や注意を読みとる能力があるものの、相手と競合したり出し抜いたりする場

面でより上手く発揮されるという研究結果からもうかがえる。ヒトの祖先が約700万年前にチンパンジーの共通祖先と分かれたあと，どのような過程を経て現在のような利他行動を進化させてきたのか，複数あげられている仮説のうちどれが決定的な要因なのかは現時点で結論が出ていない。上記の仮説は，お互いに排他的なものではないため，もしかすると，それぞれがヒトの異なる時点における利他性の進化を説明しているのかもしれない。他者をどのように認識していたのか，どのように意思や目的を共有していたのかといった心の進化に関する問いは，化石からは推測することが難しい。今を生きる私たちと進化の隣人の心を探る比較認知科学研究は，そうした問いを明らかにする重要な手がかりを今後も与えてくれるはずである。

引用文献

Anderson, J. R., Kuroshima, H., Takimoto, A., & Fujita, K.（2013）. Third-party social evaluation of humans by monkeys. *Nature Communications, 4,* 1561. doi：10.1038/ncomms2495

Atsumi, T., Koda, H., & Masataka, N.（2017）. Goal attribution to inanimate moving objects by Japanese macaques（*Macaca fuscata*）. *Scientific Reports, 7,* 40033. doi：10.1038/srep40033

Burkart, J. M., Fehr, E., Efferson, C., & van Schaik, C. P.（2007）. Other-regarding preferences in a non-human primate：Common marmosets provision food altruistically. *Proceedings of the National Academy of Sciences of the United States of America,* **104,** 19762−19766.

Buttlemann, D., Carpenter, M., Call, J., & Tomasello, M.（2007）. Enculturated chimpanzees imitate rationally. *Developmental Science,* **10,** F31−F38.

Byrne, R., & Whiten, A.（Eds.）.（1988）. *Machiavellian intelligence：Social expertise and the evolution of intellect in monkeys, apes, and humans.* Oxford, UK：Clarendon Press.

Call, J., Hare, B., Carpenter, M., & Tomasello, M.（2004）. 'Unwilling' versus 'unable'：Chimpanzees' understanding of human intentional action. *Developmental Science,* **7,** 488−498.

de Waal, F. B. M.（1997）. The chimpanzee's service economy：Food for grooming. *Evolution and Human Behavior,* **18,** 375−386.

Dunbar, R. I. M.（1998）. The social brain hypothesis. *Evolutionary Anthropology,* **6,** 178−190.

Flombaum, J. I., & Santos, L. R.（2005）. Rhesus monkeys attribute perceptions to others. *Current Biology,* **15,** 447−452.

Gergely, G., Bekkering, H., & Király, I.（2002）. Rational imitation in preverbal infants. *Nature,* **415,** 755.

Hamilton, W. D.（1964a）. The genetical evolution of social behavior. I. *Journal of Theoretical Biology, 7,* 1−16.

Hamilton, W. D.（1964b）. The genetical evolution of social behavior. II. *Journal of Theoretical Biology,* **7,** 17−52.

Hare, B., Call, J., & Tomasello, M.（2001）. Do chimpanzees know what conspecifics know? *Animal Behaviour,* **61,** 139−151.

Hare, B., Melis, A. P., Woods, V., Hastings, S., & Wrangham, R.（2007）. Tolerance allows bonobos to outperform chimpanzees on a cooperative task. *Current Biology,* **17,** 619−623.

Hare, B., Plyusnina, I., Ignacio, N., Schepina, O., Stepika, A., Wrangham, R., et al.（2005）. Social cognitive evolution in captive foxes in a correlated by-product of experimental domestication. *Current Biology*, **15**, 226−230.

Hare, B., Wobber, V., & Wrangham, R. (2012). The self-domestication hypothesis : Evolution of bonobo psychology is due to selection against aggression. *Animal Behaviour*, **83**, 573−585.

Hattori, Y., Leimgruber, K., Fujita, K., & de Waal, F. B. M. (2012). Food-related tolerance in capuchin monkeys (*Cebus apella*) varies with knowledge of the partner's previous food-consumption. *Behaviour*, **149**, 171−185.

Heider, F., & Simmel, M. (1944). An experimental study of apparent behavior. *American Journal of Psychology*, **57**, 243−259.

Kobayashi, H., & Koshima, S. (1997). Unique morphology of the human eye. *Nature*, **387**, 767−768.

Krupenye, C., Kano, F., Hirata, S., Call, J., & Tomasello, M. (2016). Great apes anticipate that other individuals will act according to false beliefs. *Science*, **354**, 110−114.

Kummer, H., & Cords, M. (1991). Cues of ownership in long-tailed macaques, *Macaca fascicularis*. *Animal Behaviour*, **42**, 529−549.

Kuroshima, H., Fujita, K., Adachi, I., Iwata, K., & Fuyuki, A. (2003). A capuchin monkey (*Cebus apella*) recognizes when people do and do not know the location of food. *Animal Cognition*, **6**, 283−291.

Onishi, K., & Baillargeon, R. (2005). Do 15-month-old infants understand false beliefs? *Science*, **308**, 255−258.

Perry, S. (1997). Male-female social relationships in wild white-faced capuchins (*Cebus capucinus*). *Behaviour*, **134**, 477−510.

Povinelli, D. J., Nelson, K. E., & Boysen, S. T. (1990). Inferences about guessing and knowing by chimpanzees (*Pan troglodytes*). *Journal of Comparative Psychology*, **104**, 203−210.

Premack, D., & Woodruff, G. (1978). Does the chimpanzee have a theory of mind? *Behavioral and Brain Sciences*, **1**, 515−526.

Sigg, H., & Falett, J. (1985). Experiments on respect of possession and property in hamadryas baboons (*Papio hamadryas*). *Animal Behaviour*, **33**, 978−984.

Southgate, V., Senju, A., & Csibra, G. (2007). Action anticipation through attribution of false belief by 2-year-olds. *Psychological Science*, **18**, 587−592.

Takimoto, A., Kuroshima, H., & Fujita, K. (2010). Capuchin monkeys (*Cebus apella*) are sensitive to others' reward : An experimental analysis of food-choice for conspecifics. *Animal Cognition*, **13**, 249−261.

Tokuyama, N., & Furuichi, T. (2016). Do friends help each other? Patterns of female coalition formation in wild bonobos at Wamba. *Animal Behaviour*, **119**, 27−35.

Tomasello, M., Carpenter, M., Call, J., Behne, T., & Moll, H. (2005). Understanding and sharing intentions : The origins of cultural cognition. *Behavioral and Brain Sciences*, **28**, 675−735.

Tomasello, M., Melis, A. P., Tennie, C., Wyman, E., & Herrmann, E. (2012). Two key steps in the evolution of human cooperation : The interdependence hypothesis. *Current Anthropology*, **53**, 673−692.

Trivers, R. L. (1971). The evolution of reciprocal altruism. *The Quarterly Review of Biology*, **46**, 35−57.

van Schaik, C. P., & Burkart, J. M. (2010). Mind the gap : Cooperative breeding and the evolution of our unique features. In P. M. Kappeler & J. B. Silk (Eds.), *Mind the gap : Tracing the origins of human universals* (pp.477−496). Berlin : Springer.

Warneken, F., Hare, B., Melis, A. P., Hanus, D., & Tomasello, M. (2007). Spontaneous altruism by chimpanzees and young children. *PLoS Biology*, **5**, e184. doi : 10.1371/journal.pbio.0050184

Whiten, A., & Byrne, R. (Eds.). (1997). *Machiavellian intelligence II : Extensions and evaluations*. Cambridge, UK : Cambridge University Press.

Wilkinson, G. S.（1984）. Reciprocal food sharing in the vampire bat. *Nature*, **308**, 181−184.

Wimmer, H., & Perner, J.（1983）. Beliefs about beliefs : Representation and constraining function of wrong beliefs in young children's understanding of deception. *Cognition*, **13**, 103−128.

Yamamoto, S., Humle, T., & Tanaka, M.（2009）. Chimpanzees help each other upon request. *PLoS ONE*, **4**, e7416. doi : 10.1371/journal.pone.0007416

参考文献

藤田和生.（1998）. *比較認知科学への招待：「こころ」の進化学*. 京都：ナカニシヤ出版.

藤田和生（編著）.（2017）. *比較認知科学*. 東京：放送大学教育振興会.

第8章
イヌの社会的認知

黒島妃香・藤田和生

　その家畜化の起源は定かではないものの，イヌはオオカミを祖先とし，長い時間をかけてヒトと共に進化してきた動物である。イヌはヒトの視線，指さし，表情などのコミュニカティブな信号を読み取り，利用する能力をもつだけでなく，いくつかの高次感情ももっていることも次第に明らかになりつつある。さらに，私たちヒトがもつ，より複雑な感情も理解しうるのかもしれない。今後，遺伝と，個体経験を含む環境要因が，これらの能力や性質の決定にどのように関与しているかを検討することが，社会的知性の進化の解明にとって重要な鍵となるであろう。

第1節　イヌとヒトとの関係性と共進化

1　イヌの家畜化の歴史

　イヌ（*Canis familiaris*）はオオカミ（*Canis lupus*）を祖先とし（Vilà et al., 1997），ヒトによって家畜化された動物である。近年，遺伝子解析技術の進展にともなって，イヌの家畜化の起源に関する研究が急速に進み，考古学の知見と関連づけて，さまざまな説が唱えられている。イヌが最初に家畜化された地域について，ミトコンドリア DNA（mtDNA）[1]やゲノム[2]の解析から，東アジア（Savolainen et al., 2002），中東（Vonholdt et al., 2010），中央アジア（Shannon et al., 2015），そしてヨーロッパ（Thalmann et al., 2013）などが候補に挙がっているが，最近では，家畜化の起源が2つの異なる地域にあるという説も提唱されている。フランツほか（Frantz et al.,

---

[1]　細胞内でエネルギーを供給する役割を担う小器官であるミトコンドリア内にある DNA。核に含まれる DNA とは別の，ミトコンドリア独自の DNA である。母親からしか子どもに引き継がれないため，母系の祖先系統を追跡するための研究に多く利用される。
[2]　遺伝情報の総体。

100　第Ⅱ部　社会的認知の生物学的基盤

2016）は，ヨーロッパの古代犬と，現代のイヌ（野良犬と 48 品種を含む）の mtDNA を比較し，現代の東アジアと西ユーラシアのイスは，6,400 年から 14,000 年前頃に分岐したと推定した。また，中央ユーラシアで発掘されたイヌの化石が東ユーラシアや西ユーラシアで発掘されたイヌの化石よりも比較的新しいことから，イヌは農耕が開始される前に，ユーラシアの東と西で別々のオオカミから家畜化され，その後，ヒトと共に東ユーラシアから西ユーラシアへと移住し，旧石器時代以来ヨーロッパに生息していた在来種が新石器時代に東アジアから移入してきた個体群によって大規模に置き換えられたという仮説をたてた。それに対し，ヨーロッパのイヌの起源は単一であるという反論もある。ボティゲほか（Botigué et al., 2017）は，ドイツで出土した新石器時代初期と後期（紀元前約 8,000 年から 5,000 年の間）のイヌの化石と現代のヨーロッパ由来のイヌの品種の全ゲノム塩基配列解析を行い，古代のイヌと現代のヨーロッパ由来のイヌには遺伝的な連続性があることから，東西のイヌが分岐したのは 17,000 から 24,000 年前であると推定した。

　このように家畜動物としてのイヌの発祥はいまだ明確ではないものの，イヌがヒトと長い時間を共に過ごしてきたことを示す証拠として，イヌとオオカミの間でみられる遺伝子変異が報告されている。アクセルソンほか（Axelsson et al., 2013）は，イヌが家畜化にともなってどのような選択を受けてきたかを明らかにするために，イヌとオオカミの全ゲノム配列の比較を行い，脳機能にかかわる遺伝子，神経系の発生経路にかかわる遺伝子などに加え，デンプン質の代謝経路，消化にかかわる遺伝子にも変異がみられることを示した。たとえば，*AMY2B* はデンプン質を消化する酵素であるアミラーゼを作り出す遺伝子である。そのコピー数が，オオカミでは 2 個であったのに対し，イヌでは 4 個から 30 個と多いことがわかった。この遺伝子は，コピー数が多いほどデンプン質の消化に有利に働く。つまり，この結果はオオカミにくらべてイヌの方がデンプン質の消化に優れていることを示している。雑食性であるヒトと共存するにあたって，この遺伝子の変異が有利に作用したことは容易に推測されるだろう。また，オオカミと比較的遺伝的に近いとされる日本固有のイヌ（柴犬，秋田犬，縄文柴）では，秋田犬と縄文柴はわずかなコピー数を有し，柴犬は現代のヨーロッパ由来の品種と同じレベルのコピー数と多様性を有していることがわかった（Tonoike et al., 2015）。これは，柴犬の発祥となった地域が，秋田犬や縄文柴の発祥地よりも早くに稲作を開始したこととの関連を示唆するという。イヌの家畜化の起源やそのプロセスの解明には，世界各地における古代のイヌの化石の発見や，さらなる遺伝子解析技術の発達が不可欠であるが，イヌが長い時間をかけてヒトと共に進化してきたことに疑いは

ないだろう。

2　イヌとヒトとの関係

ヒトは多数のイヌの品種を作り出した。国によって異なる分類が行われている
が，国際畜犬連盟（Fédération Cynologique Internationale : FCI）およびジャパンケネル
クラブ（Japan Kennel Club : JKC）では，イヌの品種を系統に応じて10グループに
分類している（1 G：牧羊犬・牧畜犬，2 G：使役犬，3 G：テリア，4 G：ダックスフン
ト，5 G：スピッツ・古代犬，6 G：嗅覚ハウンド，7 G：ポインター・セッター，8 G：7
グループ以外の鳥猟犬，9 G：愛玩犬，10 G：視覚ハウンド）。これらの品種間に特定
の能力に関する違いはみられるものの，ヒトの視線方向の理解や指さし行動の理
解などに関して，有意な差はみられないという報告がある（Dorey et al., 2009 ; Wobber
& Hare, 2009）。特定の能力や行動特性（性格）は，品種の影響，つまり遺伝子の影
響を受けるが，それだけで形成されるのではなく，社会化期（生後約3から12週
齢の期間）の過ごし方，訓練履歴など，生後の環境要因の影響も大きく関与して
いるのかもしれない。たとえば，トォールチャンほか（Turcsán et al., 2012）は，飼
い主とイヌの5つの性格特性（神経症傾向，外向性，開放性，協調性，誠実性）に正
の相関があることを報告している。しかし，品種によってある程度異なる特性を
もつことから（Turcsán et al., 2011），飼い主が自分の性格特性に似た犬を迎えてい
る可能性も否定できない。また，広くイヌの性格アンケートに用いられているイ
ヌ用ビッグファイブ尺度（the Canine-Big Five inventory : dog BFI ; Gosling et al., 2003）は
ヒトの5つの性格特性を基本に開発されたものであり，イヌには適さないという
議論もある（Rayment et al., 2015）。そこで黒島ほか（Kuroshima et al., 2016）は，単一
品種（ラブラドール・レトリーバー）とその飼い主を対象とし，飼い主の5つの性
格特性とイヌの5つの行動特性（動物への攻撃性，ヒトへの攻撃性，訓練性，活動性
／興奮性，恐怖性；質問紙は特定の場面での行動の出現頻度を5段階で飼い主が評定；
Jones, 2009）に，関連があるかを調べた。結果，飼い主の社交性が高いほどイヌの
ヒトへの攻撃性が低く，飼い主の開放性が高いほどイヌの訓練性が高くなること
がわかった。一方で，イヌの活動性／興奮性と動物に対する攻撃性に関しては，
飼い主の性格との関連はみられず，イヌの性格形成には，飼い主の性格が関与す
る特性とそうでない特性があることが示された。今後，イヌの性格形成にどのよ
うな要因が影響を及ぼすのか，遺伝要因と環境要因の両方から検討していく必要
があるだろう。

第2節　イヌの社会的知性

1　ヒトのコミュニカティブな信号の読み取り

イヌ同士のコミュニケーションでは，姿勢や耳の傾き，尻尾の振り方などが重要なコミュニカティブな信号となる。しかし私たちヒトは二足歩行であり，大きな耳も尻尾もない。このように異なる形態をもつにもかかわらず，イヌはヒトの視線や指さし行動，表情など，ヒトのコミュニカティブな信号を読み取ることで，異種間コミュニケーションを可能にしている。

2　視線の理解

他者の注意状態は，コミュニケーションにおいて重要な情報である。コールほか（Call et al., 2003）は，実験者がイヌの前にエサを置き，食べることを禁止するコマンドを与えたあと，①イヌを見続ける（eyes open），②餌の方に顔は向けるがコンピューターゲームに没頭する（distracted），③餌の方に顔は向けるが目は閉じる（eyes closed），④餌に背を向けて座る（back turned）といった動作をし，イヌの行動を観察した。その結果，eyes open 条件では，他の条件よりも禁止された餌を食べた個数が有意に少なかった。また，eyes open 条件では，eyes closed 条件，back turned 条件よりも有意に餌に対して遠回りしながら接近する方法（非直接的アプローチ）がとられた。また，シュワッブほか（Schwab & Huber, 2006）は餌を禁止する代わりに，イヌに「伏せ」のコマンドを与えて同様のテストを行ったが，この結果もやはり，実験者がイヌを直視する look 条件では他の条件と比較して有意に長くイヌは伏せの態勢を維持した。コマンドを与えられた場面のみでなく，実験者に餌をねだる場面においても類似の結果が得られている（Gácsi et al., 2004 ; Udell et al., 2011）。

他者とのコミュニケーション場面において，自身に向けられた視線の有無だけでなく，他者が何に注意を向けているかを検出することも重要な情報となる。カミンスキほか（Kaminski et al., 2009）は，実験者とイヌの間に透明パネルと不透明パネルを左右に並べ，その背後におもちゃを1個ずつ配置して実験者がイヌに向かって「持ってこい」のコマンドをかけたところ，イヌ側からは両方のおもちゃが見えていたにもかかわらず，実験者側から見える方（透明パネル）のおもちゃを多く持ってくることを示した。この反応は，2つのおもちゃが異なる場合の方が，同一の場合よりも顕著であった。この結果は，イヌがヒトの視覚経験を考慮

に入れて行動していると解釈できる。しかし，アグネッタほか（Agnetta et al., 2000）は，生後4カ月から4歳までのイヌ16個体を対象に，実験者が視線を向けた方の物体を正解とする物体選択課題において，正解の容器をチャンスレベルよりも有意に多く選択した個体は半数以下（43％）であり，実験者の視線に追従するか否かを調べる視線追従課題でも，実験者の視線に追従することはほぼないことを示した。メットほか（Met et al., 2014）は，アグネッタほか（Agnetta et al., 2000）の視線追従課題には餌との関連づけがなかったことが問題であるとし，事前に実験室で実験者と餌を見つけるやりとりを行う群（foraging群）と，餌が絡むやりとりをまったく行わない群（non-foraging群）に分けて，視線追従課題を行った。その結果，foraging群では80％の個体が，non-foraging群では55％の個体が，実験者の視線に従うことを示した。イヌにとってヒトの視線は餌のありかを知るために有益な情報となりうるのかもしれない。

　ヒトの視線への追従は，ヒトに育てられた14週齢のオオカミでも報告されている（Range & Virányi, 2011）。また，ヴェルハンほか（Werhahn et al., 2016）は，ヒトに育てられたオオカミと同様に，集団で飼育されているイヌを対象に，視線追従課題を行った結果，イヌはオオカミと対照的にヒトの視線には追従しなかったが，イヌもオオカミも同種他個体の視線には同程度に敏感であることを示した。この結果は，ヒトの視線への追従は，家畜化よりも，ヒトとの接触経験の影響が大きいことを示唆している。しかしながら，必ずしもヒトとの接触経験が視線追従傾向を促進するとは限らない。ヴァリスほか（Wallis et al., 2015）は，ヒトの視線に追従する傾向が，ヒトとの接触経験や長期的／短期的な訓練の影響を受けるのかを生後6カ月から14歳までのボーダーコリー，計145頭を対象に調べた。短期的訓練では，実験者とアイコンタクトをとるか，前足でボールに触れるかのいずれかを行った。その結果，年齢の効果はなく，長期的な訓練や短期的なアイコンタクト訓練は，イヌの視線追従傾向を低下させ，代わりに実験者を注視する時間を増やすことを示した。イヌはヒトの注意が自分に向けられているか否かを弁別し，行動を調節することはできるが，ヒトの視線を自動的に追従することはなく，むしろ訓練やアイコンタクトの経験が自発的な視線追従行動を阻害する傾向に作用してしまうらしい。

3　指さし理解

　ヒトのコミュニカティブな信号の一つに指さし行動が挙げられる。研究によってばらつきはあるものの，ヒト乳児は1歳までに他者の指さし行動に視線を追従

させるようになり，自身も指さしの産出を行うようになる（Bertenthal et al., 2014；Morissette et al., 1995）。ヘアほか（Hare et al., 2002）は，9〜24週齢の子犬が，2つの不透明容器のうち，実験者が「指さしと視線」によって指示した方の容器を選択できること，週齢による有意な成績の差がみられないこと，イヌの方がヒトに育てられたオオカミより高正答率であることを示した。この結果から，イヌは家畜化の過程でヒトとコミュニケートすることができる社会的認知を獲得してきたとする「家畜化仮説（the domestication hypothesis）」が提唱された。イヌは，ヒトの指さしに反応する能力を家畜化によって獲得してきたという仮説である。リードォルほか（Riedel et al., 2008）は，さらに幼い6週齢の子犬でも実験者の指さしに従った選択を行い，年齢による成績の差はみられないことを示し，ガーチほか（Gácsi et al., 2009）も，2カ月齢の子犬も成犬も同様に，実験者の伸ばした指先から60〜80cm離れたところにある容器を選択することができることを示した。

　しかしながら，ウィンほか（Wynne et al., 2008）はリードォルほか（Riedel et al., 2008）のデータを再分析し，6週齢とより年長の群の間には年齢の効果があり，6週齢では試行中の学習の効果もみられることを示した。ウデルほか（Udell et al., 2008）も，日常的にコンタクトのある飼育者が屋外で指さしをする条件では，ヒトに育てられたオオカミは同じ条件下でテストしたイヌよりも高正答率であること，保護施設で飼育されているイヌ（シェルター犬）の成績は一般家庭で飼育されているイヌ（家庭犬）の成績に及ばないこと，また家庭犬は屋外でテストすると屋内での成績よりも低下することから，イヌの社会的認知は「家畜化による選抜」によって獲得されたものではなく，生育環境や経験が重要であると主張した。以上を踏まえ，ウデルほか（Udell et al., 2010）は，最初にヒトを社会的コンパニオンとして受容しようとする段階があり，次にヒトの動作に従うことへの条件づけ学習の2段階からなる「2段階説（the two stage hypothesis）」を提唱した。その後も両者の議論は続いたが，両者の結果を公平に扱うなら，おそらくイヌは発達初期からヒトの動作に敏感に応答する性質を遺伝的に有しており，ヒトとの接触経験を与えられることによって，よりヒトのコミュニカティブな信号に対する学習を蓄積していくのではないかと思われる（永澤ほか，2015）。また，オオカミもヒトとの接触経験を十分に与えられ，ヒトを情報提供者とみなすことで，指さしを利用する能力をもっていると考えられよう。

　ヒトからのコミュニケーションの意図を伝える方法として，ヒト乳児と同様，イヌにもアイコンタクトや高ピッチの発話のような顕示的手がかり（ostensive cue）が有用であることが示されている（Duranton et al., 2017；Kaminski et al., 2012；Téglás et al., 2012)。たとえば，テーグラッシュほか（Téglás et al., 2012）は，演技者がイヌに視線を向けて呼びかけるなどのコミュニケーションの意図を示したときのみ，イヌの視線追従反応が高まることをアイトラッキングシステム[3]を用いて示した。ヒトが他者の注意をひくために自然に発する顕示的手がかりが，イヌにも同じ機能で利用されていることは，ヒトとイヌとの社会的能力における進化的収斂[4]の一つの証拠となりうるかもしれない。

4　情動理解

　イヌがヒトの表情を弁別できることは多数報告されている。アルバカーキーほか（Albuquerque et al., 2016）は，左右のモニターにヒトとイヌの異なる感情価（happy/playful か angry/aggressive）の表情を表示し，同時に音声を提示して，イヌのモニターに対する注視時間を計測した。この結果，イヌは，対象がイヌでもヒトでも音声の感情価と一致する方の表情を有意に長く注視した。2つの異なる感覚情報（視覚情報と聴覚情報）を統合して，情動の違いを弁別していることが示されている。また，表情や音声の感情価を弁別するだけでなく，それらを利用して自分の行動の調整にも利用することができる。バトルマンほか（Buttelmann & Tomasello, 2013）は，2つの容器のふたを開け，中を覗いて，うれしい表情，嫌悪の表情，ニュートラルな表情をイヌに見せた。うれしい表情とニュートラルな表情が左右の箱に関連づけられた条件では，イヌの選択に有意な差はみられなかったが，うれしい表情と嫌悪の表情が関連づけられたときには，うれしい表情が関連づけられた箱を多く選択した。さらに，イヌはヒトの社会的手がかりに過剰に反応してしまう傾向があるようである（Prato-Previde et al., 2008 ; Szetei et al., 2003）。たとえば，プラート＝プレヴィーデほか（Prato-Previde et al., 2008）は，イヌは多い餌と少ない餌が提示されたときには多い餌を選択するにもかかわらず，少ない餌に対する飼い主のポジティブな情動表出を観察すると，その反応に引きずられて少ない餌を選択することを示した。また，メローラほか（Merola et al., 2014）は，イヌにも飼い主への社会的参照（social reference）がみられることを示した。多くのイヌは新奇物体に直面した際，飼い主を参照的に見つめ，飼い主がポジティブな情動表出

---

[3]　眼球運動計測装置（眼位計測装置）。接触型と非接触型がある。近年，ヒト乳幼児研究や大型類人研究に使用されているのは非接触型。被験者（体）の目に弱い赤外線を当て，カメラで瞳孔の位置を撮影し，注視点を専用のアルゴリズムで推定し，記録するシステム。モニターに映しだされた画像（動画）のどこを，どのくらい，どのように注視しているかを計測することができる。
[4]　類似の環境下で，類似の生活をした結果，よく似た形質（身体的特徴，身体的機能，行動など）をもつようになる現象。

をしたときには，新奇物体の近くで過ごしたが，ネガティブな情動表出をしたときには，物体に接近するまでに時間を要した。一方，見知らぬ実験者が情動表出をした場合には，物体への接近はほぼみられず，実験者がネガティブな表情を見せたときには物体から離れた出口の近くで過ごし，特定のヒトとの関係性の違いによって表情のもつ意味が異なることが示されている。

さらに，イヌがヒトの情動表出に合わせて共感的な反応を示すことも報告されている。カスタンスほか（Custance & Mayer, 2012）は，見知らぬ実験者と飼い主が離れて座り，一方が①泣いているふりをする，②楽しそうにハミングをする，③おしゃべりするといった行動をとったときのイヌの反応を観察した。イヌは飼い主でも実験者でも，泣いているときに「見る」「近づく」などの行動を多く示し，服従的な姿勢をとることが多かった。イヌがヒトの情動表出に対して示す反応は，ヒトの情動の意味を理解したうえでの反応なのか，あるいは学習の結果なのか，またイヌとヒトがどの程度同じ情動を共有することができるのかはまだ定かではない。しかし，イヌがヒトの情動に沿った振る舞いをみせることで，ヒトとの共同生活を円滑にしていることに疑いはないだろう。

5　イヌのもつ高次感情

イヌはどのような感情をもつのだろうか。飼い主へのアンケート調査結果によると，飼い主は，イヌが基本感情（喜び，怒り，恐れ，驚き，嫌悪，悲しみ，愛着）だけでなく，高次感情に分類される「嫉妬」，「友情」，「思いやり」などももちえていると感じているようである（Arahori et al., 2017）。イヌの高次感情に関しては，少ないながらもいくつかの実証研究が行われている。たとえばランゲほか（Range et al., 2009）は，不公平感を調べるために，2個体の家庭犬に各々「お手」をさせて報酬を与える実験を行った。イヌは，他個体が報酬を与えられたのに，自分には与えられなかったときにコマンドに従うのを拒んだり，ストレス反応をみせたりするなど，不公平忌避の反応をみせたが，報酬の質の差に対しては反応しなかった。霊長類では，多くの種で報酬の質の差に対して不公平忌避の反応が生じることから（Brosnan et al., 2005 ; Hopper et al., 2013），イヌがもつ不公平感は霊長類種がもつものよりも原始的なものである可能性が指摘された。しかしながら，エスレルほか（Essler et al., 2017）は，同じ生育環境のもと集団で暮らすオオカミとイヌを対象に，ブザーを押して報酬を得る訓練をしたのち，他個体との報酬の差を操作して実験を行ったところ，両種ともに報酬の質の差にも不公平忌避の反応がみられることを示した。不公平忌避は，一般的に仲間との協力的社会を維持する必

要のある種には，広く共有される感情なのかもしれない。また，ハリスとプロブスト（Harris & Prouvost, 2014）は，飼い主がぬいぐるみに愛着行動を示しているときの方が，単なる物体に愛着行動を示しているときよりも，より嫉妬に関連する行動（噛みつく，飼い主と物体の間に入る，飼い主や物体に触れる）が多く生起したことから，イヌにも「嫉妬」がある可能性を示した。一方で，「罪悪感」に関しては否定的な結果が得られている（Hecht et al., 2012；Horowitz, 2009）。ホロヴィッツ（Horowitz, 2009）は，食べることが禁止された餌を飼い主の不在中に食べようが食べまいが，飼い主が再登場したときにその餌が存在しなければ，イヌは罪悪感に関連する反応（目をそらす，尻尾を下げる，ひっくり返ってお腹を見せるなど）を多くみせることを示した。イヌは飼い主のネガティブな反応に対して罪悪感に見える行動をとることを学習しただけかもしれない。

　以上は，自分と他者との間で生じる事象が引き金となり生起する感情であるが，自分自身にかかわりのない他者同士のやりとりからも，他者を感情的に評価することがある。たとえばヒト幼児は，演技者がパートナーの作業を妨害する場合と，援助する場合を観察したあとでは，妨害した演技者とのやりとりを避け，妨害の意図が失敗に終わった条件でもその演技者を避ける。一方，結果的に妨害行動になったとしても，それが偶然に生じたことであれば，その演技者を避けないことが示されている（Vaish et al., 2010）。このように他者間のインタラクションを観察することによって，他者を評価することを「第三者評価（the third-party evaluation）」あるいは「社会的傍受（social eavesdropping）」といい，ヒト以外の動物でも広く研究が進められている。マーシャル＝パニーニほか（Marshall-Pescini et al., 2011）は，イヌは，食べ物を要求する人に食べ物を分け与える寛容な演技者と，その要求を拒否して食べ物を独り占めする演技者では，寛容な演技者を選好することを示した。また，要求する人がいないにもかかわらず，あたかもそこに要求する人がいるかのように食べ物を渡そうとふるまう演技者と，拒否する動作を行う演技者の間では，選好は生じなかったことから，イヌは第三者評価が可能であると結論づけられた。その一方で，ニッツシュナーほか（Nitzschner et al., 2012）は，他個体に対してよく振る舞う演技者と，無視する演技者では選好を示さないことから，イヌは直接的な第二者評価しかできないと主張している。最近では，千々岩ほか（Chijiiwa et al., 2015）は，餌ではなく，イヌにとって無意味な物体を箱から取り出そうとしている飼い主を登場させ，飼い主の要請に応じて援助する演技者と，拒否する演技者では，どちらを選好するかを調べた。その結果，イヌは援助を拒否する演技者を避けることが示された。ここでもイヌが第三者評価を行う可能性が

示されたが，今のところ他者評価を生起させるメカニズムは明確ではない。今後，第三者間のインタラクションの種類や場面，登場人物の役割やキャラクターなどを操作し，さらにオオカミを含む広範囲の種における検討が必要であろう。

第3節　今後の課題

　イヌはヒトからさまざまな情報を読み取り，その情報をもとに自身の行動を調整している。これまでのイヌの社会的認知能力に関する研究は，イヌのもつこの能力が，家畜化の過程で生じてきたのか，あるいは経験や学習によるものなのかなど，主にその獲得に焦点が当てられてきた。もちろん，イヌとヒトとの共進化による能力の進化を解明することは重要な課題ではあるが，それと同時に，イヌのもつ社会的能力がどのような機能をもつのかをより詳細に検討していく必要もあるだろう。なぜ異種であるイヌとヒトが共同生活を送ることができるのかを考えると，同じ場面に対して同じ理解や感情を共有できていると感じられる点が大きいように思われる。しかし今のところ，イヌがヒトと同じように場面を理解しているのか，その場面に対して同じ感情を抱くのかに関する研究は少ない。そこにはおそらく個体差がみられることが予測される。今後は，遺伝要因，環境要因の両側面からみた社会的能力のメカニズムに迫る研究により，社会的能力の進化の解明に一歩近づけるかもしれない。

引用文献

Agnetta, B., Hare, B., & Tomasello, M.（2000）. Cues to food location that domestic dogs（*Canis familiaris*）of different ages do and do not use. *Animal Cognition*, **3**, 107−112.

Albuquerque, N., Guo, K., Wilkinson, A., Savalli, C., Otta, E., & Mills, D.（2016）. Dogs recognize dog and human emotions. *Biology Letters*, **12**, 20150883. doi : 10.1098/rsbl.2015.0883

Arahori, M., Kuroshima, H., Hori, Y., Takagi, S., Chijiiwa, H., & Fujita, K.（2017）. Owners' view of their pets' emotions, intellect, and mutual relationship : Cats and dogs compared. *Behavioural Processes*, **141**, 316−321.

Axelsson, E., Ratnakumar, A., Arendt, M. L., Maqbool, K., Webster, M. T., Perloski, M., et al.（2013）. The genomic signature of dog domestication reveals adaptation to a starch-rich diet. *Nature*, **495**, 360−364.

Bertenthal, B. I., Boyer, T. W., & Harding, S.（2014）. When do infants begin to follow a point? *Developmental Psychology*, **50**, 2036−2048.

Botigué, L. R., Song, S., Scheu, A., Gopalan, S., Pendleton, A. L., Oetjens, M., et al.（2017）. Ancient European dog genomes reveal continuity since the Early Neolithic. *Nature Communications*, **8**, 16082. doi : 10.1038/ncomms16082

Brosnan, S. F., Schiff, H. C., & de Waal, F. B.（2005）. Tolerance for inequity may increase with social closeness in chimpanzees. *Proceedings of the Royal Society B : Biological Sciences*, **272**, 253−258.

Buttelmann, D., & Tomasello, M.（2013）. Can domestic dogs（*Canis familiaris*）use referential emotional expressions to locate hidden food? *Animal Cognition*, **16**, 137−145.

Call, J., Bräuer, J., Kaminski, J., & Tomasello, M.（2003）. Domestic dogs（*Canis familiaris*）are sensitive to the attentional state of humans. *Journal of Comparative Psychology*, **117**, 257−263.

Chijiiwa, H., Kuroshima, H., Hori, Y., Anderson, J. R., & Fujita, K.（2015）. Dogs avoid people who behave negatively to their owner : Third-party affective evaluation. *Animal Behaviour*, **106**, 123−127.

Custance, D., & Mayer, J.（2012）. Empathic-like responding by domestic dogs（*Canis familiaris*）to distress in humans : An exploratory study. *Animal Cognition*, **15**, 851−859.

Dorey, N. R., Udell, M. A., & Wynne, C. D.（2009）. Breed differences in dogs sensitivity to human points : A meta-analysis. *Behavioural Processes*, **81**, 409−415.

Duranton, C., Range, F., & Virányi, Z.（2017）. Do pet dogs（*Canis familiaris*）follow ostensive and non-ostensive human gaze to distant space and to objects? *Royal Society Open Science*, **4**, 170349. doi : 10.1098/rsos.170349

Essler, J. L., Marshall-Pescini, S., & Range, F.（2017）. Domestication does not explain the presence of inequity aversion in dogs. *Current Biology*, **27**, 1861−1865.

Frantz, L. A., Mullin, V. E., Pionnier-Capitan, M., Lebrasseur, O., Ollivier, M., Perri, A., et al.（2016）. Genomic and archaeological evidence suggest a dual origin of domestic dogs. *Science*, **352**, 1228−1231.

Gácsi, M., Kara, E., Belényi, B., Topál, J., & Miklósi, Á.（2009）. The effect of development and individual differences in pointing comprehension of dogs. *Animal Cognition*, **12**, 471−479.

Gácsi, M., Miklósi, Á., Varga, O., Topál, J., & Csányi, V.（2004）. Are readers of our face readers of our minds? Dogs（*Canis familiaris*）show situation-dependent recognition of human's attention. *Animal Cognition*, **7**, 144−153.

Gosling, S. D., Kwan, V. S. Y., & John, O. P.（2003）. A dog's got personality : A cross-species comparative approach to personality judgments in dogs and humans. *Journal of Personality and Social Psychology*, **85**, 1161−1169.

Hare, B., Brown, M., Williamson, C., & Tomasello, M.（2002）. The domestication of social cognition in dogs. *Science*, **298**, 1634−1636.

Harris, C. R., & Prouvost, C.（2014）. Jealousy in dogs. *PLoS ONE*, **9**, e94597. doi : 10.1371/journal.pone.0094597

Hecht, J., Miklósi, Á., & Gácsi, M.（2012）. Behavioral assessment and owner perceptions of behaviors associated with guilt in dogs. *Applied Animal Behaviour Science*, **139**, 134−142.

Hopper, L. M., Lambeth, S. P., Schapiro, S. J., Bernacky, B. J., & Brosnan, S. F.（2013）. The ontogeny of social comparisons in rhesus macaques（*Macaca mulatta*）. *Journal of Primatology*, **2**. doi : 10.4172/2167-6801.1000109

Horowitz, A.（2009）. Disambiguating the "guilty look" : Salient prompts to a familiar dog behaviour. *Behavioural Processes*, **81**, 447−452.

Jones, A. C.（2009）. *Development and validation of a dog personality questionnaire.*（Ph.D. Thesis）University of Texas, Austin.

Kaminski, J., Bräuer, J., Call, J., & Tomasello, M.（2009）. Domestic dogs are sensitive to a human's perspective. *Behaviour*, **146**, 979−998.

Kaminski, J., Schulz, L., & Tomasello, M.（2012）. How dogs know when communication is intended for them. *Developmental Science*, **15**, 222−232.

Kuroshima, H., Hori, Y., Inoue-Murayama, M., & Fujita, K.（2016）. Influence of owners' personality on personality in labrador retriever dogs. *Psychologia*, **59**, 73−80.

Marshall-Pescini, S., Passalacqua, C., Ferrario, A., Valsecchi, P., & Prato-Previde, E.（2011）. Social eavesdropping in the domestic dog. *Animal Behaviour*, **81**, 1177−1183.

Merola, I., Prato-Previde, E., Lazzaroni, M., & Marshall-Pescini, S.（2014）. Dogs' comprehension of referential emotional expressions : Familiar people and familiar emotions are easier. *Animal Cognition*, **17**, 373−385.

Met, A., Miklósi, Á., & Lakatos, G.（2014）. Gaze-following behind barriers in domestic dogs. *Animal Cognition*, **17**, 1401−1405.

Morissette, P., Ricard, M., & Décarie, T. G.（1995）. Joint visual attention and pointing in infancy : A longitudinal study of comprehension. *British Journal of Developmental Psychology*, **13**, 163−175.

永澤美保・外池亜紀子・菊水健史・藤田和生.（2015）. ヒトに対するイヌの共感性. *心理学評論*, **58**, 324−339.

Nitzschner, M., Melis, A. P., Kaminski, J., & Tomasello, M.（2012）. Dogs（*Canis familiaris*）evaluate humans on the basis of direct experiences only. *PLoS ONE*, **7**, e46880. doi : 10.1371/journal. pone.0046880

Prato-Previde, E., Marshall-Pescini, S., & Valsecchi, P.（2008）. Is your choice my choice? The owners' effect on pet dogs'（*Canis lupus familiaris*）performance in a food choice task. *Animal Cognition*, **11**, 167−174.

Range, F., Horn, L., Viranyi, Z., & Huber, L.（2009）. The absence of reward induces inequity aversion in dogs. *Proceedings of the National Academy of Sciences of the United States of America*, **106**, 340−345.

Range, F., & Virányi, Z.（2011）. Development of gaze following abilities in wolves（*Canis lupus*）. *PLoS ONE*, **6**, e16888. doi : 10.1371/journal.pone.0016888

Rayment, D. J., De Groef, B., Peters, R. A., & Marston, L. C.（2015）. Applied personality assessment in domestic dogs : Limitations and caveats. *Applied Animal Behaviour Science*, **163**, 1−18.

Riedel, J., Schumann, K., Kaminski, J., Call, J., & Tomasello, M.（2008）. The early ontogeny of human−dog communication. *Animal Behaviour*, **75**, 1003−1014.

Savolainen, P., Zhang, Y. P., Luo, J., Lundeberg, J., & Leitner, T.（2002）. Genetic evidence for an East Asian origin of domestic dogs. *Science*, **298**, 1610−1613.

Schwab, C., & Huber, L.（2006）. Obey or not obey? Dogs（*Canis familiaris*）behave differently in response to attentional states of their owners. *Journal of Comparative Psychology*, **120**, 169−175.

Shannon, L. M., Boyko, R. H., Castelhano, M., Corey, E., Hayward, J. J., McLean, C., et al.（2015）. Genetic structure in village dogs reveals a Central Asian domestication origin. *Proceedings of the National Academy of Sciences of the United States of America*, **112**, 13639−13644.

Szetei, V., Miklósi, Á., Topál, J., & Csányi, V.（2003）. When dogs seem to lose their nose : An investigation on the use of visual and olfactory cues in communicative context between dog and owner. *Applied Animal Behaviour Science*, **83**, 141−152.

Téglás, E., Gergely, A., Kupán, K., Miklósi, Á., & Topál, J.（2012）. Dogs' gaze following is tuned to human communicative signals. *Current Biology*, **22**, 209−212.

Thalmann, O., Shapiro, B., Cui, P., Schuenemann, V. J., Sawyer, S. K., Greenfield, D. L., et al.（2013）. Complete mitochondrial genomes of ancient canids suggest a European origin of domestic dogs. *Science*, **342**, 871−874.

Tonoike, A., Hori, Y., Inoue-Murayama, M., Konno, A., Fujita, K., Miyado, M., et al.（2015）. Copy number variations in the amylase gene（*AMY2B*）in Japanese native dog breeds. *Animal Genetics*, **46**, 580−583.

Turcsán, B., Kubinyi, E., Virányi, Z., & Range, F.（2011）. Personality matching in owner-dog dyads. *Journal of Veterinary Behavior : Clinical Applications and Research*, **6**, 77.

Turcsán, B., Range, F., Virányi, Z., Miklósi, Á., & Kubinyi, E.（2012）. Birds of a feather flock together?

Perceived personality matching in owner–dog dyads. *Applied Animal Behaviour Science*, **140**, 154−160.

Udell, M. A., Dorey, N. R., & Wynne, C. D.（2008）. Wolves outperform dogs in following human social cues. *Animal Behaviour*, **76**, 1767−1773.

Udell, M. A., Dorey, N. R., & Wynne, C. D.（2010）. What did domestication do to dogs? A new account of dogs' sensitivity to human actions. *Biological Reviews of the Cambridge Philosophical Society*, **85**, 327−345.

Udell, M. A., Dorey, N. R., & Wynne, C. D.（2011）. Can your dog read your mind? Understanding the causes of canine perspective taking. *Learning and Behavior*, **39**, 289−302.

Vaish, A., Carpenter, M., & Tomasello, M.（2010）. Young children selectively avoid helping people with harmful intentions. *Child Development*, **81**, 1661−1669.

Vilà, C., Savolainen, P., Maldonado, J. E., Amorim, I. R., Rice, J. E., Honeycutt, R. L., et al.（1997）. Multiple and ancient origins of the domestic dog. *Science*, **276**, 1687−1689.

Vonholdt, B. M., Pollinger, J. P., Lohmueller, K. E., Han, E., Parker, H. G., Quignon, P., et al.（2010）. Genome-wide SNP and haplotype analyses reveal a rich history underlying dog domestication. *Nature*, **464**, 898−902.

Wallis, L. J., Range, F., Müller, C. A., Serisier, S., Huber, L., & Virányi, Z.（2015）. Training for eye contact modulates gaze following in dogs. *Animal Behaviour*, **106**, 27−35.

Werhahn, G., Virányi, Z., Barrera, G., Sommese, A., & Range, F.（2016）. Wolves（*Canis lupus*）and dogs（*Canis familiaris*）differ in following human gaze into distant space but respond similar to their packmates' gaze. *Journal of Comparative Psychology*, **130**, 288−298.

Wobber, V., & Hare, B.（2009）. Testing the social dog hypothesis：Are dogs also more skilled than chimpanzees in non-communicative social tasks? *Behavioural Processes*, **81**, 423−428.

Wynne, C. D., Udell, M. A., & Lord, K.（2008）. Ontogeny's impacts on human–dog communication. *Animal Behaviour*, **76**（4）, e1−e4.

第Ⅲ部
社会的認知発達の諸側面

第9章
発達初期の社会的認知スキル

鹿子木康弘

　ヒトは社会的動物であるがゆえに，発達の初期からさまざまな社会的認知スキルが備わっている。本章では，はじめに，発達早期の社会的認知スキルの構成要素——他者を他者として理解するための構成要素である，他者の顔，表情，視線，動きの認知——について概観する（詳細は他の章を参照されたい）。次に，それらの各構成要素の認知を超えた，より包括的で抽象的な他者理解といえる行為者の認知（他者の行為理解）に関する知見を紹介する。さらに，他者の行為理解といった行為そのものの理解を超えて，その行為の社会的な文脈での意味や価値を問う，他者の行為の道徳判断に関する研究を紹介する。最後に，乳児が他者に対して発する社会的認知スキルである，他者への情緒的信号の発信を取り上げる。

第1節　顔，表情，視線，動きなどの認知

1　乳児期の顔・表情認知

　他者とのコミュニケーションを行う際に，最も顕著性が高く，情報量が多いのは顔であろう。したがって，社会的認知スキルにおいて，顔認知に関する能力は不可欠であり，重要な役割を担っている。事実，古くから，発達早期での顔認知の能力に関する研究が行われており，現在も顔認知の発達研究はさかんになされている。

　生まれたばかりの乳児でさえ顔に注目することを最初に発見したのは，ファンツ（Fantz, R. L.）である。ファンツはさまざまな図形を対提示し，顔図形パターンへの選好を発見した（Fantz, 1963）。しかし，この発見だけでは，乳児が本当に顔を顔として認識しているかはわからない。そこで，その後の研究では，顔の配置情報に着目した知見が積み上げられている。たとえば，目や鼻や口の配置を変えた刺激を用意し，それぞれの刺激に対する注視時間を検討した研究がある（Goren

114　第Ⅲ部　社会的認知発達の諸側面

et al., 1975)。その結果，新生児は，配置が変えられた顔よりも正しい配置の顔を
より注視し，新生児期の顔認知において，目や鼻や口の配置情報が重要であるこ
とが示された。また，図形配置パターンを乳児に提示し，その構成要素である図
形が上方に偏っているトップヘビー図形を選好することを示した研究もある
(Simion et al., 2002)。顔は 2 つの目が上方にあり，1 つの口が下方にある典型的な
トップヘビー図形である。したがって，この研究も，乳児が顔の配置情報を理解
している，つまり，顔を顔として認識している可能性を示唆する研究である。

　顔認知に関する研究だけでなく，顔の表情認知に関する知見も蓄積されている。
顔認知と同様に，生まれて間もない生後 36 時間の新生児が，表情の変化に注目
することが示されており (Field et al., 1983)，発達の早期から，他者の顔の表情に
対する感受性があることがわかる。さらに，4 カ月齢になると，喜びや微笑みの
顔を，怒りや悲しみや無表情の顔よりも好む (LaBarbera et al., 1976) が，7 カ月児
ではその反対の結果となり，微笑みよりも恐怖の表情を好んで見るようになる
(Nelson & Dolgin, 1985)。この反応の違いは，日常で頻繁に経験する微笑み表情は
見慣れた刺激となり，恐怖の表情が新奇にみえるためであると考えられている。
そして，1 歳頃になると，「視覚的断崖」パラダイムにおいて，他者の表情を自
身の行動の判断指標として利用するまでに至ることが示されている (Bertenthal &
Campos, 1984)。

2　乳児期の視線の理解と動きへの感受性

　また，顔の情報の中でもとくに「目」，つまり，視線の情報もコミュニケー
ションの文脈では非常に重要である。他者の視線は，他者の興味や注意が反映さ
れており，他者が今どのような情報を処理しているかを知るための大きな手がか
りとなる。実際，乳児は生後間もない頃から他者の視線に敏感である。新生児は，
目を閉じた顔よりも目を開いた顔を選好し (Batki et al., 2000)，自分を直視しない
顔よりも直視する顔を選好する (Farroni et al., 2002)。さらに，生後 4 カ月頃になる
と，自分を直視しない顔よりも直視する顔を見ている際に，後頭部において視線
の処理を示すガンマ帯域活動が大きくなる (Grossmann et al., 2007)。そして，9 カ
月齢になると，視線の参照的性質（視線と視線の先にある物体との関係性）を理解
するようになる (Senju et al., 2008)。

　以上のような顔，表情，視線といった身体の一部の情報に対してだけでなく，
身体そのものの動きの情報にも，発達早期から感受性があることが示されている。
この研究領域では，ヒトの身体の関節に装着した十数個の光点運動（バイオロジ

カルモーション）を刺激とした研究が積み上げられてきた。たとえば，3〜5カ月齢で，ヒトが歩行をしているバイオロジカルモーションとその光点の位相関係をずらした刺激を弁別するようになり（たとえば，Bertenthal et al., 1984），同時期の4カ月齢で，ヒトが歩行しているバイオロジカルモーションとランダムの点を弁別することも報告されている（Fox & McDaniel, 1982）。さらに，近年の研究では，生後間もない時期でも，バイオロジカルモーションに対する選好があることが報告されている。たとえば，生後2日の新生児でも，倒立のバイオロジカルモーションよりも正立のバイオロジカルモーションに選好があることが実証されている（Simion et al., 2008）。このバイオロジカルモーションの検出は，雌鶏の歩行運動のバイオロジカルモーションを区別するという事実から，ヒトの動きに限られるものではなく，生物一般のものであることがわかる。これらの研究により，発達早期から，生物らしさを検出するメカニズムが備わっていることが推察される。

　以上から，乳児は生まれて間もない時期から，社会的認知の根本的な構成要素である他者の顔，表情，視線，動きに対する感受性があることがわかる。

第2節　行為者の認知

1　他者の行為理解に関する発達研究

　他者の行為を観察したとき，われわれはその行為の目標や意図をすばやく解釈することができ，それゆえ，未来の行動を予測して，適切な反応を準備することができる。したがって，他者の行為の目標や意図を理解する能力は，他者とのかかわりの中で，基本的かつ有用な能力であり，社会的な生き物にとって欠くことができない。

　1990年代以降，主に生後12カ月以下の乳児を対象に，他者の行為を理解する能力についての研究がさかんに行われており，主に2つの流れによって発展してきた。一方は，目標帰属（他者の行為の目的がわかること）は発達の初期段階ではヒトに限られるという主張であり，もう一方は，目標帰属はヒトに限られないという主張である。前者の立場は，ヒトの見た目を重視し，ヒトの行為を観察する経験や乳児自身の運動経験が目標帰属を促すと考えている。後者の立場は，ヒトの見た目ではなく，動きなどの手がかりを重視するため，観察・行為経験を目標帰属の必要条件とは考えない。したがって，前者は「ヒトの見た目／経験説」と呼ぶことができ，後者は「動きの手がかり／生得説」と呼ぶことができる。

2 ヒトの見た目／経験説

「ヒトの見た目／経験説」の中心的な研究者は，ウッドワード（Woodward, A. L.）である。彼女は，自身が開発した実験パラダイムを用いて，多くの研究を行ってきた（たとえば，Woodward, 1998）。たとえば，6 カ月児にヒトが物体に手を伸ばし，その物体をつかむという映像を複数回見せて馴化させたあと，その物体とは異なる目標物を取りにいくという映像を見たときに注視時間が増加する，つまり，脱馴化が起こることを発見した。これは，行為者の行動に特定の目標を帰属していることを意味する。しかし，当該月齢の乳児は，木製の棒や玩具のマジックハンドといった無生物には目標帰属を行わなかったことから，乳児は生後 6 カ月までに生物と無生物を区別し，生物だけに選択的に目標を帰属することが示された。なお，金属色の手袋をはめた手が目標物をつかむ刺激に対しても目標帰属を行わないことを示した研究もあり，これはより厳密に，ヒトの見た目が行為の目標帰属にとって重要な要因であることを示した研究であるといえる（Guajardo & Woodward, 2004）。

他者の行為に目標を帰属する能力が，乳児自身の観察経験や運動経験に根ざしていることを示す研究も数多く報告されている。たとえば，乳児にとって観察経験のない，手のひらを目標物の上に置くという無目的な行為の場合，乳児はその行為に目標を帰属しない（Woodward, 1999）。また，乳児に，ヒトがマジックハンドを扱う場面を事前に見せると，マジックハンドにも目標を帰属することを示した研究もある（Hofer et al., 2005）。さらに，ウッドワードらは，10 カ月児を対象に，観察される行為の理解と実際にその行為を行う能力に関連があること（Sommervill & Woodward, 2005）や，3 カ月児に人工的に把持行為を経験させることによって，目標帰属能力が促進されることを実証している（Sommervill et al., 2005）。これらの実験結果に基づいて，「ヒトの見た目／経験説」の立場では，乳児の他者への目標帰属には，ヒトらしさといったヒトの見た目や特定の行為に対する経験（他者の行為の観察経験や乳児自身の行為経験）が重要であると論じている。

3 動きの手がかり／生得説

他方，「動きの手がかり／生得説」の中心的な研究者は，ゲルゲイ（Gergely, G.）やチブラ（Csibra, G.）である。彼らは，動きの手がかりとして，行為の効率性や合理性に焦点を当て，乳児がヒトの見た目をもたない幾何学図形のエージェントに目標を帰属することを実証してきた（たとえば，Gergely et al., 1995）。たとえば，12 カ月児を対象に，壁のような障害物を飛び越える幾何学図形の映像を数回見せ，

その刺激に馴化させたあと，その障害物が取り払われ，幾何学図形が効率的に直進する映像と，幾何学図形が以前と同じように飛び越える映像を見せた際に，後者で注視時間が増加する，つまり，脱馴化が起こることが示されている。これは，乳児が，幾何学図形といったヒトではない行為者の行為の効率性や合理性に敏感であることを意味する。

　他にも，他者の働きかけに随伴的に反応する，あるいは自身で運動方向を変える新奇な人形に，12 カ月児が目標を帰属することを示した研究（Shimizu & Johnson, 2004）や，ウッドワードが用いた手のひらの行為であっても，目標物を動かすといった行為の効果が付与されると，乳児が目標を帰属するようになることを示した研究（Király et al., 2003）もある。さらに，運動経験が重要であることを示唆する実験結果の反論として，乳児が生体力学的に不可能な行為にさえも，その行為が効率的である限りにおいて，目標を帰属することを示した研究もある（Southgate et al., 2008）。当然，乳児は生体力学的に不可能な行為を経験することができない（自身で行う経験も観察した経験もない）ため，この結果は，目標帰属能力において経験が必要条件でないことを示唆している。

　当初，これらの 2 つの対立する立場の議論では，目標帰属の対象は，発達の初期段階ではヒトに限られるという主張が優位であった。なぜなら，「ヒトの見た目／経験説」の知見は 6 カ月児で得られたものであり，「動きの手がかり／生得説」の知見はそれよりも年長の 9 カ月児や 12 カ月児で得られたものだったからである。そこで，「動きの手がかり／生得説」の支持者たちは，月齢を下げて研究を行い，生後半年であっても，無生物に目標を帰属することを実証した（たとえば，Luo & Baillargeon, 2005）。以上から，現在では，エージェントがヒトであっても無生物であっても，およそ 6 カ月齢の時点で，他者の行為に目標を帰属するようになることが共通の認識となっており，対立していた議論は収束しつつある。そもそもこれら 2 つの行為理解の立場は，対立するものではなく，相補的な関係であることが指摘されており（鹿子木・板倉，2009），現在では，そのメカニズムや神経基盤を掘り下げる研究が行われている（たとえば，Kanakogi & Itakura, 2011 ; van Elk et al., 2008）。

第3節　乳児の道徳的判断

1　乳児期の善悪判断

道徳の発達は，古くから発達心理学において知見が積み上げられてきたトピッ

クである。ピアジェ（Piaget, J.）やコールバーグ（Kohlberg, L.）といった発達心理学者は，道徳の発達をさまざまな発達プロセスをとおして獲得されるものとみなし，未熟さゆえに乳児には道徳観が備わっていない，あるいは不道徳的であると考えていた。しかしながら，近年の乳児研究のめざましい進展により，前言語期の乳児においても，原初的な道徳的判断（行為の善悪判断，弱者への同情，弱者を助ける正義の行為の肯定）ができることが示されている。以下で，他者の行為の道徳的判断に関する近年の乳児研究を紹介する。

　乳児の道徳的判断を実証した先駆け的な研究として，ハムリン（Hamlin, J. K.）の研究が挙げられる。ハムリンらは，6カ月児と10カ月児を対象に，他者間の相互作用のふるまいから，その行為の善悪を判断する能力——社会的評価能力——があることを示した（Hamlin et al., 2007）。彼女らは，幾何学図形のエージェントが相互作用をする場面を乳児に提示し，他者を助けるエージェント（具体的には，坂を登るのを助ける）と他者を妨害するエージェント（具体的には，坂を登るのを妨害する）のどちらを好んで選択するかを調べた。その結果，乳児は他者を妨害するエージェントを避け，他者を助けるエージェントをより好んで選択した。この実験の結果は，発達初期においても他者の行為の良し悪しを判断できる能力が備わっていることを示唆している。さらに，より幼い3カ月児にも選好注視を用いた実験を行い，3カ月児が他者を妨害するエージェントを注視しないという，上述の研究結果と同様の傾向をみいだした（Hamlin et al., 2010）。また，彼女らは，エージェントである幾何学図形を人形に変えて，箱の中に入っているものを取り出す行為を助けるか邪魔をするかという別の相互作用場面においても，自らの実験結果の汎用性と頑健性を確認している（Hamlin & Wynn, 2011）。

　このような他者への評価は，より複雑な状況においても機能することが示されている。たとえば，8カ月児は，助ける／妨害する行為の意図（その行為を行おうとしていたかどうか）を考慮して，他者の行為に対する評価を行うことが実証されている（Hamlin, 2013）。また，同じ月齢で，より複雑で階層的な社会的評価が行えることも示されている（Hamlin et al., 2011）。この研究では，8カ月児が，向社会的なエージェントに対してポジティブにふるまったエージェントをより好み，反社会的なエージェントに対してネガティブにふるまったエージェントをより好むことが報告されている。ここで興味深いのは，乳児は単純に他者にポジティブにふるまったエージェントをポジティブに評価するわけではなく，ポジティブ／ネガティブ行為の対象となるエージェントの良し悪しに基づいて，エージェントの行為を評価している点である。

これらの一連の研究によって，前言語期から，乳児は単純な行為への善悪判断の能力を備えていることがわかる。言い換えれば，ヒトは発達の初期から，原初的な形ではあるが，他者にとって何が善い行いで，何が悪い行いなのかを理解できるといえる。

2　乳児期の原初的同情行動と弱者を助ける正義の肯定

　発達初期における他者への同情行動を検証した研究もある。数十年にわたる多くの発達研究によって，18 カ月齢以降の子どもは，悲しんだり痛がったりしている他者に対して，同情的な反応を示すことが明らかにされてきた（たとえば，Vaish et al., 2009）。さらに，最近の研究によって，前言語期にも他者への同情的態度の萌芽がみられることが示唆されている（Kanakogi et al., 2013）。この研究では，10 カ月児を対象に，幾何学図形のエージェントで演出した攻撃者と犠牲者の相互作用場面のアニメーションを提示し，その後，アニメーションに対応する各幾何学図形の実物に対する反応を調べた。その結果，乳児は攻撃者よりも犠牲者の物体に対して把持行為を多く行い，犠牲者に対する接近行動がみられた。犠牲者に対するこのような選好と，18 カ月齢以降の子どもでみられる明示的な同情行動には乖離がある。しかしながら，弱者への非明示的で自動的な反応（たとえば，注視や接近）が霊長類で頻繁に観察されることが報告されており，それが前関心（preconcern）と呼ばれている（de Waal, 2008）ことを考慮すると，犠牲者への把持行為による選好は，原初的な同情行動と解釈することができる。

　6 カ月児を対象に，攻撃されているエージェントを助ける“正義の味方”を肯定することを明らかにした研究もある（Kanakogi et al., 2017）。具体的には，これまでの研究と同様に幾何学図形をエージェントとして用い，一方の球体が他方の球体を攻撃するというエージェント間の攻撃相互作用を目撃している，色の異なる2 つの四角いエージェントが，その攻撃相互作用を止める映像と止めない映像とを交互に提示した（図 9-1a）。その後，各エージェントへの選好を把持行為によって計測した。その結果，乳児は攻撃相互作用を止めるエージェントをより多く選択した。続く実験において，攻撃相互作用を行っているエージェントの目をなくすなどの操作により生物性を取り除き，物理的な物体の衝突を止めるエージェントと止めないエージェントの映像を提示した場合（図 9-1b），攻撃相互作用を追いかけごっこのような中立相互作用に変更した場合（図 9-1c）には，選好の偏りがみられないことが確認されている。これらは，相互作用を止めるエージェントへの選好が，単に物理的な衝突を止めたことによって引き起こされた可

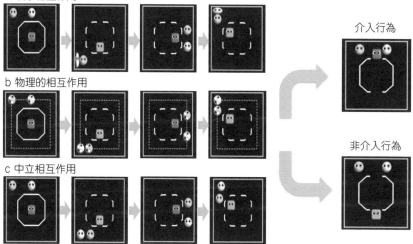

図 9-1　鹿子木ほか（Kanakogi et al., 2017）の実験 1-3 で用いられた刺激アニメーション（カラー口絵参照）

各映像の最後では，中央にいる立方体のエージェント（緑またはオレンジ）が各相互作用に介入したり，しなかったりする。a）実験 1 の刺激のスキーマ：中央にいるエージェント（緑またはオレンジ）が水色と黄色のエージェント間の攻撃相互作用を観察している。b）実験 2 の刺激のスキーマ：中央にいるエージェント（緑またはオレンジ）が水色と黄色の球体間の物理的な衝突を観察している。c）実験 3 の刺激のスキーマ：中央にいるエージェント（緑またはオレンジ）が水色と黄色のエージェント間の激しい衝突をともなわない中立相互作用を観察している。

能性や，相互作用をしているエージェントへ接近する社会的なエージェントとして認識されたことによる可能性を排除する。さらに続く実験では期待違反法を用いて，乳児が，攻撃相互作用を止めるエージェントの行為を，攻撃者にはネガティブな行為であり，犠牲者にはポジティブな行為であると認識していることが示され，乳児が攻撃相互作用を止めるエージェントの行為を正義の味方の行為として認識していることが明らかにされている。これらの実験結果により，発達初期において，攻撃相互作用を止める行為，つまり，強者を挫き弱者を助ける正義の行為を肯定することが明らかにされている。

　以上の研究により，近年では，経験や学習によって育まれると考えられてきた道徳的な概念が，原初的なレベルではあるが，発達早期にすでに備わっていることが明らかにされており，生得的な能力であるとみなされつつある。そうした流れに呼応して，ヒト以外の動物においても社会的評価能力に関する研究がなされるようになり，進化的な基盤が検証されている（Anderson et al., 2017）。

第4節　他者への情緒的信号の発信

1　ベビースキーマ

これまでの節では，発達早期の他者認知に関する社会的認知スキルについて述べてきた。この節では，乳児が他者に対して発する社会的認知スキル，とくに他者への情緒的信号の発信を取り上げる。

ヒトはきわめて長い養育時間を要する晩成性の動物であるがゆえに，生後間もない乳児は養育者の保護なしにはとうてい生きられず，養育者からの養育行動を必要とする。そのため，生後間もない乳児には，親の養育を引き出すためのさまざまな能力が備わっている。たとえば，動物行動学者のローレンツ（Lorenz, K.）は，養育者の養育行動を引き出す要因として，大きな丸い顔といったベビースキーマを指摘しており，乳児の見かけそのものが，ある種の他者への情動的信号であるといえる。

2　他者の働きかけに対する反応

乳児自身が他者に働きかけられた際に示す反応も数多く報告されている。たとえば，生後間もない乳児ですら，大人の舌を出す，口を開ける，唇を突き出すといった顔の動きを観察したときに，それらの顔の動きを模倣することが知られており，それは新生児模倣と呼ばれている（Meltzoff & Moore, 1977）。また，幸福，悲しみ，驚きといった表情においても同様の模倣行動が確認されている（Field et al., 1982）。これらの発達早期の模倣行動は，生得的なメカニズムに支えられた自動的な反応であると考えられているが，後に発達する意図的な模倣と同じメカニズムによって支えられているのかどうか，つまり，発達の連続性があるのかどうかということが近年の議論となっている（Jones, 2007）。

3　他者に対する働きかけ

さらに，乳児は生後間もない時期から，他者の働きかけに反応するだけでなく，他者に対する働きかけのような行動をみせることも報告されている。この働きかけは，新生児微笑と呼ばれ，生後間もない時期から観察される（Emde & Koenig, 1969）。しかし，この時期の微笑み行動は，レム睡眠中にみられるもので，外的な刺激によって誘発されるものではないため，特定の他者に向けられたものではない。その後，生後3カ月くらいになると，社会的微笑と呼ばれる，他者に対し

て微笑む行動がみられ始める（Yale et al., 2003）。

　また，生後 2, 3 カ月の頃から，養育者と乳児との対面場面において，養育者が無表情になると，乳児はその養育者から視線を外したり，無表情になったりする（still face パラダイム）ことが報告されている（たとえば，Tronick et al., 1978）。そして，より年長の月齢になると，still face フェーズのあとに，乳児のほうから養育者に対して，コミュニケーションへの参加を促すような働きかけが行われるようになる。

　以上から，乳児は発達の早期から，他者とコミュニケーションをとるための社会的スキルをもち，それによって，養育者との豊かなコミュニケーションを可能にしていると考えられる。

まとめ

　本章では，発達早期にみられる社会的認知スキルに関する研究を概観した。これらの研究から，乳児は発達早期にさまざまな社会的認知スキルを備えていることがわかる。このような能力により，乳児は誕生直後から，他者と円滑なコミュニケーションを図り，多くの社会的学習の機会を得ることができる。それゆえ，発達早期に備わった社会的認知スキルは，ヒトの発達にとって必要不可欠な能力であるといえる。

引用文献 ··

Anderson, J. R., Bucher, B., Chijiiwa, H., Kuroshima, H., Takimoto, A., & Fujita, K. (2017). Third-party social evaluations of humans by monkeys and dogs. *Neuroscience and Biobehavioral Reviews*, **82**, 95−109.

Batki, A., Baron-Cohen, S., Wheelwright, S., Connellan, J., & Ahluwalia, J. (2000). Is there an innate gaze module? Evidence from human neonates. *Infant Behavior and Development*, **23**, 223−229.

Bertenthal, B. I., & Campos, J. J. (1984). A reexamination of fear and its determinants on the visual cliff. *Psychophysiology*, **21**, 413−417.

Bertenthal, B. I., Proffitt, D. R., & Cutting, J. E. (1984). Infant sensitivity to figural coherence in biomechanical motions. *Journal of Experimental Child Psychology*, **37**, 213−230.

de Waal, F. B. M. (2008). Putting the altruism back into altruism: The evolution of empathy. *Annual Review of Psychology*, **59**, 279−300.

Emde, R. N., & Koenig, K. L. (1969). Neonatal smiling and rapid eye movement states. *Journal of the American Academy of Child Psychiatry*, **8**, 57−67.

Fantz, R. L. (1963). Pattern vision in newborn infants. *Science*, **140**, 296−297.

Farroni, T., Csibra, G., Simion, F., & Johnson, M. H. (2002). Eye contact detection in humans from birth. *Proceedings of the National Academy of Sciences of the United States of America*, **99**, 9602−9605.

Field, T. M., Woodson, R., Cohen, D., Greenberg, R., Garcia, R., & Collins, K. (1983). Discrimination

and imitation of facial expressions by term and preterm neonates. *Infant Behavior and Development*, **6**, 485
−489.

Field, T. M., Woodson, R., Greenberg, R., & Cohen, D.（1982）. Discrimination and imitation of facial
expression by neonates. *Science*, **218**, 179−181.

Fox, R., & McDaniel, C.（1982）. The perception of biological motion by human infants. *Science*, **218**, 486
−487.

Gergely, G., Nádasdy, Z., Csibra, G., & Bíró, S.（1995）. Taking the intentional stance at 12 months of age.
Cognition, **56**, 165−193.

Goren, C. C., Sarty, M., & Wu, P. Y.（1975）. Visual following and pattern discrimination of face-like
stimuli by newborn infants. *Pediatrics*, **56**, 544−549.

Grossmann, T., Johnson, M. H., Farroni, T., & Csibra, G.（2007）. Social perception in the infant brain :
Gamma oscillatory activity in response to eye gaze. *Social Cognitive and Affective Neuroscience*, **2**, 284−291.

Guajardo, J. J., & Woodward, A. L.（2004）. Is agency skin deep? Surface attributes influence infants'
sensitivity to goal-directed action. *Infancy*, **6**, 361−384.

Hamlin, J. K.（2013）. Failed attempts to help and harm : Intention versus outcome in preverbal infants'
social evaluations. *Cognition*, **128**, 451−474.

Hamlin, J. K., & Wynn, K.（2011）. Young infants prefer prosocial to antisocial others. *Cognitive Development*,
26, 30−39.

Hamlin, J. K., Wynn, K., & Bloom, P.（2007）. Social evaluation by preverbal infants. *Nature*, **450**, 557−559.

Hamlin, J. K., Wynn, K., & Bloom, P.（2010）. Three-month-olds show a negativity bias in their social
evaluations. *Developmental Science*, **13**, 923−929.

Hamlin, J. K., Wynn, K., Bloom, P., & Mahajan, N.（2011）. How infants and toddlers react to antisocial
others. *Proceedings of the National Academy of Sciences of the United States of America*, **108**, 19931−19936.

Hofer, T., Hauf, P., & Aschersleben, G.（2005）. Infant's perception of goal-directed actions performed by
a mechanical device. *Infant Behavior and Development*, **28**, 466−480.

Jones, S. S.（2007）. Imitation in infancy : The development of mimicry. *Psychological Science*, **18**, 593−599.

Kanakogi, Y., Inoue, Y., Matsuda, G., Butler, D., Hiraki, K., & Myowa-Yamakoshi, M.（2017）. Preverbal
infants affirm third-party interventions that protect victims from aggressors. *Nature Human Behaviour*, **1**,
0037. doi : 10.1038/s41562-016-0037

鹿子木康弘・板倉昭二．（2009）．乳児の目標帰属研究とその神経基盤．*心理学評論*，**52**，63
−74．

Kanakogi, Y., & Itakura, S.（2011）. Developmental correspondence between action prediction and motor
ability in early infancy. *Nature Communications*, **2**, 341. doi : 10.1038/ncomms1342

Kanakogi, Y., Okumura, Y., Inoue, Y., Kitazaki, M., & Itakura, S.（2013）. Rudimentary sympathy in
preverbal infants : Preference for others in distress. *PLoS ONE*, **8**, e65292. doi : 10.1371/journal.
pone.0065292

Király, I., Jovanovic, B., Prinz, W., Aschersleben, G., & Gergely, G.（2003）. The early origins of goal
attribution in infancy. *Consciousness and Cognition*, **12**, 752−769.

LaBarbera, J. D., Izard, C. E., Vietze, P., & Parisi, S. A.（1976）. Four- and six-month-old infants' visual
responses to joy, anger, and neutral expressions. *Child Development*, **47**, 535−538.

Luo, Y., & Baillargeon, R.（2005）. Can a self-propelled box have a goal? Psychological reasoning in 5-
month-old infants. *Psychological Science*, **16**, 601−608.

Meltzoff, A. N., & Moore, M. K.（1977）. Imitation of facial and manual gestures by human neonates.
Science, **198**, 75−78.

Nelson, C. A., & Dolgin, K. G.（1985）. The generalized discrimination of facial expressions by seven-month-old infants. *Child Development*, **56**, 58−61.

Senju, A., Csibra, G., & Johnson, M. H. (2008). Understanding the referential nature of looking : Infants' preference for object-directed gaze. *Cognition*, **108**, 303−319.

Shimizu, Y., & Johnson, S. C. (2004). Infants' attribution of a goal to a morphologically unfamiliar agent. *Developmental Science*, **7**, 425−430.

Simion, F., Regolin, L., & Bulf, H. (2008). A predisposition for biological motion in the newborn baby. *Proceedings of the National Academy of Sciences of the United States of America*, **105**, 809−813.

Simion, F., Valenza, E., Macchi Cassia, V., Turati, C., & Umiltà, C. (2002). Newborns' preference for up-down asymmetrical configurations. *Developmental Science*, **5**, 427−434.

Sommerville, J. A., & Woodward, A. L. (2005). Pulling out the intentional structure of action : The relation between action processing and action production in infancy. *Cognition*, **95**, 1−30.

Sommerville, J. A., Woodward, A. L., & Needham, A. (2005). Action experience alters 3-month-old infants' perception of others' actions. *Cognition*, **96**, B1−B11.

Southgate, V., Johnson, M. H., & Csibra, G. (2008). Infants attribute goals even to biomechanically impossible actions. *Cognition*, **107**, 1059−1069.

Tronick, E., Als, H., Adamson, L., Wise, S., & Brazelton, T. B. (1978). The infant's response to entrapment between contradictory messages in face-to-face interaction. *Journal of the American Academy of Child Psychiatry*, **17**, 1−13.

Vaish, A., Carpenter, M., & Tomasello, M. (2009). Sympathy through affective perspective taking and its relation to prosocial behavior in toddlers. *Developmental Psychology*, **45**, 534−543.

van Elk, M., van Schie, H. T., Hunnius, S., Vesper, C., & Bekkering, H. (2008). You'll never crawl alone : Neurophysiological evidence for experience-dependent motor resonance in infancy. *NeuroImage*, **43**, 808−814.

Woodward, A. L. (1998). Infants selectively encode the goal object of an actor's reach. *Cognition*, **69**, 1−34.

Woodward, A. L. (1999). Infants' ability to distinguish between purposeful and non-purposeful behaviors. *Infant Behavior and Development*, **22**, 145−160.

Yale, M. E., Messinger, D. S., Cobo-Lewis, A. B., & Delgado, C. F. (2003). The temporal coordination of early infant communication. *Developmental Psychology*, **39**, 815−824.

第10章
模倣

明和政子

第1節　模倣の起源と発達

1　ピアジェによる模倣の発達段階

　20世紀半ば，乳幼児の丹念な行動観察にもとづき導き出されたピアジェ（Piaget, J.）による発達理論は傑出した模倣研究のひとつであり，現在も模倣の発達をとらえる里程標となっている。彼は，ヒトの認知機能が生得的反射という生物学的基盤からどのような過程を経て発生するかを説明しようとした。個体は，反射を繰り返すことでその基盤となる制御システムに変化を生じさせる。行為を何度も反復する（指しゃぶりなど）感覚によってもたらされる結果は，さらに行為を誘発する刺激となる（第一次循環反応）。循環反応経験は，目－手の協応関係などさまざまな知識体系を生み出し，階層的に統合，構造化されていく。ピアジェは，外界から得られた刺激を感覚器官を通してとらえ，自分の運動によって外界に働きかける活動を繰り返すことにより認知機能が発達すると考えた。「感覚運動期（sensori-motor period）」と呼ばれるこの時期は，出生直後～24カ月まで続く。

　ピアジェは感覚運動的知能の発達を6つの段階に分けたが，模倣の発達についてもそれに対応して説明している（Piaget, 1962）。

第Ⅰ段階（出生直後～6週齢）：反射レベルの反応がみられる。近くにいる乳児が泣き出すと，他の乳児もそれにつられて泣き始める。

第Ⅱ段階（7週～3カ月）：反射的な反応は消え，乳児が自発的に他者の行為を模倣し始める。乳児の反応の直後に他者が同じ反応を示すと，乳児はその反応を継続する。こうした相互的模倣は「即時模倣（immediate imitation）」と呼ばれる。ただし，この時点でみられる模倣は，乳児がすでにレパートリーとして獲得している単純な行為（発声の抑揚や手指の開閉など）であり，散発的にしか起

126　第Ⅲ部　社会的認知発達の諸側面

こらない。

第III段階（4～8カ月）：より自発的，積極的な模倣反応がみられる。ただし，この段階でみられる模倣反応には2つの制約が存在する。乳児が模倣できる行為は自身の行為レパートリーに含まれていること，視覚的あるいは聴覚的に自他の反応を直接比較できる行為に限られることである。たとえば，手指の動きは，自分と他者の動きを視覚というモダリティ（感覚様相）を通して同時に観察できる。この場合，乳児は自分と他者の行為を視覚的に直接比較しながら自らの行為を調整して模倣する。

第IV段階（9～12カ月）：単一モダリティのレベルを超え，あるモダリティで得た情報を他のモダリティへと結びつけた（intermodal matching）模倣がみられる。その代表例は，表情模倣である。自分の表情は，自分の目で直接確認することができない。しかし，乳児は視覚的にとらえた他者の表情を自分の表情表出へと変換，模倣するようになる。また，この段階の特徴として，レパートリーとしてもたない新奇な行為も模倣できる。

第V段階（13～18カ月）：前段階でみられた模倣がいっそう精緻化する。乳児は，他者が自らの額に触れる行為を観察すると，たとえば，まず自分の目を探り，頭髪に触れる。その時点ではまだ模倣できていることが確認できないため，熱心に探索を続ける。最後に額を触り，正確に模倣できたことを他者のようすから確認できると笑顔をみせる。乳児は観察した行為の最終目的を理解したうえで模倣するようになる。

第VI段階：18カ月頃，模倣に顕著な変化が起こる。「延滞模倣（deferred imitation）」の出現である。延滞模倣とは，行為主が目の前にいなくても「いま・ここ」に限定された知覚世界を超え，頭の中で対象について考える表象能力が獲得されることにより成立する。

　ピアジェによると，身体模倣は，感覚運動期に獲得される模倣以外の認知機能と密接に関連しながら発達する。たとえば第VI段階では，ある物が視覚的に遮断されてもそれが存在し続けることを理解する「物の永続性（object permanence）」，ある目的に達するために物を道具として扱う「因果的関係の理解（means-end understanding）」，ある物や行為を別のものに見立てる「象徴遊び（symbolic play）」といった認知機能が顕著にみられる。これらは身体模倣と同期的に発達し，相互に構造化される。ピアジェは，延滞模倣の出現は象徴的思考や言語の出現にとって不可欠と主張した。

2　メルツォフによる模倣の発達的起源

ピアジェは，身体模倣は生後の感覚運動経験により発達していくと考えた。しかし，それとは対照的に，模倣能力はヒトに生まれつき備わった能力であり，その発達には出生後の感覚運動経験は必ずしも必要ないという主張が提唱された。

新生児期に模倣らしい現象がみられることは，それまでも何人かの研究者が指摘してきたが，メルツォフとムーアは生まれて数時間の新生児でも他者のいくつかの表情や手指を開閉させる行為を模倣できることを初めて実証した（Meltzoff & Moore, 1977, 1983）。「新生児模倣（neonatal imitation）」と呼ばれる現象である。

メルツォフは，延滞模倣の発達についてもピアジェの考え方に異を唱えた。彼は，延滞模倣が従来考えられてきた時期（18 カ月）よりも早期に現れると主張した。9 カ月児は経験したことのない新奇な行為であっても，その行為を観察してから 1 週間後に模倣できる（Meltzoff, 1988）。この時期にすでに延滞模倣がみられることはピアジェの発達理論を支持しない。模倣は，物の永続性や因果的関係の理解，象徴遊びといった他の認知機能とは独立に発達するという。

ただし，メルツォフらによる新生児模倣の研究は必ずしも再現性が確認されているわけではない。これまで数多くの研究者がさまざまな文化圏で追試を行ってきたが，模倣反応が明確に確認できたという報告は多くない。たとえば，レイとヘイズは 37 の新生児模倣に関する先行研究を概観し，次の 5 点を指摘した。①模倣反応の制約：新生児模倣はある行為に限定される。模倣反応がみられたのは半分にも満たず，さらに一貫して模倣反応が確認できた行為は舌出しだけである，②模倣反応が起こる文脈：舌出し反応は，その行為を観察しない状況でも起こる。新生児を覚醒させ，注意を喚起する刺激（光や音楽の抑揚等）を与えた場合にも舌出し反応の頻度は高まる，③発達的連続性：新生児模倣はいったん消える。生後 2 カ月を過ぎたあたりから減少し，生後 6 カ月頃再び模倣が現れる，④意図性：模倣反応が経験により調整，精緻化されることを示した証拠はない，⑤系統分布：ラットや鳥類などヒトと系統的に遠い動物種でもある程度の模倣能力が認められ，これらを相同の認知，神経系メカニズムから解釈することは難しい（Ray & Heyes, 2011）。

ただし，メルツォフとムーアは，新生児期の模倣は模倣でないとする主張に真っ向から反論する。彼らは，新生児模倣は条件を整えてやりさえすれば消えることなくずっとみられること，社会的認知機能の発達により乳児の自発的な反応がただ模倣反応を覆い隠しているだけだと主張している（Meltzoff & Moore, 1992）。新生児模倣は，生後 1 年頃，社会的場面で頻出するようになる後の模倣と発達的

に連続したものなのだろうか。この議論は現在も続いている。

第2節　模倣の認知理論――「生得説」と「経験説」

情報処理の観点からすると，身体を使って模倣することはたいへん難しいはずである。模倣するためには他者から得た視覚情報を瞬時に処理し，それらを自分自身の運動として変換，実行する必要があるからだ。感覚入力がどのような情報処理を経て運動情報へと変換されるのか，なぜこうした複雑な処理が自動的に可能となるのか。この難問は，「対応問題（the correspondence problem）」（Brass & Heyes, 2005 ; Nehaniv & Dautenhahn, 2002）と呼ばれている。

1　模倣の生得説

これまでの「対応問題」に関する理論は，大きく2つに分けられる。「生得性」を説く立場と，生後の経験・学習を重視する「経験説」の立場である。生得説を代表する研究者は，先述のメルツォフである。彼は，視覚的にとらえた他者の身体運動と自分の身体運動を鏡のように対応づける情報処理装置，「アクティヴ・インターモダル・マッピング（active intermodal mapping : AIM）」がヒトには生まれつき備わっていると主張する（Meltzoff & Moore, 1977, 1983）。AIM とは，他者の運動と自身の運動との等価性を自動的，反射的に検出し，視覚情報と運動（自己受容感覚的）情報とがひとつの超感覚的（supramodal）な枠組みで統合，変換される装置であり，知覚と運動が共通のフォーマットで自動的に表象化される（図10-1）。メルツォフとムーアによる主張は，視覚的にとらえた他者の運動を自分の運

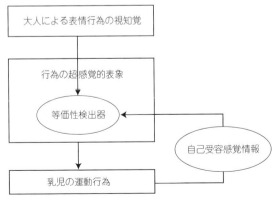

図10-1　アクティヴ・インターモダル・マッピング（AIM）仮説（Meltzoff & Moore, 1997 より）

動に自動的に変換する装置がヒトには生まれつき備わっているというものである。この考え方にもとづけば，模倣の対応問題は難なく解決できる。

　AIM の特徴として重要な点が2つある。ひとつは，この超感覚的な情報処理は，特定の感覚様相に制約されない点である。たとえば，新生児は他者の声（聴覚刺激）と一致した形に口を動かす。新生児はまだ音声を模倣することはできないが，/a/ を聞くと/a/ を発するかのように口を開け，/m/ を聞くと口をすぼめる（Chen et al., 2004）。もうひとつは，AIM は入力した知覚情報を運動出力へ自動的に変換するにとどまらず，自己の身体表象にもとづいた運動出力を行っている点である。それにより，表情など自分自身では直接確認できない行為であっても，新生児は自動的に模倣できるという。

2　模倣の連合学習説

　では，経験説はどのように対応問題を説明するのだろうか。模倣の発達における経験の役割を強調する代表的な研究者のひとりはヘイズである。ヘイズたちは，模倣は生後の経験，学習にもとづき漸次的に成立すると考え，「連合系列学習（associative sequence learning : ASL）」理論を提唱している（Brass & Heyes, 2005 ; Heyes, 2001 ; Heyes & Ray, 2000）。

　連合系列学習理論では，模倣の対応問題は乳児が環境と相互作用を重ねることにより解決できると考えるが，その基盤となるのは「連合学習」という学習メカニズムである。ある行為 X の模倣が起こるとき，行為 X の観察と実行は時間的に近接，随伴している。つまり，行為 X の実行時に行為 X を見る確率は他の行為 Y を見る場合よりも高く，同じ行為を「見る－行う」ことの間には高い生起確率が存在する。こうした経験の積み重ねにより，知覚－運動それぞれの表象が結びつく連合学習が起こる（図10-2）。これは，ニューラルネットワークモデルで用いられる学習則，「ヘッブ学習（Hebbian learning）」の考え方と一致する。ヘッブの学習則とは，ニューロン間の接合部であるシナプスにおいて，2つのニューロンが共に興奮（発火）している状態にあるとシナプスの結合強度が増し，情報伝達されやすくなるという説である。逆に，2つのニューロンの興奮状態が異なる状態にあるときには，シナプス結合は弱くなる。

　ASL 理論の特徴は，行為 X を観察している間に異なる行為 Y を実行する経験を積めば X–Y の連合学習も可能とする点である。これは，生得性を重視する AIM 説とは大きく異なる。実際，ASL 理論の考え方を支持する証拠が蓄積されつつある。たとえば，手指を「開く－閉じる」という行為を観察したとき，手指の動き

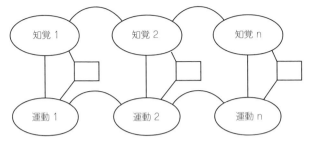

図10-2　模倣の連合系列学習（ASL）モデル
垂直線は，同じ行為における知覚と運動の表象が興奮性の結びつきにより連合学習された関係を示す。長方形は刺激を，曲線は，知覚，運動のそれぞれの表象が新たに結びついていく可能性を示す（Ray & Heyes, 2011 より）。

を同じように模倣するほうが，異なる動き（例：手指を開く行為を観察したとき，自らは手指を閉じる）を行う場合よりも容易である（自動模倣）。しかし，自動模倣は短時間の訓練で消すことができる。手指の閉じを観察したときに手指を開き，手指の開きを観察したときに閉じる訓練を行うと，自動模倣は消去される（Heyes et al., 2005）。

　ASL 理論では，知覚と運動それぞれの表象の連合は経験しだいで可塑的に変化すると考えるが，模倣の発達においては，知覚 X と運動 X の連合学習を促進する条件が豊かに整っているヒトの環境の役割が重視される。ヒトは生後すぐから自分の手足など，目で確認できる身体部位をながめたり探索したりする（Rochat, 1998；Van der Meer, 1997）。目で確認できない表情の知覚と運動に共通する表象も，鏡により学習していく。養育者との日々の相互作用においては，乳児は頻繁に模倣されることで行為の知覚 – 運動表象を学習する機会を積極的に提供される。養育者は乳児が起きている時間の 65% 以上（Užgiris et al., 1989），1 分間に 1 回程度（Pawlby, 1977）乳児の行為を模倣するとの報告もある。

第3節　模倣とミラーニューロン

　AIM による生得説は，新生児模倣を可能にするメカニズムはうまく説明できるが，自動模倣の消去については説明できない。他方，連合学習による経験説は，模倣の促進や自動模倣の消去の説明は可能だが，連合学習のきっかけとなる最初の模倣がなぜ生じるのか，最初の連合はどのように成立するのかという点については十分説明できていない。

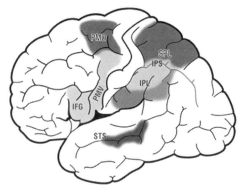

図10-3　ヒトのミラーニューロンシステム（Cattaneo & Rizzolatti, 2009）
IFG = 下前頭回，IPL = 下頭頂小葉，IPS = 頭頂間溝，PMV = 腹側運動前野，STS = 上側頭溝。

　模倣の対応問題に関する2つの説は，上記のような差異はあるものの，両者ともに知覚と運動の表象に共通するフォーマットの存在を仮定している。問題は，知覚–運動共通の表象フォーマットが，いつ，どのように形成されるのかである。知覚–運動に共通する表象フォーマットの議論でよく挙げられるのは「ミラーニューロン（mirror neuron）」の関与である。知覚と運動に共通の表象をもたらし，模倣の対応問題を解決する神経メカニズムはミラーニューロンなのだろうか。
　ミラーニューロンの活動は最初，リゾラッティ（Rizzolatti, G.）が率いる研究チームがサルの下前頭回の単一ニューロンの活動として記録した（di Pellegrino et al., 1992）。ヒトでは脳に直接電極を装着して個々の神経細胞の活動を記録する侵襲的な方法は適用できない。そこでヒトでは，fMRI（機能的核磁気共鳴画像法）をはじめとする非侵襲的脳イメージングによってサルで発見されたミラーニューロンに相当する神経回路（ミラーニューロンシステム）が調べられてきた（図10-3）。前頭葉では言語の産出にかかわるブローカ野を含む下前頭回（inferior frontal gyrus：IFG）の後部や腹側の運動前野（ventral premotor cortex：PMV），頭頂葉では頭頂間溝（intraparietal sulcus：IPS）とその下にある縁上回（supramarginal gyrus：SMG）の前部，上側頭溝（superior temporal sulcus：STS）などが含まれる。観察された行為はまず視覚野，上側頭溝で処理され，その後頭頂葉下部に位置する下頭頂小葉（inferior parietal lobule：IPL）で行為に含まれる物体やそれを操作する手の運動に関する情報が抽出される。さらに下前頭回で視点や行為の抽象的表象（目標など）が処理される（Ogawa & Inui, 2012）。
　最近の脳イメージング研究によって，ヒトの模倣（おもに手指運動）に関連す

る中心的な神経回路が明らかになりつつある。ひとつめは上側頭溝で，他者の視線や意図を判断したり，生物らしい動き（biological motion）を検出する機能をもつ（Allison et al., 2000 ; Puce & Perrett, 2003）。また，下前頭回や下頭頂小葉も模倣実行時に活動する（Iacoboni & Dapretto, 2006）。下前頭回と下頭頂小葉はミラーニューロンシステムにあたる部位であることから，模倣とミラーニューロンシステムには密接な関連があると考えられる。頭頂葉のミラーニューロンシステムは，行為に含まれる運動面のコード化を担い，前頭から頭頂にかけてのミラーニューロンシステムは，行為の目的の認識に関与する（Iacoboni & Dapretto, 2006）。こうした回路がさまざまに絡み合い，模倣反応が出力されるとみられる。

　さらに重要なこととして，模倣の実行に関連する回路は他の神経システムと相互作用することにより，さまざまなタイプの模倣を引き起こす。たとえば，他者の情動的表情を模倣する場合，上記の脳部位のほか，扁桃体（amygdala）を含む大脳辺縁系（limbic system）やそれらをつなぐ島皮質（insula）も賦活する（Carr et al., 2003）。また，ミラーニューロンシステムと辺縁系，島皮質は，共感にも関連する可能性が示されている。サルでは，情動に関連するミラーニューロンの明確な証拠はまだ見つかっていない（ただし2017年，サルで情動に関連するミラーニューロンが発見されたとの報告があった〔Ferrari et al., 2017〕）。ヒトのミラーニューロンシステムの機能は，自他間の行為の照合を超え，他者の情動をわがことのように喚起させるレベルにまで広がっている可能性がある。

第4節　模倣の社会的認知機能

1　模倣と共感

　模倣はヒトの高度な文化を成立させてきた鍵となる学習手段（模倣学習）である。また，ヒトの複雑かつ高度な社会性を考えると，模倣の社会的機能の側面もきわめて重要である。

　「模倣する－される」経験，相手の表情やしぐさを無意識に模倣すること（自動模倣）により，相手からの信頼や好感が高まる（カメレオン効果 chameleon effect ; Chartrand & Bargh, 1999）。自動模倣を介した集団内の相互作用は，調和的な集団関係を形成，促進する役割を果たす（social glue）と考えられている。

　「模倣する－される」経験が，なぜ共感，信頼を高めるのだろうか。有力な見方のひとつは，模倣と共感に関与する共通の神経回路の存在である。たとえば，模倣の主たる神経回路であるミラーニューロンシステムの活動性が共感の強さと

関連する可能性が10歳児を対象とした研究で示されている。質問紙により共感性が高いと評定された児ほど，他者の手の動きの観察時と模倣時にミラーニューロンシステム，島および扁桃体を中心とする辺縁系の活動が高かった（Pfeifer et al., 2008）。また，脳損傷患者を対象とした研究でもミラーニューロンシステムと共感との関連が示されているが，ここで重要なことは，ミラーニューロンシステムは共感のある側面との結びつきが強かった点である。共感を，情動的共感と認知的共感（メンタライジング・推論解釈系，次項参照）に分類すると，ミラーニューロンシステム（下前頭回）と強く関連するのは情動的共感のほうであった（Shamay-Tsoory et al., 2009）。

　では，模倣される・・・・（逆模倣）ことと共感との関係はどうだろうか。模倣されたときの脳イメージング研究はこれまで数例しか行われていない。成人では右の上側頭回（superior temporal gyrus：STG）と下頭頂小葉が賦活した（Decety et al., 2002）。眼窩前頭皮質（orbitofrontal cortex：OFC）から腹内側前頭前皮質（ventromedial prefrontal cortex：vmPFC），および線条体（striatum）と中～後部島皮質（mid-posterior insula）間の賦活がみられた（Kühn et al., 2010）。最近では，背側部前帯状回（dorsal part of anterior cingulate cortex：dACC）と，左の前部島皮質（anterior insula：AI）が賦活したとの報告（Guionnet et al., 2012）もある。模倣される場合も模倣する場合と同じく，情動や報酬予測に関連する脳部位が賦活し，情動的共感を生じさせているらしい。

　では，模倣と共感との関係はどのような発達過程を経て成立していくのだろうか。新生児模倣が模倣の起源かどうかはさておき，ヒトが他者の行為を明示的に模倣し始めるのは生後半年を過ぎてからである。それに対し，模倣されることの認識は9～14カ月頃まで待たねばならない。模倣の認識が実行にくらべて遅れて現れる理由についてはわかっていないが，知覚－運動に共通する表象が自動的に賦活して模倣が起こる（自動模倣）レベルを超え，この神経回路を抑制する別の神経回路との相互作用が作動し始めている可能性が指摘できる。たとえばこの時期，乳児は自分の興味ある物や出来事を大人に知らせようと指さしを始める。他者の関心をそちらに引き寄せ，注意を共有しようとする（共同注意）。共同注意の基盤にあるのは，自分自身で行為を行っているという感覚（自己主体感，sense of self-agency）や，身体が自分に帰属するという感覚（自己身体所有感，sense of self-ownership）にもとづく自他弁別能力であり，自動模倣の抑制，自他弁別能力の発達が模倣の認識に関与する可能性が高いと考えられる。

　模倣されたときの乳児の脳活動を調べた研究は，これまで数例報告されている。たとえば，サビーたちは，14カ月児を対象に脳波計測を行った。計測直前に乳

児が出力した行為と同一あるいは異なる行為を見せたときのミュー（μ）波を計測した。μ波は，体性感覚刺激や手足の運動，さらには運動を想像する場合に抑制され，成人ではミラーニューロンシステムの活動を示す指標とみなされている。その結果，乳児でも自分が行った行為と同じ行為を観察した（模倣された）ときに μ 波の抑制がみられた（Saby et al., 2012）。

模倣と共感の発達的関係を示す神経学的証拠はいまだ得られていないが，模倣されることで社会性が高まる可能性が行動実験で示されている。乳児は模倣する相手のほうに注意を向け，笑顔を頻出させる。生後1歳半を過ぎる頃からは模倣する相手に対して向社会的な行動をみせる（Agnetta & Rochat, 2004）。たとえば，自分の行為を模倣した者には積極的な援助や協力行動を示す（Carpenter et al., 2013）。

「模倣する－される」経験が自他弁別，情動，報酬系に関連する神経回路といつ頃，どのように相互作用しながら共感を高めるのだろうか。成人を対象とした認知，神経科学的研究が示す模倣と共感の関係を，発達的観点から明らかにすることが今後の課題となっている。

2 模倣の抑制とメンタライジング

模倣の社会的機能について，ヒトは模倣することで他者の行為とその背後にある心的状態を推測するという考え方，「シミュレーション説」が有力だった。しかし最近，それとは異なる見方が注目され始めている。

知覚－運動に共通する表象フォーマットにより模倣が自動的に実行されるばかりでは，他者とのコミュニケーションは円滑に進まない。私たちは，文脈に応じて意識的に模倣を行ったり抑制したりしている。こうした抑制機能を獲得することが他者の心的状態を自分のそれと区別し推論，解釈すること（メンタライジング，mentalizing）を可能にする，文脈に応じて柔軟に行為を選択することを可能にする，という見方である。

ブラスたちは成人が模倣を抑制する場合，前部前頭前野内側部（anterior fronto-median cortex：aFMC）と側頭頭頂接合部（temporo-parietal junction；TPJ）が賦活することを明らかにした（Brass et al., 2009）。メンタライジングに関する脳イメージング研究から，内側前頭前皮質（medial prefrontal cortex：mPFC）や上側頭溝，下頭頂小葉，側頭頭頂接合部が関与することが示されている（Amodio & Frith, 2006；Frith & Frith, 2006）。このうち内側前頭前皮質は，適切な行為選択のための行為の条件や状況の推測に関与する（Amodio & Frith, 2006）。側頭頭頂接合部は，視点変換（視点取得）にかかわる領域で，左側頭頭頂接合部が自己視点，右側頭頭頂接合部が他

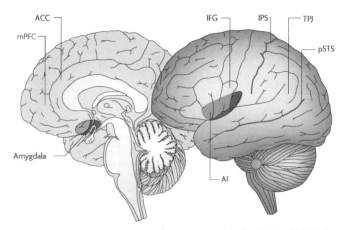

図10-4 ミラーニューロンシステムおよびメンタライジングに関する神経回路 (Blakemore, 2008 より) ACC = 前帯状回, mPFC = 内側前頭前皮質, Amygdala = 扁桃体, IFG = 下前頭回, IPS = 頭頂間溝, TPJ = 側頭頭頂接合部, pSTS = 後部上側頭溝, AI = 前部島皮質。

者視点でのイメージ生成に関与する(乾, 2013)。重要なことは, 模倣を抑制するときに関与する神経回路が, メンタライジングにかかわる回路と大きく重なっている点である。内側前頭前皮質は, ミラーニューロンシステムとして知られる下前頭回や上側頭溝をトップダウンに賦活させる(図10-4)。

興味深い研究がある。サティステバンたちは, 成人を対象に模倣−模倣抑制−メンタライジングの関係を調べている。手指運動の模倣訓練を受けた群, 手指運動の模倣を抑制する訓練を受けた群, 統制群として模倣とは関連しない運動抑制の訓練を受けた群の3群を設け, 訓練を行ってから24時間後, 心の理論課題と他者の視点取得の理解に関する課題に取り組ませた。その結果, 模倣の抑制訓練を受けた群では, 他者の視点取得の理解に関する課題の成績が最も高かった。つまり, 自他を区別する能力と模倣を抑制する能力との間に関連があることが示された(心の理論課題の得点は天井効果となり, 群間差はみられなかった)(Santiesteban et al., 2012)。これらの結果は, メンタライジング機能の獲得には模倣能力ではなく, 模倣を抑制する能力が重要であることを示唆している。

まとめ

「模倣する−される経験」は, ミラーニューロンシステムや情動, 報酬予測関連部位の相互作用的賦活を起こし, 情動的共感を生じさせる。他方, 内側前頭前

皮質を含む前頭前野は，ミラーニューロンシステムの活動をトップダウン的に抑制する。

　これらは，ヒトが特異的にもつ認知機能なのだろうか。模倣の進化・生物学的基盤についてはいまだ不明な点が多い。ヒト以外の霊長類も表情の自動模倣をみせる（Ferrari et al., 2006 ; Mancini et al., 2013 ; Myowa-Yamakoshi et al., 2004）ことから，下前頭回や下頭頂小葉を中心としたミラーニューロンシステム，さらには下前頭回から島皮質を経由して辺縁系に至る情動系神経回路は，ヒトとヒト以外の霊長類で共通している可能性がある。しかし，他個体の視点や心的状態を推論し，実行選択する（逆模倣への気づきを超えた）レベルの模倣，行動制御の証拠は確認されていない。サルは，見かけとは異なる表象を必要とする行為，たとえばパントマイムや見立て，ふり遊びなどはしない。大型類人猿でもごく少数の逸話レベルにとどまっている（明和, 2012）。現実と異なる行為表象を心的に操作する能力は，模倣抑制やメンタライジング獲得の発達的基盤になっていると考えられる。

　模倣能力，模倣抑制能力，メンタライジング機能それぞれの発達のプロセス，およびその生物学的基盤を明らかにすること，さらにそれらの発達的関連性を実証的に解き明かすことが今後の重要課題である。

【付記】　本稿執筆にあたり，文部科学省科学研究費補助金（24300103, 24119005, 17H01016），京都大学 COI 拠点研究推進機構（平成 28-29 年度），公益財団法人前川財団家庭教育研究助成（平成 27-29 年度）の助成を受けた。

引用文献

Agnetta, B., & Rochat, P. (2004). Imitative games by 9-, 14-, & 18-month-old infants. *Infancy*, **6**, 1-36.

Allison, T., Puce, A., & McCarthy, G. (2000). Social perception from visual cues : Role of the STS region. *Trends in Cognitive Sciences*, **4**, 267-278.

Amodio, D. M., & Frith, C. D. (2006). Meeting of minds : The medial frontal cortex and social cognition. *Nature Reviews Neuroscience*, **7**, 268-277.

Blakemore, S.-J. (2008). The social brain in adolescence. *Nature Reviews Neuroscience*, **9**, 267-277.

Brass, M., & Heyes, C. (2005). Imitation : Is cognitive neuroscience solving the correspondence problem? *Trends in Cognitive Sciences*, **9**, 489-495.

Brass, M., Ruby, P., & Spengler, S. (2009). Inhibition of imitative behaviour and social cognition. *Philosophical Transactions of the Royal Society of London Series B : Biological Sciences*, **364**, 2359-2367.

Carpenter, M., Uebel, J., & Tomasello, M. (2013). Being mimicked increases prosocial behavior in 18-month-old infants. *Child Development*, **84**, 1511-1518.

Carr, L., Iacoboni, M., Dubeau, M.-C., Mazziotta, J. C., & Lenzi, G. L. (2003). Neural mechanisms of empathy in humans : A relay from neural systems for imitation to limbic areas. *Proceedings of the National Academy of Sciences of the United States of America*, **100**, 5497-5502.

Cattaneo, L., & Rizzolatti, G. (2009). The mirror neuron system. *Archives of Neurology*, **66**, 557-560.

Chartrand, T. L., & Bargh, J. A.（1999）. The chameleon effect : The perception-behavior link and social interaction. *Journal of Personality and Social Psychology*, **76**, 893-910.

Chen, X., Striano, T., & Rakoczy, H.（2004）. Auditory-oral matching behavior in newborns. *Developmental Science*, **7**, 42-47.

Decety, J., Chaminade, T., Grèzes, J., & Meltzoff, A.（2002）. A PET exploration of the neural mechanisms involved in reciprocal imitation. *NeuroImage*, **15**, 265-272.

di Pellegrino, G., Fadiga, L., Fogassi, L., Gallese, V., & Rizzolatti, G.（1992）. Understanding motor events : A neurophysiological study. *Experimental Brain Research*, **91**, 176-180.

Ferrari, P. F., Gerbella, M., Coudé, G., & Rozzi, S.（2017）. Two different mirror neuron networks : The sensorimotor（hand）and limbic（face）pathways. *Neuroscience,* **358**, 300-315.

Ferrari, P. F., Visalberghi, E., Paukner, A., Fogassi, L., Ruggiero, A., & Suomi, S. J.（2006）. Neonatal imitation in rhesus macaques. *PLoS Biology*, **4**, e302. doi : 10.1371/journal.pbio.0040302

Frith, C. D., & Frith, U.（2006）. The neural basis of mentalizing. *Neuron*, **50**, 531-534.

Guionnet, S., Nadel, J., Bertasi, E., Sperduti, M., Delaveau, P., & Fossati, P.（2012）. Reciprocal imitation : Toward a neural basis of social interaction. *Cerebral Cortex*, **22**, 971-978.

Heyes, C.（2001）. Causes and consequences of imitation. *Trends in Cognitive Sciences*, **5**, 253-261.

Heyes, C., Bird, G., Johnson, H., & Haggard, P.（2005）. Experience modulates automatic imitation. *Cognitive Brain Research*, **22**, 233-240.

Heyes, C. M., & Ray, E. D.（2000）. What is the significance of imitation in animals? In P. J. B. Slater, J. S. Rosenblatt, C. T. Snowdon, & T. J. Roper（Eds.）, *Advances in the Study of Behavior*, Vol. 29（pp.215-245）. New York : Academic Press.

Iacoboni, M., & Dapretto, M.（2006）. The mirror neuron system and the consequences of its dysfunction. *Nature Reviews Neuroscience*, **7**, 942-951.

乾　敏郎.（2013）. *脳科学からみる子どもの心の育ち：認知発達のルーツをさぐる*. 京都：ミネルヴァ書房.

Kühn, S., Müller, B. C., van Baaren, R. B., Wietzker, A., Dijksterhuis, A., & Brass, M.（2010）. Why do I like you when you behave like me? Neural mechanisms mediating positive consequences of observing someone being imitated. *Social Neuroscience*, **5**, 384-392.

Mancini, G., Ferrari, P. F., & Palagi, E.（2013）. Rapid facial mimicry in geladas. *Scientific Reports*, **3**, 1527. doi : 10.1038/srep01527

Meltzoff, A. N.（1988）. Infant imitation and memory : Nine-month-olds in immediate and deferred tests. *Child Development*, **59**, 217-225.

Meltzoff, A. N., & Moore, M. K.（1977）. Imitation of facial and manual gestures by human neonates. *Science*, **198**, 75-78.

Meltzoff, A. N., & Moore, M. K.（1983）. The origins of imitation in infancy : Paradigm, phenomena, and theories. *Advances in Infancy Research*, **2**, 265-301.

Meltzoff, A. N., & Moore, M. K.（1992）. Early imitation within a functional framework : The importance of person identity, movement, and development. *Infant behavior and Development*, **15**, 479-505.

Meltzoff, A. N., & Moore, M. K.（1997）. Explaining facial imitation : A theoretical model. *Early Development and Parenting*, **6**, 179-192.

明和政子.（2012）. *まねが育むヒトの心*. 東京：岩波書店.

Myowa-Yamakoshi, M., Tomonaga, M., Tanaka, M., & Matsuzawa, T.（2004）. Imitation in neonatal chimpanzees（*Pan troglodytes*）. *Developmental Science*, **7**, 437-442.

Nehaniv, C. L., & Dautenhahn, K.（2002）. The correspondence problem. In K. Dautenhahn & C. L. Nehaniv（Eds.）, *Imitation in animals and artifacts*（pp.41-61）. Cambridge, MA : MIT Press.

Ogawa, K., & Inui, T.（2012）. Multiple neural representations of object-directed action in an imitative context. *Experimental Brain Research*, **216**, 61−69.

Pawlby, S. J.（1977）. Imitative interaction. In H. R. Schaffer（Ed.）, *Studies in mother−infant interaction*（pp.203−224）. London : Academic Press.

Pfeifer, J. H., Iacoboni, M., Mazziotta, J. C., & Dapretto, M.（2008）. Mirroring others' emotions relates to empathy and interpersonal competence in children. *NeuroImage*, **39**, 2076−2085.

Piaget, J.（1962）. *Play, dreams, and imitation in childhood*. New York : Norton.

Puce, A., & Perrett, D.（2003）. Electrophysiology & brain imaging of biological motion. *Philosophical Transactions of the Royal Society of London Series B : Biological Sciences*, **358**, 435−445.

Ray, E., & Heyes, C.（2011）. Imitation in infancy : The wealth of the stimulus. *Developmental Science*, **14**, 92−105.

Rochat, P.（1998）. Self-perception and action in infancy. *Experimental Brain Research*, **123**, 102−109.

Saby, J. N., Marshall, P. J., & Meltzoff, A. N.（2012）. Neural correlates of being imitated : An EEG study in preverbal infants. *Social Neuroscience*, **7**, 650−661.

Santiesteban, I., White, S., Cook, J., Gilbert, S. J., Heyes, C. M., & Bird, G.（2012）. Training social cognition : From imitation to theory of mind. *Cognition*, **122**, 228−235.

Shamay-Tsoory, S. G., Aharon-Peretz, J., & Perry, D.（2009）. Two systems for empathy : A double dissociation between emotional & cognitive empathy in inferior frontal gyrus versus ventromedial prefrontal lesions. *Brain*, **132**, 617−627.

Uzgiris, I. Č., Benson, J. B., Kruper, J. C., & Vasek, M. E.（1989）. Contextual influences on imitative interactions between mothers and infants. In J. J. Lockman & N. L. Hazen（Eds.）, *Action in social context*（pp.103−127）. New York : Springer.

Van der Meer, A. L.（1997）. Keeping the arm in the limelight : Advanced visual control of arm movements in neonates. *European Journal of Paediatric Neurology*, **1**, 103−108.

参考文献

安西祐一郎・今井むつみ・入來篤史・梅田　聡・片山容一・亀田達也・開　一夫・山岸俊男（編）.（2014）. *岩波講座コミュニケーションの認知科学（全5巻：1. 言語と身体性　2. 共感　3. 母性と社会性の起源　4. 社会のなかの共存　5. 自立と支援）*. 東京：岩波書店.

Iacoboni, M.（2011）. *ミラーニューロンの発見：「物まね細胞」が明かす驚きの脳科学*（塩原通緒，訳）. 東京：早川書房（ハヤカワ文庫）.（Iacoboni, M.（2008）. *Mirroring people : The new science of how we connect with others*. New York : Farrar, Straus and Giroux.）

乾　敏郎.（2013）. *脳科学からみる子どもの心の育ち：認知発達のルーツをさぐる*. 京都：ミネルヴァ書房.

明和政子.（2012）. *まねが育むヒトの心*. 東京：岩波書店（岩波ジュニア新書）.

Rizzolatti, G., & Sinigaglia, C.（2009）. *ミラーニューロン*（茂木健一郎，監修・柴田裕之，訳）. 東京：紀伊國屋書店.（Rizzolatti, G., & Sinigaglia, C.（2006）. *So quel che fai : Il cervello che agisce e i neuroni specchio*. Milano : R. Cortina.）

第11章
自己と他者

佐藤　徳

　乳児は，1歳半頃になると，鏡の中に映る像が「自分」だと気づくようになる。マークテストやルージュテストと呼ばれる，鏡像自己認知を調べる標準的な手続きでは，乳児に気づかれないように乳児の額（乳児からは直接見えないところ）に口紅を塗ったり，ステッカーを貼って，乳児が気づいていないことを確認したうえで，乳児を鏡の前に連れていく。鏡を見て，乳児が口紅やステッカーを取ろうとすれば，鏡に映っている像が自分だと同定できていることになる。ヒトでは18カ月を過ぎる頃からこの課題を通過するようになる。ヒト以外では，チンパンジーなどの大型類人猿，イルカ，アジアゾウ，カササギなどで，マークテストの通過が報告されている（Gallup, 1970 ; Plotnik et al., 2006 ; Prior et al., 2008 ; Reiss & Marino, 2001）。批判もあるが，一般的にはマークテストは自己意識や概念的自己の芽生えの指標と考えられており，ヒトでは，その後，当惑や恥じらい，プライドなどの自己意識感情がみられるようになる（Lewis, 1995）。

　しかし，鏡に映る像が自分だと気づくようになるとしても，鏡の中に自分がいると感じているわけではない。鏡に映っている子どもは自分ではあるが，「本当の自分」は，鏡の中ではなく，ここ，すなわち物理的身体の中にいる。だからこそ，乳児は，ステッカーを剥がすために，鏡の中ではなく，物理的な身体に向けて手を伸ばす。鏡の中で自分を見ている自分は，物理的身体とは異なる位置，通常であれば，対面し自分を見つめる他者の位置にいる。その他者を自分だと同定することができるには，いったん物理的身体から自分を切り離し，他者の視点から自分を見る必要がある。本章では，鏡像自己認知以前の自己の感覚について概観し，ヒトにおいてどのように鏡像自己認知が可能となるのかを探る。

140　第Ⅲ部　社会的認知発達の諸側面

第1節　身体に感じる自己の感覚

1　胎児における自己の感覚

　自分を対象として意識するようになる以前にも，自己の感覚は存在する。たとえば，ロシャらは，生後18時間以内の新生児を対象に，自分以外の手が乳児の頬に触れる場合の方が，乳児が自発的に動かした自分の手が自分の頬に触れる場合のおよそ3倍もの頻度のルーティング反応（乳児の頬に物が触れると頭を回転させ，それを口に含もうと口を開ける反応）を示すことを報告している（Rochat & Hespos, 1997）。自分の手を動かして自分の頬に触れる場合，他人に触れられる場合と異なり，手を動かすための運動指令と動作にともなう自己受容感覚が存在する。また，顔が手を感じるとともに手は顔を感じるという独特の触覚経験（二重接触）もともなう。これらは自己に由来する感覚とそれ以外の感覚を区別する重要な手がかりとなる。

　しかし，自己の感覚は誕生とともに突如として生じるわけではない。身体の図式作りは，胎児期にはすでに始まっている。超音波断層法による胎児の行動観察によると，妊娠8週頃から全身の運動が活発にみられるようになり，9週頃からは全身運動に加え，四肢の単独運動もみられるようになる。口周囲や手指などに触覚が出現する10週頃には手を顔にもっていくような運動もみられるようになる（de Vries & Fong, 2006）。胎児が手足を動かせば，子宮の内壁に手足がぶつかることもあるだろう。それは手が顔に触れる二重接触とは異なる感覚だろう。また，子宮の中は羊水で満たされており，手足を動かせば，それにともなう羊水の抵抗感も生じる。胎児の頃から，ヒトは，こうした運動を通じた自己受容感覚や触覚などのフィードバックによって，身体各部位の位置関係に関する図式の形成，自己の身体に属するものとそうでないものとの区別，自己の運動によって生じた感覚とそうでないものの区別を行っていると考えられる（たとえば，Yamada et al., 2016）。

　経験する主体としての自己の感覚もおそらく誕生以前にも存在する。胎児期の感覚は，およそ痛覚・触覚・前庭感覚，嗅覚・味覚，聴覚，視覚の順に発達する（Lecanuet & Schaal, 1996）。眼球運動自体は妊娠14週にはみられ，26週頃からは光に対する反応もみられるが，視覚が劇的に発達するのは誕生後である。30週頃からは，胎児が痛みを感じていることを示す兆候もみられる（Lee et al., 2005）。28週から36週の早産の新生児を対象とした研究では，痛み刺激に対して，両側の

体性感覚野の活動などに加え，前部島皮質（anterior insula : AI）の活動が観察されている（Bartocci et al., 2006）。胎児の脳は，すでに，体温や血糖値などの内部環境の状態や内臓の現在の状態，さらには，前庭や骨格筋の状態についての報告を受け取っている。ダマジオは，何らかの対象によって，こうした身体の状態を刻一刻マッピングしている一連の神経パターン（原自己）の状態に変化が引き起こされ，原自己の変化に関する表象とその原因となった対象についての表象の双方が再表象されると，言語に依存しない，今ここに限局された意識（中核意識）が生じるのだと論じている（Damasio, 1999）。ダマジオによると，この意識は，自分が認識しているとか，自分がしているといった感覚，すなわち彼のいう中核自己を生むことになる。前部島皮質が，原自己の変化に関する表象とその原因となった対象についての表象の結びつけにかかわっているのだろうと考えられており（Craig, 2009），痛み刺激に対して前部島皮質の活動が観察されるという知見は，その頃には痛みの経験が成立していることを示唆する。

　以上から，胎児期にも，自分の経験として対象化され，概念化される以前のものではあるが，おそらく，経験を成立させるコアの自己の感覚は存在する。しかし，痛み自体は本人にしか直接感じられない。うめき声や表情を通してそれは他者と共有可能なものになる。同様に，胎児の身体図式作りで大きな役割を果たす自己受容感覚も自分にしか感じられない。しかし，光や音は，他者も見たり聞いたりでき，共有が可能である。したがって，自己受容感覚などに多くを依拠する身体感覚が，比較的遅く発達する視覚とどのように結びつけられるのかは，自己と他者とのつながりを考えるうえでも非常に重要な問題である。

2　自己受容的身体から視覚的身体へ

　かつてアリストテレスは，形，大きさ，運動などは，視覚や触覚などの個別の感覚モダリティを超えた共通感覚によって知覚されるのだとした。メルツォフは，一連の研究で，生後1カ月以前の乳児にも，触覚や視覚，自己受容感覚や視覚というモダリティを超えて，形や運動などを知覚するいわば共通感覚があることを示している（Meltzoff & Borton, 1979 ; Meltzoff, & Moore, 1977）。自己もまた共通感覚によって知覚される。たとえば，生後5カ月の乳児に，リアルタイムの自分からは直接見えない足の映像と自身の足の録画映像または他の乳児の足の映像を並べて見せた研究がある（Bahrick & Watson, 1985）。自分の足のライブ映像であれば，動作にともなう自己受容感覚とモニター上の足の動きが，タイミングも方向も強さも一致する。しかし，他人の足の映像や録画映像であれば，それらは一致しない。

感覚間の随伴性，強さの構造の一貫性，時間構造の一貫性は，環境内の他の物体とは区別された自己の身体を特定する重要な手がかりである（Stern, 1985）。5 カ月児は両者を区別し，一致しない映像の方を選好して見ることが報告されている。

　この研究では，生後 3 カ月において，それ以前のリアルタイムの自己映像への選好と，それ以降の 5 カ月で示される他者への選好の分岐がみられている。ちょうどこの頃は，目の前で繰り返し自分の手を動かしては見つめる，いわゆるハンドリガードが出現し，消えていく時期である。乳児は，物に向けて手を持ち上げたとしても，手の動きが見えると，その手の動きがまだ自分の手としてしっかり組み込まれていないために無視できず，物のことは忘れてしまい，自分の手の動きを見つめることになる。しかし，こうした繰り返し動かしては見るという循環反応によって，動作にともなう自己受容感覚と視覚フィードバックが結びつけられ，手を自己の身体に組み込むことが可能となるのである。運動指令によりその視覚的な変化が完全に予測可能になれば，手はいわば透明化し，その先にある物の変化や予測とは異なる他者の動きに関心が向くようにもなる。しかし，3 カ月児でも，リアルタイムの自己の映像を見ている場合であれば，自己受容感覚で感じる自分の足の動きと視覚的に提示される足の動きの空間的な位置関係のズレを検出し，不一致のある場合により注視する（たとえば，Rochat & Morgan, 1995）。この結果は，自分から見て右側にある右足を右に動かせば，映像上でもそのように動くはずだという，既存の身体図式を基にした自己受容感覚と視覚の間の対応関係に関する予測が 3 カ月児でもなされていることを示唆する。

　身体の自己所属感を検討した研究も近年は増え始めている。成人を対象とした研究では，自分からは見えない自分の手と目の前にあるゴムの手が同時に同方向になでられると，あたかもそのゴムの手が自分の手であるかのように感じ，また手があると感じられる位置もゴムの手の方に移動すること（自己受容ドリフト）が報告されている（Botvinick & Cohen, 1998）。このゴムの手錯覚は既存の身体図式の制約を受けることが知られており，同時になでられても，杖や板がなでられる場合や，ゴムの手でもそれがありえない位置に置かれた場合では錯覚が生じないことが報告されている（Tsakiris & Haggard, 2005）。近年，この手続きを乳幼児に応用した研究も出ており，7 カ月と 10 カ月の乳児を対象とした研究では，双方の月齢ともに，自身の足がなでられるのと同期してなでられているディスプレイ上の足の方を同期しない足よりも長く注視することが報告されている（Zmyj et al., 2011）。成人同様，足の代わりに板をなでる場合はこうした同期の効果は生じない。顔を用いて新生児を対象に行った研究も存在し（Filippetti et al., 2013），そこで

も正立顔の場合は自分の顔とディスプレイ上の顔が同期してなでられている場合により注視時間が長くなるが，倒立顔の場合には同期の効果がなくなることが報告されている。これらの結果は新生児でも視覚と触覚の同期性を検出できることを示す。しかし，このことは，必ずしも見えている顔や足が自分の顔や足だと認識できることを意味しない。

　言語報告が可能な4歳以降の幼児を対象に直接ゴムの手錯覚を調べた研究では，4歳以降の幼児でも成人同様に同期条件ではゴムの手が自分の手であるかのように感じられることが示されている（Cowie et al., 2013）。しかし，その研究では，幼児では，成人以上に，同期条件でも，ゴムの手がなでられるタイミングと自分の手がなでられるタイミングにズレがある非同期条件でも，自己受容ドリフトが強く起こることも報告されている。これは幼児の手の位置の表象が自己受容感覚ではなく視覚に大きく依拠していることを示唆する。自閉スペクトラム症の子どもでは自己受容ドリフトが生じにくく（生じるのに時間がかかる），それが共感性の低さと相関するという報告があり（Cascio et al., 2012），定型発達の幼児において自己受容感覚よりも視覚に大きな重きを置いた身体の感覚統合がなされることには，社会的認知の発達上，何らかの大きな意味があるものと考えられる。

　一般に，相手から見て対象が左右のどちらにあるか，対象がどのように見えるかを判断するいわゆるレベル2の視点取得課題は，自分と相手が同方向を向いている場合には自身の視点と相手の視点が一致するため容易である（Flavell et al., 1981）。しかし，相手と視点が一致しない場合は，自分自身の身体を相手の視点に合わせて心的に回転させる必要があるため，回転角度が増すほど難しくなる（Surtees et al., 2013）。つまり，そうした他者の視点に立つには，物理的な身体（当初の自己受容的・前庭感覚的身体）から自分自身を切り離し，自分を見えている相手の位置に移動させて，それを回転させる必要がある。これは一種の体外離脱体験であり，こうした視点回転は，視覚優位の身体の感覚統合がなされやすい人で起きやすいことが報告されている（Ionta et al., 2011）。

第2節　意図する主体としての自己の感覚

1　意図するわたしの芽生え

　すでに，新生児が自分の手が自分の頬に触れる場合と自分以外の手が頬に触れる場合とを区別できることを示した（Rochat & Hespos, 1997）。この研究は自己由来の感覚と環境由来の感覚を区別する能力が新生児にも備わっていることを示して

いる。自分の動作によって引き起こした結果であれば，運動指令の遠心性コピー（運動を実行する際に作られる運動ニューロンから筋へ向けた運動指令信号のコピー）に基づいてその感覚結果を正確に予測することができる（Frith et al., 2000；運動系の内部モデルに関する概説は，佐藤，2015）。それゆえ，予測と実際の感覚フィードバックの間に不一致は生じない。しかし，環境由来の感覚の場合，その感覚は予測することもできず，両者の間の不一致はきわめて大きいものとなる。こうした予測は，自己運動に由来する感覚を相殺または減衰させ，自己由来の感覚と環境由来の感覚を区別することを可能とするとともに，行為主体としての自己の感覚を作る重要な手がかりとなる（Sato & Yasuda, 2005）。

　動作の感覚結果の予測は，意図的な行為が成立するうえでも不可欠である。ジェームズがいうように，いったん特定の動作が，無作為に，反射的に，無目的に起こり，記憶の中にそのイメージを残せば，その動作は再び欲せられることも，目的として企てられることも，意図的に選択されることも可能となるが，それ以前にはそれを意志することなど不可能である（James, 1890）。初めは無目的な動作でも，その動作に特定の感覚結果が随伴するという経験を繰り返せば，それにより動作と感覚結果の間の双方向的な関係についての表象が形成され，動作によってその感覚結果が予測できるようになるとともに，その予測された感覚結果を引き起こすために意図的にその動作を選択できるようになる（Elsner & Hommel, 2001）。今ここにないものを動作によって引き起こそうとするには，動作の結果を予測できる必要があり，予測ができるには動作とその結果の関係についての学習が必要なのである。

　乳児は，少なくとも2カ月頃には，意図的な主体としての自己の感覚の兆候を示す。たとえば，ロシャらは，2カ月児は，おしゃぶりをある閾値以上の強さで吸うと，その強さに比例したピッチの音が鳴る場合に，吸ってもその強さとは無関連なランダムなピッチの音が鳴る場合よりも，音が鳴るかを試すようなコントロールされた吸い方をより頻繁にすることを示している（Rochat & Striano, 1999）。ランダムなピッチの音が鳴る場合，吸啜の結果は予測できない。しかし，強さに比例する場合，その結果を予測でき，予測された結果を引き出すために意図的に吸啜の強さを変化させることができる。新生児でも，知らない女性ではなく，母親の声を聞くためや，母親の顔を見るために，吸啜の仕方を調整することが知られているが（たとえば，DeCasper & Fifer, 1980），新生児では自身の動作と感覚結果の関係を探索することはない。生後2カ月になって，自身の行為の結果に注意を向けながら，自身の身体の有効性を体系的に探索するようになる。新生児期の覚

醒状態では，身体運動と外界の刺激に対する反応が両立せず，運動が活発だが外
界に対する反応は乏しいか，外界に対しては敏感に反応するが運動は乏しいかで
ある。しかし，この頃になって，運動と感覚が両立する新たな覚醒状態が出現す
るようになる（Wolff, 1987）。

2　運動スキルの発達と他者の行為の理解

　乳幼児期初期は口が学習の中心となる身体部位である。しかし，2カ月から6
カ月の間に手のスキルが発達し，4カ月までには対象に手を伸ばしてつかみ口に
持っていこうとするようになり，6カ月頃までには対象を手で探索するようにな
る。こうした自身の運動スキルの発達は他者の行為の理解や予測をも可能とする。
たとえば，鹿子木・板倉の研究では，把持行為を行える6カ月以上の乳児では，
他者の把持行為を観察する際にその目標物への予測的な視線がみられ，また，把
持能力の発達と他者の把持行為の予測との間には正の相関がみられることが示さ
れている（Kanakogi & Itakura, 2011）。後に，テーブルクロスを引っ張ってその上に
ある物を取るというように，行為が目的・手段関係によって組織化されるように
なると，他者のそうした行為も理解できるようになる（Sommerville & Woodward,
2005）。行為の実行と理解には同じ運動系のシステムがかかわっていることが繰
り返し示されているが（概説として，佐藤，2015），もちろん，運動系に依らずと
も，「利用できる中で最も効率的な手段で目的は実現される」といった行為に関
する素朴理論からも行為の理解は可能であり（Gergely & Csibra, 2003），むしろ，近
年では，こうした知識が一人称的な運動経験に先行する可能性が示唆されている
（Skerry et al., 2013）。

3　運動スキルの発達と空間の拡がり

　運動スキルの発達は，自分には何ができて何ができないのか，自分の行為の可
能性に応じた行為のプランニングを可能とする。まだ一人で座れず，手を伸ばせ
ばバランスを崩してしまう乳児では，バランスを崩さずに座れる乳児にくらべて，
同じく手を伸ばせば届く範囲にある物でも，手を伸ばして触れようとする頻度は
少ない（Rochat et al., 1999）。しかし，姿勢の制御が発達するにつれて届くと知覚さ
れる範囲も拡大し，道具を使用するようにもなるとさらに身体は拡張され（Iriki et
al., 1996），対象との距離の感覚も縮小する。行為の可能性の拡大は，環境が人に
提供するアフォーダンスを拡大するのみならず，空間の知覚をも変えていく
（Proffitt, 2006）。

第3節　他者とのかかわりの中での自己の感覚

1　他者という鏡

すでにみたように，胎児の間に主に自己受容感覚を中心とする自己の身体感覚が出現し，妊娠 30 週前後には経験する主体としての自己の感覚も芽生えてくる。また，生後 2 カ月以降は，意図する主体としての自己の感覚も芽生え始める。しかし，乳児は，他者も自分と同様に，経験主体であり，意図する主体であるとどのように知るのだろうか？

乳児は，誕生後すぐに，他者とのかかわりの中で，自己受容感覚優位の身体感覚を視覚と結びつけていく。他者の表情は見ることができても自己受容的に感じることはできない。逆に，自分の表情は感じることができても直接見ることはできない。しかし，新生児は，他者の表情を見て，それを再現することができることが知られている（Field et al., 1982 ; Meltzoff & Moore, 1977）。成人では表情を作るだけでその感情を誘発することができることが報告されており（Strack et al., 1988），これが乳児にも当てはまるとするならば，新生児模倣を通じた感情の共有も可能だということになる。しかし，模倣は一方向的にのみ生じるものではない。生後 2 カ月が近づくと新生児模倣はしだいにみられなくなるが，他者に向けられた微笑みである社会的微笑が多くみられるようになる。そして，やがて乳児と養育者の間で微笑みの相互的なやりとりが頻繁にみられるようになる。この対面的なやりとりの中で，養育者は誇張した表現で乳児がその内側で感じていると思われるものを映し出す。乳児は一人称的に感じていることを，他者という鏡を通じて見ることになる。こうした相互的な模倣のやりとりの中で，乳児は，自分では直接見ることのできない自分の表情を他者の顔や身体に見ることになる。相互的な模倣は，経験の共有や自他の類似性の知覚を可能とする。意図する主体としての自己の感覚が芽生えれば，自分と同じような他者もまた，意図する主体であると感じられるようになる（Meltzoff, 2007）。それとともに，相互的な模倣は，物理的な鏡体験に先立って，自己と他者の視点の交換をも可能とする。乳児の感情が調整されるのもこうした相互的なやりとりの中においてであり，このやりとりの質が後の子どもの自己制御能力を予測することになる（Feldman, 2007）。乳児が自己の動作に対する他者からの随伴的な応答を期待していることは，録画映像のように自己の動作に養育者の反応が随伴していない場合や，突如，養育者が停止し，応答性を喪失してしまう場合に，乳児の微笑が著しく低下し，乳児がネガティブな

表情を示すようになることからも明らかである（Murray & Trevarthen, 1985 ; Tronick et al., 1978）。

2　自己意識の起源？

共同注意が始まる9カ月以降ではコミュニケーションの主な話題は乳児や大人を取り囲む対象に移るが，それ以前は乳児自身や乳児の行動が主な話題である。養育者の注意はもっぱら乳児に向けられ，養育者は何かを伝えようとの意図をもって乳児とかかわる。乳児もまた，周囲の大人が自分に向けて何かを伝えようとしていることを知らせるアイコンタクトやマザリーズなどの直示的信号に敏感である。こうした直示的信号に基づく教授法は，事例の蓄積によらずとも，知識の一般化を可能とする人類特有の社会的学習法だと考えられている（Csibra & Gergely, 2009）。実際，新生児は，視線がそれているよりも，視線が自分に向いている方を好んでよく見る（Farroni et al., 2002）。4カ月の乳児を対象とした研究では，他者とアイコンタクトがある場合には，成人と同様に，対象としての自分に注意を向ける場合に活動が観察される内側前頭前野（medial prefrontal cortex : mPFC）の活動が報告されている（Grossmann et al., 2008）。

それでは，共同注意が始まる前の乳児は，自分が他者の注意の対象であることに気づいているのだろうか？　レディは，乳児は，他者が注意を向ける存在であるとともに，その注意の対象が自分であることに気づいているとし，この気づきこそが心的存在として自己や他者を表象することにつながるのだと論じている（Reddy, 2003）。そして，他者に注目された際の喜びや苦痛，無関心などの表情，他者の注意が向けられていない場合のそれを求める呼び声などが，気づきの存在を示す証拠だとしている。他者と注意を共有できるようになり，その共有された注意の対象が自分であることに気づくようになると，乳児はその他者の視点を通して自分を知るようになる（Tomasello, 1999）。一人称的な自己の感覚に，他者から見られた自己，いわゆる三人称視点からの自己の感覚が加わるようになる。両者は常に食い違う。この解決不能な不協和をいかに解決するかがその人の生き方を規定するようにもなる。

3　意図の共有と「われわれ」としての主体感

他者とのかかわりの中では，乳児の意図もまた，多くの場合，養育者と共同で満たされることになる。養育者は，乳児の心的状態に目を向け，乳児を心をもった一人の存在として扱う傾向がある。乳児の動作の背後に意図を読み込み，運動

能力に限界のある乳児のいわば身体となって，養育者が乳児が意図したことと読み込んだことで乳児を満たす。たとえば，手を伸ばしている乳児を見れば，たいていの大人は，乳児が，意味もなく手を伸ばしているのではなく，手の届かないところにあるものを欲しがって手を伸ばしているのだろうと思い，代わりにそれを取ってきて乳児に渡すだろう。要求的な指さしを行うようになる前の8カ月の乳児も，他者がいる前では届かないものに対して手を伸ばす。しかし，一人でいるときは，届く範囲のものに対しては手を伸ばすが，届かないものに対しては手を伸ばさない（Ramenzoni & Liskowski, 2016）。乳児は，他者が乳児の意図を理解し，それを満たしてくれると期待し，手を伸ばすのである。意図は共有され，他者の協力によって，それは満たされることになる。行為主体としての自己の感覚は「われわれ」としての主体感覚にまで拡張される。道具使用によって身体が拡張されるとすれば，こうした社会的なリーチングによっても行為の可能性が拡大され，身体も拡張されるだろう。

おわりに

　本章では鏡像自己認知以前の自己の感覚について概観した。しかし，自己感の発達はそれで終わるわけではない。マークテスト通過時点での自己同定は今ここでの鏡経験の間に限られている。過去の録画映像や，今こことは異なる場所で異なる衣服を着て撮影された写真に自分を見出せるようになるには3歳の終わり頃まで待つ必要がある（たとえば，Povinelli et al., 1996）。自分とは異なる他者の信念を理解できるようになれば，他者からの評判を気にして自らの行動を調整するようにもなる（Fu et al., 2016）。さらに，今とは異なる過去や未来を想像できるようにもなると，自己の感覚や他者の感覚はより豊かになる。思春期には，自己内省にかかわる内側前頭前野の活動がさかんとなり，自己意識が高まって，仲間による評価も気になり，仲間がいる場合には危険な活動をするようにもなる（Sebastian et al., 2008）。発達とともに新たな自己の感覚は付け加わる。しかし，それにより古くから存在する自己の感覚がなくなってしまうわけではない。むしろ，それは，新たな感覚を基盤から支えるのである。

引用文献 ∙∙

Bahrick, L. E., & Watson, J. S.（1985）. Detection of intermodal proprioceptive-visual contingency as a potential basis of self-perception in infancy. *Developmental Psychology*, **21**, 963–973.

Bartocci, M., Bergqvist, L. L., Lagercrantz, H., & Anand, K. J. S. (2006). Pain activates cortical areas in the preterm newborn brain. *Pain*, **122**, 109−117.

Botvinick, M., & Cohen, J. (1998). Rubber hands 'feel' touch that eyes see. *Nature*, **391**, 756.

Cascio, C. J., Foss-Feig, J. H., Burnette, C. P., Heacock, J. L., & Cosby, A. A. (2012). The rubber hand illusion in children with autism spectrum disorders : Delayed influence of combined tactile and visual input on proprioception. *Autism*, **16**, 406−419.

Cowie, D., Makin, T., & Bremner, A. J. (2013). Children's responses to the rubber-hand illusion reveal dissociable pathways in body representation. *Psychological Science*, **24**, 762−769.

Craig, A. D. (2009). How do you feel−now? The anterior insula and human awareness. *Nature Reviews Neuroscience*, **10**, 59−70.

Csibra, G., & Gergely, G. (2009). Natural pedagogy. *Trends in Cognitive Sciences*, **13**, 148−153.

Damasio, A. R. (1999). *The feeling of what happens : Body and emotion in the making of consciousness*. New York : Harcourt Brace.

de Vries, J., & Fong, B. (2006). Normal fetal motility : An overview. *Ultrasound in Obstetrics and Gynecology*, **27**, 701−711.

DeCasper, A. J., & Fifer, W. P. (1980). Of human bonding : Newborns prefer their mothers' voices. *Science*, **208**, 1174−1176.

Elsner, B., & Hommel, B. (2001). Effect anticipation and action control. *Journal of Experimental Psychology : Human Perception and Performance*, **27**, 229−240.

Farroni, T., Csibra, G., Simion, F., & Johnson, M. H. (2002). Eye contact detection in humans from birth. *Proceedings of the National Academy of Sciences of the United States of America*, **99**, 9602−9605.

Feldman, R. (2007). Parent−infant synchrony : Biological foundations and developmental outcomes. *Current Directions in Psychological Science*, **16**, 340−345.

Field, T. M., Woodson, R. W., Greenberg, R., & Cohen, D. (1982). Discrimination and imitation of facial expressions by neonates. *Science*, **218**, 179−181.

Filippetti, M. L., Johnson, M. H., Lloyd-Fox, S., Dragovic, D., & Farroni, T. (2013). Body perception in newborns. *Current Biology*, **23**, 2413−2416.

Flavell, J. H., Everett, B. A., Croft, K., & Flavell, E. R. (1981). Young children's knowledge about visual perception : Further evidence for the level 1-level 2 distinction. *Developmental Psychology*, **17**, 99−103.

Frith, C. D., Blakemore, S. J., & Wolpert, D. M. (2000). Explaining the symptoms of schizophrenia : Abnormalities in the awareness of action. *Brain Research Reviews*, **31**, 357−363.

Fu, G., Heyman, G. D., Qian, M., Guo, T., & Lee, K. (2016). Young children with a positive reputation to maintain are less likely to cheat. *Developmental Science*, **19**, 275−283.

Gallup, G. G. (1970). Chimpanzees : Self-recognition. *Science*, **167**, 86−87.

Gergely, G., & Csibra, G. (2003). Teleological reasoning in infancy : The naïve theory of rational action. *Trends in Cognitive Sciences*, **7**, 287−292.

Grossmann, T., Johnson, M. H., Lloyd-Fox, S., Blasi, A., Deligianni, F., Elwell, C., et al. (2008). Early cortical specialization for face-to-face communication in human infants. *Proceedings of the Royal Society B : Biological Sciences*, **275**, 2803−2811.

Ionta, S., Heydrich, L., Lenggenhager, B., Mouthon, M., Fornari, E., Chapuis, D., et al. (2011). Multisensory mechanisms in temporo-parietal cortex support self-location and first-person perspective. *Neuron*, **70**, 363−374.

Iriki, A., Tanaka, M., & Iwamura, Y. (1996). Coding of modified body schema during tool use by macaque postcentral neurones. *NeuroReport*, **7**, 2325−2330.

James, W. (1890). *The principles of psychology*. New York : Henry Holt and Company.

Kanakogi, Y., & Itakura, S.（2011）. Developmental correspondence between action prediction and motor ability in early infancy. *Nature Communications*, **2**, 341. doi : 10.1038/ncomms1342

Lecanuct, J. P., & Schaal, B.（1996）. Fetal sensory competencies. *European Journal of Obstetrics and Gynecology and Reproductive Biology*, **68**, 1-23.

Lee, S. J., Ralston, H. J. P., Drey, E. A., Partridge, J. C., & Rosen, M. A.（2005）. Fetal pain : A systematic multidisciplinary review of the evidence. *Journal of the American Medical Association*, **294**, 947-954.

Lewis, M.（1995）. Aspects of the self : From systems to ideas. In P. Rochat（Ed.）, *The self in infancy : Theory and research*（pp.95-116）. Amsterdam, North-Holland : Elsevier.

Meltzoff, A. N.（2007）. 'Like me' : A foundation for social cognition. *Developmental Science*, **10**, 126-134.

Meltzoff, A. N., & Borton, R. W.（1979）. Intermodal matching by human neonates. *Nature*, **282**, 403-404.

Meltzoff, A. N., & Moore, M. K.（1977）. Imitation of facial and manual gestures by human neonates. *Science*, **198**, 75-78.

Murray, L., & Trevarthen, C.（1985）. Emotional regulation of interactions between two-month-olds and their mothers. In T. M. Field & N. A. Fox（Eds.）, *Social perception in infants*（pp.177-197）. Norwood, NJ : Ablex Publishers.

Plotnik, J. M., de Waal, F. B., & Reiss, D.（2006）. Self-recognition in an Asian elephant. *Proceedings of the National Academy of Sciences of the United States of America*, **103**, 17053-17057.

Povinelli, D. J., Landau, K. R., & Perilloux, H. K.（1996）. Self-recognition in young children using delayed versus live feedback : Evidence of a developmental asynchrony. *Child Development*, **67**, 1540-1554.

Prior, H., Schwarz, A., & Güntürkün, O.（2008）. Mirror-induced behavior in the magpie（Pica pica）: Evidence of self-recognition. *PLoS Biology*, **6**, e202. doi : 10.1371/journal.pbio.0060202

Proffitt, D. R.（2006）. Distance perception. *Current Directions in Psychological Science*, **15**, 131-135.

Ramenzoni, V. C., & Liszkowski, U.（2016）. The social reach : 8-month-olds reach for unobtainable objects in the presence of another person. *Psychological Science*, **27**, 1278-1285.

Reddy, V.（2003）. On being the object of attention : Implications for self-other consciousness. *Trends in Cognitive Sciences*, **7**, 397-402.

Reiss, D., & Marino, L.（2001）. Mirror self-recognition in the bottlenose dolphin : A case of cognitive convergence. *Proceedings of the National Academy of Sciences of the United States of America*, **98**, 5937-5942.

Rochat, P., Goubet, N., & Senders, S. J.（1999）. To reach or not to reach? Perception of body effectivities by young infants. *Infant and Child Development*, **8**, 129-148.

Rochat, P., & Hespos, S. J.（1997）. Differential rooting response by neonates : Evidence for an early sense of self. *Early Development and Parenting*, **6**, 105-112.

Rochat, P., & Morgan, R.（1995）. Spatial determinants in the perception of self-produced leg movements by 3- to 5-month-old infants. *Developmental Psychology*, **31**, 626-636.

Rochat, P., & Striano, T.（1999）. Emerging self-exploration by 2-month-old infants. *Developmental Science*, **2**, 206-218.

佐藤　徳.（2015）. 運動と身体. 榊原洋一・米田英嗣（編）, 日本発達心理学会（シリーズ編）, *発達科学ハンドブック：8 脳の発達科学*（pp.146-155）. 東京：新曜社.

Sato, A., & Yasuda, A.（2005）. Illusion of sense of self-agency : Discrepancy between the predicted and actual sensory consequences of actions modulates the sense of self-agency, but not the sense of self-ownership. *Cognition*, **94**, 241-255.

Sebastian, C., Burnett, S., & Blakemore, S.-J.（2008）. Development of the self-concept during adolescence. *Trends in Cognitive Sciences*, **12**, 441-446.

Skerry, A. E., Carey, S. E., & Spelke, E. S.（2013）. First-person action experience reveals sensitivity to action efficiency in prereaching infants. *Proceedings of the National Academy of Sciences of the United States of*

America, **110**, 18728−18733.

Sommerville, J. A., & Woodward, A. L. (2005). Pulling out the intentional structure of action : The relation between action processing and action production in infancy. *Cognition*, **95**, 1−30.

Stern, D. (1985). *The interpersonal world of the infant*. New York : Basic Books.

Strack, F., Martin, L. L., & Stepper, S. (1988). Inhibiting and facilitating conditions of the human smile : A nonobtrusive test of the facial feedback hypothesis. *Journal of Personality and Social Psychology*, **54**, 768−777.

Surtees, A., Apperly, I. A., & Samson, D. (2013). Similarities and differences in visual and spatial perspective-taking processes. *Cognition*, **129**, 426−438.

Tomasello, M. (1999). *The cultural origins of human cognition*. Cambridge, MA : Harvard University Press.

Tronick, E. Z., Als, H., Adamson, L., Wise, S., & Brazelton, T. B. (1978). The infant's response to entrapment between contradictory messages in face-to-face interaction. *Journal of the American Academy of Child Psychiatry*, **17**, 1−13.

Tsakiris, M., & Haggard, P. (2005). The rubber hand illusion revisited : Visuotactile integration and self-attribution. *Journal of Experimental Psychology : Human Perception and Performance*, **31**, 80−91.

Wolff, P. H. (1987). *The development of behavioral states and the expression of emotions in early infancy*. Chicago : University of Chicago Press.

Yamada, Y., Kanazawa, H., Iwasaki, S., Tsukahara, Y., Iwata, O., Yamada, S., et al. (2016). An embodied brain model of the human foetus. *Scientific Reports*, **6**, 27893. doi : 10.1038/srep27893

Zmyj, N., Jank, J., Schütz-Bosbach, S., & Daum, M. M. (2011). Detection of visual−tactile contingency in the first year after birth. *Cognition*, **120**, 82−89.

参考文献

板倉昭二. (1999). *自己の起源：比較認知科学からのアプローチ*. 東京：金子書房.

大藪　泰. (2013). *赤ちゃんの心理学*. 東京：日本評論社.

第12章
共同注意

岸本　健

「巨人の肩の上に立つ小人」という言葉がある。小人に見える世界は，地面に立っている状態ではたかが知れている。しかし，そんな小人であっても，巨人の肩に立てば，巨人の見る遥かな眺望を得ることができる。この言葉は，そもそもは中世以来用いられてきた表現の一つであるが，1675年に，アイザック・ニュートンが論敵であったロバート・フックに対して送った手紙に記されていたことで有名となった（島尾, 1979）。研究者にとっては，学術論文などを検索する際に用いるインターネットサイト「Google Scholar」（https : //scholar.google.co.jp/schhp?hl=ja&as_sdt=2000）の検索窓の下側に記されていることでお馴染みの言葉かもしれない。

巨人とは先人たちの知識の集積を指し，その肩に立つ小人とは，知識を有さない者を指す。知識を有さない者にとって，世界について知りうる範囲はごく限られている。しかし，遥か先を眺望する巨人の肩に立ち，巨人に見える景色を見ることによって，小人はその知識に触れることができる。

巨人の肩に立つ，というのは，物理的に巨人の肩に乗り，高いところから景色を見渡す，ということを意味するのではないと思われる。高いところから景色を見渡すならば，巨人の肩に立たずとも，山に登ってもよいだろうし，小高い建造物から眺めてもよい。この言葉の肝要な点は，「巨人と並び，巨人と同じものを見る」という点にある。たしかに巨人の肩から見える景色は，地表のそれとは比べものにならないほど広く遥かなものであろう。しかしその景色の中には，注意を向けねばならない大切なものと，さして大切ではないものとが混在している。その景色を眺めたことのない小人には，何が大切であるのか，それを判断する術がない。一方で，長年その景色を眺めてきた巨人は，その景色の中で注意を向けるべきものを知っている。だから，巨人の視線方向を追従し，巨人に見えているものを把握することで，われわれはこの世界の何を知るべきかを知るのである。

このような,「並んで共に見ること」が,共同注意と呼ばれる現象である (やまだ, 1987)。この世界についてまだ知識を有さない子どもという小人は,まさに大人という巨人と並び,ともに世界を見ることで,玉石混交の情報の中から,自ら知るべきものを獲得していく。
　共同注意とは,大人と子どもとが同じ対象に対して注意を向けることで形成される一連の諸現象を総称する言葉である (Carpenter et al., 1998)。第 12 章では,共同注意に関する諸現象の発達を概観し,子どもの発達に共同注意がいかに寄与するのかについて論じる。

第 1 節　共同注意とは何か

　上でも述べたように,共同注意とは,複数の者が並んで共に同じ対象を見る状態を指す。この状態にある大人と子どもとを思い描いてみると (図 12-1),共同注意には多様な状態がありうることがわかる。たとえば,大人と子どもとで同じ玩具に対して共同注意を形成しているとき,大人も子どもも,お互いがまったく同じ玩具へ注意を向けていることを互いがわかっている,という状態がありうる。一方で,子どもが夢中になって注意を向けている玩具を,大人も一緒に眺めているものの,子どもの方は自分の見ている玩具を大人が見ていることに気づいていない,という状態もありうる。同じ対象を見ている共同注意の状態にあっても,

図 12-1　乳幼児とその母親,年上のきょうだいが,年上のきょうだいの持つ対象に関して共同注意を形成している

これら 2 つの例では，形成するうえで求められる能力に違いがある。

　共同注意は，少なくとも二者の間で生じる視線による相互作用の一形態である。エメリー（Emery, 2000）は，共同注意の諸現象を含む，二者間（A と B）で生じる視線による相互作用を，次に挙げる 5 つに分類した。それらとは，①相互注視・視線回避，②視線追従，③共同注視[1]，④注意の共有，⑤「心の理論」である。一般に，共同注意は，上記の②，③，④を総称する場合が多いと思われるが，ここでは，とくに共同注意と関連する①から④までの分類について説明する。

1　相互注視（mutual gaze）および視線回避（gaze aversion）

　相互注視とは，A と B とが互いの注意を互いへ向けている，「目の合っている」状態を指す。一方，視線回避とは，A が B へ注意を向けているが，B は A ではない何かに対して注意を向けている状態を指す。相手と環境内に存在する対象について共同注意を形成するうえで，相互注視と視線回避の状態とを区別することはとても重要である。なぜなら，相手と共同注意を形成するには，少なくとも相手の視線が，自分自身にではなく，環境内のどこかに向けられていることを把握せねばならないためである（Farroni et al., 2002）。正面を見据えた顔刺激，すなわち正面から見ると，目が合うこととなる顔刺激と，左右いずれかへ視線を向けている顔刺激，すなわち正面から見ると目をそらしていることとなる顔刺激とを生後 5 日の新生児に提示したところ，正面を見据えた顔刺激の方を長く注視することがわかっている（Farroni et al., 2002）。この研究結果は，相互注視と視線回避の区別が，新生児であっても可能であることを示している。

2　視線追従（gaze following），共同注視（joint visual attention）

　視線追従とは，B の視線が A に向けられていないことに A が気づき，そのうえで A が B の視線方向を追従することを指す。すなわち，B と A とは同じ方向へ視線を向けることとなるが，同じ対象へ注意を向けているとは限らない。一方，共同注視とは，一方が他方の視線を追従したあと，同じ対象へ注意を向ける状態のことを指す。

　バターワースとジャレット（Butterworth & Jarret, 1991）は，視線追従から共同注視への発達的移行について，6 カ月齢，12 カ月齢，18 カ月齢の各月齢の乳幼児

---

[1]　エメリー（Emery, 2000）は同一対象を同時に見ることを Joint attention と呼称しているが、この現象は実際には Joint visual attention とするほうが適切である。本稿では，常田（2007）を参考に，Joint visual attention に対して「共同注視」の邦訳を充てた。

を対象に実験的に検討した。この研究では，養育者は対面している乳幼児とアイコンタクトをとったのち，実験室内の特定のターゲットへ注意を向けた。この研究から，次のようなことが明らかとなった。まず，6カ月齢の乳幼児は，養育者の見ている一般的な方向（すなわち，乳幼児の視野内にある右側か左側か）へ自身の視線を移動させる。この段階にある6カ月齢児では，同じ側に2つのターゲットが存在した場合，養育者が視線を移動させて2番目のターゲットへ視線を向けたとしても，乳幼児は最初のターゲットに注意を囚われてしまい，2番目のターゲットへ視線を動かすことができない。次に，12カ月齢の乳幼児は，乳幼児の視野内に存在する特定の対象へ視線を向けられるようになる。同じ側に2つのターゲットが存在する場合でも，12カ月齢児では最初のターゲットに囚われることなく，2番目の刺激に視線を移すことができるようになる。このように，6カ月齢から12カ月齢の間に，乳幼児は養育者の視線方向を追従するだけでなく，その先にある物へ注意を向け，養育者と同じ物を見る共同注視の形成が可能となる。

18カ月齢児になると，養育者との間で形成される共同注視の範囲はさらに広まる。つまり，養育者が乳幼児の視野の外側に存在するターゲット，たとえば乳幼児の背後にあるターゲットへ視線を向けた場合でも，振り返ってその対象へ視線を向けることができる。18カ月齢児では，養育者の視線の先，すなわち，いま自分の見えない背後にもターゲットが存在していることを想定でき，そして，そのターゲットへ自分の視線を移動させられる。

このように，養育者の視線方向を追従するようになる生後6カ月齢頃から，視野外にある対象物への共同注視が可能となる18カ月齢へと，養育者との間で形成される共同注意はより洗練されたものへと変化する。

3　注意の共有（shared attention）

注意の共有とは，相互注視と共同注視とが合わさった状態を指す。すなわち，AとBとが同じ対象へ注意を向けるという「共同注視」が成立しており，かつ，それと前後して，AとBとが互いへも注意を向ける「相互注視」もまた成立していることで，相手が自分と同じ対象へ注意を向けていることをAとBの両方が理解している状態ということとなる。ある対象に関して，乳幼児と養育者とが，共同注視のみならず，情緒的な交流を生じさせている場合には，この注意の共有の状態が形成されていると考えられる。

乳幼児による指さしの産出は，乳幼児が養育者との間で注意を共有しようとし

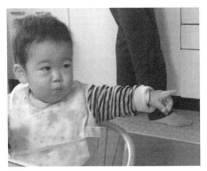

図12-2　乳幼児による指さし後の交互凝視の例

ていることを顕著に表している。まだ言葉を十分に操ることのできない12カ月齢頃から，乳幼児は指さしの産出を開始する（Butterworth, 2003）。

　乳幼児による指さしの産出を詳細に観察することによって，乳幼児が養育者と注意を共有しようとしていることがわかってくる。たとえば，指さしを産出する際，乳幼児は指さしを向けた対象と，そばにいる養育者に対して交互に視線を向けることがある（図12-2）。これは交互凝視（alternative looking）と呼ばれる（Butterworth, 2003）。乳幼児が指さしたあと，養育者がその対象へ視線を向け，興奮した様子で「わあ，すごいね！」と発する場合と比較して，養育者が乳幼児の指さした対象へ視線を向けたあと，乳幼児の方を見ず，また，一言も発さない場合に，この行動が頻発する（Liszkowski et al., 2004）。このことから，乳幼児が指さした対象へ養育者が視線を向けるだけでなく，同じ対象に対して養育者と注意を共有できているかどうかを，対象と養育者とを交互に見ることで，乳幼児が確認しているものと考えられる。指さしにともなう乳幼児の交互凝視は，乳幼児の指さした対象について，乳幼児が養育者と注意を共有しようとしていることを表す証拠といえるだろう。

第2節　乳幼児による養育者との共同注意の形成を促進する要因

　乳幼児による養育者との共同注意の形成の能力の発達を支えている要因については，近年さまざまな研究が進められている。ここでは，その要因として，ヒト特有の眼の形態的特徴，そして，乳幼児に対して共同注意の形成を働きかける養育者の行動について取り上げよう。

1　眼の形態的特徴

ヒトの目にあってヒト以外の霊長類の目にないもの，それは「白目」である。

ヒトの目に関してわれわれが通常「白目」と呼んでいる部分は，正確には「強膜」（sclera）という。チンパンジーをはじめとする多くの霊長類では，虹彩（いわゆる「黒目」の部分）と類似した黒色や茶色の色素が強膜に沈着している。このため，虹彩が強膜の色にまぎれてしまい，目の輪郭の中のどの位置に虹彩があるのかを周囲から判別しにくくなっている。さらに，霊長類の中には目の周りの皮膚の色も，色素の沈着した強膜と同じような色をしているものもおり，このようなカラーリングが虹彩の位置をいっそうわかりにくくしている。一方で，霊長類の中でも唯一，ヒトの強膜には色素の沈着がなく，虹彩や目の周りの皮膚よりも明るい白色となっている。白色の強膜は目の周りの皮膚や虹彩の色との間で強いコントラストを生じさせるため，その目を見ることのできる周囲の者は，その目の持ち主がどの方向へ視線を向けているかを容易にとらえることができるのである（Kobayashi & Kohshima, 2001）。

白目のあるヒト特有の眼の形態的特徴は，乳幼児と養育者とが共同注意を形成するうえで，少なくとも2つの面で促進的に作用する。まず，白目の存在する眼そのものが，乳幼児の注意をその目の存在する顔へ惹きつけ，アイコンタクトの状態を形成しやすくする（Dupierrix et al., 2014）。さらに，虹彩の位置を把握しやすいことで，乳幼児が養育者の視線方向を容易にとらえられるようになる（Tomasello et al., 2007）。新生児期における養育者とのフェイス・トゥー・フェイス（face to face）のやりとりの時間は，後の乳幼児の視線追従の発達を促進すると考えられている（Peña et al., 2014）。養育者の白目のある眼が，乳幼児の視線を養育者の顔へ惹きつけ，さらに養育者の視線の方向を乳幼児が把握しやすくなることで，養育者の視線を乳幼児が追従するようなやりとりが促進されるものと考えられる。

2　養育者による働きかけ

養育者と乳幼児との間では，乳幼児の発達初期から，さまざまな視覚によるコミュニケーションが展開される。常田（2007）では，ある乳幼児とその母親との間で，生後2カ月齢時から，共同注意を形成するようになる9カ月齢時までの間に，どのような視覚的コミュニケーションが展開されるかが詳細に報告されている。常田（2007）によると，乳幼児と母親との間の視覚的コミュニケーションは，まず母親による「顔を見る，見せる」関係から始まるという。この後，乳幼児の姿勢・身体制御能力の発達に応じた母親による注意喚起行動（母親の手中にある

対象への乳幼児の注意の誘導）を経て，共同注意の成立する段階へ至る。

　常田（2007）の指摘する 2 カ月齢児に対する「顔を見る・見せる」という養育者の働きかけは，2 カ月齢児の側からみれば，養育者と目の合う，養育者の注意にさらされる経験といえるだろう。こういった，発達初期における乳幼児の養育者と目が合うという経験が，後の乳幼児の養育者との共同注意の諸側面に影響する可能性が近年，実証されつつある。その一つとして，早産児の共同注意について検討した研究を紹介しよう。

　ペーニャほか（Peña et al., 2014）は，ディスプレイの中央に投影された大人が左右一方へ視線を向けたあと，左右に同じイラストが出現した場合に，7 カ月齢の満期産児，満期産と比較して約 3 カ月早く生まれた，7 カ月齢の早産児，そして 4 カ月齢の満期産児が左右のイラストのどちらへ視線を向けるのかを検討した。ヒトは受精卵として母胎内に着床後，9 から 10 カ月間を経て産まれてくる。この研究における 7 カ月齢の早産児は，母胎に留まる期間が 3 カ月程度短い。したがって，着床後の経過時間は 4 カ月齢の満期産児と同じこととなる。一方，出産からの経過時間は，7 カ月齢の早産児と満期産児とでは違いはない。視線追従の発達が母胎着床後の時間経過にともなう乳幼児の成熟で規定されているのであれば，この実験における 7 カ月齢の早産児の視線追従の成績は，7 カ月齢の満期産児を下回り，4 カ月齢の満期産児と変わらないはずである。一方，出産後，フェイス・トゥー・フェイスをはじめとする養育者との視覚的なコミュニケーションの量が乳幼児の視線追従の発達を規定しているのであれば，7 カ月齢の早産児の視線追従の成績は 4 カ月齢の満期産児を上回り，7 カ月齢の満期産児と同程度となるはずである。分析の結果は後者を支持した。すなわち，ディスプレイ上の大人の視線の先にあるイラストへ最初に視線を向けるかどうかの割合，ならびに，大人の視線の先にあるイラストに注意を定位させる時間に関して，7 カ月齢の早産児は，4 カ月齢の満期産児よりもスコアが高く，7 カ月齢の満期産児と同程度のスコアであった。この結果は，7 カ月齢時点における，乳幼児による養育者との共同注意の発達の度合いが，母胎に着床してからの経過時間による成熟ではなく，母胎から出たあとの経験，とくに養育者との視覚的なコミュニケーションによって規定されている可能性を示唆する。

第 3 節　共同注意が乳幼児と養育者にもたらすもの

　乳幼児は生まれおちる環境を選ぶことができず，それゆえその環境について一

から学んでいかねばならない。しかも，その環境には，言葉や制度，習慣など，複雑な文化的成果物が存在している。乳幼児が独力で生きていくようになるまでに身につけねばならないことの量は膨大であり，環境との相互作用により一人でそれらを習得していてはとても間に合わない。このような状況下で，乳幼児が他者，とくに，環境に関する情報を有している大人と共同注意を形成することができれば，置かれた環境に関する乳幼児の学習の効率は飛躍的に上昇するであろう。大人と「並んで同じものを見る」ことによって，環境内で注意を向けるべき重要な対象を，乳幼児も知ることができるからである。

1 対象の名称

養育者と共同注意を形成できることによって乳幼児の習得できる最も重要なものの一つは対象の名称であろう。養育者が乳幼児に対して，自分の持っている赤い木の実がリンゴであることを教える場面を想像してほしい。「これがリンゴだよ」という養育者の言葉を，乳幼児が環境内に無数に存在する対象の中の一つに結びつけるには，養育者の意図する対象がどれかを乳幼児が見出せねばならない。このとき，「これがリンゴだよ」という情報を乳幼児に与えている際の養育者の視線の方向を追従し，養育者の見ている対象へ注意を向けることにより，乳幼児は養育者の意図する対象を同定することができるのである。

養育者との間で共同注意を形成する能力の個人差が，乳幼児の語彙量を予測するとする仮説は，古くから検証されてきた。たとえばトマセロほか（Tomasello & Todd, 1983）は，12 カ月齢から 13 カ月齢の乳幼児とその母親 6 組の相互交渉を，6 カ月間，それぞれの家庭で観察した。そして，最後の観察の行われた 18 カ月齢の時期における語彙量と，観察中に生じた，母子間の共同注意の持続時間との間に，高い正の相関関係を見出した。この結果は，乳幼児と母親とが同じ対象へ注意を向ける中で，母親がその対象に対して言及することが，対象の名称に関する乳幼児の学習を促進することを示唆している。

乳幼児の側が養育者と共同注意を形成するために積極的に働きかける行動である指さしもまた，後の語彙量と関連することが知られている（Colonnesi et al., 2010）。ただ，乳幼児の指さしが後の語彙量と関連するのは，乳幼児の指さしがきっかけとなって，養育者との間で，共同注意の状態が形成されるためだけではない。乳幼児の指さしは，それを目撃した養育者から，乳幼児の指さしの向けられた対象に関する言語的な応答を引き出すことがわかっており（Kishimoto et al., 2007），乳幼児は指さしの直後に生じた養育者からの発話の内容を，それ以外のタイミング

に生じた養育者からの発話よりもよく記憶する（Begus et al., 2014）。さらに，16 カ月齢児は，自分の知っている玩具の名前（正確には，親により，「児が知っている」と事前に報告された玩具の名前）を正確に言える「物知りな」実験者との相互交渉の際に，その 16 カ月齢児にとって新奇な玩具を頻繁に指さすことが示されている（Begus & Southgate, 2012）。このことは，2 歳に満たない乳幼児が，自身の知らない新奇な玩具の名称を，大人に「尋ねる」ために指さしを産出している可能性を示唆している。すなわち，乳幼児は，養育者が特定の対象に関する情報を与えてくれるのを受動的に待っているだけではない。乳幼児は積極的に新奇な対象を指さすことで，養育者からその対象の情報を引き出していると考えられる。

2　曖昧な対象への対処方法

　われわれの生活する環境に存在する対象すべてが，「完全に安全なもの」と「完全に危険なもの」にはっきりと二分されるわけではない。両者の間には，安全か危険かの判断に迷う対象がありうる。こういった対象を目の当たりにする際，われわれはその対象をすでに知っている他者を参照し，その対象に対してどのように行動するか（接近するのか，回避するのか，など）を決定する。

　安全なのか危険なのかを峻別できないような曖昧な状況下で，おおよそ 12 カ月齢前後の乳幼児が，養育者を参照し，その後の行動を決めていることが示されている。こういった，「曖昧または新奇な事象に対し，それについての情報を求めて他者を参照し，情報に応じて自己の行動を調整する」乳幼児の一連のふるまいは社会的参照（social referencing）と総称される（松中・開，2009）[2]。

　乳幼児による社会的参照の代表的な研究例として，視覚的断崖の実験（Gibson & Walk, 1960）がある。視覚的断崖の実験では，乳幼児が，高さのある台の天板部分の一方の端から，もう一方の端で待っている養育者の方へ移動する。ただし，天板の真ん中から養育者側までの部分は透明になっており，地面が見える状態になっている。もちろん，透明な部分にも天板は存在しているので，移動することは可能である。

　台が，高すぎず，また低すぎない場合，乳幼児は，その先へ移動しようかどうか躊躇する。このとき，乳幼児は，その先にいる養育者の表情を参照することが示されている。すなわち，養育者が喜び顔を呈示すると，乳幼児は透明な部分を渡ることができた。一方，養育者が怖がるような顔を呈示すると，乳幼児は渡る

---

[2]　社会的参照の定義にはさまざまな議論がある。詳細は遠藤・小沢（2001）を参照してほしい。

ことができなかった（Sorce et al., 1985）。このことは，乳幼児が，曖昧な状況に関して養育者と共同注意を形成し，その状況に関する情報（安全なのか，危険なのか）を，養育者から得ていると考えることができる。

　乳幼児による社会的参照は，視覚的断崖だけでなく，機械仕掛けの玩具や新奇な動物といった対象を乳幼児が目の当たりにした場合にもみられる（松中・開，2009）。いずれの場合も共通しているのは，養育者が肯定的な情動表出を行った場合にはその対象へ接近し，逆に養育者が否定的な情動表出を行った場合には，その対象を回避するような行動をとることである（松中・開，2009）。

　このように，乳幼児は自分では判断できない状況を前にした場合，すでにその状況を経験していると考えられる養育者を参照し，自分自身の行動を決定していると考えられている。ただ，たとえば養育者と共同注意を形成せずとも，養育者の発声さえあれば，乳幼児が視覚的断崖を素早く渡ることができたとする研究もある（Vaish & Striano, 2004）。乳幼児の社会的参照と共同注意のそれぞれの能力がどのように関連しているのかはよくわかっていない。今後の研究が待たれる。

3　乳幼児による情報提供

　ここまで，乳幼児が養育者との間で何らかの対象について共同注意を形成することにより，乳幼児が養育者から，その対象に関する情報（たとえば，その対象の名称，あるいは，その対象に接近しても大丈夫かどうか）を得ることができることを論じてきた。

　それでは，その逆はどうだろうか。つまり，乳幼児の側が，養育者に対して情報を伝達する可能性はないのだろうか。近年の研究は，乳幼児と養育者との共同注意の場面において，乳幼児の側が，指さしを用いることで，積極的に養育者に対して情報を提供している可能性を示唆している。

　たとえば，大人の場合，相手の気づいていない落し物を相手に示すために指さしを用いる場合がある。この場合のように，相手の気づいていない事象を気づかせるために，乳幼児が指さしを産出することが知られている。リシュカフスキほか（Liszkowski et al., 2006）は，12 カ月齢と 18 カ月齢の乳幼児を対象に次のような実験を行った。乳幼児は机を挟み大人の実験者と向き合って座っている。大人の実験者が乳幼児の方を見ずに作業をしていると，不意に実験者の持ち物が机の下に落下する。その後，大人は「あれ，おかしいな」と言いながら困惑したそぶりをみせた。このイベントのあとの乳幼児の行動が観察された。その結果，大人の持ち物で，乳幼児にはつまらないと考えられるような文鎮などの物体が落下した

場合でも，乳幼児は指さしをその対象に向けた。この結果は，乳幼児が自分の好きなものを大人にとらせるために指さしをするだけでなく，困惑した大人を助けるために，その大人の知らない情報を大人に伝えるために乳幼児が指さしする可能性を示唆している。

　乳幼児が指さしによって他者へ必要な情報を提供することを示すこれらの実験結果は，乳幼児がいずれ，「教わる」立場から「教える」立場へと発達的に変化するその萌芽が，すでに乳幼児期にみられることを示している。

第4節　まとめと今後の課題

　本章では，乳幼児による養育者との間での共同注意に関して，その諸現象の分類と機能についてまとめてきた。乳幼児の共同注意の能力は，最初，養育者の見ている方向を大雑把に追従するという低次なものから始まり，相手に自身の意図する対象を見せる，といった高次なものへと発達的に変化する。乳幼児は，養育者との間で外界の対象について共同注意を形成することにより，その対象の名称や性質，近づくべきか回避すべきかの情報を養育者から得ていると考えられた。まさに養育者という，乳幼児にとってまだ知らない景色を知る「巨人」の肩に立ち，「小人」たる乳幼児は，注目すべき対象を巨人の視線から知るのである。

　スカイフとブルーナー（Scaife & Bruner, 1975）が乳幼児における養育者との共同注意に関する研究を発表して以来，すでに40年以上の月日が流れた。しかし，乳幼児による共同注意に関する研究は，まだ新たな地平を開拓しつつある。本章の最後に，乳幼児による共同注意に関し重要と思われる課題について指摘しておきたい。

1　視覚的注意以外による共同注意の可能性

　本章で紹介してきた共同注意の諸現象は，すべて視覚によるものばかりである。しかし，注意は視覚のみに存在するわけではない。たとえば聴覚にも注意が存在する。このため，「聴覚的共同注意」という現象が理論的には成立しうるはずである。

　モールほか（Moll et al., 2014）は次のような巧妙な実験によって，2歳齢および3歳齢児が，大人の相手と一緒に聴いた音，つまり注意を共有した音と，一緒に聴かなかった音とを区別できていることを示した。実験の概要はおおよそ次のようなものである。幼児はまず，2人の実験者のうちの一方（実験者A）と，2つの玩

具（汽車の玩具と雄鶏の玩具）で向かい合って遊び，その後，それらの玩具をそれ
ぞれ，カーテンの背後の壁沿いの端と端に置き，そして，カーテンを閉じた。す
ると，2つの玩具のうちの一方の音（ここでは汽車の音）が鳴り，幼児はそれを実
験者Aと一緒に聴いた。このとき，もう一人の実験者（実験者B）は，汽車の音
の聞こえない実験室の外にいた。汽車の音が止まると，実験者Bが部屋に入っ
てきた。そして今度は，実験者Bが幼児と向かい合っていると，カーテンの背
後にあるおもちゃのうち，実験者Aと一緒には聴かなかった方の玩具の音（ここ
では，雄鶏の鳴き声）が鳴り，それを実験者Bと一緒に聴いた。そして最後に，2
つの玩具の音が同時に鳴らされ，実験者Bが「うわーすごい！これ何の音？教
えてくれない？」と幼児に尋ねた。

　この実験の巧妙な点は，実験者Bによる質問の曖昧さである。幼児がもし，
相手にとって「一緒に聴いた音」と「一緒に聴いていない音」とを区別できてい
るのだとすると，2種類の音が同時に流れている状況下で，幼児が，実験者Bに
よる「うわーすごい！」という興奮の原因を，実験者Bにとって聴いたことの
ない新奇な音が聞こえたためと推察するはずである。したがって，幼児は「これ
何の音？」という質問によって実験者Bが知りたいと思っている音を，幼児が
実験者Bと一緒には聴いていない汽車の音と判断し，汽車を持ってくる，ある
いは汽車の位置を指さして教えるはずである。分析の結果はこの予測を支持し，
2歳齢児，3歳齢児とも，実験群に割り振られた幼児は実験者Bの聴いたことの
ない音を発した玩具を，50％を有意に上回る割合で指し示した。このことは，
幼児が，少なくとも2歳齢頃には，一緒に注意を向けた「音」，すなわち注意を
共有した音と，その相手とは注意を共有していない音とを区別できることを示唆
している。

　このように，聴覚的な共同注意を，幼児は少なくとも2歳齢頃には獲得するよ
うである。目の不自由な乳幼児の言葉の獲得には，視覚によらない共同注意を養
育者との間で形成している可能性が考えられる（矢藤，2009）。視覚以外の感覚に
よる共同注意は，このような，視覚などの不自由な子どもの養育者とのコミュニ
ケーションについて明らかにするヒントを提供する。加えて，そういった不自由
のない幼児のコミュニケーションの新たな側面の解明を促進するかもしれない。

2　「いま」，「ここ」を超越した共同注意について
　上述の聴覚による共同注意とも関連するが，ヒトが他者との間で共同注意を形
成するのは，眼前に存在する対象に関してだけではない。その場にはない対象に

関して共同注意を形成する場合がありうる。

　たとえば，帽子を探しているときに，相手に，「ここにあった帽子，どこにいったか知りませんか？」と，指さしをしながら尋ねるという場面を考えてみよう。このとき，指さしの向けられた先には当然，帽子はない。しかし，相手と自分との間の会話は問題なく成り立つ。これは，会話を展開する二者が，今はここにないが，かつてここにあった帽子に関して共同注意を形成できるためである。これを可能としているのは，相手が自分の意図している対象を同じように想起していることを理解する能力と考えられる。この能力は，相手の心的状態を理解する「心の理論」の重要な側面である。

　生後2歳未満の乳幼児であっても，その場には存在しない対象を指さして相手に示そうとすることが知られている（Liszkowski et al., 2007）。このことは，2歳未満の乳幼児が，他者との間で共同注意を形成する際に，すでに相手の想起している対象へ思いいたれることを示唆しており，すでに心の理論の獲得の片鱗を有している可能性を示している。

　乳幼児による共同注意の能力と心の理論との関連性はさまざまな研究により支持されている（たとえば，Brooks & Meltzoff, 2015）が，むしろ乳幼児の心の理論が他者との共同注意を介したコミュニケーション「で」発達するとしたリシュカフスキ（Liszkowski, 2013）の指摘は，乳幼児の共同注意と心の理論の発達の関連性について，今後の研究に新しい方向性をもたらすかもしれない。

引用文献

Begus, K., Gliga, T., & Southgate, V.（2014）. Infants learn what they want to learn : Responding to infant pointing leads to superior learning. *PLoS ONE*, **9**, e108817. doi : 10.1371/journal.pone.0108817.

Begus, K., & Southgate, V.（2012）. Infant pointing serves an interrogative function. *Developmental Science*, **15**, 611−617.

Brooks, R., & Meltzoff, A. N.（2015）. Connecting the dots from infancy to childhood : A longitudinal study connecting gaze following, language, and explicit theory of mind. *Journal of Experimental Child Psychology*, **130**, 67−78.

Butterworth, G.（2003）. Pointing is the royal road to language for babies. In S. Kita（Ed.）, *Pointing : Where language, culture, and cognition meet*（pp.9−33）. Mahwah, NJ : Erlbaum.

Butterworth, G., & Jarrett, N.（1991）. What minds have in common is space : Spatial mechanisms serving joint visual attention in infancy. *British Journal of Developmental Psychology*, **9**, 55−72.

Carpenter, M., Nagell, K., & Tomasello, M.（1998）. Social cognition, joint attention, and communicative competence from 9 to 15 months of age. *Monographs of the Society for Research in Child Development*, **63**, i-174.

Colonnesi, C., Stams, G. J. J., Koster, I., & Noom, M. J.（2010）. The relation between pointing and language development : A meta-analysis. *Developmental Review*, **30**, 352−366.

Dupierrix, E., de Boisferon, A. H., Méary, D., Lee, K., Quinn, P. C., Di Giorgio, E., et al.. (2014). Preference for human eyes in human infants. *Journal of Experimental Child Psychology*, **123**, 138–146.

Emery, N. J. (2000). The eyes have it : The neuroethology, function and evolution of social gaze. *Neuroscience and Biobehavioral Reviews*, **24**, 581–604.

遠藤利彦・小沢哲史. (2001). 乳幼児期における社会的参照の発達的意味およびその発達プロセスに関する理論的検討. *心理学研究*, **71**, 498–514.

Farroni, T., Csibra, G., Simion, F., & Johnson, M. H. (2002). Eye contact detection in humans from birth. *Proceedings of the National Academy of Sciences of the United States of America*, **99**, 9602–9605.

Gibson, E. J., & Walk, R. D. (1960). The "visual cliff." *Scientific American*, **202**, 64–71.

Kishimoto, T., Shizawa, Y., Yasuda, J., Hinobayashi, T., & Minami, T. (2007). Do pointing gestures by infants provoke comments from adults? *Infant Behavior and Development*, **30**, 562–567.

Kobayashi, H., & Kohshima, S. (2001). Unique morphology of the human eye and its adaptive meaning : Comparative studies on external morphology of the primate eye. *Journal of Human Evolution*, **40**, 419–435.

Liszkowski, U. (2013). Using theory of mind. *Child Development Perspectives*, **7**, 104–109.

Liszkowski, U., Carpenter, M., Henning, A., Striano, T., & Tomasello, M. (2004). Twelve-month-olds point to share attention and interest. *Developmental Science*, **7**, 297–307.

Liszkowski, U., Carpenter, M., Striano, T., & Tomasello, M. (2006). 12- and 18-month-olds point to provide information for others. *Journal of Cognition and Development*, **7**, 173–187.

Liszkowski, U., Carpenter, M., & Tomasello, M. (2007). Pointing out new news, old news, and absent referents at 12 months of age. *Developmental Science*, **10**, F1–F7.

松中玲子・開 一夫. (2009). 乳児における情動・感情的情報の利用，およびその発達過程. *心理学評論*, **52**, 88–98.

Moll, H., Carpenter, M., & Tomasello, M. (2014). Two- and 3-year-olds know what others have and have not heard. *Journal of Cognition and Development*, **15**, 12–21.

Peña, M., Arias, D., & Dehaene-Lambertz, G. (2014). Gaze following is accelerated in healthy preterm infants. *Psychological Science*, **25**, 1884–1892.

Scaife, M., & Bruner, J. S. (1975). The capacity for joint visual attention in the infant. *Nature*, **253**, 265–266.

島尾永康. (1979). ニュートン. 東京：岩波書店 (岩波新書).

Sorce, J. F., Emde, R. N., Campos, J. J., & Klinnert, M. D. (1985). Maternal emotional signaling : Its effect on the visual cliff behavior of 1-year-olds. *Developmental Psychology*, **21**, 195–200.

Tomasello, M., Hare, B., Lehmann, H., & Call, J. (2007). Reliance on head versus eyes in the gaze following of great apes and human infants : The cooperative eye hypothesis. *Journal of Human Evolution*, **52**, 314–320.

Tomasello, M., & Todd, J. (1983). Joint attention and lexical acquisition style. *First Language*, **4**, 197–211.

常田美穂. (2007). 乳児期の共同注意の発達における母親の支持的行動の役割. *発達心理学研究*, **18**, 97–108.

Vaish, A., & Striano, T. (2004). Is visual reference necessary? Contributions of facial versus vocal cues in 12-month-olds' social referencing behavior. *Developmental Science*, **7**, 261–269.

やまだようこ. (1987). ことばの前のことば：ことばが生まれるすじみち 1. 東京：新曜社.

矢藤優子. (2009). シンポジウム 乳幼児と養育者のおもちゃ遊び場面における共同注意：視覚障害児を手がかりに. *乳幼児医学・心理学研究*, **18**, 17–27.

第13章
心の理論

郷式　徹

　1978年に初めて「心の理論」という概念が提唱された（Premack & Woodruff, 1978）。それから40年弱，「心の理論」は霊長類学，発達心理学，障害児教育，脳神経科学からロボット研究に至るまで影響を及ぼし，現在では，心の理論＝社会的認知[1]として語られる場合すらある。その一方で，2000年代前半までの研究の多くは，子どもの（誤）信念の理解を中心に進んできた。これは，幼児期の心の理論の定型発達過程を調べるために1983年に開発された誤信念課題（false belief task ; Wimmer & Perner, 1983）の巧みな構成とその結果——ほとんどの3歳児は自分のものとは食い違う他者の知識を正しく推測できない——のインパクトが大きかったためだろう。誤信念課題は4〜7歳で正答率が上昇し，心の理論の発生が4歳頃からであることを明らかにした。その一方で，その発達メカニズムについては議論が続くとともに，誤信念課題（だけ）では発達メカニズムを解明することに限界がみえてきた。その結果，2000年代以降，心の理論に収まらない，より広範囲の社会的認知の発達が検討されている。

　本章では，社会的認知（もしくは社会的理解）の発達を概観する。まず，標準的な誤信念課題への子どもの反応と発達過程を整理する。そのうえで，発達初期から心の理論に至る社会的認知の発達の連続性を描くとともに，心の理論の獲得に関しても，単に誤信念課題に通過するか，しないかではなく，段階的な変化が想定されることを述べる。

　誤信念課題を用いた膨大な研究では，さまざまな課題が工夫された結果，子どもは異なる年齢で異なる課題を解決できるようになる，という事実が明らかになった。ある特定の課題を解決できることが社会的認知の獲得を説明するわけで

---

[1]　本章では，誤信念の理解——とくに誤信念課題に対する対象者の反応——に関しては「心の理論」という言葉を使い，より広義の人間の志向的な活動の理解については「社会的理解」もしくは「社会的認知」という言葉で表す。

はなく，社会的認知の発達とは，ある発達的な時点において与えられる社会的な複雑さが，その時点でもっている能力をより洗練させる，もしくは新たな能力の獲得を促すものであり，そうした能力の洗練や新たな能力によって子どもはそれまでは見えなかった社会のさらなる複雑さに気づくことになる。また，子どもの社会的認知の発達の状態がどのようなものであるかは，子どもの視線，指さしなどの仕草，言葉による応答や説明によって示される。そうした子どもの反応を引き出すのは周囲の人々の行動や言葉である。つまり，発達研究における「心の理解」「社会的認知」とは（言葉も含めた）行動である。本章では，子どもは行動を通して社会的認知を発達させていくとともに，その発達は他者の（社会的）行動との相互作用を通じたものであるとの立場に立つ。

第1節　誤信念課題への反応

プレマックとウッドラフ（Premack & Woodruff, 1978）による「チンパンジーは心の理論をもつか？（"Does the chimpanzee have a theory of mind?"）」という論文以来，ある人が信念を理解していることを示すには「その人が『その信念が誤っている可能性がある』と理解している」ことを示す必要がある（Dennett, 1978）と多くの研究者が考えてきた。それを受けて，子どもの心の理論の研究は，予期せぬ移動課題（Wimmer & Perner, 1983）から始まった。

この課題では，子どもは，マクシが母親と買い物から帰ってきて，チョコレートをしまったあと，外に遊びに出かけるというストーリーを提示された。しかしマクシが知らないうちに，母親がチョコレートを移動する。子どもは，「マクシはチョコレートを見つけようとしてどこを探すか」あるいは「チョコレートがどこにあると思っているか」を尋ねられる。この課題（と同様の構造の課題）を用いた何百もの研究において，4〜5歳児は，マクシはマクシ自身がしまった場所を探すだろう，という正しい回答をする傾向にあるが，3歳児の場合は，マクシはチョコレートが移動されたときにその場にいなかったにもかかわらず，新しい置き場所を探すだろう，という誤った回答をする傾向があることが示されてきた。誤信念課題を使った200以上の実験のメタ分析（Milligan et al., 2007 ; Wellman et al., 2001）によると，誤信念課題を通過する統計的確率は，4歳頃に高くなることが報告されている。ただし，誤信念課題の通過が心の理論の完成を意味するわけではない。別府・野村（2005）によると，定型発達児の場合，誤信念課題への反応は，誤答する段階（4歳未満），回答の理由は言えないが正答する段階（4〜7歳），

正答したうえで回答の理由を説明できる段階（小学生以上）を経る[2]。

次節では，子どもが周囲の人々と相互作用できる可能性を学んでいく様子をみていく。それは子どもが他者の視線や行動に注意を引きつけられるとともに，注意を引きつけられたことによって生じる子どもの反応に大人がかかわり，さらに，子ども自身の社会的反応が引き出されることを指す。

第2節　他者の志向的行動への注意

1　目と視線

他者の心を知るうえで，また，自分の心を伝えるうえで「目」は重要な要素である。ある人が何を見ているのかによって，その人が何を知り，求め，考えているのかといった心の状態を理解でき，そして，その人の行動を推測できる。

目に対する注意は新生児でもみられる（たとえば，Farroni et al., 2005）。もちろん，目に対する注目はそのあと（たとえば生後6週以降：Hunnius & Geuze, 2004）も続き，より年長の子どもや成人でもみられる[3]。さらに，他者の意図や注意を読み取るためには他者の視線方向を追う必要がある。向かい合って座った大人が乳児と目を合わせたあと，黙ってどちらかに顔を向けるという単純な手続きでは生後2カ月の赤ちゃんでも追視をする場合があり，14カ月児では完全に視線追従ができた（Scaife & Bruner, 1975）。ただし，生後3カ月では自分の視野内，かつ，近距離の場合のみ可能である（D'Entremont, 2000）。また，生後6カ月までには，乳児はより遠くの物に対する他者の視線を追うことができるようになる（Butterworth, 2001）。しかし，視線を追った先に何か物（刺激）があると，その刺激の上で乳児の視線は止まってしまう。この傾向は生後12カ月までには克服され，生後18カ月までには，乳児は振り返って自分の背後にある物を見つけられるようになる。ただし，このころまでは視線方向より頭の向きを手がかりとして他者の視線を追う傾向がある。頭の向きに惑わされずに視線方向を利用できるようになるのは2歳を過ぎてからである（たとえば，Moore, 2008）。

そもそも人間には他者の視線方向に無意識に注意を向けてしまう反射的注意のシフトの仕組みがある（Posner, 1980）。この視線による自動的な注意のシフト──

---

[2]　自閉症児の場合，真ん中の段階がなく，誤答する段階から，いきなり理由を述べて正答する段階へと至る（別府・野村，2005）。
[3]　たとえば，多くの人の中から自分を見ている人に注意が自然と引きつけられる「群衆の中の視線（state in the crowd）効果」（von Grünau & Anston, 1995）は成人でも強く表れる。

刺激の視線方向に自らの視線を向けるという反応[4]——は，4, 5 カ月児でも生じる（Hood et al., 1998）。一方で，反射的注意のシフトが生じるためには，そもそも他者の目に注意を向けていなければならない。ヒトには（他者の）目に注目する（おそらく生得的な）傾向があるが，目（様の刺激）に対してであっても幼い子どもはそれほど長く注意を持続させることができない（郷式，2011）。普段の生活の中で大人が乳児と向かい合っていて，乳児の顔から目をそらし，何かに視線を移したときに，乳児が自分の視線を追ったならば，乳児が自分（大人）の視線を追ったことに気づく。そして，乳児の視線追従がうまくいかないときには，乳児（の視線追従）に働きかけてその視線を誘導する。これまでの視線や視線追従の研究では追従対象の他者の目は単なる刺激とされてきたが，ヒトの目は自分の意図や注意を読み取ってもらうためのコミュニケーション装置である。大人が自分の視線を追う子どもの視線にその子の志向的な注意の移動を読み取ることで，視線追従は生理的な反射を越えて社会的認知へと組み込まれていく。

2　指さしと要求の仕草

社会的認知の発達において，指さしは視線追従とともに共同注意の指標として大きな注目を集めてきた（第 12 章「共同注意」参照）。というのは，指さしは「乳児が『（指さしを見た）他者が乳児自身と共に指さした対象に注意を向けている』ことを知っている」と解釈されるからである。しかし，指さしには多くの社会的な意味があり，少なくとも，要求（原命令）と注意の方向づけ（原叙述）があり（Bates et al., 1975），さらに情報の伝達や疑問を表す機能（たとえば，Begus & Southgate, 2012）もある。そのため，乳児の指さしに関しては大人の解釈が入りすぎる可能性がある。そこで，もう少しシンプルな例として，子どもが抱っこをせがむときに大人に向かって両腕をあげる仕草を考える。子どもが自分に対して両腕をあげる仕草をみせたとき，大人は「子どもが『抱っこをして欲しい』と思っている」と解釈し，抱き上げる。大人による子どもの仕草に対する解釈には疑問の余地はないが，子どもは両腕をあげると抱き上げてもらえるという経験を通して道具的条件づけとして学習しているだけで，「抱っこをしてもらえる」と思っているわけではないかもしれない。

視覚的断崖[5]のような（乳児にとって）どうすればいいかわからない状況で起

---

[4]　反射的注意のシフトを生じる視線（目）は本物の人の目である必要はなく，写真でも線画でもよい。すなわち，目のような刺激に対する知覚的反射であり，そこには他者の意図，注意の理解，コミュニケーションは存在する必要はない。

こる社会的参照でも，乳児が意図をもって母親の方を見ているのかどうかは定か
ではない。母親の表情は，あいまいな状況で行動を起こすべきかどうかについて
の弁別刺激であり，社会的参照は行動制御のための弁別学習の結果にすぎず，大
人の側が勝手に乳児に意図や不安を付与しているにすぎないのかもしれない。

　重要な点は，視線追従，指さし（共同注意），要求の仕草，社会的参照のような
乳児の行動がなされた多く（というより，ほとんど）の場合，大人が乳児の意図や
感情を解釈（付与）し，（その解釈に従った）適切な対応をとるということである。
すなわち，上記のような行動においては，乳児の意図があり，その意図に従って
これらの行動が行われ，大人がその行動から乳児の意図を読み取り，対応すると
いった時系列的な因果関係があるわけではなく，乳児の行動・大人による乳児の
意図の解釈・大人の対応が相互作用的に，乳児の意図や欲求のような心的状態を
決定していくのだと思われる。

第3節　他者の行動の直感的予測

　3歳児が標準的な誤信念課題に失敗する（たとえば，Wellman et al., 2001）ことか
ら，従来，4歳未満の子どもは誤信念を理解できないとされてきた。しかし，ベ
イラージョンらは生後15カ月で他者の誤信念を（潜在的には）理解すると主張し
た（Onishi & Baillargeon, 2005）。彼らは，実験者が緑色の箱におもちゃを入れ，その
後，実験者が見ていないところでおもちゃがその箱から隣の黄色の箱に（ひとり
でに）移動するところを乳児に見せた。すなわち，乳児は「おもちゃが黄色の箱
にある」ことを知っているが，実験者は「おもちゃが緑色の箱にある」という
「誤信念」をもっている状況である。実験者がおもちゃの移動を見ていなかった
場合，15カ月児は，実験者が黄色の箱に手を伸ばす（不自然な）場面を緑色の箱
に手を伸ばす（自然な）場面よりも長く注視した。その後，2歳未満の乳児でも
繰り返し同様の結果が再現された（たとえば，Surian & Geraci, 2012）。

　ベイラージョンらは，乳児が実験者が黄色の箱に手を伸ばす（不自然な）場面
をより長い時間注視するのは，「『おもちゃが緑色の箱にある』と思っている実験
者は緑色の箱に手を伸ばす」という乳児の予想に反しているからだと解釈した。
そのうえで，15カ月児はすでに（原始的かつ潜在的な形では）「実験者は『おも

---

[5]　乳児が養育者のもとへたどり着くために，（透明なガラス板の下に視覚的なパターンによってつ
　　くられた）見かけ上の深い穴を越えてガラス板の上を這っていかなければならないという課題
　　（Gibson & Walk, 1960）。

ちゃが緑色の箱にある』」という誤信念をもつ」ことを理解していると提唱した。

ベイラージョンらの「乳児も心の理論をもつ」という主張に対して，スタックとルイス（Stack & Lewis, 2011）は，乳児は 10 カ月までに他者の志向的な行動に注意を払うようになる，すなわち，おもちゃの場所にかかわらず他者の（物に）手を伸ばすという志向的な行動に注意を引きつけられることを示した。そのうえで，14〜18 カ月では，乳児は他者の手を伸ばすという（志向的な）行動と実際のおもちゃの場所（自身の知識）がそろったときに，どちらかのみの場合よりも注意を引きつけられ，他者が「おもちゃが特定の場所にある」と思っているかどうかと注視の長さは関連しないことを示した。他者の行動が，おもちゃの場所に対するその人の予想と関連があることを理解し始めるのは 22 カ月頃である[6]。

日常的な場面では，大人が何かを探している素振りをみせると 18 カ月〜2 歳頃の子どもは（自分の知っている）物のある場所を見る，もしくは指し示す。大人は子どもが見た（示した）箱を開け，喜びを示すだろう。一見，子どもは他者の「物を見つけたい」という意図や「物の場所がわからない」という知識を理解しているようにもみえる。しかし，大人のキョロキョロ周囲を見回すしぐさに対しては，以前その人が使っていた物の（自分が知っている）場所を見る（示す）という行動が，多くの場合適切であることを学習した結果かもしれない。

第4節　誤信念の理解

1　潜在的な誤信念の理解

子どもは 2 歳頃にはある程度は他者の意図や知識と行動の関連を理解しているようにみえる。それなのに，誤信念課題に通過できるようになるのは 4 歳頃なのはなぜだろうか。誤信念課題中の子どもの視線を計測したパーナーほか（Clements & Perner, 1994）は，3 歳児が質問に正しく答えられないにもかかわらず，正しい場所を見ることを発見した。

ラッセルほか（Russell et al., 1991）は，子どもの前に中が見えるのぞき窓の空いた箱を 2 つ置いた。片方の箱にはお菓子が入っている。まず，子どもはお菓子の入っている箱を指さす練習をする（お菓子入りの箱を指さすとお菓子がもらえる）。

---

[6]　ラフマンほか（Ruffman et al., 2011）は，実験者が手を伸ばすと予想されていない場所を乳児がより長い時間注視するのは，実験者の意図や誤信念を理解しているからではなく，単に「人間は自分が物を置いた場所でそれを探す」といった文脈と行動のありがちな関係を繰り返し経験することにより，パターンとして（統計的に）学習しているにすぎず，そこには表象的な心の理論や抽象的な計算は存在しない，と主張している。

172　第Ⅲ部　社会的認知発達の諸側面

本試行では対戦者が子どもの正面に座る。対戦者の側にはのぞき窓はない。子ども
もは窓から中を見てお菓子の入っていない箱を指さして，対戦者を欺くことを求
められた。3歳児は実際のお菓子の在りかという自身の知覚（認識）を抑えるこ
とが難しいらしく（郷式，1998, 2016），お菓子の入った箱を指さしてしまう。

　瀬野・加藤（2007）は誤信念課題で「主人公（他者）は物を見つけようとして
どこを探すか」を尋ねる際に，場面全体を大きな箱で覆った。すると，通常の誤
信念課題では誤ってしまう3歳児でも正しく答えることができた。やはり，3歳
児の誤信念課題への誤反応は，自分の知っている「物の場所」に対する反応を抑
制することの困難がその一因であるらしい。なお，こうした誤信念の理解に対す
る抑制能力の影響については，実行機能の発達の観点から検討されている（郷式，
2016）。

　3歳児は，自身の知覚が他者の（誤）信念の推測よりも優先してしまう。その
ため，自己の心の理解が他者の心の理解に優先されているようにみえるかもしれ
ない。しかし，優先されているのはあくまで現在の知覚であり，自分の知識や意
図であっても現前する知覚（像）から切り離されると他者の心的表象と変わらな
い。たとえば，予期せぬ中身課題では，子どもにキャンディの箱などよく見知っ
た箱（イギリスやカナダでは「スマーティ」，日本では「ポッキー」や「コアラのマー
チ」が用いられる）を見せ，中身を尋ねる。子どもがキャンディやチョコレート
などと答えたあとに箱を開け，実際には鉛筆などまったく違ったものが入ってい
るのを見せる。3歳児は「あなたは最初，箱の中に何が入っていると思った
か？」と尋ねられると箱の中には最初から鉛筆が入っているとずっと思っていた
と主張し，「（箱の中を見ていない）友だちは，中に何が入っていると思うだろう
か？」と尋ねられると他の人も箱の中には鉛筆が入っていると考えるはずだ，と
思い込む傾向にある（たとえば，Perner et al., 1987）。すなわち，自身の過去の認識
や他者の認識よりも，今・ここでの自己の知覚が優先されてしまう（郷式，1999）。

　誤信念のような表象的な理解を必要とする場合だけではない。鏡に映った自分
の姿については2歳頃に理解できるようになる。自己鏡映像の理解において重要
なのは，自分が動くと鏡の中の自分（鏡映像）も同期して動くという運動感覚を
含めた知覚だと思われる。撮影された自身のビデオ映像の場合，映像と自身の運
動感覚とが同期しないため，撮影された自身のビデオ映像を理解できるようにな
るのは4, 5歳まで遅れる（たとえば，木下，2001）。時間的に離れた自己（時間的
拡張自己；Neisser, 1988）を理解するには，2, 3歳頃は言語能力の制約や時間軸上
で視点を移動することができないために難しい（木下，2016）。自身による（今・

ここでの）直接的な知覚を含まない時間的拡張自己を形成するためには，養育者と過去や未来の出来事を語ることが重要であり（Nelson, 1993），その場にない過去や未来の出来事を語るには，大人の支えが不可欠である（木下，2016）。

　言語と心の理論（誤信念の理解）の発達の間には密接な関連が見出されているとともに，先行する言語能力が後の心の理論（誤信念の理解）の発達を予測する（Milligan et al., 2007）。ただし，子ども自身の言語能力（言語発達）が心の理論（誤信念の理解）の発達を促すというより，大人（親）から子どもに対する（心に関する）話しかけが子どもの社会的認知の発達を促進する（たとえば，Carpendale & Lewis, 2006）[7]。さらに，子どもの社会的理解によい影響を与えるためには，言葉を使用すればよいのではなく，むしろその言葉をどんなときに使うか，なぜ使うかといったことを加える必要がある（たとえば，Slaughter et al., 2007）。

　しかしながら，大人から与えられる言語的影響よりも，子どもは，「欲しい」「楽しい」「悲しい」「痛い」「怖い」といった心理的な言葉を，日常生活における自身の行動とそれに対する周囲の人々の反応を通して学ぶ（たとえば，Carpendale & Lewis, 2010）。たとえば，「欲しい」という言葉の意味を学ぶのは，乳児が手を伸ばし，親が子どもの手を伸ばした先にある物を子どもに手渡すというかかわりの中にある。もちろん，親の反応は子どもの手を伸ばす行動がその欲求を示していると解釈されるからである。乳児は，親が自分の行動に通常どう反応するかを学ぶ。それによって，自分の行動を他者がどう解釈するかを学ぶ。そして，自分の欲求や感情をどのように表せば他者に伝わるかを学ぶ。

第5節　児童期の心の理論の発達

　標準的な誤信念課題では「他者が『○○』と考えている」ことの理解が問われた。より複雑な信念の推測として「他者Aが『他者Bが〔○○〕と考えている』と考えている」ことの理解がある。「他者が『○○』と考えている」が一次的（誤）信念と呼ばれるのに対して，「他者Aが『他者Bが〔○○〕と考えている』と考えている」は二次的（誤）信念と呼ばれている。二次的誤信念の理解を調べるための課題として，次のようなものがある（Perner & Wimmer, 1985）。

---

[7]　聴覚障害児はそうでない子どもにくらべて誤信念課題の通過が遅い傾向があるが，両親も聴覚障害者である場合には遅れはみられない。親も聴覚障害者である場合，そうでない親とくらべて手話が堪能であることが多く，複雑な言語環境を早期から子どもに与えることができるためだと考えられる（たとえば，Schick et al., 2007）。

ジョンとメアリーが公園にいて，アイスクリーム販売車を見かけるが，アイスクリームを買うには家に帰ってお金を持ってこなければいけない。家に帰る途中，ジョンはアイスクリーム販売車が移動し，今は教会のところに停まっていることに気づくが，彼はメアリーも販売車が移動した先を知っている，ということは知らない。ジョンはメアリーがアイスクリームを買うためにどこに行くと考えるだろうか？

　この課題は少なくとも6〜7歳になるまで正解することができない。これは二次的誤信念の理解が，ある命題を含む命題について考えるという階層的・再帰的な思考を含むためだと考えられる。一方で，課題をより単純にした場合，4, 5歳でも二次的誤信念に対する理解を示すとの反論もある（Sullivan et al., 1994）。

　子どもにとっての二次的誤信念の理解の難しさは，再帰的思考が難しいためではなく，自身の知覚や行動・経験と切り離した形で論理（言語）的な推論を行うことが難しいためかもしれない。たとえば，2つある箱のうちの片方には青いボールが，もう片方には黄色いボールが入っていることがわかっているという状況を考えよう。他者が片方の箱の中を見るのを見た人は，他者がもうひとつの箱に何色のボールが入っているかを推測できることが理解できるはずである。しかし5歳児であっても，ほとんどの子どもは，自分自身が箱の中身を見た場合にのみ，他者にも知識があると見なす（たとえば，Varouxaki et al., 1999）。9歳になるまでは，子どもはこのような状況での他人の知識を，自分たちが何かを知っている，または何かを推測したという観点で判断している（Pillow, 2002）

　このように自身の知覚や経験から切り離した論理（言語）的な推論が困難である一方で，意図的に相手に誤った情報を信じさせる嘘や欺きは一次的誤信念の理解ができ始める4, 5歳から可能になる（瀬野，2008）。ただし，嘘がばれないようにつじつまを合わせる能力は二次的誤信念の理解の発達と関連している（たとえば，Cheung et al., 2015）。また，二次的誤信念の理解の発達は感情の理解とも関連している。林（2016）によると，6〜7歳頃までは人は常に本心を示すと考えているが，二次的誤信念の理解とともに8〜9歳頃には状況に応じて感情を隠したり表したりすることを理解し始め，10〜11歳頃までにはこうした理解が確立していく。他にも，児童期（5〜11歳）の社会的理解を測定する方法として「社会的失言（faux pas）」課題がある。これは子どもの「ある人物が，誰かの重要な特徴についての知識不足から意図せずにその人物の悪口を言う状況で『社会的失言』を識別し，説明する能力」を測定するものである（Banerjee et al., 2011）。子どもは，おおよそ9〜11歳の間に失言を検知できるようになる。

心の理論の発達に関する研究の多くは幼児を対象としており，児童期の研究も散見される。ただ，少なくとも誤信念の理解に関して大人は完全にできるものとして扱われてきた。しかし，「人は物を探すときに最後にそれを置いた場所を見る」とか「ギターはギターケースに入っている（ケーキの箱には入っていない）」といった常識と一致する状況の下では，他者の誤信念に対する推測が自分自身の知識（物が本当にある場所）に影響を受けることが示されている（Birch & Bloom, 2007 ; Goshiki, 2016）。

第6節　心の理論の発達段階説

苧阪（2000）は認知過程にかかわる意識として，最も低次の覚醒（vigilance），アウェアネス（awareness），最も高次のリカーシブな意識（recursive-consciousness）の3つの水準から構成されるモデルを提唱した。覚醒は目覚めた状態であり，感覚モジュールによる情報の同時並列的な処理を指す。アウェアネスは，外部からの刺激に対する知覚を指す。アウェアネスにおいては，感覚もしくは運動的な表象をもつことや注意を向けることはできるが，その表象に対して言語的・概念的な操作はできない。リカーシブな意識は意識そのものに対する意識である。表象を表象している状態で，表象の言語的・概念的な操作が可能になる。

社会的認知の発達について考えると，視線への反射的注意のシフトは覚醒の水準で生じる。こうした生得的ともいえる感覚モジュールにおいて，周囲の人間が赤ちゃんに向ける注意や行動（大人の側からすると赤ちゃんに対する社会的刺激であるが，赤ちゃんからするといまだ社会的刺激ではない）が処理され，赤ちゃんの反応（たとえば，人の顔を見つめる）が生じる。それによって，周囲の大人は赤ちゃんに向けた注意や行動をさらに引き出される。この循環によって，赤ちゃんは世界と相互作用できる可能性について学んでいく。

「第1節　誤信念課題への反応」でも紹介したように，別府・野村（2005）によると，定型発達児の場合，誤信念課題への反応は，誤答する段階（4歳未満），理由は言えないが正答する段階（4〜7歳），正答するとともに回答の理由を説明できる段階（小学生以上）を経る。

3歳児は，誤信念課題に正しく答えられないにもかかわらず，正しい場所を見ることから，潜在的には誤信念を理解し始めているのかもしれない。しかし，実際に物が他の場所に移動されたことを知ったら，直接的な知覚と切り離すことができず，ビー玉の入っている箱を指さずにはいられない。

一方，第2段階では，理由を述べることはできないが，課題には正答できる。私たちが普段の行動でその理由を意識するのは，パターン化した，もしくは，自動化した反応が適切でなかったときである。たとえば，道で知り合いに会ってあいさつする場合，日常的な状況で，かなり自動化された行動なので，「あいさつ」についての（手続き的な）記憶に沿って一連の動作が自動的に実行される。一連の過程はアウェアネスの水準で処理（モニタリング）されるが，因果関係を（言語的に）表象，操作する必要はない。誤信念課題のように「自分が片づけたおもちゃを自分がいない間に弟が持って行ってしまい，自分が探したらなかった」という状況は日常的にあるはずで，そうした場面において実用的で感覚的，手続き的な記憶を用いることができるのが，この第2段階の状態だろう。

　誤信念課題に誤答する，すなわち，自分の知覚に基づいて答えてしまう第1段階と理由は言えないが正答する第2段階は，日常生活の中で知覚や行動の経験を通して典型的もしくは妥当な反応パターンを学習していく段階だと思われる。意識のレベルでいえば，アウェアネスの段階にあり，自身の知覚や行動に注意を向けることはできるが，言語的・概念的な操作はできない。ただし，3歳の時点では実行機能の未熟さにより自身の知覚や記憶を抑制することができず，それに基づいた反応をしてしまう。4歳以降には（言語的・概念的な操作はできないものの）自身の知覚や行動に関する注意の切り替えは可能になる。そして，それが誤信念課題への適切な反応という形で表れてくる。

　第3段階では，他者の行動に対する原因との関係について言語・論理的な表象をリカーシブな意識状態において構築し，操作できるようになる。言葉からなる内省的な形式の知識として，心とは何か，心とはどんなものかといった心に関する定義や他者のある行動に対する原因——行動の意図や欲求——の一般的な可能性のリスト，また，その推測に基づいた自分自身の対応（行動），および，自分自身の意図や欲求の他者への伝え方——他者が自分の行動にどのような意図や欲求を読み取る可能性があるかのリスト——が身についていく。なお，対人的な行動においても，多くの場合はそのときの自己の知覚や記憶に基づいて行われる自動化した反応で適切に対応できるはずで，純粋に心を言語・論理的な表象として扱うことは第3段階以降，おそらく大人になってもまれであろう。そして，そのことは成人であっても他者の誤信念に対する推測が自分自身の知識に影響を受ける場合があること（Birch & Bloom, 2007 ; Goshiki, 2016）や感情を隠す・見せる，嫌味・皮肉・社会的失言の理解，ばれないように嘘をつくといったことが（おそらく社会的経験を通して）徐々にしか身につかないことが示している。

第13章　心の理論　**177**

まとめ

　子どもは発達のごく初期から他者と注意を調整する能力をもっている。そして，指さしのように身振りで意味を伝達する能力を獲得していくが，それは他者との相互作用を通した社会的行為として習得されていく。その先には多くの研究が焦点を当ててきた欲求や信念や意図の理解が発達してくる。ただし，心的状態の理解の発達は，単に誤信念課題の通過・不通過で示されるものではなく，潜在的には他者の心的状態に影響されているかもしれないが意識的な反応としては表出されない段階，意識化としては不十分だが直観的には反応できる段階，意識的に理解できる段階を経ると考えられる。なお，心的状態の理解の段階的な発達には，実行機能（とくに抑制）といった認知機能の発達とともに周囲の人々との相互作用が影響する。誤信念課題通過後にも，複雑な心的状態（二次的誤信念）や社会的失言などの理解にはさらなる時間がかかる。成人でさえ，いや，自己意識が成熟し，さまざまな社会的知識を身につけた成人だからこそ，自身の知識や常識が誤信念の理解に一定の影響を与える。そして，本章の最後（第6節　心の理論の発達段階説）に，心的状態の理解の段階的な発達と意識の段階的な構造（苧阪，2000）との関連を提案した。

引用文献

Banerjee, R., Watling, D., & Caputi, M.（2011）. Peer relations and the understanding of faux pas : Longitudinal evidence for bidirectional associations. *Child Development*, **82**, 1887-1905.

Bates, E., Camaioni, L., & Volterra, V.（1975）. The acquisition of performatives prior to speech. *Merrill-Palmer Quarterly of Behavior and Development*, **21**, 205-226.

Begus, K., & Southgate, V.（2012）. Infant pointing serves an interrogative function. *Developmental Science*, **15**, 611-617.

別府　哲・野村香代.（2005）. 高機能自閉症児は健常児と異なる「心の理論」をもつのか：「誤った信念」課題とその言語的理由付けにおける健常児との比較.　*発達心理学研究*，**16**，257-264.

Birch, S. A. J., & Bloom, P.（2007）. The curse of knowledge in reasoning about false beliefs. *Psychological Science*, **18**, 382-386.

Butterworth, G.（2001）. Joint visual attention in infancy. In G. Bremner & A. Fogel（Eds.）, *Blackwell handbook of infant development*（pp.213-240）. Oxford, UK : Blackwell.

Carpendale, J. I. M., & Lewis, C.（2006）. *How children develop social understanding*. Oxford, UK : Blackwell.

Carpendale, J. I. M., & Lewis, C.（2010）. The development of social understanding : A relational perspective. In W. F. Overton（Ed.）, R. M. Lerner（Editor-in-Chief）, *The handbook of life-span development : Vol. 1. Cognition, biology, and methods*（pp.548-627）. Hoboken, NJ : Wiley.

Cheung, H., Siu, T. C., & Chen, L. (2015). The roles of liar intention, lie content, and theory of mind in children's evaluation of lies. *Journal of Experimental Child Psychology*, **132**, 1-13.

Clements, W. A., & Perner, J. (1994). Implicit understanding of belief. *Cognitive Development*, **9**, 377-395.

Dennett, D. C. (1978). Beliefs about beliefs. *Behavioral and Brain Sciences*, **1**, 568-570.

D'Entremont, B. (2000). A perceptual-attentional explanation of gaze following in 3- and 6-month-olds. *Developmental Science*, **3**, 302-311.

Farroni, T., Johnson, M. H., Menon, E., Zulian, L., Faraguna, D., & Csibra, G. (2005). Newborns' preference for face-relevant stimuli : Effects of contrast polarity. *Proceedings of the National Academy of Sciences of the United States of America*, **102**, 17245-17250.

Gibson, E. J., & Walk, R. D. (1960). The "visual cliff." *Scientific American*, **202**, 64-71.

郷式 徹. (1998). あざむき行動における心的状態の理解と実行機能. 京都大学教育学部紀要, **44**, 167-178.

郷式 徹. (1999). 幼児における自分の心と他者の心の理解:「心の理論」課題を用いて. 教育心理学研究, **47**, 354-363.

郷式 徹. (2011). 幼児期における意識的な視覚的注意反応に対する他者の視線方向の影響:手がかりパラダイムによる実験と計算理論的モデルによるコンピュータ・シミュレーションを用いて. 発達心理学研究, **22**, 109-119.

Goshiki, T. (2016). Effects of knowledge of common practice on adults' performance in false belief tasks. *Bulletin of the Society for Educational Studies in Ryukoku University* (龍谷大学教育学会紀要), **15**, 25-40.

郷式 徹. (2016). 心の理論を支える構造と物語:未来への展望. 子安増生・郷式 徹 (編), 心の理論:第2世代の研究へ (pp.187-202). 東京:新曜社.

林 創. (2016). 児童期の「心の理論」:大人へとつながる時期の教育的視点をふまえて. 子安増生 (編著), 「心の理論」から学ぶ発達の基礎:教育・保育・自閉症理解への道 (pp.95-106). 京都:ミネルヴァ書房.

Hood, B. M., Willen, J. D., & Driver, J. (1998) Adult's eyes trigger shifts of visual attention in human infants. *Psychological Science*, **9**, 131-134.

Hunnius, S., & Geuze, R. H. (2004). Developmental changes in visual scanning of dynamic faces and abstract stimuli in infants : A longitudinal study. *Infancy*, **6**, 231-255.

木下孝司. (2001). 遅延提示された自己映像に関する幼児の理解:自己認知・時間的視点・「心の理論」の関連. 発達心理学研究, **12**, 185-194.

木下孝司. (2016). 幼児期の "心の理論":心を理解するということが "問題" となるとき. 子安増生 (編著), 「心の理論」から学ぶ発達の基礎:教育・保育・自閉症理解への道 (pp.81-94). 京都:ミネルヴァ書房.

Milligan, K., Astington, J. W., & Dack, L. A. (2007). Language and theory of mind : Meta-analysis of the relations between language ability and false-belief understanding. *Child Development*, **78**, 622-646.

Moore, C. (2008). The development of gaze following. *Child Development Perspectives*, **2**, 66-70.

Neisser, U. (1988). Five kinds of self-knowledge. *Philosophical Psychology*, **1**, 35-59.

Nelson, K. (1993). The psychological and social origins of autobiographical memory. *Psychological Science*, **4**, 7-14.

Onishi, K. H., & Baillargeon, R. (2005). Do 15-month-old infants understand false beliefs? *Science*, **308**, 255-258.

苧阪直行. (2000). ワーキングメモリと意識. 苧阪直行 (編), 脳とワーキングメモリ (pp.1-18). 京都:京都大学学術出版会.

Perner, J., Leekam, S. R., & Wimmer, H. (1987). Three-year-olds' difficulty with false belief : The case for a conceptual deficit. *British Journal of Developmental Psychology*, **5**, 125−137.

Perner, J., & Wimmer, H. (1985). "John *thinks* that Mary *thinks* that…" attribution of second-order belief by 5- to 10-year-old children. *Journal of Experimental Child Psychology*, **39**, 437−471.

Pillow, B. H. (2002). Children's and adults' evaluation of the certainty of deductive inferences, inductive inferences, and guesses. *Child Development*, **73**, 779−792.

Posner, M. I. (1980). Orienting of attention. *Quarterly Journal of Experimental Psychology*, **32**, 3−25.

Premack, D., & Woodruff, G. (1978). Does the chimpanzee have a theory of mind? *The Behavioral and Brain Sciences*, **1**, 515−526.

Ruffman, T., Taumoepeau, M., & Perkins, C. (2011). Statistical learning as a basis for social understanding in children. *British Journal of Developmental Psychology*, **30**, 87−104.

Russell, J., Mauthner, N., Sharpe, S., & Tidswell, T. (1991). The 'windows task' as a measure of strategic deception in preschoolers and autistic subjects. *British Journal of Developmental Psychology*, **9**, 331−349.

Scaife, M., & Bruner, J. (1975). The capacity for joint visual attention in the infant. *Nature*, **253**, 256−266.

Schick, B., de Villiers, P., de Villiers, J., & Hoffmeister, R. (2007). Language and theory of mind : A study of deaf children. *Child Development*, **78**, 376−396.

瀬野由衣. (2008). 幼児における知識の提供と非提供の使い分けが可能になる発達的プロセスの検討：行為抑制との関連. *発達心理学研究*, **19**, 36−46.

瀬野由衣・加藤義信. (2007). 幼児は「知る」という心的状態をどのように理解するようになるか？「見ること−知ること」課題で現れる行為反応に着目して. *発達心理学研究*, **18**, 1−12.

Slaughter, V., Peterson, C. C., & Mackintosh, E. (2007). Mind what mother says : Narrative input and theory of mind in typical children and those on the autism spectrum. *Child Development*, **78**, 839−858.

Stack, J., & Lewis, C. (2011). False belief reasoning or false positives at 10, 14, 18, & 22 months. Paper presented at the Society for Research in Child Development. Montreal, Canada, April.

Sullivan, K., Zaitchik, D., & Tager-Flusberg, H. (1994). Preschoolers can attribute second-order beliefs. *Developmental Psychology*, **30**, 395−402.

Surian, L., & Geraci, A. (2012). Where will the triangle look for it? Attributing false beliefs to a geometric shape at 17 months. *British Journal of Developmental Psychology*, **30**, 30−44.

Varouxaki, A., Freeman, N. H., Peters, D., & Lewis, C. (1999). Inference neglect and ignorance denial. *British Journal of Developmental Psychology*, **17**, 483−499.

von Grünau, M., & Anston, C. (1995). The detection of gaze direction : A stare-in-the-crowd effect. *Perception*, **24**, 1297−1313.

Wellman, H. M., Cross, D., & Watson, J. (2001). Meta-analysis of theory-of-mind development : The truth about false belief. *Child Development*, **72**, 655−684.

Wimmer, H., & Perner, J. (1983). Beliefs about beliefs : Representation and constraining function of wrong beliefs in young children's understanding of deception. *Cognition*, **13**, 103−128.

第14章
感情認知

溝川　藍

　本章では，定型発達の子どもの幼児期から児童期初期にかけての感情理解の発達を概観する。子どもは，他者との相互作用の中で，自他の感情に関する知識と理解を深めていく。1970年代以降の研究の蓄積により，感情に関する理解は2歳頃から11歳頃にかけて飛躍的に発達することが明らかにされてきた（Harris et al., 2016）。ポンズらは，2000年代前半までの研究知見を踏まえて，感情理解には，①表情の理解，②感情の外的原因の理解，③感情と記憶の関連の理解，④感情と願望の関連の理解，⑤感情と信念の関連の理解，⑥隠された感情の理解，⑦感情調整の方略に関する理解，⑧入り混じった感情の理解，⑨道徳的感情の理解の9つの要素があると考えた（Pons et al., 2004）。

　この9つの要素は，その難易度によって3つの階層に分けてとらえることができる。最もやさしい1つ目の階層は，感情の外的側面に関する理解（表情の理解，感情の外的原因の理解，感情と記憶の関連の理解），2つ目の階層は，感情の心的側面に関する理解（感情と願望の関連の理解，感情と信念の関連の理解，隠された感情の理解），3つ目の階層は，感情の表象的側面に関する理解（感情調整の方略に関する理解，入り混じった感情の理解，道徳的感情の理解）であり，上位階層の感情理解のためには，前の階層の感情理解が必須であると考えられる。

　感情理解の実証研究においては，上述の感情理解の9つの要素のうち，各研究者が着目する要素についてそれぞれ調査が行われてきた。しかし，2000年に9つの要素を網羅的に測定するテストバッテリーとして TEC（Test of Emotion Comprehension ; Pons & Harris, 2000）が開発されたあと，複数の言語での翻訳版が出版され，とくに欧米において，幼児期・児童期に発達する感情理解の諸側面を測定するために，このテストが広く用いられるようになっている。

　そこで，第1節では，ポンズ（Pons, F.）らの区分に沿って，感情理解の各要素の内容，発達時期，測定方法について，難易度の低いものから順に解説する。第

181

2節では，感情理解と他の社会的認知の発達，ならびに社会的アウトカムとの関連について議論したうえで，感情理解の介入研究を紹介する。最後に，第3節で今後の展望を述べる。

第1節　幼児期・児童期の感情理解の発達

　第1節では，感情理解の9つの要素（Pons et al., 2004）の発達を概観する。子どもは発達初期から，養育者との間で感情を介した豊かなやりとりを行っており（Trevarthen & Aitken, 2001），生後5カ月の乳児でも異なる表情を区別している可能性が示唆されている（Schwartz et al., 1985）。また，生後12カ月頃になると，曖昧な状況において母親の表情を参照し，その後の行動を決定するようになる（社会的参照：Sorce et al., 1985）。このような初期の感情のやりとりや感情理解は，以下に示すような幼児期以降の感情理解の諸要素の発達の基盤となるものと考えられる。

1　表情の理解

　私たちは，表情や声，ジェスチャー等を通して感情を表出する。言語発達にともなって，子どもは基本的感情（喜び，悲しみ，怒り，恐れ等）にラベル付けすることができるようになる（Bretherton et al., 1986）。表情の理解は，喜び，悲しみ，怒り，恐れ，驚き等の感情語に対応する表情写真や表情イラストを選択する非言語的課題や，提示された表情写真や表情イラストに対応する感情語を回答する課題によって測定される（Michalson & Lewis, 1985 ; Pons & Harris, 2000）。非言語的課題を用いた研究によると，課題の正答率は3歳児で55%，5歳児で75%，7歳児で90%であった（Pons et al., 2004）。また，感情の種類によって，表情の理解が可能になる時期に違いがあり，喜びの表情は2歳頃，悲しみの表情は3歳頃，怒りや恐れの表情は4，5歳頃，驚きや嫌悪の表情は5歳以降に理解できるようになることが示されている（Gross & Ballif, 1991 ; Michalson & Lewis, 1985）。

2　感情の外的原因の理解

　3，4歳頃までに，子どもは外的原因が自他の感情に影響を及ぼすことを理解し始める。感情の外的原因の理解は，仮想場面の登場人物に感情が生じる場面（例：「贈り物をもらう」，「おもちゃを隠される」，「怖い夢を見る」等）を，紙芝居や人形劇によって提示したあとに，登場人物の感情について質問する方法で測定される（Borke, 1971 ; Denham, 1986）。表情の理解と同様に，感情の種類によって理解

の時期に違いがあり，喜びを喚起する状況の識別は2歳頃から，悲しみを引き起こす状況については4歳頃に，怒りや恐れを引き起こす状況については幼児期後期の5，6歳頃に理解されることが示されている（Denham & Couchoud, 1990 ; Pons et al., 2004）。また，幼児期後期の子どもは，現実の文脈だけでなく，想像の文脈でも外的原因が感情に影響を及ぼしうること（例：「怪獣に会ったら，恐れを感じるだろう」等）を理解できることも明らかになっている（Pons et al., 2004）。

3　感情と記憶の関連の理解

　何かを達成したときの喜びや，大切なものを失ったときの悲しみ等，外的原因によって引き起こされる感情経験は，必ずしもその出来事が生じた瞬間に限定されるものではない。私たちは，過去の出来事を思い出すことでうれしい気持ちになったり，失った大切なものの写真を見ることで改めて深い悲しみを感じたりする。記憶が感情にもたらす影響の理解の測定には，仮想場面の登場人物の感情について問う方法が用いられる。たとえば，悲しい出来事（例：ペットが犬に追いかけられて逃げてしまった）を思い出すようなものを見た登場人物の感情とその理由について子どもに尋ねることにより，その理解を調べる（Lagattuta et al., 1997）。感情と記憶の関連の理解については，3歳から5歳の間に発達し（Pons et al., 2004），5, 6歳頃になると，現在の状況のある要素（例：いなくなったペットの写真）が過去の感情を再活性化しうることを理解できるようになることが示されている（Lagattuta, 2007 ; Lagattuta & Wellman, 2001 ; Lagattuta et al., 1997）。

4　感情と願望の関連の理解

　感情経験を規定するのは，外的原因だけではない。同一状況においても，個人の願望によって喚起される感情は異なる。たとえば，牛乳を飲みたい子どもは，牛乳を与えられると喜びを感じるであろう。他方で，牛乳が苦手な子どもは，同じ状況で悲しみや嫌悪といったネガティブ感情を経験するであろう。このような感情と願望の関連の理解は，物語の登場人物の願望（例：牛乳を飲みたい）に一致する出来事または不一致の出来事が生じる場面を提示したあと，登場人物の感情について質問する方法によって測定される。一連の研究から，子どもは3歳頃から感情と願望のつながり（例：欲しいものがもらえたらうれしい）に気づくようになるものの（Yuill, 1984），2人の人物が同一状況において異なる願望をもつときに，それぞれ異なる感情を経験しうることの理解は，4, 5歳頃まで困難であるとされている（Harris et al., 1989 ; Yuill, 1984）。

5 感情と信念の関連の理解

物事や状況に対する個人の信念は，それが現実と一致した信念であるか否かにかかわらず，その物事や状況に対する感情経験を規定する。童話『赤ずきんちゃん』の主人公である赤ずきんちゃんの感情を適切に推測するためには，この感情と信念の関連の理解が必要となる (Ronfard & Harris, 2014)。物語の中で赤ずきんちゃんがおばあさんの家を訪ねる際，赤ずきんちゃんは家におばあさんがいると思い込んでいるが（誤った信念），実際には，オオカミが隠れて待っている（現実）。危険に気づいていない赤ずきんちゃんは，恐れを抱いていない（誤った信念に基づく感情）。しかし，3，4歳児には，このときの赤ずきんちゃんの感情を正しく推測することは難しい。物語の読者である子どもはオオカミが隠れていることを知っているが，赤ずきんちゃんは知らない。このような自他の知識が異なる状況の中で，自己の信念とは異なる赤ずきんちゃんの誤った信念を推測することができてはじめて（心の理論；本章第2節参照），赤ずきんちゃんが恐れを抱いていないということを理解できるのである。子どもが感情と信念の関連を理解し始めるのは，誤った信念の理解が可能になる5，6歳以降とされている。

感情と信念の関連の理解を測定する課題としてよく知られているのは，「感情の誤信念課題」である (Harris et al., 1989)。この課題では，仮想場面を用いて，誤った信念をもつ登場人物の感情の推測を求める。たとえば，主人公の弁当箱の中に苦手な食べ物（梨）が入っており，主人公がそれを残念に思っている状況において，別の登場人物が中身をこっそり主人公の好物（リンゴ）に入れ替える物語を提示する。その後，子どもに，弁当箱を開ける前の主人公の感情（正答：悲しい），主人公は中に何が入っていると思っているか（正答：梨），本当は中に何が入っているか（正答：リンゴ），弁当箱を開けたあとの主人公の感情（正答：うれしい）について質問する。一連の研究から，主人公の誤った信念（中に梨が入っていると思い込んでいる）を理解している子どもにおいても，弁当箱を開ける前の主人公の感情は「うれしい」とする回答がみられ，誤った信念に基づく感情理解は，誤った信念の理解よりも遅れることが示されている (de Rosnay et al., 2004 ; Harris et al., 1989)。

6 隠された感情の理解

私たちが表情やジェスチャー等を通して表出する感情は，必ずしも内的に経験している感情とは一致しない。隠された感情の理解の測定に使われる課題としては，「期待外れのプレゼント課題」が有名である。この課題は，仮想場面の主人

公が期待外れのプレゼントをもらうが，相手に本当の気持ちを知られたくないという動機をもつ状況において，主人公の「内的な感情（本当の感情）」と「表出する感情（見かけの感情）」について尋ね，内的な感情よりもポジティブな感情を表出すると答えられるか否かを確認するものである。本当の感情とは異なる感情の表出行動は3，4歳頃からみられるものの，その理解は2年ほど遅れる（Cole, 1986；Josephs, 1994）。3，4歳児の多くは，期待外れのプレゼントをもらった主人公が表出する感情について問われると，「悲しいから悲しい顔をする」と回答する。「悲しいけれど笑顔を見せる」との回答は，4歳から6歳にかけて増加する（Harris et al., 1986）。ただし，感情の種類や感情を隠す動機によって理解の時期に違いがあり，偽りの喜び表出の理解は比較的早いものの，他者志向的な偽りの悲しみ表出の理解は6歳児にも難しいことも知られている（溝川，2007）。また，本当の感情を隠して偽りの感情を表出することによって他者が誤誘導される可能性（例：本当にうれしいと思い込む）の理解は，幼児期後期から児童期中期にかけて進んでいく（Gross & Harris, 1988；溝川・子安，2008）。

7 感情調整の方略に関する理解

子どもは，生後6カ月頃から，苦痛を感じたときに対象から目をそらす等の行動をとることによって自分自身の感情を調整するようになるが（Crockenberg & Leerkes, 2004），感情調整の効果を意識的に理解するのは幼児期以降である（Sarrni, 1999）。感情調整の理解は，葛藤場面での感情調整行動を観察する手法（たとえば，Altshuler & Ruble, 1989）や，物語の主人公がどのように感情を調整できるか（例：どのように悲しみを抑えられるか）について子どもに言語的な回答を求める手法（たとえば，Pons et al., 2004）等によって測定される。幼児期から児童期前期にかけては，行動による感情調整の方略（例：助けを求める）を用いることが多いが，8歳以降になると，心理的な方略（例：気晴らし，状況の再評価）が効果的であることに気づき始め（Altshuler & Ruble, 1989；Band & Weisz, 1988；Harris et al., 1981），楽しいことを考えると悲しみが弱まったり，嫌なことを話すことでその感情が弱まったりすることを理解するようになる。

8 入り混じった感情の理解

「馬鹿にされて，悲しくて腹が立つ（悲しみと怒り）」，「盗まれた自転車が見つかってうれしいが，汚れていたので悲しい（喜びと悲しみ）」等，私たちは同時に複数の感情を抱くことがある。このような入り混じった感情の理解は，主として，

第14章　感情認知　**185**

仮想場面の登場人物がある状況においてどのような感情を経験するかに関するインタビューを通して測定される。幼児期の子どもは，人は一度に一つの感情のみを経験すると考えているようであるが，8歳頃になると，人がある状況に対して同時に異なる感情を経験したり，ときには同時に葛藤する感情をも経験したりすることについて理解するようになる（Donaldson & Westerman, 1986 ; Harter & Buddin, 1987）。また，子ども自身の入り混じった感情の経験について調べた研究からも，幼児期後期から児童期後期にかけて，複数の感情を同時に経験したという自己報告が増加することが示されている（Larsen et al., 2007）。

9　道徳的感情の理解

　道徳的感情の理解は，仮想場面の登場人物が道徳的感情を経験しうる状況を提示し，その感情の推測を求める方法によって測定される。嘘や盗み等，道徳的に非難すべき行動をした人が罪悪感等のネガティブな感情を経験するであろうこと，誘惑への勝利や軽犯罪の告白等，道徳的に価値のある行動をした人が誇り等のポジティブな感情を経験するであろうことの理解は，児童期を通して発達することが示されている（Arsenio, 1988 ; Nunner-Winkler & Sodian, 1988 ; Pons et al., 2004）。

第2節　感情理解と社会的認知の発達，社会的アウトカムとの関連

　第1節で概観したように，幼児期から児童期にかけて感情理解は進んでいくが，その発達には大きな個人差が存在する。感情に関する発話の個人差（Dunn et al., 1987）や感情の外的原因の理解の個人差（Denham, 1986）が報告されてから，個人差の要因や，他の社会的認知や社会的アウトカムとの関連に注目が集まり，検討が重ねられてきた。第2節では，社会的認知の諸側面の中でも，とくに心の理論（第13章，第15章，第20章参照）に着目する。また，社会的アウトカムとの関連についてもみていくこととする。

1　感情理解と社会的認知

　心の理論とは，目的・意図・知識・信念・思考等の内容から，他者の行動を理解したり推測したりする能力である（Premack & Woodruff, 1978）。心の理論は社会的認知の認知的側面として，感情理解は社会的認知の感情的側面としてとらえることができる。

　心の理論は，感情理解と同様に，幼児期に大きく発達する。幼児期の心の理論

研究では，「自分は知っているが他者は知らない状況において，自分の考えと異なる他者の誤った信念を推測する能力」の発達を扱うことが多い（Wimmer & Perner, 1983）。これまでの研究から，表情の理解や感情の外的要因の理解といった基本的な感情理解は，心の理論（誤った信念の理解）と関連しているものの，社会的認知の独立した側面であることが示されてきた（Cutting & Dunn, 1999）。しかし，より熟達した感情理解は，心の理論の発達に支えられているものと考えられる。たとえば，感情と願望のつながりを理解するためには，他者の心的状態（願望）の理解が（Yuill, 1984），感情と信念のつながりを理解するためには，他者の心的状態（誤った信念）の理解が必須となる（de Rosnay et al., 2004 ; Harris et al., 1989）。また，隠された感情を理解するためには，表出された感情の背後にある目に見えない心的状態（感情を隠す動機）を理解する必要がある。実際に，幼児を対象とした研究からは，隠された感情の理解と心の理論（誤った信念の理解）の発達の関連が示されている（Mizokawa & Koyasu, 2007）。また，児童を対象とした研究からは，より複雑な心の理論（二次の誤信念理解；第15章参照）の獲得と，感情を隠すことによって他者が騙されうることの理解の関連も示されている（溝川・子安，2008）。

2 感情理解と社会的アウトカム

先行研究からは，感情理解の諸側面が心の理論と関連していることが明らかになると同時に，心の理論とは独立して，子どもの社会的相互作用，学業成績等の社会的アウトカムに結びつくことの証拠も示されつつある。

社会的相互作用に関しては，表情理解（Edwards et al., 1984）や感情の外的原因の理解（Denham et al., 1990）に長けた子どもは仲間からの人気が高いこと，3，4歳時点での感情の知識（感情の外的原因の理解，感情と願望の関連の理解）が5，6歳時点での仲間からの人気や他者への援助行動等の社会的コンピテンスの高さを予測すること（Denham et al., 2003），5歳時点での表情に関する理解が，9歳時点での問題行動の少なさを予測すること（Izard et al., 2001）等が示されている。これらの知見から，感情理解の発達は良好な社会的相互作用に結びつくものと推察される。

学業成績に関しても，5歳時点での表情に関する理解が，9歳時点での学業成績の高さを予測することや（Izard et al., 2001），就学前の感情に関する知識（表情の理解，感情の外的原因の理解）が，約1年後の小学校での学業成績の高さと関連することが示されてきた（Trentacosta & Izard, 2007）。両者の間に関連がみられる理由の一つとして，感情理解の個人差が社会的相互作用に影響し，その結果として，間接的に学業成績にも影響することが考えられる。たとえば，自他の感情理解に

困難を抱える子どもが，教師との間に良好な関係を築くことが難しい場合，その
ことが教師の当該の子どもへの期待の低さにつながり，それが現実の学業不振に
つながる可能性がある（Rosenthal, 1995）。また，子どもは自分自身の活動への評価
の指標として，他者（教師や仲間等）の感情表出を参照する（Sutton & Wheatley,
2003）。自分自身の学習活動に対する他者からの感情的なフィードバックの受け
止め方の個人差も，その後の学業成績の個人差に結びつくのであろう（Lecce et al.,
2011）。

3 感情理解の介入研究

　感情理解は，訓練によって促進できるのだろうか。感情理解がポジティブな社
会的アウトカムと関連することから，近年，社会的認知の発達に困難を抱える幼
児・児童への訓練による介入の可能性に期待が集まっている。1990年代以降，
感情に関する会話やゲーム等のさまざまな方法を用いた訓練研究が行われてきた。
スプラングらは，7カ国で実施された19の訓練研究（参加者合計749名，平均年齢
7.17歳）のメタ分析を行った。その結果，感情理解の外的側面に関する理解，心
的側面に関する理解，表象的側面に関する理解のすべての階層において，訓練の
効果が認められることが明らかになった（Sprung et al., 2015）。ただし，介入研究の
絶対数はいまだ少なく，感情理解の測定や訓練の方法の不統一等の課題が残され
ている。また，個人の抱える社会的困難の解決のためには，一様に自他の感情を
理解できるようになることを目指した訓練を行うだけでは不十分であろう。たと
えば，心の理論が未発達な幼児においては，隠された感情の優れた理解がむしろ
仲間関係の困難さと関連するとの知見もあり（溝川・子安，2011），単に隠された
感情の理解を高めるだけでは，良好な社会的相互作用につながらない可能性も示
唆されている。今後は，子ども一人ひとりの特性やニーズを考慮したうえで，感
情理解の能力を実際のコミュニケーション場面でどのように運用していくかとい
う点からアプローチを行っていくことが重要であると考える。

第3節　今後の展望

　本章では，感情理解の9つの要素（Pons et al., 2004）を概説したうえで，社会的
認知ならびに社会的アウトカムとの関連に関する研究や，介入研究について紹介
してきた。感情理解の9つの要素を測定するテストバッテリーであるTEC（Pons
& Harris, 2000）は，第1節で述べたように，とくに欧米で広く用いられている。

感情理解の諸要素を網羅的に測定し，その発達順序や個人差を明らかにしようとした TEC の開発の意義は大きい。

　現在のところ TEC の日本語翻訳版は出版されていないが，日本で TEC を使用するにあたっては留意しておきたい点もある。TEC では感情の違いを，主に表情図の目以外のパーツ（口と眉毛）を大きく変化させることで表現しているが，表情から感情を読み取る際，日本人は目に注目し，アメリカ人は口に注目することが示されている（Yuki et al., 2007）。そのため，まず表情図の適切性について十分に吟味すべきであろう。また，TEC で正解とされる感情反応の文化普遍性についても検討する必要がある。たとえば，TEC における「隠された感情の理解」の課題では，友人にからかわれた人物が本当の感情を隠すために笑顔を表出する場面を子どもに提示し，隠された本当の感情を尋ねる。ここで正解とされる回答は「怒り」であるが，日本人は欧米人とくらべて，怒り喚起状況として不当な仕打ちを受ける場面を挙げることが少ないとされており（Scherer et al., 1988），日本の子どもは，同様の場面において怒り以外の感情（たとえば，悲しみ）を経験しやすい可能性がある。日本での応用に関しては，上述のような表情図や感情反応に関する検討課題が残されているものの，今後，TEC の枠組みを生かして研究を進めていくことは，日本の子どもの感情理解の発達の様相を体系的にとらえ，社会的認知の発達を総合的に理解するための一助となるであろう。

引用文献

Altshuler, J. L., & Ruble, D. N.（1989）. Developmental changes in children's awareness of strategies for coping with uncontrollable stress. *Child Development*, **60**, 1337−1349.

Arsenio, W. F.（1988）. Children's conceptions of the situational affective consequences of sociomoral events. *Child Development*, **59**, 1611−1622.

Band, E. B., & Weisz, J. R.（1988）. How to feel better when it feels bad : Children's perspectives on coping with everyday stress. *Developmental Psychology*, **24**, 247−253.

Borke, H.（1971）. Interpersonal perception of young children : Egocentrism or empathy? *Developmental Psychology*, **5**, 263−269.

Bretherton, I., Fritz, J., Zahn-Waxler, C., & Ridgeway, D.（1986）. Learning to talk about emotions : A functionalist perspective. *Child Development*, **57**, 529−548.

Cole, P. M.（1986）. Children's spontaneous control of facial expression. *Child Development*, **57**, 1309−1321.

Crockenberg, S. C., & Leerkes, E. M.（2004）. Infant and maternal behaviors regulate infant reactivity to novelty at 6 months. *Developmental Psychology*, **40**, 1123−1132.

Cutting, A. L., & Dunn, J.（1999）. Theory of mind, emotion understanding, language, and family background : Individual differences and interrelations. *Child Development*, **70**, 853−865.

de Rosnay, M., Pons, F., Harris, P. L., & Morrell, J.（2004）. A lag between understanding false belief and emotion attribution in young children : Relationships with linguistic ability and mothers' mental-state language. *British Journal of Developmental Psychology*, **22**, 197－218.

Denham, S. A. (1986). Social cognition, prosocial behavior, and emotion in preschoolers : Contextual validation. *Child Development*, **57**, 194－201.

Denham, S. A., Blair, K. A., DeMulder, E., Levitas, J., Sawyer, K., Auerbach-Major, S., et al. (2003). Preschool emotional competence : Pathway to social competence? *Child Development*, **74**, 238－256.

Denham, S. A., & Couchoud, E. A. (1990). Young preschoolers' understanding of emotions. *Child Study Journal*, **20**, 171－192.

Denham, S. A., McKinley, M., Couchoud, E. A., & Holt, R. (1990). Emotional and behavioral predictors of preschool peer ratings. *Child Development*, **61**, 1145－1152.

Donaldson, S. K., & Westerman, M. A. (1986). Development of children's understanding of ambivalence and causal theories of emotions. *Developmental Psychology*, **22**, 655－662.

Dunn, J., Bretherton, I., & Munn, P. (1987). Conversations about feeling states between mothers and their young children. *Developmental Psychology*, **23**, 132－139.

Edwards, R., Manstead, A. S. R., & Macdonald, C. J. (1984). The relationship between children's sociometric status and ability to recognize facial expressions of emotion. *European Journal of Social Psychology*, **14**, 235－238.

Gross, A. L., & Ballif, B. (1991). Children's understanding of emotion from facial expressions and situations : A review. *Developmental Review*, **11**, 368－398.

Gross, D., & Harris, P. L. (1988). False beliefs about emotion : Children's understanding of misleading emotional displays. *International Journal of Behavioral Development*, **11**, 475－488.

Harris, P. L., de Rosnay, M., & Pons, F. (2016). Understanding emotion. In L. F. Barrett, M. Lewis, & J. M. Haviland-Jones (Eds.), *Handbook of emotions* (4th ed., pp.293－306). New York : Guilford Press.

Harris, P. L., Donnelly, K., Guz, G. R., & Pitt-Watson, R. (1986). Children's understanding of the distinction between real and apparent emotion. *Child Development*, **57**, 895－909.

Harris, P. L., Johnson, C. N., Hutton, D., Andrews, G., & Cooke, T. (1989). Young children's theory of mind and emotion. *Cognition and Emotion*, **3**, 379－400.

Harris, P. L., Olthof, T., & Terwogt, M. M. (1981). Children's knowledge of emotion. *Journal of Child Psychology and Psychiatry*, **22**, 247－261.

Harter, S., & Buddin, B. J. (1987). Children's understanding of the simultaneity of two emotions : A five-stage developmental acquisition sequence. *Developmental Psychology*, **23**, 388－399.

Izard, C., Fine, S., Schultz, D., Mostow, A., Ackerman, B., & Youngstrom, E. (2001). Emotion knowledge as a predictor of social behavior and academic competence in children at risk. *Psychological Science*, **12**, 18－23.

Josephs, I. E. (1994). Display rule behavior and understanding in preschool children. *Journal of Nonverbal Behavior*, **18**, 301－326.

Lagattuta, K. H. (2007). Thinking about the future because of the past : Young children's knowledge about the causes of worry and preventative decisions. *Child Development*, **78**, 1492－1509.

Lagattuta, K. H., & Wellman, H. M. (2001). Thinking about the past : Early knowledge about links between prior experience, thinking, and emotion. *Child Development*, **72**, 82－102.

Lagattuta, K. H., Wellman, H. M., & Flavell, J. H. (1997). Preschoolers' understanding of the link between thinking and feeling : Cognitive cuing and emotional change. *Child Development*, **68**, 1081－1104.

Larsen, J. T., To, Y. M., & Fireman, G. (2007). Children's understanding and experience of mixed emotions. *Psychological Science*, **18**, 186－191.

Lecce, S., Caputi, M., & Hughes, C. (2011). Does sensitivity to criticism mediate the relationship between theory of mind and academic achievement? *Journal of Experimental Child Psychology*, **110**, 313−331.

Michalson, L., & Lewis, M.（1985）. What do children know about emotions and when do they know it? In M. Lewis & C. Saarni（Eds.）, *The socialization of emotions*（pp.117−139）. New York : Plenum Press.

溝川　藍.（2007）. 幼児期における他者の偽りの悲しみ表出の理解. *発達心理学研究*, **18**, 174−184.

Mizokawa, A., & Koyasu, M.（2007）. Young children's understanding of another's apparent crying and its relationship to theory of mind. *Psychologia*, **50**, 291−307.

溝川　藍・子安増生.（2008）. 児童期における見かけの泣きの理解の発達：二次的誤信念の理解との関連の検討. *発達心理学研究*, **19**, 209−220.

溝川　藍・子安増生.（2011）. 5，6 歳児における誤信念及び隠された感情の理解と園での社会的相互作用の関連. *発達心理学研究*, **22**, 168−178.

Nunner-Winkler, G., & Sodian, B.（1988）. Children's understanding of moral emotions. *Child Development*, **59**, 1323−1338.

Pons, F., & Harris, P. L.（2000）. *TEC（Test of Emotion Comprehension）*. Oxford : Oxford University Press.

Pons, F., Harris, P. L., & de Rosnay, M.（2004）. Emotion comprehension between 3 and 11 years : Developmental periods and hierarchical organization. *European Journal of Developmental Psychology*, **1**, 127−152.

Premack, D. G., & Woodruff, G.（1978）. Does the chimpanzee have a theory of mind? *Behavioral and Brain Sciences*, **1**, 515−526.

Ronfard, S., & Harris, P. L.（2014）. When will Little Red Riding Hood become scared? Children's attribution of mental states to a story character. *Developmental Psychology*, **50**, 283−292.

Rosenthal, R.（1995）. Critiquing Pygmalion : A 25-year perspective. *Current Directions in Psychological Science*, **4**, 171−172.

Saarni, C.（1999）. *The development of emotional competence*. New York : Guilford Press.

Scherer, K. R., Wallbott, H. G., Matsumoto, D., & Kudoh, T.（1988）. Emotional experience in cultural context : A comparison between Europe, Japan, and the United States. In K. R. Scherer（Ed.）, *Facets of emotion : Recent research*（pp.5−30）. Hillsdale, NJ : Lawrence Erlbaum Associates.

Schwartz, G. M., Izard, C. E., & Ansul, S. E.（1985）. The 5-month-old's ability to discriminate facial expressions of emotion. *Infant Behavior and Development*, **8**, 65−77.

Sorce, J. F., Emde, R. N., Campos, J. J., & Klinnert, M. D.（1985）. Maternal emotional signaling : Its effect on the visual cliff behavior of 1-year-olds. *Developmental Psychology*, **21**, 195−200.

Sprung, M., Münch, H. M., Harris, P. L., Ebesutani, C., & Hofmann, S. G.（2015）. Children's emotion understanding : A meta-analysis of training studies. *Developmental Review*, **37**, 41−65.

Sutton, R. E., & Wheatley, K. F.（2003）. Teachers' emotions and teaching : A review of the literature and directions for future research. *Educational Psychology Review*, **15**, 327−358.

Trentacosta, C. J., & Izard, C. E.（2007）. Kindergarten children's emotion competence as a predictor of their academic competence in first grade. *Emotion*, **7**, 77−88.

Trevarthen, C., & Aitken, K. J.（2001）. Infant intersubjectivity : Research, theory, and clinical applications. *Journal of Child Psychology and Psychiatry*, **42**, 3−48.

Wimmer, H., & Perner, J.（1983）. Beliefs about beliefs : Representation and constraining function of wrong beliefs in young children's understanding of deception. *Cognition*, **13**, 103−128.

Yuill, N.（1984）. Young children's coordination of motive and outcome in judgements of satisfaction and morality. *British Journal of Developmental Psychology*, **2**, 73−81.

Yuki, M., Maddux, W. W., & Masuda, T.（2007）. Are the windows to the soul the same in the East and West? Cultural differences in using the eyes and mouth as cues to recognize emotions in Japan and the United States. *Journal of Experimental Social Psychology*, **43**, 303−311.

第15章
児童期以降の社会的認知

林　創

　発達心理学において，児童期（学童期）とは小学校に通う6歳頃から12歳頃の時期をさす。児童期は，幼児期における限られた人間関係から発展し，就学を通じてより広い関係を作っていく時期にあたる。幼児期に顕著に発達する実行機能や心の理論の働きによって形作られた社会的認知の基礎が，言語や思考の発達とともにさらに発展することで，子どもたちは複雑な人間関係に対応できるようになる。本章では，児童期とそれ以降の社会的認知に焦点を当て，社会的認知がどのように発達し，子どもの社会性を促すことで大人に近づいていくかを検討する。

第1節　児童期以降の心の理論

1　心の理論と二次の誤信念課題

　2016年は，児童期の社会的認知研究に広がりがみられた年かもしれない。*Journal of Experimental Child Psychology* 誌の149巻において，「児童期と青年期における心の理論（Theory of Mind in Middle Childhood and Adolescence）」という特集が組まれたからである。心の理論研究は長い間，主に「誤信念の理解」に焦点を当て，幼児期を中心に研究が進んできた。近年，期待違反法や予期的注視といった実験手法や指標が洗練され，アイトラッキング技術の発達により，乳児を対象とした研究が爆発的に増えている（第13章参照）。また，青年期や成人を対象とした研究もみられるようになってきた。これに対して，年齢的にその間に位置する児童期の研究は少なく，この特集の「編集記（Editorial）」では「学童期（school-aged）」をも対象とした研究が，心の理論研究全体でわずか4%に過ぎないと報告されている。しかし，幼児と大人の比較には，神経学的にも社会的にも距離があり，その間を橋渡しする研究が必要と指摘されている（Hughes, 2016）。

　それでは，児童期の発達とはどのようなものであろうか。心の理論をベースと

した研究では，単なる他者の心の状態の理解，たとえば「Aさんは……と思っている」と読み取るレベルを，一次（first-order）の心的状態の理解（一次の心の理論）と呼ぶ。このレベルは，潜在的（implicit）には乳児期に，顕在的（explicit）には幼児期に理解が進む（第13章参照）。これに対して，「Aさんは『Bさんが……を知っている』と思っている」というように入れ子の複雑な心的状態を読み取るレベルを，二次（second-order）の心的状態の理解（二次の心の理論）と呼ぶ。

　こうした二次の心の理論の発達を調べるうえで最もよく用いられるのが，「二次の誤信念課題（second-order false belief task）」である。一次の誤信念課題に「サリーとアンの課題」や「スマーティ課題」などいくつかの課題があるように，二次の誤信念課題も「アイスクリーム屋課題」（Perner & Wimmer, 1985），「誕生日課題」（Sullivan et al., 1994）など，いくつか考案されている。いずれも「Aさんは『Bさんが……と思っている』と誤って思っている」というように，「ある人が『別の人の考え』を誤って考えていることを理解できるかどうか」を調べる構造となっている（林，2016）。課題によって多少の差はあるが，総じて6〜9歳頃の児童期に正答率が上昇する。また，二次の誤信念課題の成績は，同一年齢では一次の誤信念課題よりも低く，年齢間を比較すれば，一次の方が低年齢から正答率が上昇するという一貫した結果（Miller, 2012 ; Osterhaus et al., 2016）が知られている。

　この二次の心の理論が，児童期とそれ以降の豊かな社会性を生み出す鍵となる。このレベルではじめて，複数の人間の社会的なやりとりを正確にとらえることができるからである。たとえば，ある発話について，発話者の心的状態を単に読み取るだけ（一次のレベル）では，その発話の真の意味を取り違えることがある（第16章参照）。発話者がその発話の聞き手の心的状態をどのように考えているのか，どのように変えようとしているのかといった，二次レベルの信念や意図を読み取ることで，第2節でみるように，嘘や皮肉の理解，状況に応じた感情の表出の理解といった人間らしい柔軟なコミュニケーションが可能になる。

2　高度な心の理論

　児童期以降の心の理解を調べるには二次の誤信念課題がよく使われるが，他にも課題が考案されている。近年では，複雑な心的状態の理解は「高度な心の理論（advanced theory of mind : AToM）」という言葉で総称されることが増えている。AToMは，（二次以上の）高次の誤信念理解，社会的理解，情動と心的状態の認識，視点取得といったさまざまな能力から成り立っているとされる（Osterhaus et al., 2016）。

　AToMの概念は，ハッペ（Happé, 1994）による「ストレンジストーリー（strange

stories）」課題を用いた研究に始まる（改良版は，White et al., 2009）。この課題では，「嘘」「冗談」「比喩」「皮肉」といった文脈が用意される。それぞれ短いお話の中で主人公が字義通りではないことを言うが，なぜ主人公がそのように言ったかを説明することが求められる。自閉症児の中には，一次の誤信念課題のみならず二次の誤信念課題を正答する子どももいて，そのような子どもを対象に，より日常に近い場面で心の理解の発達の程度を調べるために，この課題が生み出された。研究の結果，二次の誤信念課題を正答した自閉症児でも，ストレンジストーリー課題の成績は定型発達児より低く，文脈に不適切な心的状態を答えることがあった（Happé, 1994）。こうした知見から，ストレンジストーリー課題が，二次の誤信念に限らない AToM の発達の程度を調べるものとして，児童期の定型発達の子どもにも用いられるようになった。この課題の発展版として，昔の映画から場面を用いた「無声映画（silent films）」課題（Devine & Hughes, 2013）や，長いお話で日常に即した「日常生活のお話（stories from everyday life）」課題（Kaland et al., 2002）といったものが開発されている。

　AToM 課題とされる 2 つ目は，「社会的失言（faux pas）」課題である（Baron-Cohen et al., 1999）。faux pas とは，フランス語で「過失」「無礼」といった意味をもつが，平たくいうと，気まずい状況を認識できるかを問う課題である。たとえば，A 君がトイレの個室にいて話が聞こえているのを知らずに，後からトイレに来た B 君と C 君が「A って，気持ち悪いよな」と言い合っている。A 君がドアを開けて，個室から出てきたところで，それに気づいた B 君が A 君に向かって「あ！　今からサッカーでもしないか」と言うような気まずい場面が用意され，この認識を問う。似た課題として，「気まずい瞬間（awkward moment）」課題（Heavey et al., 2000）といったものも生み出されている。

　AToM 課題とされる 3 つ目は，「目から心を読むテスト（reading the mind in the eyes test）」（Baron-Cohen et al., 2001）である。これは，目の部分のみを切り取った写真を用いて，視覚的な手がかりから，その人物の感情を推測する課題である。

　こうした課題に共通していることは，感情をともなった行動や反応に対する敏感さを調べようとしている点である（Weimer et al., 2017）。二次の誤信念課題が，「誤信念」という表象的な理解を純粋かつ限定的に調べるのに対して，上記の AToM 課題は，さまざまな感情を扱っているという点で，高度な心の理解の発達を多面的にとらえることができる。これまでの研究から，こうした課題には一貫して，一次の誤信念課題よりも後に正答できるようになり（Osterhaus et al., 2016），AToM の発達は児童期の 6〜10 歳頃に生じる（Miller, 2012）ことが明らかになって

いる。

最近，AToM について，オスターハウスほか（Osterhaus et al., 2016）は，3 つの未解決の問題を指摘した。第 1 に，AToM 課題に通過できるようになるのは，概念的な発達によるのか，情報処理容量の増大で説明できるのか，第 2 に，AToM にかかわる能力は単一なのか，複数なのか，第 3 に，一次の心の理論課題の成績に抑制や言語の発達がかかわるように，こうした一般的な認知能力が AToM の発達にも関連しているのか，である。

そこで，オスターハウスらは，2〜4 年生（平均年齢で 8〜10 歳）の児童 466 人を対象とした研究 1 と，同年齢の 402 人を対象とした研究 2 から構成される研究を行った。研究 1 では，二次の誤信念，ストレンジストーリー，社会的失言といった多様な計 24 の AToM 課題が用意された。研究 2 では，研究 1 によって精選された計 15 の AToM 課題に加えて，知能，言語能力，抑制，ワーキングメモリを調べる課題が用いられた。2 つの研究の結果，①多様な AToM 課題の基礎となる共通の概念的な発達はないこと，② AToM を社会的推論，社会的規範の違反認識，曖昧な推論という 3 つの因子に整理でき，社会的推論と曖昧な推論の 2 つには概念発達がみられたこと，③言語能力は社会的推論とだけ関連があり，抑制は社会的推論と社会的規範の違反認識の 2 つを予測すること，の 3 点を明らかにした（Osterhaus et al., 2016）。ただし，これらの結論が妥当かどうかは，児童期の研究自体が少ないため，今後のさらなる知見の蓄積が必要であろう。

なお，この研究の予備調査では，同年齢の 82 人に，個別インタビュー方法とクラスで一斉にできる（各課題にイラストを添え，冊子にまとめた）筆記方法の両方で多様な AToM 課題を実施した。その結果，両者の成績の相関が高く，一斉筆記による実施でも問題がないという方法論上の有益な知見も報告されている（研究 1 と研究 2 がそれぞれ 400 人規模と比較的大きなサンプルサイズで研究できているのは，この予備調査をふまえ，クラス単位で一斉にできる筆記方法で実施しているからである）。

3 青年期以降にも使える課題

上記のように，AToM を調べる課題は，児童期に成績が上昇する。そこで，青年期以降の他者の心の理解を検討するには，新たな工夫をした課題が必要となる。

その第 1 は，一次の誤信念課題をアレンジしたものである（Birch & Bloom, 2007）。具体的には，主人公がバイオリンを，4 つの箱（青色，紫色，赤色，緑色）のうち青色の箱に入れて出かける。その間に，別人がバイオリンを「赤色の箱」に移し

変え，さらに 4 つの箱の配置を入れ替える。それにより，元は青色の箱があったところに，赤色の箱が位置した。その後，主人公が戻ってきて，4 つの箱のそれぞれを最初に探す確率はどれくらいかを，合計が 100% になるように見積もらせるものである。その結果，実験参加者の大人は，別人がバイオリンを「他の箱」に移動させたとだけ伝えられたコントロール条件と比較すると，赤色の箱に対して有意に高い確率を当てはめた。これは，大人でも自分だけが知っているはずの「赤色の箱にバイオリンがある」という知識を，主人公にも当てはめてしまう結果と考えられる。

　第 2 は，視点取得にかかわる課題である（たとえば，Lin et al., 2010）。この課題では，いくつかの物が置かれた格子状の棚をはさんで，物の移動を「指示する人（実験者）」と「動かす人（実験参加者）」が座る。しかし，棚の一部は指示する人の方だけ塞がれていて，動かす人だけがすべての物が見える状態としている。そのため，たとえば大・中・小の 3 つのトラック（車のおもちゃ）は，指示する人からは，大・中の 2 つのトラックしか見えない状態となる。ここで，指示する人が「小さいトラックを動かして」と言った場合，動かす人は，自分自身から見える小のトラックではなく，他者（指示する人）から見える小さいトラック（＝中のトラック）を動かす必要がある。実験の結果，大人でも（自己中心的に）小のトラックを触ってしまう実験参加者がいた。また，視線の動きの分析からは，大人も子どもも最初に小のトラックに視線を向けた。ただし，大人は子どもと違って，その後，中のトラックに目を移すまでの時間が速かった。

　現在，これらの課題は，児童期や青年期の研究でしばしば用いられており，抑制制御が自己中心性の克服に部分的にかかわる（Symeonidou et al., 2016），ワーキングメモリに負荷がかかった状態では自己中心的になる，といった認知傾向も明らかになっている（たとえば，Lin et al., 2010）。幼児期に顕著な発達を示す実行機能は，児童期以降も発達を続け（たとえば，Huizinga et al., 2006），おおむね心の理論との関連もみられる（たとえば，Wang et al., 2016）ことから，児童期以降の社会的認知は，AToM の発達とともに実行機能の発達が支えている可能性がある。

第 2 節　児童期以降の社会性の発達

1　社会性の発達

　ここまで紹介した課題は，心の理論を中心とした社会的認知の発達の程度やメカニズムを調べる研究目的に合致するものといえる。しかしながら，こうした課

題だけでは，日常的にみられる社会的なやりとり，たとえば嘘を見抜いたり，皮肉を理解したりといったコミュニケーションに直結する社会性の発達の解明にはつながらない。それでは，児童期には心の理論といった社会的認知の基礎となる能力をもとに，具体的にどのような社会性が発揮されるのであろうか。

第1に，嘘の発達との関連を扱った研究が進んでいる（たとえば，Cheung et al., 2015）。嘘をつくには，相手に真実とは違う誤信念を抱かせる必要がある。実際に，一次の誤信念課題を正答できるようになる4〜5歳頃から，相手に誤った情報を意図的に伝える嘘をつける（たとえば，Hayashi, 2017）。しかし，嘘がばれないためには，その後もつじつまを合わせる必要がある。6〜11歳を対象にした研究によると，最初についた嘘とその後の発話を一貫させ，つじつまを合わせる能力は，年齢が増すとともに高まった。さらに，この能力が高まるほど，二次の誤信念課題の成績がよいことも明らかになっている（Talwar et al., 2007）。

また，本当の感情を偽って，場に応じた感情表出をする「表示規則／表出ルール（display rule）」の理解も，二次の心の理論と関連することが知られている（たとえば，溝川，2013 ; Naito & Seki, 2009）。これに類するものとして，向社会的な「悪意のない嘘（white lie）」があるが，これも児童期にかけて発達し，二次の心の理論と関連する（Broomfield et al., 2002）。

しかしながら，私たちの日常を観察すると，本当の感情を偽るだけではない。他者が余計なことばかりをして，迷惑をかけられていたり，みんながうんざりしていたりするような場合は，相手にその行動が煩わしいことだと気づいてもらうためにも，「あえて本当の感情を表出する」こともある。小学1〜5年生を対象にした研究（Hayashi & Shiomi, 2015）から，このような「人は状況に応じて選択的に感情を隠したり表出したりする」ことの理解が，児童期を通じて発達することが明らかになっている。同時に尋ねた二次の心の理論にかかわる質問や二次の誤信念課題の成績とも関連があったが，これは向社会的な状況は，「主人公は相手に自分の本心を『知って』ほしくない」状況であるのに対して，本心を伝達したい状況は，「主人公は相手に自分の本心を『知って』ほしい」状況であり，二次の心の理論の発達によって，両状況の区別ができるためと考えられる。

また，二次の心の理論の発達によって，嘘と冗談（もしくは，嘘と皮肉）の区別も可能になることが古くから知られている（Leekam, 1991）。皮肉が「聞き手や第三者をターゲットとした間接的な批判」（岡本，2016）であるのに対して，冗談は「ふざけて言う言葉」（三省堂大辞林 第三版）とされ，自分をターゲットとする（たとえば自虐的な冗談）こともある。しかし，冗談と皮肉はほぼ同じ構造である

ことから，嘘との対で研究がなされている。嘘も冗談／皮肉も，事実と違うことを言うが，どちらもわざと言っているので，一次のレベルでは両者を区別できない。事実と違うことを，相手が信じると思って言っている（嘘）のか，そうでない（冗談／皮肉）のか二次のレベルで心的状態を読み取ることで，嘘と冗談（皮肉）の区別ができるようになる。とくに，皮肉の理解は，児童期に進み，二次の誤信念課題とストレンジストーリー課題と社会的失言課題で構成された得点や語彙力の検査の得点と相関がみられ，言語や AToM の発達が，皮肉の理解に貢献することが示唆されている（Filippova & Astington, 2008）。

　第 2 に，近年の研究から，児童期における二次の心の理論の発達が，大人に近づく適切な道徳的判断と関連していることが報告されている（Fu et al., 2014 ; Shiverick & Moore, 2007）。人の行為には，意図や知識状態など，さまざまな心的状態がかかわる。たとえば，大事な情報を有している主人公が相手に伝えなかったことで，相手にとって悪いことが起こってしまったような場合（例：「後で雨が急に降る」という情報をもっている主人公が，相手にそれを伝えなかったため，傘を持っていかなかった相手がずぶ濡れになる），結果が同じであっても，主人公が「『相手がその情報を知らない』と思って言わなかった」のであれば，「『相手が知っている』と思って言わなかった」ときより悪いという道徳的判断になるはずである。このように，児童期には，二次の心の理論が意識的にも無意識的にも働くことで，社会的な状況を柔軟に把握して，より適切な道徳的判断ができるようになる（Hayashi, 2007）。

　さらに，児童期における嘘と道徳性を関連させた研究も進んでおり，7 歳頃から，たとえ嘘であっても，他者のために嘘をついた人の道徳的評価は悪くなく，そうした人を信頼する傾向になることも報告されている（Fu et al., 2015）。謝罪の認識（田村，2013）についても児童期で研究がみられるが，今後は謝罪といった具体的な社会的行為にかかわる AToM の働きなども検討していくことで，児童期の社会性の深まり，および大人に近づいていく様子を，より詳細に明らかにできると考えられる。

2　社会的比較

　児童期になると人間関係に占める仲間（友だち）の比重が増す。二次の心の理論が発達するということは，「友だちが別の人の心の状態をどう感じているのか」がわかるだけでなく，「友だちが自分の心の状態をどう感じているのか」がわかるようにもなるということを意味する。その過程で，自己を多面的に把握したり，

他者の有能さを客観的に把握したりするようになる。自分と他者とを比較する「社会的比較（social comparison）」を行うことで，ときには「妬み（envy）」のようなネガティブな感情を抱くことにもなる。

妬みは，他者が自分よりも優れているといった判断による認知的側面と，それに基づいたネガティブな感情である感情的側面により構成される（澤田，2006）。関連する感情として，嫉妬（jealousy），シャーデンフロイデ（shadenfreude）といったものがあるが，いずれも社会的比較によって生じる複雑な感情である。シャーデンフロイデとは，他者の不幸（大惨事などは含まれない）に対するちょっとした喜びのこととされる（澤田，2006）。こうした感情の認知に，AToMがどうかかわるのか，現在はまだほとんど研究がないが，児童期以降の社会的認知と社会性の育みを考えるうえで，興味深い方向といえるだろう（Quintanilla & Giménez-Dasí, 2017）。

第3節　今後の検討

1　脱文脈の問題点

第1節では，社会的認知の発達の程度やメカニズムを調べる研究目的に合致する課題を紹介したが，ここには脱文脈という大きな問題がある。たとえば，伝統的な誤信念課題では，誤信念を生み出す構造部分を抽出し，その他の登場人物の人間関係や，ストーリーが進む中での登場人物の感情の生起や変化といった社会的文脈が可能な限り除かれている。したがって，こうした手続きによる研究の結果が，「実際の社会的な心の理解」をどれほど正確にとらえているのかを客観視しておくべきであろう。内藤（2011）は，心の理論の発達に関するさまざまな課題で，日本の子どもの結果が欧米の結果と一致しないことから，「心の理解とその発達的変化を説明する作業は，ある特定の分析レベル（視点）を取ったとき，言語・社会文化的なあるいは歴史的な心に対する理解の複数の枠組み間において何が同じで何が違うのか，どのようになぜ違うのかを地道に検証していく以外に方法はない」（p.260）ことを提起している。これは社会性の発達の研究を進めていくうえで，きわめて重要な視点と考えられる。

また，課題への動機づけの問題も考えておく必要がある。ここまで紹介した多くの課題では，実験参加者にお話を聞かせたり，写真を見せたりして，登場人物の心的状態を推測する，という手続きを取る。言い換えれば，実験参加者は，お話のやりとりから離れた「神の視点」でお話を聞き，他者の心的状態を読み取る

ことが求められる。たとえば，誤信念課題でいえば，参加者自身が知ってしまった「新たな事実」を抑制して，主人公の「誤信念」を顕在的なレベルで答えるには，実行機能を働かせる必要もあり，4〜5歳にならないと成績が上がらない。しかし，実験参加者が神の視点ではなく，登場人物と同じ次元でかかわり，他者の手助けをするような社会的に意味のある動機づけの高い状況にすると，3歳でも成績が向上する（松井，2009）。

　これに関して，二次の誤信念課題でも，最近，実験参加者が主体的にかかわる社会的な状況で検討する課題が生み出されている（Grueneisen et al., 2015）。6歳児を2人ペアにした二次の誤信念課題である。この課題では，4つの箱が用意され，各自に与えられるボールを2人が同じ箱に入れて，2つのボールが揃ったときだけ，お菓子のグミを得ることができた。しかし，2人は相談することも，相手がどこにボールを入れるのかを見ることもできない状況であった。課題には工夫がなされ，ペアの一方の実験参加者が二次の心的状態を読み取れたときだけ，ボールが揃い，グミが得られる構造となっていた(詳しい手続きと課題の構造は，林，2016を参照)。実験の結果，6歳児でこの課題をクリアした割合は46.2％で，児童期には，このように仲間と協調するという社会的なかかわりのある場面でも，二次の心の理論を用いて行動をしつつあることが判明した。ただし，このように実験参加者が他者と自分の利益になるような社会的状況を取り入れても，6歳での正答率はこの程度で，従来の神の視点をとらせる二次的誤信念課題の成績と大差がない。以上を考えると，「誤信念というレベル」での二次の心の理論の発達は，6〜9歳頃の児童期に発達していくことが，多面的に追認できたといえるだろう。

2　訓練の可能性

　ここまでは，児童期とそれ以降の社会的認知について，その発達の様子の実態を紹介してきた。最後に，こうした社会的認知が，訓練によって向上するのかについても考えてみたい。これは教育的な観点でも重要である。

　レッチェとビアンコ（Lecce & Bianco, 2016）は，児童期の子どもを対象に，ストレンジストーリー課題を中心に，心の理論の訓練の効果を報告している。概要として，第1に，心の理論のトレーニング群は，コントロール群と比較して，心の理論課題において有意に高い成績を示したこと，第2に，介入効果は，訓練に用いた特定の心の理論課題（ストレンジストーリー課題）だけでなく，訓練に使用していない心の理論の遠転移課題（アニメーション課題）でもみられたこと，つまり，字義通りでない「皮肉」などを言った主人公の心的状態について，子どもたちに

グループでディスカッションをさせたりすること（訓練プログラム）が，類似の字義通りではない発話をした主人公について，なぜそのように行ったのかを説明する課題（テスト）の成績を高めただけでなく，訓練内容とは構造やモダリティが異なる「動く図形」に対する心的状態の帰属を調べる課題（テスト）の成績を促進したこと，第3に，心的状態についての会話に参加した子どもの優位性は，ポストテストとフォローアップの両時点で認められ，訓練効果は持続することが明らかになったこと，第4に，この訓練プログラムは，心的状態を文脈の中でとらえ，文脈情報をもとに正確な判断を行うことを手助けするものであったこと，が明らかになった。これらの結果から，誤信念理解の核を獲得する幼児期の後の児童期において，心の理論を訓練することの有効性が指摘されている。

　レッチェとビアンコの研究は，心の理論（とくにAToM）そのものにかかわる訓練であったが，役割を体験させるというロールプレイの効果を検討した児童期の研究もある。古見（2013）は，視点取得課題を用いて，「指示する人」の役割をあらかじめ体験した参加者は，そうでない参加者と比較して，より正確に他者の視点をとることができたことを示している。

　訓練の延長線上として，教育という観点に広げてみると，児童期以降は学校教育が生活の中心に位置する時期でもある。最近では，学業成績（ここでは，great point average：GPA）も変数に入れて，多変量的に児童期から青年期にかけての心の理論の発達を調べた研究（Weimer et al., 2017）もみられるようになっている。今後は，社会性の発達を，社会的認知という狭い範囲でとらえるのではなく，学校での仲間関係や学業なども視野に入れていくことで，児童期以降の心の理解の発達の研究が質・量ともに，実りあるものになっていくことが期待される。

引用文献

Baron-Cohen, S., O'Riordan, M., Stone, V., Jones, R., & Plaisted, K. (1999). Recognition of faux pas by normally developing children and children with Asperger's syndrome or high-functioning autism. *Journal of Autism and Developmental Disorders*, **29**, 407−418.

Baron-Cohen, S., Wheelwright, S., Hill, J., Raste, Y., & Plumb, I. (2001). The "reading the mind in the eyes" test revised version: A study with normal adults, and adults with Asperger syndrome or high-functioning autism. *Journal of Child Psychology and Psychiatry*, **42**, 241−251.

Birch, S., & Bloom, P. (2007). The curse of knowledge in reasoning about false beliefs. *Psychological Science*, **18**, 382−386.

Broomfield, K. A., Robinson, E. J., & Robinson, W. P. (2002). Children's understanding about white lies. *British Journal of Developmental Psychology*, **20**, 47−65.

Cheung, H., Siu, T. C., & Chen, L. (2015). The roles of liar intention, lie content, and theory of mind in children's evaluation of lies. *Journal of Experimental Child Psychology*, **132**, 1−13.

Devine, R. T., & Hughes, C. (2013). Silent films and strange stories : Theory of mind, gender, and social experiences in middle childhood. *Child Development*, **84**, 989–1003.

Filippova, E., & Astington, J. W. (2008). Further development in social reasoning revealed in discourse irony understanding. *Child Development*, **79**, 126–138.

Fu, G., Heyman, G. D., Chen, G., Liu, P., & Lee, K. (2015). Children trust people who lie to benefit others. *Journal of Experimental Child Psychology*, **129**, 127–139.

Fu, G., Xiao, W. S., Killen, M., & Lee, K. (2014). Moral judgment and its relation to second-order theory of mind. *Developmental Psychology*, **50**, 2085–2092.

古見文一. (2013). ロールプレイ体験がマインドリーディングの活性化に及ぼす効果の発達的研究. 発達心理学研究, **24**, 308–317.

Grueneisen, S., Wyman, E., & Tomasello, M. (2015). "I know you don't know I know…" : Children use second-order false-belief reasoning for peer coordination. *Child Development*, **86**, 287–293.

Happé, F. G. E. (1994). An advanced test of theory of mind : Understanding of story characters' thoughts and feelings by able autistic, mentally handicapped, and normal children and adults. *Journal of Autism and Developmental Disorders*, **24**, 129–154.

Hayashi, H. (2007). Children's moral judgments of commission and omission based on their understanding of second-order mental states. *Japanese Psychological Research*, **49**, 261–274.

林　創. (2016). 子どもの社会的な心の発達：コミュニケーションのめばえと深まり. 東京：金子書房.

Hayashi, H. (2017). Young children's difficulty with deception in a conflict situation. *International Journal of Behavioral Development*, **41**, 175–184.

Hayashi, H., & Shiomi, Y. (2015). Do children understand that people selectively conceal or express emotion? *International Journal of Behavioral Development*, **39**, 1–8.

Heavey, L., Phillips, W., Baron-Cohen, S., & Rutter, M. (2000). The Awkward Moments Test : A naturalistic measure of social understanding in autism. *Journal of Autism and Developmental Disorders*, **30**, 225–236.

Hughes, C. (2016). Theory of mind grows up : Reflections on new research on theory of mind in middle childhood and adolescence. *Journal of Experimental Child Psychology*, **149**, 1–5.

Huizinga, M., Dolan, C. V., & van der Molen, M. W. (2006). Age-related change in executive function : Developmental trends and a latent variable analysis. *Neuropsychologia*, **44**, 2017–2036.

Kaland, N., Møller-Nielsen, A., Callesen, K., Mortensen, E. L., Gottlieb, D., & Smith, L. (2002). A new 'advanced' test of theory of mind : Evidence from children and adolescents with Asperger syndrome. *Journal of Child Psychology and Psychiatry*, **43**, 517–528.

Lecce, S., & Bianco, F. (2016). 「心の理論」の訓練：介入の有効性（溝川　藍，訳）. 子安増生（編），「心の理論」から学ぶ発達の基礎：教育・保育・自閉症理解への道（pp.143–159）. 京都：ミネルヴァ書房.（Lecce, S., & Bianco, F. (2016). Training of theory of mind in school aged children : The effect of intervention.）

Leekam, S. (1991). Jokes and lies : Children's understanding of intentional falsehood. In A. Whiten (Ed.), *Natural theories of mind : Evolution, development and simulation of everyday mindreading*（pp.159–174）. Oxford, UK : Basil Blackwell.

Lin, S., Keysar, B., & Epley, N. (2010). Reflexively mindblind : Using theory of mind to interpret behavior requires effortful attention. *Journal of Experimental Social Psychology*, **46**, 551–556.

松井智子. (2009). 知識の呪縛からの解放：言語による意図理解の発達. 開　一夫・長谷川寿一（編），ソーシャルブレインズ：自己と他者を認知する脳（pp.217–244）. 東京：東京大学出版会.

Miller, S. (2012). *Theory of mind : Beyond the preschool years*. New York : Psychology Press.

溝川　藍. (2013). *幼児期・児童期の感情表出の調整と他者の心の理解：対人コミュニケーションの基礎の発達*. 京都：ナカニシヤ出版.

内藤美加. (2011). "心の理論"の概念変化：普遍性から社会文化的構成へ. *心理学評論*, **54**, 249-263.

Naito, M., & Seki, Y. (2009). The relationship between second-order false belief and display rules reasoning : The integration of cognitive and affective social understanding. *Developmental Science*, **12**, 150-164.

岡本真一郎. (2016). *悪意の心理学：悪口，嘘，ヘイト・スピーチ*. 東京：中央公論新社 (中公新書).

Osterhaus, C., Koerber, S., & Sodian, B. (2016). Scaling of advanced theory-of-mind tasks. *Child Development*, **87**, 1971-1991.

Perner, J., & Wimmer, H. (1985). "John *thinks* that Mary *thinks* that..." attribution of second-order beliefs by 5- to 10-year-old children. *Journal of Experimental Child Psychology*, **39**, 437-471.

Quintanilla, L., & Giménez-Dasí, M. (2017). Children's understanding of depreciation in scenarios of envy and modesty. *European Journal of Developmental Psychology*, **14**, 281-294.

澤田匡人. (2006). *子どもの妬み感情とその対処*. 東京：新曜社.

Shiverick, S. M., & Moore, C. F. (2007). Second-order beliefs about intention and children's attributions of sociomoral judgment. *Journal of Experimental Child Psychology*, **97**, 44-60.

Sullivan, K., Zaitchik, D., & Tager-Flusberg, H. (1994). Preschoolers can attribute second-order beliefs. *Developmental Psychology*, **30**, 395-402.

Symeonidou, I., Dumontheil, I., Chow, W. Y., & Breheny, R. (2016). Development of online use of theory of mind during adolescence : An eye-tracking study. *Journal of Experimental Child Psychology*, **149**, 81-97.

Talwar, V., Gordon, H. M., & Lee, K. (2007). Lying in the elementary school years : Verbal deception and its relation to second-order belief understanding. *Developmental Psychology*, **43**, 804-810.

田村綾菜. (2013). *謝罪と罪悪感の認知発達心理学*. 京都：ナカニシヤ出版.

Wang, Z., Devine, R. T., Wong, K. K., & Hughes, C. (2016). Theory of mind and executive function during middle childhood across cultures. *Journal of Experimental Child Psychology*, **149**, 6-22.

Weimer, A. A., Parault Dowds, S. J., Fabricius, W. V., Schwanenflugel, P. J., & Suh, G. W. (2017). Development of constructivist theory of mind from middle childhood to early adulthood and its relation to social cognition and behavior. *Journal of Experimental Child Psychology*, **154**, 28-45.

White, S., Hill, E., Happé, F., & Frith, U. (2009). Revisiting the Strange Stories : Revealing mentalizing impairments in autism. *Child Development*, **80**, 1097-1117.

第16章
語用論的コミュニケーション

松井智子

「ことばと意味とは一対一で対応していると思っていた。一つの文に二つ以上の意味があるなんて考えたこともないから，耳にした文がそのまま語り手の意図だと信じて疑わなかった」

(リアン・ホリデー・ウィリー『アスペルガー的人生』Willey, 1999/2002, p.22)

本章では近年国内外の発達心理学研究において注目されている「語用論的コミュニケーション」の概念を説明し，その発達と障害についてこれまでに明らかにされていることを概観する。第1節では語用論的コミュニケーションと言語の意味解釈との違いを確認する。第2節では，語用論的コミュニケーションを特徴づける聞き手による伝達意図の理解と推論的解釈について，関連性理論の枠組みを用いて概説する。第3節では，語用論的コミュニケーションの発達と障害についてこれまでの研究結果に触れながら概観する。

第1節　語用論的コミュニケーションとは

1　言葉の意味と話し手の意味の区別

次の会話をみてほしい。論文提出締め切りが近い大学院生と教員の会話である。

教授　　　「論文の執筆は進んでいますか？」
大学院生　「すみません，なかなか時間がとれなくて……」
教授　　　「もうすぐゴールデンウィークですね」
大学院生　「はい，友だちと沖縄に行くので，楽しみです！」

この短い会話は，一見前半は大学院生の論文についての話で，後半は連休につい

ての世間話をしているかのようにみえるかもしれない。しかし何かしら書き物の締め切りに追われる経験のある人には，教授が発した「もうすぐゴールデンウィークですね」という一言が，この文脈においては決して世間話ではないことが想像できるのではないだろうか。論文の執筆が遅れているなら，ゴールデンウィークは自分の部屋にこもって論文を書き進めなさい，という大学院生に対する指導の意味で教授が発した一言であったと解釈できるのではないか。しかし，上の会話例では，大学院生のほうは，まったくその意図を汲み取っておらず，世間話として受け止めている。それは，教授の「もうすぐゴールデンウィークですね」という一言が，「もうすぐ来るゴールデンウィークに論文を書き進めなさい」という直球的な言い方にくらべて，聞き手に解釈を委ねる非常に間接的な言い方になっているからである。

　このように，私たちは日常会話に言語を用いているけれども，たいていの場合，話し手は言語の意味以上のことを聞き手に伝えようとしている。聞き手は，話し手が言ったことを解釈する際，言葉にされていない話し手の意図や態度，感情などを推測する必要がある。つまり，聞き手は言葉を通して話し手が伝えようとしていること（話し手の意味）を理解するために，言語情報がもつ意味（言内の意味）に加え，言語情報に含まれていない意味（言外の意味）を推論的に解釈しなければならない。この章では，日常会話のように，典型的に言語（意味をもつ記号）を媒介としたコミュニケーションにおいて，言外の意味の解釈が鍵となるコミュニケーションを「語用論的コミュニケーション」と呼ぶことにする。意味が広く共有されているジェスチャーなども，言語と同様に意味をもつ記号としてとらえることができるが，本章では言語を用いたコミュニケーションに焦点を当てることにする。日常会話以外にも，メールや SNS を用いたやりとりや，文書による伝達も語用論的コミュニケーションに含まれる。じつは，人間のコミュニケーションのほとんどが語用論的コミュニケーションだといっても過言ではない。語用論的コミュニケーションの特徴について以下でより詳細に説明しよう。

2　語用論的コミュニケーションと推論

　人間は生物の中で唯一体系的な言語を獲得しただけでなく，その言語を用いて社会的な情報交換をするようになった。人間が社会的な情報交換において用いる言語的メッセージは「発話」と呼ばれている。その発話解釈のメカニズムを研究する分野として，1970 年代から「語用論」が言語学の一部として発展してきた。その礎を築いたのは哲学者である。たとえばオースティン（Austin, J. L.）がコミュ

第 16 章　語用論的コミュニケーション　205

ニケーションを言語行為としてとらえることを発表したのが1962年，グライス（Grice, H. P.）が発話の解釈には推論が不可欠であることを発表したのが1975年である。このグライスの論文が発表されて以来，コミュニケーションにおける推論の働きは語用論の主要な研究対象となった。語用論の理論の中でも，とくにグライスの仮説を継承し，認知的なメカニズムを研究対象とする「関連性理論」（relevance theory）は，言語学の中でも心理学に近いアプローチをとっている。

　人間の発話解釈の特徴は，言語的情報を手がかりとしながらも，それ以上に推論に依存するところが大きいことである（松井，2013）。先の例でもみたように，日常会話は言語を媒介としたコミュニケーションの典型であるが，じつは言語情報は話者が伝えたいことのほんの一部しか伝えることができないのである。言語情報と話者が伝えたいと思っていることの間にはギャップがあるため，聞き手はそのギャップを推論によって埋めなければならない。

　関連性理論をはじめとする語用論の理論的研究の目的は，推論をベースにした人間の発話解釈のメカニズムを認知心理学的に妥当な理論を用いて説明することにある（Sperber & Wilson, 1995 ; Wilson & Sperber, 2012）。1980年代から1990年代までは，関連性理論の研究は理論的なものが中心であったが，その後，より心理学的な手法を用いる研究も増え始めている。仮説検証型の心理学的実験の手法は，関連性理論を含め，語用論理論の原理に基づく仮説の妥当性を検証するのに適しているといえるだろう。

　近年，関連性理論はこれまで主に発達心理学や哲学の領域で研究されてきた「心の理論」に着目し，発話解釈に必要な推論の心理的な基盤として心の理論を位置づけている（Sperber & Wilson, 2002）。心の理論は，自己や他者の心的状態を推論的に把握する人間に固有な能力とされる（子安，2000 ; Wellman, 1990）。この心の理論とコミュニケーションにおける意図解釈の関連は深いと考えられている。その一方で，より最近になって，心の理論とは別に，「認識的警戒心」（epistemic vigilance）と呼ばれる心理的プロセスが人間のコミュニケーションには不可欠であるという提案が関連性理論の立場から出されている（Sperber et al., 2010）。認識的警戒心は，発話解釈の際，話し手が信頼できる相手かどうかや，発話内容のつじつまは合っているかなどを判断するために不可欠な能力とされている。さらに時期を同じくして，発達心理学的な立場から，明示的な伝達意図の認識こそがコミュニケーションはもちろん，教育と学習をも可能にする人間特有の能力であるという仮説が出されている（Csibra & Gergely, 2009）。この仮説は「生得的教育」（natural pedagogy）仮説として心理学でも着目されているが，語用論的コミュニケーショ

ンの早期の発達に関する重要な仮説としても位置づけることができるだろう。

第2節　伝達意図の理解と推論的発話解釈

1　明示的伝達意図

　関連性理論が説明しようとする発話解釈のメカニズムは，「意図明示的コミュニケーション」に限られる（Sperber & Wilson 1995）。意図明示的コミュニケーションとは，話し手の「伝達意図」が話し手と聞き手の双方に明らかに示されている状況の中で情報伝達が行われるコミュニケーションのことである。

　関連性理論は，意図明示的コミュニケーションに以下のようなふたつの意図が介在すると考えている。

（1）**情報意図**：（話し手が）聞き手に何らかの情報を知らせる意図
（2）**伝達意図**：（話し手が）聞き手に何らかの情報を知らせる意図があることを
　　　（話し手が）聞き手に知らせる意図

日常会話の典型的な形は，話し手の情報意図と伝達意図の両方が，話し手と聞き手の間で相互に確認できる形，すなわち意図明示的コミュニケーションの形態である。ただし実際のコミュニケーションの状況では，話し手が伝えようとしていなかった情報がたまたま聞き手に読み取られてしまうことや，聞き手に情報を伝えたいという意図を話し手がもっていることを，聞き手には隠しておきたいと話し手が思っていて，その意図を隠して情報だけが聞き手に届くようにすることもありうる。このような場合，話し手の伝達意図は意図的に隠されていると考えられる。今日のインターネットを介したコミュニケーションの中では，発信者が明らかではない情報の伝達が日常茶飯事のように起こっている。このタイプの情報伝達は，発信者の伝達意図が非明示的であるコミュニケーションとしてとらえることができる。

　そのうえで関連性理論は，人間のコミュニケーション能力は進化の結果備わったもので，とくに伝達意図が介在する意図明示的コミュニケーションに対応するべくデザインされたものだと仮定する。そして人間の意図明示的コミュニケーションにおいて，以下のような関連性の伝達原理が成立すると提案している。

　関連性の伝達原理：発話を含めた意図明示的な刺激は，それ自体が最適な関連

第16章　語用論的コミュニケーション　**207**

性をもつものであることを期待させる。

　この原理の鍵となるのは「意図明示的な刺激」と「最適な関連性」の概念である。意図明示的な刺激の典型例は先に述べたとおり，話し手が伝達意図をもっていることが話し手と聞き手の両者に認識できる状況でなされる発話である。最適な関連性をもつ刺激とは，端的にいうと，その刺激が伝える情報を処理した結果，聞き手にとって知識の改善という認知的な効果をもたらすものである。ただし，情報処理に要する労力はあまりかからないという条件がつく。最終的には処理労力（支出）と認知的効果（報酬）のバランスがとれていて，労力の無駄使いをしたという意識を聞き手がもたない刺激が，最適な関連性をもつ刺激ということになる。つまり，聞き手にとって関連性の高い情報というのは，少ない処理労力で，聞き手の知識の改善をもたらす新情報ということになる。

　　関連性の伝達原理が言わんとしていることは次のようなことである。聞き手は話し手の伝達意図を認識すると，話し手がこれから自分に伝えようとしている情報が，最終的には自分の知識の改善という認知的な効果をもたらし，そしてその情報を処理するにはあまり労力がかからないはずだという期待をもつ。言い換えれば，発話が最適な関連性をもっているということへの期待である。さらにそのような期待をもった聞き手は，情報処理にかかる労力を低く抑えようとして，効率性を重視した，次のような発話解釈をすることが予想される。

関連性理論に基づく解釈プロセス：
（1）情報の認知効果を計算するのに処理労力が最小限になるようなルートをとること。解釈の仮説（あいまい性の除去，指示表現の特定，推意の特定など）はアクセシビリティ（入手しやすさ）の高い順にそって試すこと。
（2）関連性の期待が満たされたところで解釈を終了すること。

　関連性の伝達原理は，コミュニケーションにおいて話し手が自分の伝達意図を聞き手と共有することが，情報に対する聞き手の関心，期待を高め，聞き手の発話解釈を促進することを予測する。言い換えれば，伝達意図が介在しないコミュニケーションでは，情報が関連性をもつものであるという期待を聞き手がもつという保証はない。そもそも話し手の意図を理解することを目的とした発話解釈プロセスが開始するには，聞き手による話し手の伝達意図の認識が不可欠なのである。

2 推論的発話解釈の心理的基盤1──心の理論

これまでは，意図明示的コミュニケーションという表現で語用論的コミュニケーションを説明してきた。語用論的コミュニケーションを説明するのに不可欠なもうひとつの概念が「推論的発話解釈」である。ここでは「心の理論」の概念に触れながら，推論的発話解釈について簡単に説明しておこう。

関連性理論では，言語の意味を手がかりにして，話し手が意図した発話解釈を聞き手が導き出すためには社会的な推論が必要であると仮定する。さらに発話解釈に必要な社会的推論を可能にするのは，人間がもつ生得的な能力だと仮定する。近年になって，その推論能力が哲学や発達心理学で 1980 年代から研究されてきた「心の理論」と呼ばれる社会的推論能力に近いものであるという提案がなされている（Sperber & Wilson, 2002）。

心の理論とは，与えられた状況から自己や他者の思考や信念を推測することに加え，複数の心的状態を比較したり，心的状態と行動との関係を説明したりするのに必要な社会的なメタ表象能力のことである（Perner, 1991）。心の理論の詳細な説明については第 13 章を参照されたい。心の理論を対象とした研究は多数に上るが，近年，言語獲得前の乳児にも他者の行動から他者の信念を推測することができることを示唆する研究が増え，社会的推論能力の生得性を支持する証拠が増えつつある（Onishi & Baillargeon, 2005 ; Surian et al., 2007）。その一方で，乳児のもつ社会的推論能力と 5 歳児，8 歳児のもつ能力は大きく異なっていることも長年の研究の示すところである。言い換えれば，心の理論は時間をかけて発達するものなのである。

関連性理論が仮定しているように，心の理論，すなわち社会的推論能力の発達が，言葉の意味とはかけはなれた話し手の意図を理解することと密接な関係にあることが明らかになりつつある。たとえば，心の理論のこれまでの研究により，子どもが一次的な信念を理解するのは 5 歳くらい，二次的な信念を理解するのは 8 歳くらいであることがわかっている。一方，語用論的コミュニケーションの発達については，子どもは 5 歳くらいまでに「嘘」（欺き）が理解できるようになり，8 歳頃に「皮肉」の理解が可能になることが明らかになっている。このような子どもの発達に着目し，「嘘」の理解には一次的な信念の理解が，皮肉の理解には，二次的な信念の理解がそれぞれ心理的な基盤になっているという仮説が出されている。このような仮説を含め，幼児期以降の心の理論と語用論的コミュニケーションの発達の関係については，第 15 章で詳しく述べられているので，そちらを参照していただきたい。

3 推論的発話解釈の心理的基盤 2——認識的警戒心

　聞き手にとってコミュニケーションのメリットは，話し手から受け取る情報が自己の知識の改善につながることである。聞き手が処理労力を費やして話し手の意図した解釈を見出そうとするのはそのためである。しかし，ここで注意しなければならないのは，話し手は常に善意のもとにコミュニケーションをしているとは限らないということである。相手を騙そうという意図を話し手がもっている場合，聞き手がそれに気づかなければまんまと騙されてしまうことになる。当然これは聞き手にとっては大きなデメリットである。一方，話し手が善意のもとに自分の信じていることを伝えている場合でも，話し手自身の知識が間違っている場合もありうる。話し手に悪意はないが，聞き手がその間違った情報を信じてしまった場合，それもまた聞き手にとってはデメリットに違いない。

　スペルベルほか（Sperber et al., 2010）によると，人間は聞き手としてできるだけコミュニケーションから生じるデメリットを避けるように進化してきたとされる。進化の結果，人間は「認識的警戒心」をもちえたのである。認識的警戒心をもつ聞き手は，必ずしも話し手が言わんとすることをすべて信じるわけではない。話し手の意図を推測する際，話し手が何を信じているか，何を知っているか，すなわち話し手の知的能力の高さを推測し，それを手がかりに意図された解釈を導き出すと考えられている。そして進化した聞き手にとって，「発話の解釈」と「解釈の受容」は2つの独立したプロセスとなったのである。人間以外の動物のコミュニケーションにおいては，解釈されたメッセージが自動的に受容されるため，解釈と受容が切り離されたコミュニケーションは人間に固有なプロセスということができる。

　このように考えると，語用論的コミュニケーションにおいて，聞き手は以下の2つのことを同時に行っていると考えられる。発話解釈において発話の関連性を見出すことと，解釈を受容するか否かを決めるために発話の信頼性を評価することである。発話の信頼性は情報源である話し手の信頼性で決まる場合と，発話の内容自体の信頼性で決まる場合がある。話し手の信頼性の決め手となるのは，話し手個人の能力と善意である。一方，発話内容の信頼性は，論証の妥当性や証拠の信憑性など，客観的な基準で評価される。

　近年の発達心理学の研究により，話し手の信頼性の評価は単純な基準を使えば2〜3歳くらいからできるようになり，年齢が上がるにつれてより洗練された能力をもつようになることがわかりつつある（Birch et al., 2010；Koenig & Harris, 2005；Matsui et al., 2006；Matsui et al., 2016）。発話内容の信頼性についても，5歳から判断が

できるようになることがわかってきている。次節では，まずこれらの研究を含めて，0歳から3歳までの語用論的コミュニケーションの萌芽期の発達についてみていくことにする。その次に，近年自閉スペクトラム症との関連で注目されている「社会的（語用論的）コミュニケーション症」についてわかっていることを概観したい。

第3節　語用論的コミュニケーションの発達と障害

1　伝達意図の認識

　言語獲得前の乳児期において，語用論的コミュニケーションの萌芽としてとらえられる発達がいくつかみられる。そのひとつが明示的な伝達意図の理解である。聞き手が話し手の伝達意図を認識し，伝達された情報を処理し受容する能力が生得的なものであるという「生得的教育」仮説については冒頭で触れたとおりである。その仮説を検証するために，言語を理解する前の乳児を対象にして行われた実験を紹介しよう。千住とチブラ（Senju & Csibra 2008）は，注視時間を指標とした実験で，6カ月児が話し手の視線や声かけから，伝達意図を察知するかどうかを検証している。実験のひとつは，自分に向けられた相手の視線から参加児が相手の伝達意図を理解できるかどうかをみるものであった。この実験には2つの条件があり，参加児は各自そのどちらかに振り分けられた。ひとつの条件では，参加児の注意を喚起する場面で，画面上の女性は子どものほうに顔を向けて子どもの目をしっかり見ていた。しかしもうひとつの条件では，画面上の女性は顔を下に向けていて子どもの目を見ていなかった。どちらの条件でも，「注意喚起場面」に続いて，女性が目をやったものに参加児も目をやることが期待される「視線追従場面」がモニター上に提示された。この場面で女性は2つの新奇なおもちゃのどちらかに目をやっていた。この「視線追従場面」で子どもが女性の見たおもちゃを，見なかったおもちゃよりも先に見る，あるいはより長く注視すれば，女性の伝達意図が子どもに伝わったとみなされた。

　この実験の結果，女性が子どもと目を合わせた条件では，参加児は女性が見たおもちゃを最初に見たことに加え，それを長い時間注視したことがわかった。しかし，女性が子どもの目を見なかった条件では，そのようなことは起こらなかった。このことから，生後6カ月で，子どもは相手の視線から伝達意図を理解することが強く示唆された。千住とチブラの論文では，子どもにわかりやすい「マザリーズ」と呼ばれる母親のような高い声で声をかけた場合にも，6カ月児が相手

の伝達意図を理解し，相手の見たおもちゃを長く注視したことも報告されている。対照的に，大人同士の会話で使われるような低い声で声をかけた場合には，そのような反応は示さなかったそうである。話し手は聞き手の認知能力に合わせて，相手が認識できる方法で伝達意図を伝える必要があるということを再確認させられる実験結果である。

2 共同注意

伝達意図の認識に加えて，乳児期のコミュニケーションの発達の鍵となるのが生後9カ月から12カ月の頃に獲得される「共同注意」である。共同注意の発達の詳細については，第12章を参照されたい。生後9カ月より前には，乳児は自分と相手の存在を意識した二者間のコミュニケーションが可能である。9カ月を過ぎる頃になると，自分と相手の存在に加えて，自分と相手が注意を向けている第三者（人や物）を意識することができるようになり，三者を介したコミュニケーションができるようになる。「共同注意」とは，この三者間のコミュニケーションを可能にする社会認知能力である。相手が自分に注意を向けてほしいと思っているものや人（第三者）に注意を向けることができる能力のことである。私たちがコミュニケーションと呼んでいる情報のやりとりには，この三者間のコミュニケーションの形が基本となるため，9カ月から12カ月の頃に，人間はコミュニケーションの心理的な基盤を獲得すると考えることができるだろう。共同注意の獲得は，コミュニケーションの心理的基盤であると同時に，学習のための心理的基盤でもある。乳児期の共同注意の獲得が語彙獲得を促進することはよく知られている。たとえば，カーペンターらの研究は，母親と子どもが共同注意に使った時間が，子どもの言語発達とジェスチャーによるコミュニケーション能力の発達と相関していたことを明らかにしている（Carpenter et al., 1998）。

生後12カ月を過ぎると，子どもは話し手の視線から，話し手が何を指して言葉を発しているのかという「指示的意図」を理解し語彙学習に生かすことができるようになる（Vaish et al., 2011）。安定してその能力を使えるようになる18カ月から24カ月の時期は，語彙の数が爆発的に増える時期でもある（Baldwin, 1991, 1993）。語彙学習期の子どもは，毎日の生活の中で身近な大人が使っている言葉と，それが指すものを結びつけて，新しい語彙を学習する。子どもは大人の使う音声言語とそれが指すものを，推論によって結びつけなければならない。たとえばまだ「スプーン」という音が何を指すかわからない乳児にとっては，テーブルの上にあるすべてのものが「スプーン」になりうる可能性がある。そのような状況のな

かで，どれが「スプーン」であるかを判断するには，推論が必要だ。語彙学習期の子どもにとっては，話をしている大人の視線や表情，声の調子，指さしなどがこの推論の手がかりとなっている。たとえば母親の視線を追うことによって，スプーンと呼ばれるものがテーブルの上のどこにあるのかがわかり，母親の視線の先にあるものとスプーンという音声を結びつけて語彙として学習することができるようになる。逆に，これらの手がかりをうまく使えないうちは，語彙学習が成立しないのである。

　視線に加えて乳幼児が語彙学習に使う重要な手がかりが指さしである。子ども自身が指さしを始めるのは 11 カ月頃である（Butterworth, 2003）。しかし，相手の指さしから指示的意図を理解し始めるのは 13 カ月頃からのようだ（Gliga & Csibra, 2009）。その後 2 歳になる頃までに，子どもは話し手の指さしを語彙学習の重要な手がかりとして使えるようになる。グラスマンとトマセロ（Grassman & Tomasello, 2010）の実験によると，指さしは語彙学習期の子どもが話し手の指示的意図を推測するのに優先的に使う手がかりのようである。この実験では，子どもがすでに名前を知っているもの（コップ）とまだ知らないもの（ドアストッパー）が机の上に置かれている状態で，子どもがまだ名前を知らないもの（ドアストッパー）を指さしながら実験者が「コップを取って」と子どもにたのんだ。2 歳児と 4 歳児は，「コップ」という語彙を知っていたのにもかかわらず，コップではなく，実験者が指さしをした，名前を知らないドアストッパーの方を取って渡したのである。この年齢の子どもたちは，話し手の指示的意図を理解するのに，言語情報（コップという名前）よりも，話し手の指さしを優先したと考えられる。

3　推論的発話解釈

　ここまで視線や指さし，あるいは使われた言葉から，子どもが話し手の意図や態度をどのように理解するかを調べる研究についてみてきた。ここからは少し視点を変えて，言葉にならない話し手の意図や態度をどのように理解するのかについて考えてみたい。まずは子どもが言葉にならない話し手の意図をいつごろから理解するのかを調べた最近の発達研究を紹介しておこう。シュルツほか（Schulze et al., 2013）は，3 歳児に次のようなパペットのやりとりを見せた。

　パペット　「とってもおなかがすいているの。何か食べたいわ」
　実験者　　「それならここにロールパンとシリアルがあるわ。どっちにする？」
　パペット　「牛乳がきれてるの」

この会話シーンを見ていた子どもは、そのあと実験者からロールパンとシリアルのどちらかをパペットにあげてほしいとたのまれた。実験者は、子どもがシリアルを食べるのには牛乳が欠かせないことを知っていれば、牛乳がきれていると言ったパペットにシリアルを渡すはずはないと予測していた。実験の結果、半数以上の3歳児がシリアルではなくロールパンを渡したことがわかった。このことから、自分の知識の範囲で理解できる内容であれば、3歳児でも言葉の裏にある話し手の意図を理解することができると結論づけられた。

4 認識的警戒心の発達

　認識的警戒心の発達に関する研究も近年増えている。子どもは3歳までに、言語的な手がかりから、話し手の態度を推測することができるようになるようである。ここではそのような研究をひとつ紹介しよう。松井ほか（Matsui et al., 2016）の実験は、語彙学習パラダイムを用いて、3歳児が日本語の文末助詞の「（だ）よ」（自信があることを示す）と「かな」（自信がないことを示す）を手がかりにして、話し手が自信をもって話をしているかどうかを推測し、さらに自信のない話し手の言っていることを信用しないという判断もできることを明らかにしている。「（だ）よ」条件では、実験者は新奇なおもちゃで子どもと遊ぶときには「こうやって遊ぶんだよ」と遊び方を教え、新奇な名前を教えるときには「これがトマだよ」と自信をもって教えた。それに対して「かな」条件では、「こうやって遊ぶのかな」「これがトマかな」と終始自信なさそうな話し方をした。実験の結果、3歳児も4歳児も「（だ）よ」条件では新奇語を学習したのに対して、「かな」条件ではしなかった。このことから、3歳児は文末助詞から相手の自信のあるなしを聞き分けて、自信があると思われた人の言うことは受け入れ、自信がないと判断した人の言うことは受け入れない（学習しない）ということが示された。欧米の研究でも、3歳児は明らかに知識がない話し手や、自信がなさそうな話し手から何かを教えてもらってもそれを学習することはないという研究結果が多く出されていることから、話し手の知識を基準にして社会的情報を受容するか却下するかと判断する力は、普遍的な発達を遂げると考えられる。

5 社会的（語用論的）コミュニケーション症

　会話に代表される語用論的コミュニケーションにおいて、聞き手は言葉にならない話し手の意図や態度を推論的に理解する。しかし、日々の会話の中で、言葉にならない意図や態度を推測することが非常に困難となる発達障害がある。従来、

自閉スペクトラム症がそのような発達障害として知られていた。定型発達児であれば，1歳から2歳の間には，視線や言葉がけなどから話し手の伝達意図を理解し，共同注意を達成することができるようになることは先にみたとおりである。そしてこれらの早期に獲得される社会的能力が，その後の語彙学習を促進すると考えられている。しかし自閉スペクトラム症の子どもたちには同様の社会的能力の発達がみられず，そのために語彙学習が困難となるようだ（Baron-Cohen et al. 1997；Leekam et al., 2000）。プレイスラーとケアリー（Preissler & Carey, 2005）の以下の研究でもそのことが確認されている。子どもの前にまだ名前を知らない新奇なものがふたつ並んでいる。実験者が「トマを取って」と子どもにたのむのだが，その言葉を聞いただけでは，どちらがトマかわからない，あいまいな状況が意図的に作られている。そこで実験者はふたつのもののうち，ひとつだけに目をやりながら「トマを取って」と子どもにたのむ。この場面で実験者の視線を追うことによって，視線の先にあるものが「トマ」であると推測できれば，それを取って渡せばよいことになる。実験の結果，定型発達の2歳児のほとんどが視線を手がかりに正しい選択をすることができた。しかし自閉スペクトラム症の小学生にはそれができなかったのである。

　このような伝達意図の理解や共同注意などといったコミュニケーションの萌芽期の発達に遅れがみられることが，子どもの自閉スペクトラム症の診断のきっかけとなることは少なくない。そしてその後言語が獲得できたとしても，自閉スペクトラム症の場合，言葉にならない話し手の意図や態度の理解が難しいことは生涯変わらないため，社会的な適応が困難となることが多い。

　一方，2013年に出された米国の精神医学会の新しい診断基準（Diagnostic and Statistical Manual of Mental Disorders : DSM-5）によると，自閉スペクトラム症の特徴であるこだわり行動や知覚過敏がみられず，言語力を含めて知的には遅れがない（あるいはむしろ高い知能をもつ）にもかかわらず，語用論的コミュニケーションには著しい困難をもつ場合，「社会的（語用論的）コミュニケーション症」として診断され，自閉スペクトラム症とは区別されることになった。しかし実際のところ，この2つを厳密に区別することは難しいことも指摘されている。たとえば常同的な言語表現の使用は自閉スペクトラム症の診断基準であるが，社会的（語用論的）コミュニケーション症の診断基準にもなっており，基準の重複が問題視されている。現在，社会的（語用論的）コミュニケーション症のバイオロジカルマーカーは見つからず，診断のゴールデンスタンダードもほとんどない。この新たな障害と自閉スペクトラム症を区別する基準を確定するには，医師や臨床家と語用論的コ

ミュニケーション研究者との共同研究が早急に必要であろう。

まとめと展望

　本章ではこれまでの語用論的コミュニケーションの理論的および発達心理学的研究を概観した。これらの研究からみえてきたことは，理論的な研究と仮説検証型の実験の相互的な発展の可能性である。相手の伝達意図を認識することが，語用論的コミュニケーションの鍵であるとする理論的仮説（関連性の伝達原理）は，発達心理学的研究に必要な理論的な枠組みを提供する。逆に本章で紹介したような発達心理学的な実験は，理論的仮説の妥当性を多面的にテストする役割を担う。本章で概観したような研究が少しずつ増えつつある中，語用論的コミュニケーションの発達研究は今後さらに発展することが期待される。コミュニケーションに問題を抱える子どもたちが少なからず存在する現代，今後の語用論的コミュニケーションの発達研究は，学問的な意義に加えて，社会的教育的な問題解決に向けて応用可能な成果を提供するというゴールも担うだろう。その意味で，今後の研究においては，研究と実践の場の交流，基礎研究と臨床研究の協力が鍵となると思われる。

引用文献 ···

Baldwin, D. A. (1991). Infants' contribution to the achievement of joint reference. *Child Development*, **62**, 875-890.

Baldwin, D. A. (1993). Early referential understanding : Infants' ability to recognize referential acts for what they are. *Developmental Psychology*, **29**, 832-843.

Baron-Cohen, S., Baldwin, D. A., & Crowson, M. (1997). Do children with autism use the speaker's direction of gaze strategy to crack the code of language? *Child Development*, **68**, 48-57.

Birch, S. A. J., Akmal, N., & Frampton, K. L. (2010). Two-year-olds are vigilant of others' non-verbal cues to credibility. *Developmental Science*, **13**, 363-369.

Butterworth, G. (2003). Pointing is the royal road to language for babies. In S. Kita (Ed.), *Pointing : Where language, culture, and cognition meet* (pp.9-33). Mahwah, NJ : Lawrence Erlbaum Associates.

Carpenter, M., Nagell, K., & Tomasello, M. (1998). Social cognition, joint attention, and communicative competence from 9 to 15 months of age. *Monographs of the Society for Research in Child Development*, 63 (4, Serial No. 255).

Csibra, G., & Gergely, G. (2009). Natural pedagogy. *Trends in Cognitive Sciences*, **13**, 148-153.

Gliga, T., & Csibra, G. (2009). One-year-old infants appreciate the referential nature of deictic gestures and words. *Psychological Science*, **20**, 347-353.

Grassmann, S., & Tomasello, M. (2010). Young children follow pointing over words in interpreting acts of reference. *Developmental Science*, **13**, 252-263.

Koenig, M., & Harris, P. L. (2005). Preschoolers mistrust ignorant and inaccurate speakers. *Child*

Development, **76**, 1261−1277.

子安増生．（2000）．*心の理論：心を読む心の科学*．東京：岩波書店．

Leekam, S. R., López, B., & Moore, C.（2000）. Attention and joint attention in preschool children with autism. *Developmental Psychology*, **36**, 261−273.

松井智子．（2013）．*子どものうそ，大人の皮肉*．東京：岩波書店．

Matsui, T., Yamamoto, T., & McCagg, P.（2006）. On the role of language in children's early understanding of others as epistemic beings. *Cognitive Development*, **21**, 158−173.

Matsui, T., Yamamoto, T., Miura, Y., & McCagg, P.（2016）. Young children's early sensitivity to linguistic indications of speaker certainty in their selective word learning. *Lingua*, **175−176**, 83−96.

Onishi, K. H., & Baillargeon, R.（2005）. Do 15-month-old infants understand false beliefs? *Science*, **308**, 255−258.

Perner, J.（1991）. *Understanding the representational mind*. Cambridge, MA : MIT Press.

Preissler, M. A., & Carey, S.（2005）. The role of inferences about referential intent in word learning : Evidence from autism. *Cognition*, **97**, B13−B23.

Schulze, C., Grassmann, S., & Tomasello, M.（2013）. 3-year-old children make relevance inferences in indirect verbal communication. *Child Development*, **84**, 2079−2093.

Senju, A., & Csibra, G.（2008）. Gaze following in human infants depends on communicative signals. *Current Biology*, **18**, 668−671.

Sperber, D., Clément, F., Heintz, C., Mascaro, O., Mercier, H., Origgi, G., et al.（2010）. Epistemic vigilance. *Mind and Language*, **25**, 359−393.

Sperber, D., & Wilson, D.（1995）. *Relevance : Communication and cognition*（2nd ed.）. Oxford, UK : Blackwell.

Sperber, D., & Wilson, D.（2002）. Pragmatics, modularity and mind-reading. *Mind and Language*, **17**, 3−23.

Surian, L., Caldi, S., & Sperber, D.（2007）. Attribution of beliefs by 13-month-old infants. *Psychological Science*, **18**, 580−586.

Vaish, A., Demir, Ö. E., & Baldwin, D. A.（2011）. Thirteen- and 18-month-old infants recognize when they need referential information. *Social Development*, **20**, 431−449.

Wellman, H. M.（1990）. *The child's theory of mind*. Cambridge, MA : MIT Press.

Willey, L. H.（2002）. *アスペルガー的人生*（ニキ・リンコ，訳）．東京：東京書籍．（Willey, L. H.（1999）. *Pretending to be normal : Living with Asperger's syndrome*. London : J. Kingsley.）

Wilson, D., & Sperber, D.（2012）. *Meaning and relevance*. Cambridge, UK : Cambridge University Press.

第Ⅳ部
社会的相互作用

第17章
社会的相互作用とは：
共有表象を生み出す基盤

大藪　泰

　一人の乳児といったものは存在しない。(There is no such thing as an infant.)
ウィニコット（D. W. Winnicott, 1965）

　人間は個体としての生命を生き，関係としての生活を生きる。人の生命は他者
と截然と切り離された個々の身体に宿る。しかし，同時に，その生命活動は，他
者とのかかわりを本来的に志向する。

　人間の精神機能に特有な能力は，他者と表象を共有する能力である。眼前に存
在しない対象を想い浮かべ，その表象を共有しあうという高次な精神活動は，誕
生して1年を過ぎる頃，子どもに日常的な活動として現れる。人間には他者と表
象を共有することを可能にさせるプログラムが生得的に備えられている (Legerstee,
2013)。しかし，その生得的なプログラムは，生育環境と無関係に発現するわけ
ではない。それは，適切な環境条件との出会いによって誘発されるように仕組ま
れている。遺伝的にプログラムされた生得的な能力は，生育環境の重要性を低め
るのではなく，むしろ高めるのである。

　人間の精神発達の特徴は，人と物に対して能動的にかかわり，その関係活動か
ら取り込んだ情報を利用して，より高次な段階に向けて精神機能を創発させてい
くことにある。乳児は，養育者との社会的相互作用を経験することによって，他
者と表象を共有するために備わる生得的なプログラムを活性化し実現させていく
のである。

第1節　乳児の有能性の発見

　子どもの精神発達の基盤を社会的相互作用にあるととらえ，心理学が子どもと
母親との相互作用を本格的に研究し始めたのは，20世紀の中頃，今から半世紀

余り前のことに過ぎない。それは乳児がもつ能力に対する見方が大きく変革した時代であった（Lerner, 2010）。

　かつて，人の乳児は無能だと信じられてきた。たとえば，ほぼ1世紀前に活躍したアメリカの心理学者ウィリアム・ジェームズ（James, W.）は，乳児の心の世界を「途方もなく騒々しく混乱」した状態だとし，精神分析の創始者フロイト（Freud, S.）も，乳児は「刺激障壁」によって外界から遮断され，自分の欲求を充足させる対象の幻覚を見ているとした（Adamson, 1995/1999 ; Stern, 1985/1989）。強化や消去によって人間の行動を理解しようとした行動主義心理学も，乳児に能動的な主体を見出すことはなく，親から社会的行動を詰め込まれる空の容器だとした（Bornstein, 2015）。また，人間の胎児の脳の巨大化とその脳を支える身体の大型化が生理的早産をもたらし，それが母親による長期間の養育を必要とする新生児を誕生させるとした生物学者ポルトマン（Portmann, A.）の進化論的主張は先見的であったが，彼もまた乳児は胎児の未熟さを持続させると論じていた（藤永，1992）。いずれも20世紀前半の無能な乳児観を支えた主張である。

　1960年代になり，乳児の行動を高い精度で測定できる方法が開発されると，心理学者は，誕生直後から，混乱も幻覚もなく，組織的な感覚運動活動を行っている新生児に出会うことになる。人の新生児は，「活動的で，刺激探索的，そして創造的な仕方で世界を構成する」（Emde & Robinson, 1979）存在であることが見出された。この乳児の初期能力の発見は，乳児と母親が双方向的に影響しており，その相互作用が乳児の社会的能力の発達に重要な役割を演じるという視点を生み出した（Bell, 1968 ; Rheingold, 1969など）。母親とやりとりができない無能（incompetent）な乳児は，社会的相互作用ができる有能（competent）な乳児へと生まれ変わったのである（Stone et al., 1973）。

第2節　親子の社会的相互作用の構成要因

　親子の社会的相互作用は力動的な現象である。それは個別の要因に還元して説明できる現象ではない。しかし，社会的相互作用に影響する構成要因を理解する視点は欠かせない。本節では，親子相互作用の理解に必要とされる親と乳児の主要な特徴をみておきたい。

1　乳児の感覚と情動能力

1960年前後から，新生児の視覚能力が明らかになり始めた。身体が静止して

視覚能力が鋭敏になる覚醒期（alert inactivity）が見出され（Wolff, 1959など），この状態にある新生児を対象に，刺激対象への注視時間が「選好注視法」や「馴化－脱馴化法」というよく統制された実験方法を用いて測定され始めたからである。そうした研究は，新生児が周囲の現象を能動的に探索し，運動，輪郭，コントラスト，曲線，一定レベルの複雑さをもつ図柄に視線を向けやすいことを見出した。とくに，図柄を構成する要素が人の顔らしく配置された場合に選好されることが明らかにされた（Fantz, 1961; Fantz & Miranda, 1975など）。

　聴覚能力については，胎児が子宮内で音刺激を聞いていることが心拍の増速現象から知られていた（Bernard & Sontak, 1947）。やがて，吸啜行動を利用した実験研究から，新生児が音素に基づいて言語音を聞き分けることが証明された（Eimas et al., 1971など）。また，新生児は他児の母親より自分の母親の声を選好し（DeCasper & Fifer, 1980），泣きも母親の声によってなだめられやすいことが明らかにされた（Bremner, 1988）。

　新生児の表出行動にも研究者の目が向けられ，他の霊長類にはない豊かな情動表現の存在が注目された（Wolff, 1987など）。泣き（crying）と微笑（smiling）はその典型であり（Emde & Harmon, 1972など），どちらも養育者の注意を引きつけ，コミュニケーションのための主要な手段として知られ，アタッチメントの形成に重要な役割を演じている（大藪，1992）。

　人間の新生児が備えるこうした鋭敏で人志向性の強い感覚運動と豊かな情動活動には，やがて相互に力動的に結びつく開放性と創発性が潜在している。情動と感覚のハイブリッドな結びつきは，人との高次な関係を構築させる「情動知」（大藪，2013, 2014など）として機能し，きわめて特異で複雑な社会的相互作用を展開する基盤として働くことになる。

2　乳児の気質

　乳児には，強く泣いてなだめにくい子も，穏やかに泣いてなだめやすい子もいる。「気質（temperament）」とは，こうした反応性（reactivity）と自己調整（self-regulation）の個人差である（Rothbart, 2011など）。気質は，一般に生得的な情動構造とみなされるが，胎児期の母体環境や周産期要因によっても影響される（Riese, 1990など）。

　乳児の気質の先駆け的研究は，トマスとチェスによって1956年に着手されたニューヨーク縦断研究であった（Thomas & Chess, 1980/1981）。この研究は，親のしつけと子どもの臨床症状との間に一対一の直線的関係がないという臨床経験に由

来する。彼らは，子どもの精神発達が環境から受動的に影響されるものではない
とし，乳児は誕生直後から能動的な行為の主体として環境と出会っており，その
精神発達は個に特有な気質特性と環境との力動的な相互作用によって生じると主
張した。子どもの気質特性と環境（主として養育環境）との「適合のよさ（goodness
-of-fit）」の重要性が指摘されたのである。

　新生児の気質的ないら立ちやすさ（irritability）は，母親の感受性や応答性をネ
ガティブな方向に誘導しやすい（van den Boom & Hoeksma, 1994 など）。一方，この
いら立ちやすさは養育者のかかわり方によって変化することも知られている。時
間をかけてじっくりと面倒を見てくれる母親に育てられると，いら立ちやすさは
緩和される（Sander, 1969）。母親は乳児の気質に適切に対応しようとする柔軟性を
もつ（Bornstein, 2015）。しかし，養育者がその柔軟性を欠くとき，乳児の精神発達
には歪みが生じる。乳児と養育者との相互作用は，子どもに備わる気質要因とも
関係しながら進行する複雑で力動的なプロセスである。

3　親のメンタライジング

　子どもと親との相互作用は，親の養育行動の違いによって異なる。養育者とし
ての有能感が高い親は，その役割を適切にとろうとし，子どもの発達を促すよう
に振る舞いやすい。また，養育者としての有能感の高さは，親の役割を果たすこ
とへの幸福感を高め，肯定的な情動を基盤にした相互作用を作り出しやすい
（Bornstein, 2015）。

　親の養育行動に影響する要因の一つに「メンタライジング（mentalizing）」能力
がある。メンタライジングとは，自他の行動と内的な精神状態との結びつきを理
解し解釈する能力である（Allen et al., 2008/2014）。親のメンタライジング能力の高
さは，乳児の精神状態への気づきを促し，適切な応答を可能にさせる。

　たとえば，激しい泣きに出会ったとき，メンタライジング能力の高い親は，乳
児の表情や声からその内的状態を適切に読み取り，共鳴しながら情動状態を「鏡
映化（mirroring）」させる。鏡映化には，乳児の情動の映し返しと，親自身の情動
の映し出しがある（有標性：markedness）。そこでは，乳児の不快な内的状態に共
鳴する親と，乳児を安心させようといたわりの気持ちを表現する親が同時に登場
する。こうした共感的な応答には，情動を調整する働きがあり，情動が安定した
乳児は親との円滑な相互作用を回復させる。

　他方，メンタライジング能力が低い親の場合，乳児の泣きに誘発されて生じる
激化した情動を適切にメンタライジングできず，湧き起こる怒りの情動を乳児に

直接表出するといった振る舞いが生じやすい。そのとき，自我境界が脆弱な乳児は，親の激しい情動に押しつぶされ，身動きができなくなる。圧倒され，親と情動を共有するルートを失った乳児は，調整されないまま放置され，統合された心の働きを喪失する。それは，親に対する安心感や，親との安定した相互作用を阻害し，乳児の心の健康な発達を傷つけやすい。

4　乳児のアタッチメント

「アタッチメント（attachment）」とは，人が特定の他者に対して築く親密な情緒的な結びつき（emotional bond）であり，子どもは不安や危険を感じるとアタッチメント対象のもとへ逃げ帰る。こうしたアタッチメント行動により不安が軽減されれば，外界への探索動機が喚起され，不安が高まれば，探索行動が抑制されてアタッチメント行動がさらに活性化される。

20世紀前半，精神分析と学習理論は，母子関係の起源を，母親の子どもへの授乳や食事の提供がもたらす口唇欲求の充足に求めた。しかし，ローレンツ（Lorenz, K. Z.）やハーロー（Harlow, H. F.）による動物の行動観察研究の影響を受けた精神分析医ボウルビィは，人間の乳児にも特定の対象との近接を求め，これを維持しようとする行動特徴があることを見出し，アタッチメントは乳児と母親との相互作用によって形成されるとした（Bowlby, 1969/1976）。

アタッチメント行動と探索行動をバランスよく利用できる安定したアタッチメント形成は，乳児のシグナルに気づき，それを正しく解釈し，タイミングよく応答する感受性の高い母親との間で生じるとされた（Ainsworth et al., 1978）。近年，母親の感受性がもつ安定したアタッチメント形成に対する説明力の弱さが明らかになり，親のメンタライジング能力が乳児のアタッチメント関係の形成に果たす重要性が指摘されるようになった。親のメンタライジング能力の高さが，子どもに安定したアタッチメントを生み出し，子どもの安定したアタッチメントが親のメンタライジング能力をさらに高めていく（Allen et al., 2008/2014）。親のメンタライジング能力は，子どもと親との情動的な交流を安定させ，自他の精神世界に対する子どものメンタライジング能力を発達させていくのである。

安定したアタッチメントは，困難な課題に直面したとき，子どもに安心感を喪失させず，適切な解決に必要な方策を模索し，異なる考えや視点を柔軟に探索させることを可能にする。逆境に直面した子どもに，自らの内面世界に視線を向けて解決策を探索する自由と，他者に援助を求め，それを受け入れる自由とを保証するのである（Grossmann et al., 1999）。

5　乳児の社会脳

近年,「社会脳（social brain）」という表現で, 他者とのかかわりを円滑に進行させる特殊な能力領域が人の脳に存在することが明らかにされた。この領域特殊な能力は, 人がもつ刺激に鋭敏に反応し, 社会的相互作用を支援すると当時に, 社会的相互作用を経験しながら発達してもいく（Legerstee, 2013）。

社会的相互作用を促進させる脳の働きの一つに「ミラーニューロン（mirror neuron）」がある。これは同じ行動の知覚情報にも運動情報にも同等の反応をするニューロンである。このニューロンには, 自分と相手の行為を神経表象のレベルで共有することにより社会的相互作用を支える働きがあるが, 近年, 自他の行為の照合にとどまらず, 他者の情動を自分の情動のように感じさせる機能の存在が指摘されている（明和, 2014）。それは, 動作, 意図, 感情, 情動の意味を他者と共有することにより, 他者と同一視し, 相互に心を結びつけようとする働きが脳に存在することを示唆する（Gallese, 2009）。ミラーニューロンの活性化によって「共有表象（shared representation）」が生みだされ, それが他者の身体の動きだけでなく, 行動の理由（意図）を理解させる起源になる可能性がある（Legerstee, 2013）。またリーバマン（Lieberman, 2007）は脳の活動パターンを問題にし, 脳の前頭部の活動が, 自己に注意を向けるか他者に注意を向けるかではなく, 注意を自己と他者の内的世界に向けるか外的世界（とりわけ視覚的世界）に向けるかに対応することを指摘している。

人間の脳は, 自他の心の働きの理解を共通する領域で担うことによって, 他者の心を読むことを可能にした。脳は共鳴しあう身体, つまり感覚・運動・情動を使って複雑な社会的相互作用を生み出し, それを経験しながら, さらに高次な働きを創発させていく。

6　進化と文化

人間の社会的相互作用には多くの要因が関係しており, その理解には, 行動や脳科学的な視点だけではなく, 進化的な視点や文化的な視点も必要になる。

新生児の聴覚は, 人間の発話周波数帯にある音声, とりわけ高音域の語りかけに鋭敏に反応するように進化しており（Cooper & Aslin, 1990）, 多くの文化圏の母親がこの新生児の反応を利用する。乳児に話しかけるときには, ハイピッチで尻上がり, 明瞭な発音, 休止時間を長くとった語りかけをしており,「マザリーズ（motherese）」と呼ばれてきた（Fernald et al., 1989）。こうした特徴は動作にも現れ, 母親の行動は単純化された繰り返しが多く, やりとりの流れに応じて中断されや

すい。「モーショニーズ（motionese）」といわれる現象であるが，動作が適切な区切りでまとまるので，その意図が乳児にとって理解しやすくなる（Brand et al., 2002）。

親の行動は文化の違いによって異なることも多い。親は自分の行動と子どもの行動を意味づけしながら，子どもとの関係作りをする。親が養育行動をどのように意味づけるかは，文化によって異なっている。たとえば，アルゼンチン，ベルギー，イタリア，イスラエル，アメリカ，日本の母親に対して，泣いている子どもをなだめることができたとき，その原因は母親の養育行動に起因するのか，それとも乳児の気質によるのかといったことを尋ねると，日本の母親は他のどの国の母親よりも育児能力に対する自己評価が低く，子どもが泣きやんだときにはその原因を子どもの気質的な属性に求めることが多い（Bornstein, 2015）。こうした文化的な違いをもつ親との日々の社会的相互作用を経験しながら，子どもはその文化に特有な精神構造を形成していくのである（東，1994 など）。

第3節　社会的認知発達の基盤としての社会的相互作用

乳児は親と相互作用しながら，社会的認知，つまり自己や他者への気づき，また物がもつ意味を他者と共有する能力，を発達させる。情動交流を基盤に意味世界を共有しあう親との相互作用経験が，乳児に注意主体としての他者や注意対象としての自己への気づきと，人が作り出した意味の集合体である文化への参入を可能にさせる。

従来の認知論モデルでは，概念的な表象能力の獲得が，乳児に社会的認知を可能にさせると論じられた。しかし近年，親との情動を基盤にした相互作用が乳児に自己感や他者感，また他者との共有表象を発生させ，その発達を促すと主張されるようになった。この情動関係論モデルでは，乳児は自他の「情動共鳴」を基盤にした相互作用によって，自分の情動や自分のように感じられる他者の情動に気づいていく（Reddy, 2003 など）。

人間の乳児に備わる社会脳は，生得的にもつ情動と認知の能力を高次化させて，人の心を理解しようとしたと推測される。人の乳児は，情動という原始的な心の機能をも利用して自他の心に気づこうとしたのだろう。それゆえ，人の乳児の情動は，非常に豊かで強いものになったのである（Wolff, 1987）。なぜなら，身体内で生じる強く豊かな情動反応は，乳児の注意をその反応に気づかせ，それを対象化させやすくするからである（Legerstee, 2005/2014）。自分の情動反応への気づきは，

自己への気づきを生み出す基盤である。同時に，情動には同質の情動反応を親の身体に引き起こす働きがある。この情動共鳴には，自らの情動への気づきを基盤にして「自分のような（like-me）」相手の心の世界に対する気づきを生み出す働きがある。

　情動の共鳴現象とは，乳児の情動が親から映し返される現象である（Stern, 1985/1989）。この情動の「鏡映化（mirroring）」には，乳児に親の身体上で自分の情動を再体験させる働きがある。情動を再体験することによって，乳児は自己に対する気づきをさらに深め，同時に自他の違いを明確化させていく。鏡映される反応には親自身の情動も映し出されており，自分の行動と似てはいるが同じものではない（有標性）。乳児は，親と情動的な交流を重ねながら，親が「自分ではない（different-from-me）」ことにも気づこうとする。他者と適切な関係を築くためには，自分の独立性を確保しなければならないからである。そこには自他の混同を回避しようとする知的な働きがある（大藪，2016）。乳児は，自他の心の世界を重ね合わせる情動の働きと，その世界を切り分ける静観的な認知の働きを同時に使って人の心を理解しようとするのである。

　乳児はこうした情動の働きと認知の働きを使って自他の心をメンタライジングしようとする。自他の心の存在に気づき，その世界の理解を可能にした人の心の有能性は，情動能力と静観的な認知能力を有効に結びつけ，行動の背後にあるものを見抜こうとしたことに由来する。対象と重なりあおうとする「情動性」と，対象から距離をとりその特徴に気づこうとする「静観性」は，一体化し，同じ対象を志向する。乳児の情動は親の情動と自動的に共鳴しあうことで，静観は親の振る舞いがもつ意味を冷静に見つめることで，どちらも親の心との距離を縮めながら，その心の世界に気づき，理解しようとしたのである。人間が進化の過程で獲得したこの「情動知」は，親との相互作用で活用され，同時に育まれてもいく（大藪，2016 など）。

　次に，こうした乳児の社会的認知とその基底にある情動知の発達にみられるポイントを，間主観性という視点から記述してみたい。

1　第一次間主観性期

　他者と情動を基盤に交流することによって，相手の主体に気づき，やりとりを相互に調整しあう現象を「間主観性」という。生後半年頃までの乳児は，この間主観性を母親との間で展開するとされる。トレヴァーセンは，この間主観性を「第一次間主観性（primary intersubjectivity）」と呼んだ（Trevarthen, 1979/1989）。

新生児と母親との間には，すでに間主観性の萌芽的現象がみられる。新生児の行動の基盤にはリズム構造がある。たとえば，栄養摂取時に口唇で生じる吸啜行動（sucking）には，吸啜期（burst）と休止期（pause）が交互に生じる。これは人の新生児に特有な現象である。母親は，乳児が吸啜をやめ，休止期に入ると，乳房や哺乳瓶を短時間揺すって静止させ，吸啜が再開されるのを待つ（Kaye, 1979/1989）。そこには母子の身体運動による順番構造がある。母親は，新生児の吸啜－休止活動に自らの行動を調律的に対応させながら，新生児との間でコミュニケーション構造を作り出している。トレヴァーセンは，こうした母子間でみられる身体運動や情動そしてコミュニケーションの時間的な力動的次元を「音楽性（musicality）」と呼び，新生児は母親との相互作用を経験しながら，母親の振る舞いに付随する時間的輪郭を共有していくとする（Trevarthen & Delafield-Butt, 2013）。

　こうしたリズム構造の形成は，母親の語りかけでも生じている。母親は，新生児の行動に潜在する気分や気持ちをメンタライジングし，その気分や気持ちに寄り添うように語りかける。新生児の何気ない振る舞いを観察し，そこに意図を感じ取り，意味づけをして語りかけ，そしてその応答を待つ（鯨岡, 1997）。そこにも会話のような交替構造が現れている。この交替構造は，第三者の視点からみれば，母親が新生児の行動を勝手に意味づけた一方的な語りかけのようにみえる。しかし，乳児の行動が対人的な交流場面で意味を獲得するためには，母親によるこうした意味創出の作業が不可欠である（増山, 1991）。養育者は，新生児の声や顔の表情，手や足の動きを単なる身体運動として理解しているのではない。

　生まれて1カ月が過ぎる頃，乳児は母親と目と目をしっかり合わせ，情動を豊かに共有させながら相互作用を活発に展開させることが可能になる。乳児と母親とが一体になり，あたかもダンスを踊るような相互作用が現れ始める（Legerstee, 2005/2014）。母親が微笑めば，乳児にも自然に微笑みが生じ，乳児が語りかけるように声を出せば，母親もまた乳児にやさしく語りかける（Stern, 1985/1989）。すでに論じたように，こうした相互作用場面で，乳児は自他の心の世界を重ね合わせようとする情動の働きと，その世界を切り離そうとする認知の働きを使って人の心を理解しようとする。乳児は，自己と他者の存在の違いに気づきながら，他者の情動や自分の情動を共有する体験を深めていく。それは，自分の心の世界と他者の心の世界を相互に共有し合う世界へと向かって踏み出した心の営みである。

　生後3カ月を過ぎると，乳児の胸上にモノが登場しやすくなる。離乳食場面はその典型である。母親がスプーンで食事を与える場面では，乳児はしきりに母親の顔とスプーン，そしてそのスプーンを持つ自分の手に視線を向ける様子が観察

される。母親の方でも，スプーンを差し出しながら，乳児の気持ちを間主観的に感じ取り，その振る舞いに合わせるように，語りかけ，笑みを向け，うなずいてみせる。それは母親が乳児と情動を交流させながら注意を結び合わせようとする特異な振る舞いである。乳児はその母親の振る舞いに巻き込まれ，お互いの注意の結び目（結節点）に自らの注意を集中させていく（大藪，2004）。トレヴァーセンもまた，こうした乳児と母親の交流領域を「共律動的フロンティア（synrhythmic 'frontier'）」と呼んでいる（Trevarthen & Delafield-Butt, 2013）。母親が乳児に食事を提供するスプーンは，自分と母親とを結びつける共有物であり，乳児はそのスプーンに母親を感じ取っていくのである。

第一次間主観性期は「二項関係」期ともいわれる（Legerstee, 2005/2014 など）。〈乳児−物〉，〈乳児−他者〉という二項での交流が目立つ時期だからである。しかし，上述したように，母親との間には情動を基盤にした交流ルートに結節点という「項」が存在する。乳児が物に手を伸ばして把握する頃になると，母親はこの結節点に物を提示し始め，乳児は母親と物に同時にかかわる場面を多く経験する。乳児は，母親との対面軸上で，注意を持続させる情動的な支持を母親から受けながら，母親と一緒に物を「共同注意（joint attention）」する関係，つまり三項関係をすでに経験している（大藪，2004）。そしてその経験は，他者と物との関係や，物に対する他者の認識世界への萌芽的気づきを乳児に与えているのである（川田，2014；Legerstee, 2005/2014, 2013）。

2 第二次間主観性期

第一次間主観性を基盤にした相互作用を経験した乳児は，生後9カ月以降，自らの意図で親と物を共有する新たな間主観性を創発させる（大藪，2004；Tomasello, 1999/2006 など）。乳児は，親との対面軸外の空間にある対象物を見て，その存在を確認するかのように親の顔に能動的に視線を向け始める。この人と物に対する視線交替の背後には，親が物に意図的にかかわる主体であることの理解の深まりがある。乳児は主体としての親と自他の世界を積極的に共有し合おうとするのである。この〈乳児−物−他者〉という「三項関係」を構成する間主観的関係を「第二次間主観性（secondary intersubjectivity）」という（Trevarthen & Hubley, 1978/1989）。

「意図（intention）」の理解は，霊長類でも可能なものがある。人間の社会的認知能力の高さは，意図理解に加え，意図を他者と共有する能力を獲得したことにある（Tomasello, 1999/2006）。人間は，意図とその目標を他者と共有することによって，相互に協働しながら目標を達成する能力を発達させてきた。その萌芽的

活動は，第二次間主観性期に明確に出現する。養育者と一緒に積み木で遊んでいる子どもの様子を観察してみよう。そこでは，積み木を積んで塔を作るという自分の目標だけでなく，相手の目標にも気づき，それに対応した互恵的な振る舞いがみられる。たとえば，養育者が積む番になると，その顔を見上げ積み木を手渡して助けようとしたり，養育者が探している積み木を見つけると指をさして教えようとしたりする。また，養育者が積むのをやめると，目を見たり声を出したりしながら積み木を渡して積ませようとする。

　こうした協働活動を可能にさせるのは，自分と相手との目標と意図を自らのフォーマットの中で表象し，それを鳥瞰的な視点から共有し，その場で必要な役割を理解し実行する能力である。人間の乳児は，自分の目標を達成すればよいのではない。お互いが有益な成果を得るために，自他の意図や目標を共有し，自らを振り返り，行動計画を調整しようとする。その基盤には，情動の共有によって相手の心の世界と重なりあい，同時に，静観的な認知能力の働きによって自他の心の世界が違うことに気づかせる情動知の働きが存在すると考えられる。

　事実，近年，他者の認識世界に気づき，その気づきを利用して対応しようとする行動調整力の存在が1歳過ぎの子どもを対象にした実験的な観察研究によって見出されてきている。2つの実験を紹介してみたい。

　「合理的模倣」の実験では，両手を見せ手が使える状態と，両手をブランケットで被い手が使えない状態のいずれかの条件で，例示者が額で触ってライトを点けてみせている。すると，14カ月児では手が使える条件のほうで額押し模倣をすることが多かった。手が使えるはずの例示者が手を使わずに額を使ったのには，何か理由があるはずだ。14カ月児は直観的にそう理解し，その理由を模倣することによって確かめようとしたのだろうと推測されている（Gergely et al., 2002）。

　次に，共同注意場面の有無を利用した他者の「経験知」理解の実験をみてみたい。子どもは，2つの異なる玩具を1つずつ使って実験者と一緒に遊んだ。もう一つ別の玩具は，自分一人で遊んだので，実験者は見ることができなかった。その後，それら3つの玩具がトレイに並べられて乳児の前に置かれた。そこへ退室していた実験者が部屋に戻り，その3つの玩具を見て驚きながら，「ちょうだい」と言い，子どもに向けて手を差し出してみせた。すると，12カ月児は，自分は見て知っているが，実験者は見ていないので知らない玩具を手渡すことが多かった。つまり，12カ月児は，共同注意の場面で他者の視点に立ち，他者が経験によって獲得する情報が自分のものとは異なることに直観的に気づき，実験者が見ていない玩具を選択したのである（Tomasello & Haberl, 2003）。そこには，自他の表

象世界の違いに気づき，他者の行動の意図を他者自身の表象世界に基づいて理解し，自分の行動を適切に調整しようとする乳児が存在する。

この合理的模倣と他者の経験知の理解は，本邦の子どもでも確認されている。しかし，本邦の場合，どちらの実験でも，その能力の出現は半年ほど遅くなる（犬塚・大藪，2015；大藪，2015）。その理由として，きわめて鋭敏な情動知を備える乳児が，異なる育児文化をもつ母親との社会的相互作用を経験するとき，乳児の社会的認知能力の発達はその文化に特有なルートをたどる可能性があることを指摘できる（大藪，2016）。

第4節　四項関係としての社会的相互作用

生後15〜18カ月頃までに，多くの子どもが言語的シンボルを理解し使用し始める。ゼラゾーは，「シンボル（symbol）」を，ある対象を表象するために意図的に使用され，指示対象との表象関係が内省的に気づかれているものとしている（Zelazo, 2004）。言語的なシンボルであるためには，シンボルを他者と共有する能力も必要とされる。子どもが人とシンボルを共有するとき，〈子ども−物／シンボル−他者〉という「四項関係」が成立する。

指さし，とりわけ「叙述の指さし（declarative pointing）」は，初期のシンボリックな行動の典型である。この行動の背後には，指示される対象を表象する行為の意図的な使用と気づきがあり，さらに注意と関心を共有する主体としての他者理解が存在する。叙述の指さしをする12カ月児は，相手が無反応な場合だけでなく，指さされた物を見るだけのときも，また相手が肯定的な情動表現をしながら自分を見つめただけでも満足せず，指さしを繰り返してみせる。相手のそうした行動は，子どもが求めようと意図した反応ではないからである。子どもは，相手が肯定的な情動を表現しながら，指さされた物と子どもとの間で視線を交替させたときにはじめて満足する（Liszkowski et al., 2004）。子どもの指さしは，他者との共有関係を明確に志向するシンボリックな表象行為なのである。

何かを別の物に見立てる遊びはシンボリックな遊びである。たとえば，積み木を車に見立てて遊ぶとき，積み木は車のシンボルである。「ブーブー」と言いながら積み木を押している他者を見た子どもが，積み木を使って同じように振る舞いながら他者の顔を見て微笑むとき，その子は積み木に表象された車の意味を他者と共有しながら遊んでいる。それは，人間が文化として構築してきた意味世界へ参入する試みであり，「文化学習（cultural learning）」という人間に固有な精神活

動（Tomasello, 1999/2006 など）の入り口に立つ行動である。

　子どもが自ら積み木を耳にあて，電話に見立てて遊びだせば，それは意味世界の能動的な拡張であり，文化を創出する心の働きの原型である。この創造的行為としての想像遊びが生じるのは，自らが創出した行為と他者の行為とのズレに対する気づきが生み出す面白さ，その快の情動に子どもが気づけるからである。また，ズレを表現してみせたときの他者の驚きや喜びの表現に出会い，その快情動を共有でき，さらにその共有感が自らの快感情をさらに増幅させるからである。そうした自己体験と他者との共有体験の基盤には，共有情動と静観認知を力動的に機能させる情動知の働きが存在する。この情動知の働きのもとで，子どもの遊びには，文化継承と文化創出という人間の心の根源的な営みの萌芽的機能が現れてくるのである（大藪，2018）。

　言葉は，最も恣意性が高いシンボルである。積み木と自動車はどちらも物であり，形が似ており，その間には類縁性がある。「ブーブー」という幼児語はエンジン音を模しており，そこにもまだ類縁性が残されている。しかし，「クルマ」という音声と自動車の間に類縁性はない。子どもはこうした類縁性がない言葉を，指示対象と結びつけて学習する。しかし，クルマという音声と自動車を機械的に結びつけて記憶するのではない。人間の子どもは，自動車を見ながらクルマという音声を発する人も，自動車やクルマという音声も，そのすべてを共有する鳥瞰的な視点に立って学習することができる。それゆえ，子どもの面前にある自動車が，自分から見れば「これ」であるが，他者から見れば「それ」であることや，子どもが自動車の玩具を他者に渡す行為が，自分から見れば「あげる」であるが，他者から見れば「もらう」であることを容易に理解できるのである（大藪，2018）。

　子どもは，他者との社会的相互作用の経験の中から，精神活動を共有する領域にシンボルを組み込み，シンボルという表象世界を他者と共有しながら自在に操作することが可能になる。それは，〈子ども－物／シンボル－他者〉という四項関係であり，この関係が構築されるがゆえに，子どもはシンボルを使って，現在だけではなく，過去や未来という時間領域にある事柄も，また眼前にはない空間領域にある事柄に対しても操作を可能にする精神活動を実現させてきた。人間の精神活動が特有で優れた働きをもつのは，三項関係を超えて，表象を共有する四項関係が創出されてくるからである。そして，その創出には，乳児に備わる情動知と他者との間主観的な社会的相互作用が欠かせないのである。

おわりに

　人間の身体には，きわめて鋭敏で豊かな情動と，自他の情動が共鳴しあう仕組みが組み込まれている。共鳴しあう情動は，自他を間主観的に通じあわせ，両者に同型的な心を生み出してくる。この同型的な心の働きは，相手の情動体験を自らの情動を通して理解する基底層を作り出す。人間の心は，この基底層の出現により，身体運動の背後に潜在する他者の情動活動を，いきいきと感知し，対象化することを可能にしたのである（大藪，2014）。

　情動は原始的な精神機能だとされる。人間の情動もその機能を引き継いでいるのは間違いない。しかし，人の情動は，進化の過程で他者との協調的な関係を構築しようとする高次な仕組みを獲得してきた。たとえば，近年の乳児研究は，まだ言葉のない赤ちゃんが自他の精神世界を情動レベルで対象化できる可能性を示唆している（Legestee, 2005/2014）。人間の乳児の心には，情動という原始的な力動的変化に気づく精神機能が有効に働いているのである。そこには，他者の心に自分の心を重ねながら，同時に，その重なった世界から距離をとり，鳥瞰的な視点から自他の心を再帰的に対象化して見つめる仕組みが出現し始めている。この認知的な働きを静観的機能と呼ぶことはすでに紹介した。原始的な精神機能であった人の情動は，進化の過程で，鳥瞰的で再帰的な認識を可能にする認識能力と結びつき，高次な精神機能を獲得してきたのである。その精神機能が「情動知」である。

　情動知は，他の個体との複雑な関係を生きようとする人間にとってきわめて重要なスキルである。従来，このスキルの発達は「社会化（socialization）」として論じられてきた。しかし，人間の社会的活動は，単に他者とのやりとりがスムーズに運べばよいというものではない。人間が社会化するためには，文化という意味世界を，他者から受け継ぎ，共有する働きがなければならないからである。それゆえ，人が営む他者との社会的相互作用の発達は，単なる社会化の発達ではない。その基底には，「文化化（enculturation）」と表現するべき現象（Tomasello, 1999/2006）が進行しているからである。

　文化という意味共有世界の原型は，人の社会的相互作用でみられる情動の共有にあると推測される。なぜなら，人の相互作用場面で出現する「自己－物－他者」という共同注意には，情動共有によって生じる精神世界が基底層として存在するからである。この基底層を第四項と命名すれば，人間の共同注意は三項関係

ではなく，四項関係として機能している。こうした特徴をもつ共同注意は他の動物には非常に希少だと思われる。

　誕生直後から他者との共有世界の構築を促す情動によるさまざまなレベルの間主観的関係が，人に特有な共同注意を生み出してくるのであり，その逆ではない。従来の「自己−物−他者」という三項関係にもとづく共同注意論でも意図や文化は論じられてきた。しかし，人間の共同注意は，「自己−物／間主観的情報（情動・意図・意味・文化など）−他者」という四項関係として明示されるべきであろう。人間の精神発達に特有な現象を理解するためには，間主観的情報という第四項についての探究をさらに深く行う必要があると考えられるからである（大藪，2014）。

　人間の共同注意は，情動を基盤にした第四項を基底に置く関係世界を成立させる精神機能をもつがゆえに，物に対する共同注意だけでなく，他者の心に潜在する表象世界を対象にする共同注意，つまり共有表象の存在を可能にさせたのであろう。そして，それは自己と他者の心の世界の理解水準を飛躍的に高める働きをしたのである（大藪，2009）。文化化に強く動機づけられた人間は，対象物を視覚的に共同注意するだけではなく，その共有世界に自他の表象世界の共有を組み込んだ特異な関係世界を生きることを要請された存在である（大藪，2013）。

　人間の社会的相互作用では，乳児期からその生涯にわたって，第四項の存在が通奏低音として響き続けるように思われる。乳児期の親子の社会的相互作用は，単に乳児と親との生物的な個体の出会いと情報交換の場ではない。それは，人の表象共有を育む場であり，人類が引き継いできた進化と文化が交差する場でもある。

引用文献 ……………………………………………………………………………………………

Adamson, L. B.（1999）．乳児のコミュニケーション発達：ことばが獲得されるまで（大藪泰・田中みどり，訳）．東京：川島書店．(Adamson, L. B.（1995）．*Communication development during infancy*. Boulder, CO：Westview Press.)

Ainsworth, M. D. S., Blehar, M. C., Waters, E., & Wall, S.（1978）．*Patterns of attachment : A psychological study of the strange situation*. Hillsdale, NJ：Lawrence Erlbaum Associates.

Allen, J. G., Fonagy, P., & Bateman, A. W.（2014）．メンタライジングの理論と臨床：精神分析・愛着理論・精神発達病理学の統合（狩野力八郎，監修）．京都：北大路書房．(Allen, J. G., Fonagy, P., & Bateman, A. W.（2008）．*Mentalizing in clinical practice*. Washington, D. C.：American Psychiatric Publishing.)

東　洋．（1994）．*日本人のしつけと教育：発達の日米比較にもとづいて*．東京：東京大学出版会．

Bell, R. Q.（1968）．A reinterpretation of the direction of effects in studies of socialization. *Psychological*

Review, **75**, 81-95.

Bernard, J., & Sontak, L. W.（1947）. Fetal reactivity to tonal stimulation : A preliminary report. *Journal of Genetic Psychology*, **70**, 205-210.

Bornstein, M. H.（2015）. Children's parents. In R. H. Lerner（Ed.）, *Handbook of child psychology and developmental science : Vol. 4. Ecological settings and processes*（7th ed., pp.55-132）. New York : Wiley.

Bowlby, J.（1976）. *母子関係の理論：1 愛着行動*（黒田実郎・大羽　蓁・岡田洋子，訳）. 東京：岩崎学術出版社.（Bowlby, J.（1969）. *Attachment and loss : Vol. 1. Attachment*. London : Hogarth Press.）

Brand, R. J., Baldwin, D. A., & Ashburn, L. A.（2002）. Evidence for 'motionese' : Modifications in mothers' infant-directed action. *Developmental Science*, **5**, 72-83.

Bremner, J. G.（1988）. *Infancy*. Oxford, UK : Basil Blackwell.

Cooper, R. P., & Aslin, R. N.（1990）. Preference for infant-directed speech in the first month after birth. *Child Development*, **61**, 1584-1595.

DeCasper, A. J., & Fifer, W. P.（1980）. Of human bonding : Newborns prefer their mothers' voices. *Science*, **208**, 1174-1176.

Eimas, P. D., Siqueland, E. R., Jusczyk, P. W., & Vigorito, J.（1971）. Speech perception in infants. *Science*, **171**, 303-306.

Emde, R. N., & Harmon, R. J.（1972）. Endogenous and exogenous smiling systems in early infancy. *Journal of the American Academy of Child Psychiatry*, **11**, 177-200.

Emde, R. N., & Robinson, J.（1979）. The first two months : Recent research in developmental psychobiology and the changing view of the newborn. In J. Noshpitz（Ed.）, *Basic handbook of child psychiatry : Vol. 1. Development*（pp.72-105）. New York : Basic Books.

Fantz, R. L.（1961）. The origin of form perception. *Scientific American*, **204**, 66-72.

Fantz, R. L., & Miranda, S. B.（1975）. Newborn infant attention to form of contour. *Child Development*, **46**, 224-228.

Fernald, A., Taeschner, T., Dunn, J., Papoušek, M., Boysson-Bardies, B., & Fukui, I.（1989）. A cross-language study of prosodic modifications in mothers' and fathers' speech to preverbal infants. *Journal of Child Language*, **16**, 477-501.

藤永　保.（1992）. 発達理論. 藤永　保（編）, *現代の発達心理学*（pp.1-22）. 東京：有斐閣.

Gallese, V.（2009）. Mirror neurons, embodied simulation, and the neural basis of social identification. *Psychoanalytic Dialogues*, **19**, 519-536.

Gergely, G., Bekkering, H., & Király, I.（2002）. Rational imitation in preverbal infants. *Nature*, **415**, 755.

Grossmann, K. E., Grossmann, K., & Zimmermann, P.（1999）. A wider view of attachment and exploration : Stability and change during the years of immaturity. In J. Cassidy & P. R. Shaver（Eds.）, *Handbook of attachment : Theory, research and clinical applications*（pp.760-768）. New York : Guilford Press.

犬塚朋子・大藪　泰.（2015）. 1歳児の模倣行動における合理性理解の研究. *日本心理学会第 79 回大会発表論文集*, 1083.

川田　学.（2014）. *乳児期における自己発達の原基的機制：客体的自己の起源と三項関係の蝶番効果*. 京都：ナカニシヤ出版.

Kaye, K.（1989）. 貧弱なデータに肉付けする：発達途上のコミュニケーションにおける母親の役割（鯨岡和子，訳）. 鯨岡　峻（編訳著）, *母と子のあいだ：初期コミュニケーションの発達*（pp.197-216）. 京都：ミネルヴァ書房.（Kaye, K.（1979）. Thickening thin data : The maternal roll in developing communication and language. In M. Bullowa.（Ed.）, *Before speech : The beginning of interpersonal communication*（pp.91-222）. New York : Cambridge University Press.）

鯨岡　峻.（1997）.　*原初的コミュニケーションの諸相*.　京都：ミネルヴァ書房.

Legerstee, M.（2014）.　*乳児の対人感覚の発達*（大藪　泰，訳）.　東京：新曜社.（Legerstee, M.（2005）. *Infants' sense of people : Precursors to a theory of mind*. New York : Cambridge University Press.）

Legerstee, M.（2013）. The developing social brain : Social connections and bonds, social class, and jealousy in infancy. In M. Legerstee, D. W. Haley, & M. H. Bornstein（Eds.）, *The infant mind : Origins of the social brain*（pp.223-247）. New York : Guilford Press.

Lerner, R. M.（2010）. Preface. In W. F. Overton & R. M. Lerner（Eds.）, *The handbook of life-span development : Vol. 1. Cognition, biology, and methods*（pp.ix-xvii）. Hoboken, NJ : John Wiley & Sons.

Lieberman, M. D.（2007）. Social cognitive neuroscience : A review of core processes. *Annual Review of Psychology*, **58**, 259-289.

Liszkowski, U., Carpenter, M., Henning, A., Striano, T., & Tomasello, M.（2004）. Twelve-month-olds point to share attention and interest. *Developmental Science*, **7**, 297-307.

増山真緒子.（1991）.　表情からことばへ.　無藤　隆（編），*ことばが誕生するとき：言語・情動・関係*（pp.129-168）.　東京：新曜社.

明和政子.（2014）.　真似る・真似られる.　開　一夫（編），*母性と社会性の起源*（pp.51-82）.　東京：岩波書店.

大藪　泰.（1992）.　*新生児心理学：生後 4 週間の人間発達*.　東京：川島書店.

大藪　泰.（2004）.　*共同注意：新生児から 2 歳 6 か月までの発達過程*.　東京：川島書店.

大藪　泰.（2009）.　共同注意研究の現状と課題.　*乳幼児医学・心理学研究*，**18**，1-16.

大藪　泰.（2013）.　*赤ちゃんの心理学*.　東京：日本評論社.

大藪　泰.（2014）.　乳児の共同注意の研究パラダイム：人間の心の基本形を探る.　*早稲田大学大学院文学研究科紀要. 第 1 分冊*，**59**，5-20.

大藪　泰.（2015）.　乳児が共同注意場面で他者の経験知を理解するとき.　*乳幼児医学・心理学研究*，**24**，53-60.

大藪　泰.（2016）.　メンタライジングの起源：自己感・他者感とそれを育むもの.　*乳幼児医学・心理学研究*，**25**，99-109.

大藪　泰.（2018）.　対人関係の基礎としての認知発達.　本郷一夫・田爪宏二（編著），*講座・臨床発達心理学：3 認知発達とその支援*（pp.85-105）.　京都：ミネルヴァ書房.

Reddy, V.（2003）. On being the object of attention : Implications for self-other consciousness. *Trends in Cognitive Sciences*, **7**, 397-402.

Rheingold, H. L.（1969）. The social and socializing infant. In D. A. Goslin（Ed.）, *Handbook of socialization theory and research*（pp.779-790）. Chicago : Rand McNally.

Riese, M. L.（1990）. Neonatal temperament in monozygotic and dizygotic twin pairs. *Child Development*, **61**, 1230-1237.

Rothbart, M. K.（2011）. *Becoming who we are : Temperament and personality in development*. New York : Guilford Press.

Sander, L. W.（1969）. Regulation and organization in the early infant-caretaker system. In R. J. Robinson（Ed.）, *Brain and early behaviour*（pp.311-333）. New York : Academic Press.

Stern, D. N.（1989）.　*乳児の対人世界：理論編*（小此木啓吾・丸田俊彦，監訳）.　東京：岩崎学術出版社.（Stern, D. N.（1985）. *The interpersonal world of the infant : A view from psychoanalysis and developmental psychology*. New York : Basic Books.）

Stone, L. J., Smith, H., & Murphy, L. B.（Eds.）.（1973）. *The competent infant*. New York : Basic Books.

Thomas, A., & Chess, S.（1981）.　*子供の気質と心理的発達*（林　雅次，監訳）.　東京：星和書店.（Thomas, A., & Chess, S.（1980）. *The dynamics of psychological development*. New York : Brunner/Mazel.）

Tomasello, M.（2006）.　*心とことばの起源を探る：文化と認知*（大堀壽夫・中澤恒子・西村義

樹・本多　啓，訳）．東京：勁草書房．（Tomasello, M.（1999）. *The cultural origins of human cognition*. Cambridge, MA：Harvard University Press.）

Tomasello, M., & Haberl, K.（2003）. Understanding attention：12- and 18-month-olds know what is new for other persons. *Developmental Psychology*, **39**, 906−912.

Trevarthen, C.（1989）．早期乳児期における母子間のコミュニケーションと協応：第1次相互主体性について（鯨岡和子，訳）．鯨岡　峻（編訳著），*母と子のあいだ：初期コミュニケーションの発達*（pp.69−101）．京都：ミネルヴァ書房．（Trevarthen, C.（1979）. Communication and cooperation in early infancy：A description of primary intersubjectivity. In M. Bullowa.（Ed.）, *Before speech：The beginning of interpersonal communication*（pp.321−347）. New York：Cambridge University Press.）

Trevarthen, C., & Delafield-Butt, J.（2013）. Biology of shared experience and language development：Regulations for the intersubjective life of narratives. In M. Legerstee, D. W. Haley, & M. H. Bornstein（Eds.）, *The infant mind：Origins of the social brain*（pp.167−199）. New York：Guilford Press.

Trevarthen, C., & Hubley, P.（1989）．第2次相互主体性の成り立ち（鯨岡和子，訳）．鯨岡　峻（編訳著），*母と子のあいだ：初期コミュニケーションの発達*（pp.102−162）．京都：ミネルヴァ書房．（Trevarthen, C., & Hubley, P.（1978）. Secondary intersubjectivity：Confidence, confiding and acts of meaning in the first year. In A. Lock（Ed.）, *Action, gesture and symbol：The emergence of language*（pp.183−229）. London：Academic Press.）

van den Boom, D. C., & Hoeksma, J. B.（1994）. The effect of infant irritability on mother-infant interaction：A growth-curve analysis. *Developmental Psychology*, **30**, 581−590.

Winnicott, D. W.（1965）. *The maturational processes and the facilitating environment：Studies in the theory of emotional development*. London：Hogarth Press.

Wolff, P. H.（1959）. Observations on newborn infants. *Psychosomatic Medicine*, **21**, 110−118.

Wolff, P. H.（1987）. *The development of behavioral states and the expression of emotions in early infancy*. Chicago：University of Chicago Press.

Zelazo, P. D.（2004）. The development of conscious control in childhood. *Trends in Cognitive Sciences*, **8**, 12−17.

第18章
養育者による発達初期の
社会的やりとりの支え

篠原郁子

　ヒト乳児の誕生時の姿は，生きていくのにはまったく未熟な状態である。仰向けに寝たまま姿勢を変えることもできず，移動もできないので母乳やミルクを得るために養育者に近づくこともできない。ヒト乳児は，「生理的早産」(Portmann, 1944/1961) と言い表されるように十分に身体機能が発育するよりも早く産まれ，このことは，産まれたあとに手厚く養育をしてもらうという養育スタイルと組み合わさって，ヒト独特の乳児期の親子関係を形作っていると考えられる。生存のために養育を受ける中で，乳児の身体や脳の成長，姿勢保持や移動運動能力の獲得が進む。その養育の過程では同時に，養育者から社会的働きかけがさまざまに行われ，それは乳児の心理的発達を育む足場となり，乳児自身が社会的やりとりの担い手となるような成長を促す。本章では，養育の中でもとくに子どもの社会的認知の発達を支え促すような営みが認められるものとして，親子間の相互作用に着目する。とくに，子どもの発達初期には養育者側の寄与によって社会的相互作用が形成されていることを取り上げ，子どもの発達の足場が作られている様子を示していくこととしたい。

第1節　発達早期の子ども・親・親子の特徴

1　新生児と乳児の特徴
　乳児は，魅力的である。乳児の顔は大人の顔よりも，大人の視覚的注意を引きつける力がある (Brosh et al., 2007)。丸い目，丸い頬，きゅっと顔の中心に寄った目，鼻，口，さらには短く太い手足，といった乳児の姿形の特徴は「乳児図式」(Lorenz, 1943) と呼ばれる。乳児図式の特徴を顕著にもつ乳児の顔は，大人の注意をより引きつけやすく，「かわいい」という感情を強くわき上がらせるようだが，加えて「世話をしたい」という養育動機をも喚起するという (Glocker et al., 2009)。

238　第IV部　社会的相互作用

生後間もない乳児は，体温保持，食物摂取，姿勢の保持も自力ではままならない わけであるから，乳児の姿形そのものに，大人の関心と養育動機を喚起する力が あることは非常に適応的であろう。

　さらに乳児は，大人を引きつけ，結果的に社会的やりとりを誘発するような行 動をとる。最もよく知られているものに「新生児模倣」(Meltzoff & Moore, 1983) が挙げられるだろう。新生児と対面する形で実験者が舌を出すと，新生児もまた 自分の舌を出す行動が認められ，大人の顔真似をするというものである。とはい えこれは，「真似をしよう」という新生児の意図に基づく行動ではなく，他者の 行為に同期してしまうという生得的な反応だと考えられている。さらに新生児は， 眠っていたりまどろんでいたりするようなときに，口角をあげてにっこりと微笑 むことがある。この表情は「新生児微笑」や「生理的微笑」と呼ばれるが，実際 のところは頬の筋肉の緊張によるひきつりらしく，これはまだ他者に向けられた 笑みではない (Emde et al., 1976)。乳児の楽しさやうれしさの表れではなく，より 成長したあとに認められる「社会的微笑」，すなわち，事物に対する肯定的感情 をともない，それを他者に表現している微笑み表情とは区別されている。新生児 模倣も新生児微笑も，まだ乳児の意図や感情をともなうものではないと考えられ るが，乳児の顔表情の豊かさは，それを見る大人にとって，乳児の感情や心の動 きを感じさせるのに十分な刺激となろう。乳児自身の意図や心的状態の発達に先 んじて，顔の一部分や，表情を動かすという特徴が，養育者をはじめとする大人 には可愛らしさを感じさせ，楽しいやりとりができる相手という印象を与えるこ とに大きく貢献していると考えられる。

2　乳児に向き合う養育者の特徴

　養育にあたる大人は，授乳，身体の清潔の保持，体温調整等のために具体的な 養育行動をとるわけだが，そうした世話の際，乳児に向かってさまざまに語りか けを行っている。空腹や疲労，睡眠といった生理的状態を問いかけることが多い が，加えて，「お天気がよくて気持ちがいいねぇ」「おもちゃの音がするね，もう 一回やってみたい？」などと乳児のさまざまな気持ちにも言及する様子が認めら れる。それらは，純粋に生命の保持という意味では，必須となる養育行動ではな いとも考えうる。しかしながら養育者は，日常的に頻繁に乳児のうれしさ，楽し さについて話したり，時には泣き声に対して「さびしかった？」とか「怒ってい るのね」といった感情に触れたりする。こうした発話は，実際に乳児が言葉で自 分の気持ちを表現できるようになるずっと前から聞かれるものである。大人には，

発達早期の乳児を大人と同じように感情や意図などの豊かな心の世界をもった一人の独立した人間であるとみなす傾向があるようで，これはマインド・マインデッドネス（mind-mindedness，以下 MM と略記）（Meins, 1997 ; Meins et al., 2001）と呼ばれている。まだ幼くおしゃべりも行動もレパートリーが限られているとはいえ，幼い乳児の動きや顔を目にすると，大人は，乳児の心（mind）をついつい気にかけてしまい（minded），発達早期から乳児との間で，「心」を絡めた社会的やりとりを交わしている。

　発達早期から養育者が心の状態について子どもと会話をし，感情や欲求などの心的状態を表す言葉，すなわち，心的語彙を子どもに付与することは，子どもが心というものについて気づき，理解することを支える足場となると考えられる。また，幼い乳児と養育者の相互作用場面において，たとえば子どもが悲しみを表出していると，養育者がそれと同じような表情や悲しいトーンの声で子どもに向き合うといったことが観察される。フォナギー（Fonagy, P.）らは，これを養育者による子どもの感情の「映し出し（mirroring）」と呼び，子どもが養育者の顔表情の中に自分自身の潜在的な心の状態をみるという構造があることを指摘している。そして養育者は，子どもの感情を顔表情に映し出すと同時に，「悲しかったね」「いやだったね」というように，心的状態を言葉で表現しながら子どもに何度も話しかける。子どもは，心というものについて，養育者の表情や言葉を手がかりにしながら徐々に理解を深め，自己の心に気づき，他者と心を交わすようになっていくと考えられている（Fonagy et al., 2007）。養育者の MM ならびに心的語彙の付与行動が，実際に子どもの心の理解の発達を伸張することを示唆する実証研究は数多く，子どもの感情理解や心の理論の獲得などとの関連が報告されている（Meins et al., 2002；心的語彙についてはレビューとして，Symons, 2004）。たとえば篠原（2006, 2011, 2013）では，子どもが生後 6 カ月時に母親の MM を測定し，その母子を 5 年間追跡調査している。その結果，高い MM をもつ母親は，子どもに対して乳児期から幼児期まで一貫して多くの心的語彙を使って話しかけを行っていること，そして，高い MM をもつ母親の子どもは幼児期になると感情理解に優れ，（心的状態に限らない）語彙能力が高いことが示されている。

　次に，MM という傾向は乳児との間で三項関係という構図のやりとりを展開するという養育行動にも表れやすいと考えられている（Meins, 1997）。三項関係とは，乳児と大人が，何らかの事物（おもちゃや第 3 の人物など）という対象物についての感情や欲求を交わすものであり，「あのワンワン，こわかったね」というように，「私・あなた・何か（誰か）」という三項関係の中で「何かについて」やりと

240　第Ⅳ部　社会的相互作用

りを行う。MM という特徴は，事物についての心の状態に関して発達早期から会話をすることの多さに反映されると考えられている。実際の子どもの発達としては，先に，二項関係と呼ばれる「私・あなた」「私・おもちゃ」といった関係でのやりとりが生起する。生後 9 カ月頃，他者と事物に対する注意を共有する「共同注意」（Baron-Cohen, 1995）が成立するようになって，二項関係から三項関係に広がっていく。しかし，親子やりとりの中では生後 9 カ月よりもかなり早い時期からすでに，養育者によって事物に対する子どもの関心や欲求が読み取られ，あるいは，子どものそうした潜在的な気持ちが豊かに想像され，その子どもの気持ちを養育者が共有したり共感したりしながら，事物を介した三項やりとりのような遊びや会話が展開されている。

　さらに共同注意が成立するようになったあと，子どもには社会的参照行動（遠藤・小沢，2001）がみられるようになる。これは子どもが新奇な事物に触れた際に，危険で遠ざかるべきものなのか，安全でさわってもよいものであるのかという判断がつきかねるような状況で，「これはどういうものか」と問い合わせるように養育者の方を見て，その表情を確認するような行動である。養育者がその事物に対して恐怖や不安の表情を浮かべていると，子どももその事物への近接を避け，一方，養育者がニコニコと笑顔を浮かべている場合には，その事物に近接を試みたりするというような行動の調整が行われる。社会的参照行動は，子どもが注意を向けている事物に，養育者も同時に注意を向けていることを子ども自身が理解しているという共同注意が成立していること，子どもが事物に対して興味や関心という心的状態をもっていること，加えて，養育者に対して「これはどんなものなの？」といった問い合わせをすることなど，複雑な心のやりとりが含まれている。子どもが 1 歳前後になると，このような社会的参照行動が能動的に行われるようになるが，親子やりとりの中では，もっと早い時期から同じようなやりとりが繰り広げられているという（小沢・遠藤，2001）。子どもが事物に視線を向けていることは，養育者にとって子どもの興味や関心の存在を感じさせるサインとなる。子どもが養育者の顔を覗き込む問い合わせの行動を自発的，能動的に示すようになる前から，養育者は子どもが事物について知りたがっているという心的状態を察して，あるいは，想像して「これは危ないからさわってはだめよ」とか「こわくないよ，ふわふわして気持ちがいいよ」などと，事物に対しての情報を付与している。小沢・遠藤（2001）は，養育者が子どもの潜在的な興味や関心を，ある意味では先回りして取り上げ，子どもを巧みに三項関係の中に巻き込みながら事物に対する学習を支えるような足場かけを行っていることを指摘してい

る。

このように，養育者は発達早期から乳児の心的状態に目を向け，その内容を時には実態よりもやや豊かに想像することで，結果的には子どもの実際の発達状態よりも少し進んだやりとりを展開するという特徴があると考えられよう。

3 発達早期の「親子」の特徴

相互作用とは，乳児と相手がいて初めて成立するものであるが，発達早期の親子には，やりとりを「しているように見える」という特徴がある。同じ乳児であっても，乳児同士の交流場面ではその行動はやりとりに見えないのに対し，大人と乳児の交流場面になると，乳児は大人と注意を共有したり，コミュニケーションをとったりしているように見えるという（Adamson & Bakeman, 1985）。養育者をはじめとする大人は，乳児の拙い発声や行動，視線の動きが何らかの心的状態を表しているサインであるとみなし，それらに具体的な意味を付与し（Trevarthen, 1988），「翻訳」をしながら（Kaye, 1982/1993），乳児の偶発的な行為をもやりとりにおける応答や返事と位置づけて，相互作用を展開していく。養育者による，子どもの実際の発達状態を少し先回りしたような扱い，社会的やりとりへの巻き込みに支えられる形で，乳児は「やりとりの中」にいるのである。

子どものコミュニケーションスキルはまだまだ未熟であり，そもそも社会的やりとりを構築，展開しようという心的状態にも，大人のそれとは成熟度に差異があることから，大人と乳児のやりとりは「非対称的」と表される（Rogoff, 1990）。しかし，大人がその非対称さを補う形で，発達早期から社会的相互作用という経験を子どもに与え続けていることは，子どもの社会的発達を促すものとしての意味が大きいと考えられている。たとえばヴィゴツキー（Vygotsky, 1986/2001）の唱える発達理論では，子どもが社会的文脈の中で実際に他者とのかかわりを経験することが重視され，とくに，子どもよりも発達状態の進んだ他者とのかかわりを経験することが，子どもの発達を引き上げると論じられている。そして，子どもには，他者との共同活動において他者との間（精神間）での発達がまず生起し，それが後に，子どもの個人の中（精神内）で起こるという「精神間から精神内へ」の発達の機序が唱えられている。本章で触れてきた，養育者による乳児の社会的相互作用への巻き込みは，子どもをまずはやりとりの中に誘い，そこに身を置かせることによって，実際に子どもが自立した能動的なやりとりの行為者となることを促すものと考えられるだろう。

第2節　相互作用における子どもと親の調和

　ここまで，発達早期における，養育者が支える形での親子相互作用の特徴として，乳児を早くから心的行為者として扱うことが，乳児が実際にそうなることを促すような足場かけとなり，子どもの発達を促進していることを紹介した。ただし，子どもの心の世界を読み取る，あるいは，その内容を想像するという養育者の特徴には，実際のところ，広範な個人差が存在している（篠原，2006）。そしてとくに，子どもの健やかな社会的発達への足場かけという点に着目すると，単純に子どもの心の状態をより多く，頻繁に推測すればよいというわけではなく，子どもに対して養育者が「どのように」目を向けるかが肝要であるという指摘もある（Oppenheim & Koren-Karie, 2002）。そこで本節では，相互作用を支える養育者の特徴について，特定の行動をするかしないかというよりも，どのようにするかという視点からの検討を紹介する。

1　親子間のアタッチメント

　親子関係に関する主たる理論の一つに，アタッチメント理論がある（Bowlby, 1969 /1982, 1973）。アタッチメントとは，子どもが不安や不快などストレスを感じた際に，特定の他者への近接，すなわち養育者などに抱っこしてもらったり身体をなでてもらったりすることを通して，心理的な安心感を取り戻そうとすることを指す。より広義には，こうした一連の養育者とのやりとりを通して築かれる親子間の心理的な絆，とも解されている。幼い乳児は恐れや不安といったネガティブな感情にまだ一人では対応することができず，養育者との関係の中で，その感情を調整され，安心感を取り戻すという心理的回復が図られる。同時に，親子間のアタッチメント関係においては，養育者が子どもの不安や恐れといった感情，さらにはより広範なさまざまな心の状態に共感的に向き合うことで，子ども自身による，そうした心の状態についての気づきや理解が促されるとも考えられている。実際に，アタッチメントが安定している子どもは，感情理解や心の理論の獲得に優れ（たとえば，Meins et al., 1998 ; Ontai & Thompson, 2008），友人など他者と良好な関係をもちやすく，自己肯定感も高い（DeMulder et al., 2000 ; Raikes & Thompson, 2008）など，社会情緒的発達がより良好であることを示す多くの知見が報告されている。

　アタッチメント理論では，子どもが養育者に対して安定したアタッチメントを形成することを促す要因として，養育者による子どもへの敏感で応答的なかかわ

り方が重視され（Ainsworth et al., 1978），養育に関するさまざまな研究が展開されてきた。とくに，敏感な養育のポイントとして，「子どもの視点から物事を見る」という養育者の態度が重要であるとされているが，近年，その重要性の中核を，子どもが物事に対してどのように感じ，考えているかという，子どもなりの心の状態に養育者が思いを巡らせることに置く複数の研究が行われている（Sharp & Fonagy, 2008）。これは，本章でこれまで論じた養育者の特徴に通じるものであるが，アタッチメント理論では，養育者が「何をするか」ではなく「どのようにするか」という点に表れる養育の質が子どもの発達に対して本質的に大きな意味をもつと考えられている。とくに，養育者が個人単独で何をするかではなく，子どものその時々の状態と照らし合わせてどのようにふるまっているかという親子の全体的な姿が，子どもの安定したアタッチメントの発達を支えていることが注目されている。とくにこうした視点に基づき論じられている「情緒的利用可能性」という概念を紹介しよう。

2　親子の情緒的利用可能性

　親子の相互作用についてマーラーらは，養育者が子どもの傍らにおり，行為として反応を示すこと自体ではなく，子どもにとって養育者がそこに確かにいるという感覚をもてること，（物理的存在としてではなく）情緒的に交流することができる「利用可能」な存在になっているということを重視している（Mahler et al., 1975）。さらに，親子間の情緒的やりとりとして，子どもが発した情緒的サインに養育者が気づくということだけではなく，親自身も自らの自然な情緒を表すという双方向性の大切さも指摘されている（Sorce & Emde, 1981）。こうした議論をふまえ，親子の相互作用の特徴を指す「情緒的利用可能性（emotional availability：以下，EA と略記）」という概念が提唱されている（Biringen et al., 2014 ; Emde, 1980）。そして，EA の具体的な測定のための下位指標として，養育者側の敏感性（sensitivity），構造化（structuring），非侵入性（non-intrusiveness），非敵意性（non-hostility）の4つが挙げられている[1]（Biringen, 2008）。敏感性とは，子どもの情緒的サインに気づき適切な反応を示すこと，同時に，養育者自身が文脈に応じて適切な，また，偽りではない本当の情緒を表現することである。構造化とは，子どもに声かけや働きか

---

[1]　本章では養育者側の EA について詳述したが，子ども側にも2つの下位指標が設けられている。応答性（responsiveness：養育者からの働きかけに情緒的，社会的な応答を示す程度）と，やりとりへの巻き込み（involvement：子どもが養育者を遊びややりとりに誘うこと）が評価される。子どもの EA も，養育者側の EA と同様に，子どものふるまい単独ではなく，養育者からの反応を含めた相互作用の成り立ちという全体的な視点で評定が行われる。

244　第Ⅳ部　社会的相互作用

けを行い，やりとりへの誘いや提案をしながら相互作用を作ろうとすることで，子どもからの働きかけに応じてさらなる展開を図るような姿勢も含まれる。非侵入性とは，子ども自身の行動や意図を尊重し，子どもの自律的活動に侵入しないことを指す。子どもが自分一人でできることに養育者が過度にかかわってしまうことも侵入とみなされる。非敵意性とは，子どもに対して不愉快や苛立ち，つまらなさ，あるいは対立的姿勢などを示さずに相互作用を行う姿勢を指す。

　こうした4つの指標について強調しておくべきことは，養育者個人が子どもにどう応じるか，どう働きかけるかということが単独で評価されるのではなく，あくまで，その行動が子どもにどのように受け止められ，子どもにとって利用可能なものとなっているかという親子間の調和が最重視されているという点であろう。たとえば敏感性について，養育者が子どもに対して情緒的応答を頻繁に示していたとしても，それが子どもに受け入れられているかどうかが重要となる。構造化についても，養育者が示すやりとりへの誘いや提案に子どもが応じる様子がなければ，その誘いは子どもにとって有効ではなく，高い構造化とはみなされない。また本章では，発達早期の相互作用の展開には養育者によるさまざまな支えが必須であることを強調してきたが，養育者の「非侵入性」という指標の重要性にはことに着目しておく必要があると考える。養育者に求められるのは，子ども自身の（潜在的なものであれ）意図や行動を尊重してやりとりを「支える」姿勢であり，子どもに取って代わってふるまうことや，のべつ幕なしにかかわること，養育者の思い通りのやりとりを子どもに強いることではない。子どもが支えや助けを求める際にはそれに具体的に応じるという利用可能な存在でいる一方，子どもが必要としていないときには具体的なかかわりが必要でないことを敏感に感じ，子どもの世界に侵入せずに背後から見守ることが適切であろう。子どもの様子や文脈に応じて，あえて「何もしない」という養育者のかかわりにも，必要性と重要性があると考えられるのである。

　なお，こうした養育者の EA が子どもの社会的発達に及ぼす影響についても実証研究が数多く行われている（レビューとして Biringen et al., 2014）。高い EA をもつ養育者の子どもは，養育者との間に安定したアタッチメントをもちやすいことや（Ziv et al., 2000），感情調整能力が高いこと（Little & Carter, 2005；Martins et al., 2012）などが報告されている。さらに，発達早期にみられる社会的認知の発達に関して，7カ月児が他者の行為を「目的志向的」であると理解できるかどうかと，母親の EA との関連を検討したものがある。母親の教育歴や子どもの気質などを統制しても，高い EA をもつ母親の子どもの方が，他者の行為の目的志向性を正しく理

解することが示されている。高い EA をもつ母親のもとで育つ子どもは，（自己の感情調整が母親によって円滑に支えられているために）他者や事物といった環境に安心してよりよく注意を向けることができたり，自己の行為の意図などが母親によって正しく理解されたりすることを通して，他者の行為の理解が進んでいる可能性が議論されている（Licata et al., 2014）。

おわりに

　以上，本章では発達早期の親子相互作用の成立と展開を，養育者が支えている様相について紹介した。とくに，幼い子どもであってもその身体の内側に，潜在的であれ，大人と同様に豊かな心の世界があるとみなして接するという養育者の姿勢が，子どもを早期から相互作用という文脈の中に巧みに誘い，社会的やりとりを子どもが経験できるように導いている様子を示した。子どもにとって，心的語彙を豊かに付与されることや，三項的やりとりによって自他の心を交わす経験は，実際に心というものに対する理解や気づきを深めるための重要な足場となる。ただし，情緒的利用可能性に関する議論が留意を促すように，養育者によるかかわりは，心的語彙の使用や注意の共有といった行動の生起自体のみならず，それがどのような文脈で行われ，子どものその時々の状態に照らして適切であるかという点によっても，子どもの発達に影響を及ぼしていると考えられる。本章の結びにあたり，このことは子どもの発達についての研究のみならず，発達支援や臨床的実践の場においてとくに重要となる可能性があることに触れておきたい。

引用文献

Adamson, L. B., & Bakeman, R.（1985）. Affect and attention : Infants observed with mothers and peers. *Child Development*, **56**, 582−593.

Ainsworth, M. D. S., Blehar, M. C., Waters, E., & Wall, S.（1978）. *Patterns of attachment : A psychological study of the strange situation*. Hillsdale, NJ : Lawrence Erlbaum Associates.

Baron-Cohen, S.（1995）. The eye direction detector（EDD）and the shared attention mechanism（SAM）：Two cases for evolutionary psychology. In C. Moore & P. Dunham （Eds.）, *Joint attention : Its origins and role in development*（pp.41−59）. Hillsdale, NJ : Lawrence Erlbaum Associates.

Biringen, Z.（2008）. *Emotional availability*（EA）*scales manual*（4th ed.）. Unpublished manual. Boulder : Colorado State University.

Biringen, Z., Derscheid, D., Vliegen, N., Closson, L., & Easterbrooks, M. A.（2014）. Emotional availability（EA）：Theoretical background, empirical research using the EA Scales, and clinical applications. *Developmental Review*, **34**, 114−167.

Bowlby, J.（1969/1982）. *Attachment and Loss : Vol.1. Attachment*. New York : Basic Books.

246　第Ⅳ部　社会的相互作用

Bowlby, J. (1973). *Attachment and Loss : Vol.2. Separation*. New York : Basic Books.

Brosch, T., Sander, D., & Scherer, K. R. (2007). That baby caught my eye... attention capture by infant faces. *Emotion*, **7**, 685-689.

DeMulder, E. K., Denham, S., Schmidt, M., & Mitchell, J. (2000). Q-sort assessment of attachment security during the preschool years : Links from home to school. *Developmental Psychology*, **36**, 274-282.

Emde, R. N. (1980). Emotional availability : A reciprocal reward system for infants and parents with implications for prevention of psychosocial disorders. In P. M. Taylor (Ed.), *Parent-infant relationships* (pp.87-115). Orlando, FL : Grune & Stratton.

Emde, R. N., Gaensbauer, T. J., & Harmon, R. J. (1976). Emotional expression in infancy : A biobehavioral study. *Psychological Issues*, Monograph Series, 37. New York : International Universities Press.

遠藤利彦・小沢哲史. (2001). 乳幼児期における社会的参照の発達的意味およびその発達プロセスに関する理論的検討. *心理学研究*, **71**, 498-514.

Fonagy, P., Gergely, G., & Target, M. (2007). The parent-infant dyad and the construction of the subjective self. *Journal of Child Psychology and Psychiatry*, **48**, 288-328.

Glocker, M. L., Langleben, D. D., Ruparel, K., Loughead, J. W., Gur, R. C., & Sachser, N. (2009). Baby schema in infant faces induces cuteness perception and motivation for caretaking in adults. *Ethology*, **115**, 257-263.

Kaye, K. (1993). *親はどのようにして赤ちゃんをひとりの人間にするか* (鯨岡 峻・鯨岡和子, 訳). 京都：ミネルヴァ書房. (Kaye, K. (1982). *The mental and social life of babies : How parents create persons*. Brighton, UK : Harvester Press.)

Licata, M., Paulus, M., Thoermer, C., Kristen, S., Woodward, A. L., & Sodian, B. (2014). Mother-infant interaction quality and infants' ability to encode actions as goal-directed. *Social Development*, **23**, 340-356.

Little, C., & Carter, A. S. (2005). Negative emotional reactivity and regulation in 12-month-olds following emotional challenge : Contributions of maternal-infant emotional availability in a low-income sample. *Infant Mental Health Journal*, **26**, 354-368.

Lorenz, K. (1943). Die angeborenen Formen möglicher Erfahrung. *Zeitschrift für Tierpsychologie*, **5**, 235-409.

Mahler, M. S., Pine, F., & Bergman, A. (1975). *The psychological birth of the human infant*. New York : Basic Books.

Martins, E. C., Soares, I., Martins, C., Tereno, S., & Osório, A. (2012). Can we identify emotion over-regulation in infancy? Associations with avoidant attachment, dyadic emotional interaction and temperament. *Infant and Child Development*, **21**, 579-595.

Meins, E. (1997). *Security of attachment and the social development of cognition*. East Sussex, UK : Psychology Press.

Meins, E., Fernyhough, C., Fradley, E., & Tuckey, M. (2001). Rethinking maternal sensitivity : Mothers' comments on infants' mental processes predict security of attachment at 12 months. *Journal of Child Psychology and Psychiatry and Allied Disciplines*, **42**, 637-648.

Meins, E., Fernyhough, C., Russell, J., & Clark-Carter, D. (1998). Security of attachment as a predictor of symbolic and mentalising abilities : A longitudinal study. *Social Development*, **7**, 1-24.

Meins, E., Fernyhough, C., Wainwright, R., Das Gupta, M., Fradley, E., & Tuckey, M. (2002). Maternal mind-mindedness and attachment security as predictors of theory of mind understanding. *Child Development*, **73**, 1715-1726.

Meltzoff, A. N., & Moore, M. K. (1983). Newborn infants imitate adult facial gestures. *Child Development*, **54**, 702-709.

Ontai, L. L., & Thompson, R. A.（2008）. Attachment, parent-child discourse and theory-of-mind development. *Social Development*, **17**, 47−60.

Oppenheim, D., & Koren-Karie, N.（2002）. Mothers' insightfulness regarding their children's internal worlds : The capacity underlying secure child-mother relationships. *Infant Mental Health Journal*, **23**, 593 −605.

小沢哲史・遠藤利彦.（2001）. 養育者の観点から社会的参照を再考する. *心理学評論*, **44**, 271 −288.

Portmann, A.（1961）. *人間はどこまで動物か：新しい人間像のために*（高木正孝, 訳）. 東京：岩波書店（岩波新書）.（Portmann, A.（1944）. *Biologische Fragmente zu einer Lehre vom Menschen*. Basel : Benno Schwabe.)

Raikes, H. A., & Thompson, R. A.（2008）. Attachment security and parenting quality predict children's problem-solving, attributions, and loneliness with peers. *Attachment and Human Development*, **10**, 319−344.

Rogoff, B.（1990）. *Apprenticeship in thinking : Cognitive development in social context*. New York : Oxford University Press.

Sharp, C., & Fonagy, P.（2008）. The parent's capacity to treat the child as a psychological agent : Constructs, measures and implications for developmental psychopathology. *Social Development*, **17**, 737− 754.

篠原郁子.（2006）. 乳児を持つ母親における mind-mindedness 測定方法の開発：母子相互作用との関連を含めて. *心理学研究*, **77**, 244−252.

篠原郁子.（2011）. 母親の mind-mindedness と子どもの信念・感情理解の発達：生後 5 年間の縦断調査. *発達心理学研究*, **22**, 240−250.

篠原郁子.（2013）. *心を紡ぐ心：親による乳児の心の想像と心を理解する子どもの発達*. 京都：ナカニシヤ出版.

Sorce, J. F., & Emde, R. N.（1981）. Mother's presence is not enough : Effect of emotional availability on infant exploration. *Developmental Psychology*, **17**, 737−745.

Symons, D.（2004）. Mental state discourse, theory of mind, and the internalization of self-other understanding. *Developmental Review*, **24**, 159−188.

Trevarthen, C.（1988）. Universal co-operative motives : How infants begin to know the language and culture of their parents. In G. Jahoda & I. Lewis（Eds.）, *Acquiring culture : Cross cultural studies in child development*（pp.37−90）. London : Croom Helm.

Vygotsky, L. S.（2001）. *新訳版 思考と言語*（柴田義松, 訳）. 東京：新読書社.（Vygotsky, L. S.（1986）. *Thought and language*. Cambridge, MA : MIT Press.)

Ziv, Y., Aviezer, O., Gini, M., Sagi, A., & Koren-Karie, N.（2000）. Emotional availability in the mother-infant dyad as related to the quality of infant-mother attachment relationship. *Attachment and Human Development*, **2**, 149−169.

第19章
二項関係と三項関係

中野　茂

「見る」ことは，対象視にとどまらない。二者の間では「見る-見られる」関係となり，見られることは自己意識の感情を喚起する。また，他者が何かに視線（注意）を向けているのを目にすると，何をなぜ見ているのかが気になる。一方で，自分の興味に他者を引き込もうとして「これ見て」と注視を要求する。このような多様な「見る」世界の中で子どもは育つ。しかし，これまでの共同注意研究は，その一部にしか焦点を当ててこなかった。

第1節　「見られる」ことと自己意識の情動喚起

他者の存在は，私たちの勝手気ままな自分本位の行動を抑制する。しかも，それは他者に見られていることを自覚するだけで十分なようである。このことは，2つの社会心理学の研究から明らかにされている。1つは，ある職場の休憩室に設置されている共用のコーヒー・メーカーで淹れたコーヒー代を，どれほどの割合の利用者が払うか（Bateson et al., 2006）を調べた研究で，料金箱の上に注視する両眼の写真を添付した場合には，花柄（統制条件）にくらべて，3倍の人が代金を支払ったという。同様に，自転車置き場に両眼で凝視する大きな写真を貼ることで，自転車盗難の被害が減少した（Nettle et al., 2012）ことも報告されている。このように，他者の視線（見られること）は，自己意識の感情を喚起し，社会的に適切な行動を促進する。

さらに，この「相手に見られた」という経験は，「相手が自分をどう見ている」かに気づいたことを意味する。たとえば，自分のある態度に相手が不快を示した場合のように，自分自身を他者によって経験されたものとして知覚することともいえる。このことは，相手にとっても同様で，相手もまた，自分が「どう見られた」かを感じているはずである。

このように他者に見られること，他者を見ることは，自己意識の情動喚起と切り離せない。ところが，なぜか，共同注意という視線のコミュニケーションが問題にされたときから，このことは，まったく無視されるようになってしまった。

第2節　自他関係とインターサブジェクティビティ[1]

1　生得的対人志向性と意志的行動

新生児は原始反射（新生児反射）を備えて誕生するが，随意運動が可能となるまでは生得性に縛られた"不自由な乳児"として描かれてきた（Nagy, 2011）。しかしながら新生児は，目の前にぶら下げられたボールに手を伸ばしてつかもうとする（しかし，実際に手をもっていくことはできない）（Trevarthen, 1984）。また，生後10～28日の新生児にモニターで自分の腕（手）の動きを見せると，映った方の腕（手）の動きが増加しただけではなく，その腕に重りをつけて動きにくくした場合でも，動きは増加したという（Van der Meer et al., 1995）。このように，乳児は発達初期から意志的な行動を示す。また乳児は，誕生直後から人の顔を選好し(Fantz, 1963)，人の顔らしい図形を目にすると，そうでない図形より広い角度で追視する（Johnson & Morton, 1991）。

さらに，新生児が親への生得的な選択的志向性を備えていることが，生後半日～5日の新生児が，母親の顔と知らない人とを区別すること（Bushnell et al., 1989）[2]，また，出生後12～36時間の新生児が自分の母親の画像を見るために，知らない人の顔が映っているときよりも，頻繁におしゃぶりを吸ったことから報告されている(Walton et al., 1992)。このような母親への選択的反応は，胎児期から始まり，38週の胎児では，母親の声と知らない人の声に異なる心拍パターンを示し(Kisilevsky et al., 2009)，22～32週の胎児でも母親の声と知らない人の声，機械音を聞かせたとき，母親の声だけに応答するかのように口を開閉させる頻度を高めたという(明和，2008)。

また，出生直後からまどろみ期に自発的微笑が生じるが，この微笑は，超音波画像によれば，胎齢22週から認められたという（Kawakami & Yanaihara, 2012）。こ

---

[1]　Intersubjectivity という用語は，これまで，間主観性，相互主観性，相互主体性，共同主観性などと訳されてきた。このうち，最も一般的な訳語は間主観性であるが，フッサールの現象学を背景として用いられることが少なくない。ここでは，そのような哲学的論考による概念とは異なる乳児の生得的な能力を指す用語として「インターサブジェクティビティ」を用いることにする。

[2]　この現象は，著者によると，胎内で聞いた母親の声を手がかりに，誕生後，母親の顔への短時間での急速な学習が生じるのではないかと考えられている。

の自発的微笑と入れ替わるように，社会的微笑が出現し，笑い声をともなう笑い
も，生後4カ月頃から始まる（高橋，1995）。この移行について，川上（Kawakami et
al., 2007）は，自発的微笑はコミュニケーションのために存在するのではなく，表
情筋の発達を導くウォーミングアップ行動であり，前者から後者に置き換わるの
ではないと主張している。一方，高橋（1994）は，新生児期の自発的微笑の頻度
は後の社会的微笑の頻度を予測することから，この発達過程は同一の機構だと主
張している。たしかに，自発的微笑は，睡眠中に多く出現するので他者とのかか
わりをもたないように思われるが，そうだとしても，それを目撃した親は，「ほ
ら，笑った」などと，その微笑が自分に向けられたものとして受けとめ，親の笑
顔を誘うであろう。つまり，親には連続したものと受け止められ，それによって，
社会的微笑の発達を助けるのではないかと考えられる。

　ロシャ（Rochat, 2001）によれば，乳児は2カ月頃に，突然，覚醒時間が長く
なるとともに，意図的な，プランニングされた行動，すなわち，意図性
（intentionality）を示すようになるという。このことは，この頃に乳児が刺激にとら
われずに対象から心理的距離をとれるようになったことを示唆するという。この
ような劇的な変化を彼は「2カ月革命」と呼んでいる。また，社会的微笑の出現
と関連していることから，「微笑み革命」とも呼んでいる。

　このような生得的な対人志向性の中でも，新生児模倣は，誕生直後から出現す
る社会的行動の代表的なものといえる。現在では，この現象の存在は広く知られ
ているが，長く，ありえないこととされてきた。なぜなら，模倣をするには自他
の類似性の認識と身体部位の自他対応を把握していなければならないので，乳児
には不可能と考えられていたからである（Reddy, 2008）。現在でも，トマセロ
（Tomasello, 1999/2006）は新生児がマネ（mimic）する大人の動作は乳児がすでに達
成している動作であり，単にマッチする刺激があるために，ふつうはしないこと
をつられて顕在化しているにすぎないと主張している。また，アニスフェルド
（Anisfeld, 1996）は新生児模倣が，まれに，ボールペンをノックする動きでも生じ
ることもある非選択的反応であること，舌出しだけが信頼できる反応であること
から，新生児模倣はある種の解発刺激による反応であり，自他の類似性とは関係
がないと批判している。さらに，「舌出し模倣」のように自分で自分の行為が見
えない模倣は，自他の行動を対応させられるようになる生後6～9カ月までは生
じないと主張し，モデルが舌出しをするのを繰り返し見た興奮によって強められ
た行動，覚醒反応だと結論づけている。

　これらの見解は，表象の出現という一つの基準を設けてそれ以前は"未熟"だ

第19章　二項関係と三項関係　251

とする見方に思われる。だが，6週の乳児が舌を努力して左右に動かす行為を模倣しただけではなく，口におしゃぶりを入れて模倣行動を抑制された状態でモデル行為を見た新生児が，それを取り出したとたんに正確に模倣をした（Meltzoff & Moore, 1989）ことや，モデル行為を演じた大人と24時間後に再会したとき，新生児は自発的に模倣行為を再現した（Meltzoff & Moore, 1994）などの事実は，上の批判には当てはまらない。

　しかも，ナギーとモルナー（Nagy & Molnar, 2004）は，新生児模倣は受け身の反応ではなく，相手とコミュニケーションをとろうとする「挑発的（provocative）」な反応だという。彼女らの実験では，生後1〜2日の新生児にモデルが1分間，舌出し演示を繰り返したあと，2分間じっとしたまま乳児を見つめた。乳児は，最初，じっとモデルを見ていたが，次に，自分から舌を出し，そして再びモデルを見つめた。その際の心拍は，モデルを模倣したときには上がり，その後のモデルを注視してじっと待っていたときには下がった。このことから，彼女らはこの遅れた反応を「挑発」，すなわち，新生児のイニシアチブ能力を示していると解釈した。つまり，模倣場面は，会話と同様に，交互に模倣し合うコミュニケーション場面であり，新生児は受け身ではなく，待っている間にその前に模倣されたジェスチャーを相手に向けて作り出したのだと考え，新生児は「まねする人（Homo imitans）」かつ「挑発する人（Homo provocans）」だと主張している。

　これらの発見が示すように，新生児が「意図性」をもち，それが他者とのかかわりの中で展開されていくようになることで自他関係が早期から形成されていくと考えられる。

2　自他関係の形成とインターサブジェクティビティ

　トレヴァーセンは，乳児は親密な他者とかかわろうとする生得的な動機をもって生まれてくるという生得的インターサブジェクティビティ理論を提唱した（Trevarthen, 1979 ; Trevarthen & Hubley, 1978）。この理論では，この生得的他者志向動機が自他相互の意図・意志を通わせ，それらを共有し，協力し合う能力を発達させるのだという。しかも，互いの意図や情動は，相手に向けた意図的な表現だけではなく，無意識に表される表情・手や身体の動き（とくに姿勢）・声の音調などに相互に同調することで共有され，伝わる（通底感）という感覚が生後数カ月のうちに築かれていくという。トレヴァーセンは，この主張の一つの根拠として，発達初期からみられる母子間のタイムリーなリズムでの交互の発声に注目し，この現象に「原初的会話」と名づけ，第一次インターサブジェクティビティの証拠

とした（Trevarthen & Aitken, 2001）。

このトレヴァーセン理論は，長い間批判されたり無視されたりすることが少なくなかった。しかし，前項で挙げたような最近の乳児研究の成果が示すように，彼の理論の正しさは，認められつつある。このことはインターネットサイトのGoogle Scholar で「Trevarthen, Intersubjectivity」を検索してみると，1970〜1990 年の 20 年間ではヒット数が 300 余件にすぎないのに対して，1990〜2010 年では 3,600 件余りと 10 倍に増えていることからも明らかである。

しかしながら，生後数カ月の乳児が意図をもち，他者の期待に応じた行為をとるという第一次インターサブジェクティビティを認めない立場は，現在も認められる。その代表格は，トマセロで，乳児が意図をもつ経験の主体であると他者を理解するようになる 9 カ月までは，自他相互作用はインターサブジェクティビティとはいえない（Tomasello et al., 2005）と主張している。また，ゲルゲイ（Gergely, 2007）は第一次インターサブジェクティビティの概念には，親の情動状態への同調だけではなく，乳児が自身の主観的経験についてふり返ることができるという解釈が含まれていると批判し，トレヴァーセン理論は実証性を欠いた生得論仮説だと非難している。だが，そのような批判は，まさしく，乳児模倣への批判と同様に，表象の出現という一つの基準を設けてそれ以前は"未熟"だと決めつける見方に他ならないのではないだろうか。

第 3 節 「自 − 他」関係から「自 − 他 − プラス」関係への発達

1 共同注意の発達と異なる立場

乳児と親とのやりとりはアイコンタクトをともなう対面の情動のコミュニケーション，「見る・見られる関係」に始まる。しかし，大人は子どもから目をそらし，下や横を向いたりもする。いわば，親の顔に一瞬の無表情（still-face）が入り込む。そうしたとき，乳児は，敏感に反応し，泣いたり，ぐずったり，目をそらしたりする。そのようなやりとりから，やがて，乳児は大人の視線の移動はコミュニケーションの拒否の表現ではなく，自分以外の他の何かを見ていることに気づき（天野，2009），その視線を追ったり，自分の期待に沿うように操作するようになる。さらに，相手の目の動きからその人が現在注意を向けている対象が何であるかを知ることができるようになる。こうして，二者関係の枠組みを超え，共同注意と呼ばれる三者関係が始まる。

共同注意の研究は，スカイフとブルーナー（Scaife & Bruner, 1975）に始まる古典

第 19 章　二項関係と三項関係　**253**

的な共同注視と，トマセロ（Tomasello, 1995）の他者の意図理解の 2 つの視点から進められてきた。前者では，子どもと大人が対面で座り，子どもが大人と同じ方向に頭を回したときに，共同注意（joint attention）が成立したとみなされた。しかも，この定義では，子どもが他者と注意を共有していることを理解しているかどうかは問われなかったため，生後 2〜4 カ月児でも 30% が，11〜14 カ月児では全員が大人の顔・視線に追従して同じ方向を見たので，共同注意は，乳児初期から観察される現象であるとされた。この方法を用いて，バターワース（Butterworth & Jarrett, 1991）は視線追従行動をより詳細に検討し，3 つの発達段階を見出した。それらは，以下である。

①生態学的メカニズムの段階（6 カ月頃）：大人の視線の方向性が特定可能
②幾何学的メカニズムの段階（12 カ月頃）：視野内の大人の視線の対象が特定可能
③空間表象メカニズムの段階（18 カ月頃）：視野外の大人の視線の対象が特定可能

これらの段階は，発達とともに，より正確な他者の視線把握が可能になることと，目には見えないところにある注視対象を推測する能力の発達を示している。

一方，トマセロ（Tomasello, 1995）は，従来の「視線の追視」のような二者の同時的な注視（simultaneous looking）だけでは共同注意ではないとし，他者の注意の焦点が外部の対象に向けられていることを，お互いにモニタリングしているという意味で共同でなくてはならないと共同注意を次のように定義した。

①感情と行動の共有段階（生後 3 カ月頃）：他者と二項関係的に感情や行動を共有
②目標と知覚の共有の段階（生後 9 カ月頃）：他者を目標志向の主体とみなし，他者の目標や注視対象を共有し，三項関係が成立
③意図と注意の共有の段階（生後 14 カ月頃）：他者を意図的な主体として理解し，意図や注意を共有し，他者と協力的にかかわる

この定義の背景には，他者を意図的な行為主体，ないし「経験の主体」として理解できるという「心の理論」が含められている。したがって，彼の発達段階は，乳児の他者理解に重きを置いたもので，上のバターワースとは大きく異なっている（詳細は次節参照）。

ところで，これらの立場とは異なる立場からトレヴァーセン（Trevarthen & Hubley, 1978）は，第二次インターサブジェクティビティを提唱している。彼によれば，0 歳半ば頃から乳児はしだいに物への興味を増し，それまでの二者関係と競合す

るようになるが，しだいにおもちゃや事物を介入させた親子のやりとり遊びに統
合されていくという。つまり，0歳半ば頃に出現する「対人ゲーム」は，しだい
におもちゃと結びつき，「物を介した対人ゲーム」へと変化していくことで三項
関係が生み出されると説明している。特徴的なのは，三項関係を他の研究者が"新
しい"能力とみなしているのとは対照的に，二者間のインターサブジェクティビ
ティが三者の共同注意の出現を生み出したのであり（Trevarthen, 2002），両者は連
続したものであることを強調している点である。たとえば，やりとり遊びには母
親が物を渡すと乳児がほほえむ，同じ物を見てから見合って笑うなど第一次イン
ターサブジェクティビティ以来のやりとりが含まれ，そのような二者によるやり
とりの発達的遺産（Trevarthen & Aitken, 2001）として第二次インターサブジェク
ティビティが生み出されるという。この点では，同じ三項関係でも，次に述べる
トマセロの主張とは大きく異なる。

2　トマセロの9カ月革命

　トマセロ（Tomasello, 1999/2006）は，9〜12カ月頃の乳児は，三項関係を示すと
同時に，他者が自分と同じように意図をもつ主体であることを理解し始めるとい
う発達上の大変化に注目し，この変化を「9カ月革命」と呼んだ。彼の説明では，
6カ月までは対他・対物行動とも，二項限定的で，不統合で，物にかかわると人
を無視し，人とかかわると物を無視する傾向にあったが，9カ月になると，他の
主体と外界の事物との関係に自分自身と外界の事物との関係を同調させること，
逆に自分自身と外界の事物との関係に他者と外界の関係を同調させることが可能
になり，その結果，特定の事物にかかわろうとする意図性を自他共有する共同注
意が出現するのだという。また，同じ頃に，視線追従，協調行動，社会的参照，
模倣学習などの相互相関関係にある三項関係関連スキルが一斉に，発達を示し始
め（Carpenter et al., 1998），子どもが大人に同調するだけではなく，物の受け渡し，
指さしなどの直示的身振りで大人の注意を自分が意図する物に向け，同調させよ
うとする行動も同時に発現するという。また，それらのスキルの獲得は，発達的
に一貫した順序性を示し，最初に，近くの大人の視線を共有・チェックする，次
は，より遠くの物まで大人の視線をたどる，最後は，大人の注意を対象に向けさ
せるという順だという。つまり，このような共同注意のスキル出現は，意図をも
つ他者として他者を理解できるようになったことを背景とする一つの統合的な発
達現象だというのが彼の考え（Tomasello, 1999/2006）といえる。
　さらに，トマセロは，この9カ月革命をシミュレーション理論から説明してい

る。この説明では，まず，他者理解は，自己の「アナロジー（類推）」に基づき，物の理解とはまったく異なった仕方が使われる。また，自己は行動するとき，目標達成の努力（内的経験）を示し，外受容感覚とともに自己受容感覚によって，自分の行為も知覚する。この知覚経験が他者に向けられると，自身の内的な働きと同様な働きをするものとして，他者を"like me"ととらえることで，他者についての新しい特別な知識を得られるのだという。したがって，他者理解場面で，乳児は，すでに，自身が経験をしたことを他者に当てはめるが，一方で，自己の主体性の意識の発達とともに他者についての理解も変わっていくという。したがって，9カ月頃に自分自身の意図的な動作についての新たな理解が出現するのと同時に，意図をもつ主体として他者を理解し始めるのだと説明をしている。つまり，自己が意図をもつことに気づくことが，意図をもつ他者の理解となるという。しかし，問題は意図をもつ他者の理解が，9カ月以前では不可能なのかということである。

第4節 二項関係と三項関係の境目

1 自他関係への第二者アプローチ

乳児にとって，誕生のときから人と物を区別し，他者と欲求を共有できることは生存に不可欠である。そのため，ピアジェ（Piaget, J.）等の従来の主張とは異なり，誕生から，人と物では異なったかかわりをする。たとえば，生後5週の乳児でも，人が反応しないとぐずるが，物が静止していてもぐずることはない（Legerstee, 2005）。また，生後8週の乳児は，人間には微笑み，声をかけ，その動きを模倣するが，物には注目し，手を伸ばそうとする（Trevarthen, 1998）。このような乳児の他者志向性に基づく自他理解をレディ（Reddy, 2003, 2005, 2008）は，「第二者アプローチ」（「I -You」関係）と名づけた。ここで，「第一者アプローチ」はアナロジー，シミュレーションによる自他理解，「第三者アプローチ」（「I - It（I -They）」関係）は，伝統的な「知ろうとする人」（調査対象者）とはかかわらない「客観的」自他理解である。彼女は，第二者アプローチの立場から，他者を知覚するとは，他者を観察することではなく，かかわることだと主張し，その人をその人として知覚できるのは，その人と積極的にかかわろうとするときだと論じている。また，自分に向けられた他者の情動表出は，それに応じた自己受容感覚（緊張，弛緩，動き）を経験することで，そのような他者の経験を，自分自身の経験として経験し直すとともに，単に眺めているときには生じない自他の情動的結

びつきを生むという。

このような理論を背景として，レディは，最初に経験される自己意識は，他者の注意の対象とされたときに出現すると主張している。つまり，誕生後，最初に視線を交わすのは，親（あるいは，成人の他者）であり，アイコンタクトによって「見る－見られる」関係が経験され，アイコンタクトは，情動を喚起するので，もし，自分が他者の注視の対象であると気づくと緊張，弛緩，動きの感覚を経験する。また，視線がどこか他へ向けられたときには，他者の注意を方向づけ，統制しようとすることもありえる。こうして，乳児は他者の視線を理解していくと考えられる。実際，彼女は，乳児が，2カ月で鏡映像にはにかみ，親を見つめる，4カ月で他者の注意を得るための発声をし，6カ月では注目を得るために誇張や，おどけ，からかいなどで自分が他者の注意の対象であろうとする，7，8カ月では，見せびらかし，からかい，おどけ，お利口な行為などの自分が生み出す風変わりな行為によって，大人の注視を自分に向くように操作し始めるという発達過程を観察している（Reddy, 2005）。こうしたやりとりは，彼女によれば，自他の二項関係ではなく，行為・情動表出を「対象」とする"三項"関係のやりとりだという。このようなやりとりが，しだいに，他者の視線の追従，遠方の事物への指さしへと発達をしていく。つまり，二者のかかわり合い行為の中で指示された意味が三項関係を生み出していくのだという。したがって，この考えでは，発達していくのは，他者が注意を向けている対象が何かへの気づきの拡大である。その最初のものは自己であり，続いて自己がすることであり，次に自己が知覚するもの，そして，自己が覚えているものが続くという。つまり，トマセロの9カ月革命とは異なり，発達の連続性を想定している。この点では，前述のトレヴァーセンの第二次インターサブジェクティビティ理論と類似な立場に立っているといえよう。

2　第三項とは何か

(1)「(自－他)－プラス」関係

これまで，三項関係の研究では，「自－他－事物」という図式が当てられてきた。しかし，第三項になるのは，必ずしも物理的対象とは限らない。ブルーナー（Bruner, 1995）が，共同注意は「心の出会い（meeting of minds）」であり，何かを共有・共同することよりも，何を共有するかの文脈，前提に依存すると記しているように，第三項に当てはまるものは，文脈によって，さまざまな可能性がある。しかも，「自－他－事物」の「事物」は，人と物の区別について既述したように，

自他と同等な存在ではなく，自他の一方がかかわる対象であり，同時に，その様子を他自が参照している場面であり，あるいは，自他両者が同時にかかわる対象でもある。つまり，独立した第三項が存在するのではなく，自他関係の文脈内に対象物が組み込まれている場面だといえる。たとえば，歩行の発達によって離れた物への興味が高まり，親から離れてそれに接近することは，同時に，分離不安を生み出す。そのようなとき，指さしや視線によって，離れた対象を指し示すこと，親の注目を確認することはそのような緊張を解消できる。このように，共同注意（三項関係）は自他の文脈の中で生み出されるスキルとして考え直すことが必要に思われる。

(2) "手" の魅力：手中の物への注目

ところで，乳児に提供される物は，大人の何らかの意図のもとに大人の手を媒介して与えられる。そのため，大人の手中にある，あったものは乳児の強い関心を引き，5，6カ月児でも，大人が物をつかむ行為は何らかの目的，意図をもっていることを理解している（Woodward, 2005）という。

天野ほか（Amano et al., 2004）は，月齢3，4カ月の乳児が大人の手に注目することを母親／見知らぬ人の手の動き，対象注視・指さし場面で調べ，大人が乳児から目をそらすと乳児は大人の手の動きに注目することを見出した。そして，この大人の手に乳児が注目する現象は，大人は物を操作しているときには自分の手を見るので，他者の視線の追視（共同注意）の前駆段階を示していると論じている。さらに，これらの結果は，乳児は月齢3，4カ月から三者のやりとりに参加する準備が整っていて，大人の手への注目が，指さす指への興味という二項から手中にあるものという三項への移行を橋渡しすることを示しているのだという。では，乳児はなぜ大人の手に注目をするようになるのかというと，天野らは，大人の手は，新しい対象や情報を乳児の視野にもち込むので，乳児は，大人が手を動かしたときに何か新しいことが起こることを期待するからだと説明している。つまり，乳児は大人の手を「変化を生む存在（agents of change）」として見ているのだという。また，乳児が大人の手を見るのは，大人が顔と視線を横向きにしたとき，すなわち，乳児から視線をそらしたときだった。このことは，3，4カ月児はすでに大人の横向きの顔や視線を注視対象（手や物）と結びつけ，次の行動を期待する潜在的能力を発達させていることを示唆しているという。

この発達初期の乳児が大人の手に注目するという現象が示唆することに従えば，共同注意は9カ月頃に突然，「自他＋物」関係が発現し，始まるのではなく，前述したレディ（Reddy, 2003, 2005, 2008）のおどけ・からかい行為の観察同様に，「自

＋（他〔物〕）」という段階を経るのだと考えられる。

(3) モノとコト：注視はコトが生じたとき生じる

英文論文では，第三項を"物（object）／事（event）"と併記しているものが少なくない。しかし，日本語ではモノ（object）とコト（event）は，まったく異なる概念とされている。何よりも，前者は可視的で，後者は不可視な現象である。しかも，モノに注意を向けるのはそこに何らかのコト（出来事）を見出したとき，モノがコトによって有意味化したときではないだろうか。また，コトには，偶発的なものばかりではなく，人為的出来事も含まれる（中野，2012）。たとえば，生後6カ月頃から観察される親の注目を得るための誇張やおどけ，からかいなど（Reddy, 2005），また，親が示す乳児とかかわる際に乳児の注意を引きつける「モーショニーズ」（Brand et al., 2002）や対人ゲームでの大げさなジェスチャー（Trevarthen, 1998）などは，人為的なコトとしてみなしえる。

中野（2012）は，母親が家庭で子どもにおどけた仕草・発声でおもちゃを示した場合の反応を50名の乳児を対象に3～15カ月の間，縦断的に観察している。結果は，母親は，5カ月で最もしばしばコミカルな行為で子どもを笑わせようとし，子どもは生後8カ月頃を境として，「物を見る」から母の「動作（とくに手の操作）・表情を見る」に移行することを示した。この結果を彼は，親の人為的な出来事の創出は，コトという不可視な現象を通じて乳児が親の意図を読み取ろうとするメンタライジングを促進することを示唆していると解釈している。

このように，モノとコトを分けた三項関係の検討，とりわけ，コトという目に見えない第三項の発達的役割についての知見は，今後の研究を待つしかないのが現状といえよう。

(4)「人－人－人」の三項関係

私たちが経験する共同注意には「自＋他＋物（P–P–O）」ばかりではなく，2人の他者との三者関係（自－他1－他2）が含まれる。子どもは両親の間で育つことを考えると「自－他1－他2」の関係の方が，原初的で日常的といえる。実際，ナデール（Nadel & Trembly-Leveau, 1999）は，3カ月児でも第三項が人である方が物であるより注意を共有しやすいことを見出し，「自－他1－他2」関係の中で他者とコミュニケーションをとることが共同注意の始まりだと述べている。同様に，天野ほか（Amano et al., 2004）によれば，乳児が，他者1が他者2を見るのを見る（自→〔他1→他2〕）現象が最初に三者相互作用として現れたあと，他2が対象物とかかわるのを他1が見ているのを乳児が見る（自→〔他1→（他2－物）〕）現象が続き，最後に，これまでスタンダードとされてきた他者が対象物とかかわるのを

乳児が見る（自→〔他→物〕）三項関係が生後1年の後半に現れるという。つまり，「人−人−人」関係は「自−他−物」関係に先行して出現するという。しかも，他者1が乳児との「見る・見られる関係」から他者2に視線を移し，会話を始めると，3カ月児であっても，それまで注視していた他者1から新しい視覚対象である他者2の方へ視線を向けたり（自−〔他1−他2〕），それによって，新しい視覚対象に向けた他者1との共同注意（他者2を両者の視覚対象とする）に参加したり，さらには，2人の大人の双方に視線を交互に向けたりする（Tremblay & Rovira, 2007）という。このように，3カ月児はすでに「自−他1−他2」の三者関係を維持して，その中の二者双方とかかわること，それぞれの注視対象となることができるという。

　また，フィヴァッツ＝デパーサンジほか（Fivaz-Depeursinge et al., 2005）によれば，父母子の三者場面で4カ月児は，父親と母親に向けた視線，表情を素早く変化させることで自分の意図を伝えているという。彼女らの観察では次の4セッションが設定された。①父母子一緒の遊び，②乳児と父親／母親との遊び，遊ばない親は傍観，③②と同じだが，遊ばない親は無表情，④再び父母子一緒の遊びである。結果から，乳児がそれぞれの場面で異なる情動反応を敏感に示すことが明らかになった。とりわけ，両親がかかわる場面の方が片親がかかわる場合よりも親を注視した。また，片親が無表情の場面では，時折，両親を見比べる行動が観察されたという。したがって，これらのことは，乳児は発達初期から二者関係や，物を介した三項関係とは異なる「人−人−人」関係を築く能力を備えていることを示唆しているといえよう。しかしながら，これまでの「人−人−物」の三項関係の研究では，他者の注視の理解，他者の視線の操作の発達は，このような家族の中での三者のコミュニケーションによって育っていくという，ごく当たり前の事実が忘れられてきたように思われる。

(5) 子ども同士の三項関係

　これまで述べてきたように，従来の研究で用いられてきた「自−他−物」パラダイムの"他"には，ほぼ例外なく，大人が当てられてきた。しかし，フランコ（Franco et al., 2009）によれば，生後2年目の子どもたちでは，頻度は大人との相互作用より低いが，年少児でも子ども同士の共同注意が認められたという。また，大人とのやりとり中に，大人が子どもの叙述の指さしを無視すると，発声は続くが，指さしを止めてしまったという。これらのことからフランコほか（Franco et al., 2009）は，日常で子どもが大人に指さしをしたときには，多くの場合，大人はなんらかの応答をするので，子どもはそのような応答を期待してあたかも質問を

するように，新奇なものなどについて「これ何？」と叙述の指さし行動を行い，答えがないと，質問自体を諦めてしまう。しかし，子ども同士では質問することを目的として指さしを行うわけではないので，他児が見るまで指さしを繰り返すという。保育園に通う19〜23カ月児4名を観察した宮津（2010）の結果からも，「保育士への指さし行動」では，子どもからの指さし行動に，保育士が気づかずにいる場合は，指さし行動をやめてしまうが，「子ども同士の指さし行動」では，相手からの反応を得るまで何度も指さし行動を繰り返し，同じ言葉を何度も言うなどして，相手の反応を引き出そうとする言動がみられたという。

このように，対大人と対同輩で異なる行動が観察されるのは，乳児は，早くから，"誰"が相手（第二者）であるか，とくに，その相手が大人か同輩かによって，異なる期待をもち，異なる行動をとることを示している。しかも，このことは，決してまれな現象ではないはずであるが，これまで，ほとんど検討されずにきた。その理由として最も考えられることは，子ども同士を対象とした実験的操作の困難であろう。そこで，子ども－子どもを回避し，「子－大人－物」パラダイムというより安易な方法論に依存してきたといえよう。したがって，この事実を直視することが，今後の課題に思われる。

おわりに

共同注意研究は1990年代にさかんに行われた。それは，ブルーナーとバターワースによって研究法が確立し，トマセロによって，「心の理論」となり，そして自閉スペクトラム症との関連が見つかり，研究者の関心を引きつけたからだと思われる。しかし，ブルーナーから始まったこの研究は，結局は，彼が意図した「心の出会い」にはならなかったといえる。なぜなら，他者と「見る」ことは，実験室で出会った知らない人が見ている物を見るのではなく，「誰が」「何を」「なぜ」見るのか，その結果「何を感じるのか」の文脈の中にあるからである。このことは，心理学的事実とは何かを，私たちに問いかけているように思われる。

引用文献 ‥‥‥‥‥‥‥‥‥‥‥‥‥‥‥‥‥‥‥‥‥‥‥‥‥‥‥‥‥‥‥‥‥‥‥‥‥‥

天野幸子．（2009）．乳児のコミュニケーション要求，共同注視，そして共同的かかわり．*女子栄養大学紀要*，**40**，31−37.

Amano, S., Kezuka, E., & Yamamoto, A.（2004）. Infant shifting attention from an adult's face to an adult's hand : A precursor of joint attention. *Infant Behavior and Development*, **27**, 64−80.

Anisfeld, M.（1996）. Only tongue protrusion modeling is matched by neonates. *Developmental Review*, **16**,

149-161.

Bateson, M., Nettle, D., & Roberts, G.（2006）. Cues of being watched enhance cooperation in a real-world setting. *Biology Letters*, **2**, 412-414.

Brand, R. J., Baldwin, D. A., & Ashburn, L. A.（2002）. Evidence for 'motionese'：Modifications in mothers' infant-directed action. *Developmental Science*, **5**, 72-83.

Bruner, J.（1995）. From joint attention to the meeting of minds：An introduction. In C. Moore & P. J. Dunham（Eds.）, *Joint attention：Its origins and role in development*（pp.1-14）. Hillsdale, NJ：Lawrence Erlbaum Associates.

Bushnell, I. W. R., Sai, F., & Mullin, J. T.（1989）. Neonatal recognition of the mother's face. *British Journal of Developmental Psychology*, **7**, 3-15.

Butterworth, G., & Jarrett, N.（1991）. What minds have in common is space：Spatial mechanisms serving joint visual attention in infancy. *British Journal of Developmental Psychology*, **9**, 55-72.

Carpenter, M., Nagell, K., Tomasello, M., Butterworth, G., & Moore, C.（1998）. Social cognition, joint attention, and communicative competence from 9 to 15 months of age. *Monographs of the Society for Research in Child Development*, **63**, i-174.

Fantz, R. L.（1963）. Pattern vision in newborn infants. *Science*, **140**, 296-297.

Fivaz-Depeursinge, E., Favez, N., Lavanchy, S., De Noni, S., & Frascarolo, F.（2005）. Four-month-olds make triangular bids to father and mother during trilogue play with still-face. *Social Development*, **14**, 361-378.

Franco, F., Perucchini, P., & March, B.（2009）. Is infant initiation of joint attention by pointing affected by type of interaction? *Social Development*, **18**, 51-76.

Gergely, G.（2007）. The social construction of the subjective self：The role of affect-mirroring, markedness, and ostensive communication in self-development. In L. Mayes, P. Fonagy, & M. Target（Eds.）, *Developmental science and psychoanalysis：Integration and innovation*（pp.45-82）. London：Karnac.

Johnson, M. H., & Morton, J.（1991）. *Biology and cognitive development：The case of face recognition*. Oxford, UK：Blackwell.

Kawakami, F., & Yanaihara, T.（2012）. Smiles in the fetal period. *Infant Behavior and Development*, **35**, 466-471.

Kawakami, K., Takai-Kawakami, K., Tomonaga, M., Suzuki, J., Kusaka, F., & Okai, T.（2007）. Spontaneous smile and spontaneous laugh：An intensive longitudinal case study. *Infant Behavior and Development*, **30**, 146-152.

Kisilevsky, B. S., Hains, S. M., Brown, C. A., Lee, C. T., Cowperthwaite, B., Stutzman, S. S., et al.（2009）. Fetal sensitivity to properties of maternal speech and language. *Infant Behavior and Development*, **32**, 59-71.

Legerstee, M.（2005）. *Infants' sense of people：Precursors to a theory of mind*. Cambridge, UK：Cambridge University Press.

Meltzoff, A. N., & Moore, M. K.（1989）. Imitation in newborn infants：Exploring the range of gestures imitated and the underlying mechanisms. *Developmental Psychology*, **25**, 954-962.

Meltzoff, A. N., & Moore, M. K.（1994）. Imitation, memory, and the representation of persons. *Infant Behavior and Development*, **17**, 83-99.

宮津寿美香.（2010）. 保育現場における前言語期の子どもの「指さし行動」. 人間環境学研究, **8**, 105-113.

明和政子.（2008）. 身体マッピング能力の起源を探る. ベビーサイエンス, **8**, 2-13.

Nadel, J., & Tremblay-Leveau, H.（1999）. Early perception of social contingencies and interpersonal intentionality. In P. Rochat（Ed.）, *Early social cognition：Understanding others in the first months of life* （pp.189-212）. Mahwah, NJ : LEA.

Nagy, E.（2011）. The newborn infant : A missing stage in developmental psychology. *Infant and Child Development*, **20**, 3-19.

Nagy, E., & Molnar, P.（2004）. Homo imitans or Homo provocans? Human imprinting model of neonatal imitation. *Infant Behavior and Development*, **27**, 54-63.

中野　茂.（2012）.「行為-出来事」場面における MENTALIZING の発達過程の検討. 科学研究費助成事業研究成果報告書. https://kaken.nii.ac.jp/ja/grant/KAKENHI-PROJECT-22530713/

Nettle, D., Nott, K., & Bateson, M.（2012）. 'Cycle thieves, we are watching you' : Impact of a simple signage intervention against bicycle theft. *PLoS ONE*, **7**, e51738. doi : 10.1371/journal.pone.0051738

Reddy, V.（2003）. On being the object of attention : Implications for self-other consciousness. *Trends in Cognitive Sciences*, **7**, 397-402.

Reddy, V.（2005）. Before the 'third element' : Understanding attention to self. In N. Eilan, C. Hoerl, T. McCormack, & J. Roessler（Eds.）, *Joint attention : Communication and other minds : Issues in philosophy and psychology*（pp.85-109）. New York : Oxford University Press.

Reddy, V.（2008）. *How infants know minds*. Cambridge, MA : Harvard University Press.

Rochat, P.（2001）. *The infant's world*. Cambridge, MA : Harvard University Press.

Scaife, M., & Bruner, J. S.（1975）. The capacity for joint attention in the infant. *Nature*, **253**, 265-266.

高橋道子.（1994）. 自発的微笑から外発的・社会的微笑への発達：微笑の内的制御から外的制御への転換をめぐって. *東京学芸大学紀要 第1部門*, **45**, 213-237.

高橋道子.（1995）. *微笑の発生と出生後の発達*. 東京：風間書房.

Tomasello, M.（1995）. Joint attention as social cognition. In C. Moore & P. J. Dunham（Eds.）, *Joint attention : Its origins and role in development*（pp.103-130）. Hillsdale, NJ : Lawrence Erlbaum Associates.

Tomasello, M.（2006）. *心とことばの起源を探る：文化と認知*（大堀壽夫・中澤恒子・西村義樹・本多　啓, 訳）. 東京：勁草書房.（Tomasello, M.（1999）. *The cultural origins of human cognition*. Cambridge, MA : Harvard University Press.）

Tomasello, M., Carpenter, M., Call, J., Behne, T., & Moll, H.（2005）. Understanding and sharing intentions : The origins of cultural cognition. *Behavioral and Brain Sciences*, **28**, 675-691.

Tremblay, H., & Rovira, K.（2007）. Joint visual attention and social triangular engagement at 3 and 6 months. *Infant Behavior and Development*, **30**, 366-379.

Trevarthen, C.（1979）. Communication and cooperation in early infancy. A description of primary intersubjectivity. In M. Bullowa（Ed.）, *Before speech : The beginning of interpersonal communication*（pp.321-347）. Cambridge, UK : Cambridge University Press.

Trevarthen, C.（1984）. How control of movement develops. *Advances in Psychology*, **17**, 223-261.

Trevarthen, C.（1998）. The concept and foundations of infant intersubjectivity. In S. Bråten（Ed.）, *Intersubjective communication and emotion in early ontogeny*（pp.15-46）. Cambridge, UK : Cambridge University Press.

Trevarthen, C.（2002）. Making sense of infants making sense. *Intellectica*, **34**, 161-188.

Trevarthen, C., & Aitken, K. J.（2001）. Infant intersubjectivity : Research, theory, and clinical applications. *Journal of Child Psychology and Psychiatry*, **42**, 3-48.

Trevarthen, C., & Hubley, P.（1978）. Secondary intersubjectivity : Confidence, confiding and acts of meaning in the first year. In A. Lock（Ed.）, *Action, gesture, and symbol*（pp.183-229）. London : Academic Press.

Van der Meer, A. L. H., Van der Weel, F. R., & Lee, D. N.（1995）. The functional significance of arm movements in neonates. *Science*, **267**, 693-695.

Walton, G. E., Bower, N. J. A., & Bower, T. G. R. (1992). Recognition of familiar faces by newborns. *Infant Behavior and Development*, **15**, 265−269.

Woodward, A. L. (2005). The infant origins of intentional understanding. *Advances in Child Development and Behavior*, **33**, 229−262.

第**20**章
社会的関係と心の理論発達

東山　薫

　社会的認知とは，「われわれ人間が，他者や自分自身について『理解』し，『意味』を見出す過程」（唐沢，2001, p.3）と定義されている。心の理論（theory of mind）は，この社会的認知のひとつとされている。「社会」とは人の集まりを指す言葉であるため，心の理論は社会的相互作用と密接にかかわっていると考えられる。

　心の理論は，「自己および他者の知識，信念，思考，疑念，推論，ふり，好み，目的，意図，の内容を理解すること」もしくは，「個人が自分自身，もしくは他者に心的状態（mental states）を帰属させること」と定義されている（Premack & Woodruff, 1978）。つまり，人はそれぞれ個別の心をもち，同じ出来事を経験しても人によって感じ方が異なることがあることや，人はそれぞれの心にしたがって行動していることを理解することを意味する。心の理論をもつか否かは誤信念課題（false belief tasks）という他者の誤信（勘違い）について理解できるかを調べる課題で測定されてきた（Perner et al., 1987 ; Wimmer & Perner, 1983）。その後，心を構成する要素は他者の誤信の理解にとどまらず，欲求，信念，知識，隠された感情等の理解も含むべきであるという指摘がなされ，これらを含む7つの課題から構成される心の理論課題が考案された（Wellman & Liu, 2004）。

　以上のことを踏まえて，本章では社会的相互作用の中でも，親子関係，きょうだい関係，ピア関係といった社会的関係を取り上げる。そして，主に誤信念課題や心の理論課題で測定される心の理論発達とそれぞれの他者との関係がどのように関連するのかについて展望する。

第1節　親子関係と心の理論発達

1　母親の心的状態語の使用量と心の理論発達

言語は子どもの認知能力を大きく発達させる道具（Nelson, 1996）であり，課題

そのものの理解にも大きくかかわる。これまでにも多くの研究で，子どもの言語能力が心の理論の成績と強い関連をもつことが指摘されてきた（たとえば，Astington & Baird, 2005）。心の理論とは自身や他者に心的状態を帰属させることと定義されていることから，とくに子ども自身や母親の心的状態語の使用量について検討されてきた。心的状態語とは，「知っている」や「思う」，「～つもりである」のように，人がもっている見えない心の状態（知識，思考，認知，意図，感情など）を表す語のことを指す。

　たとえばダンらは第二子に注目し，33 カ月と 40 カ月時点での母子の会話を記録し，誤信念課題成績との関連を検討している（Brown et al., 1996 ; Dunn et al., 1991）。その結果，33 カ月時点における母親の感情に関する発話数と 40 カ月時点における子どもの誤信念課題成績との間に正の相関がみられたことを報告している。

　またラフマンらは，55 組の母子を対象に 2 時点（1 時点目：2 歳 2 カ月～4 歳 0 カ月，2 時点目：3 歳 5 カ月～5 歳 1 カ月）で，母親の言葉の使い方と子どもの心の理論発達との関連をみている（Ruffman et al., 2006）。子どもには誤信念課題を実施し，母親には 10～13 種の写真を用意し，子どもにその写真の内容について話してもらい母子の会話を記録した。2 時点目における子どもの誤信念課題成績を予測する変数を探るために，1 時点目で関連のあったすべてを予測変数とした回帰分析を行ったところ，「子どもの言語能力」と「母親の心的状態語の使用」が 2 時点目の誤信念課題成績を有意に予測していた。

　他にも 2 時点（1 時点目：3 歳 3 カ月～5 歳 11 カ月，N = 41，2 時点目：4 歳 3 カ月～7 歳 0 カ月，N = 37）で母親に絵本読み課題，子どもに誤信念課題を実施した研究がある（Adrián et al., 2007）。そこでは母親の認知に関する語（「think」「know」など）の 2 時点の合計使用量と，1 時点目および 2 時点目の子どもの誤信念課題成績それぞれとの間に有意な正の相関があり，その関連は子どもの年齢や言語能力，母親の学歴の影響を排除しても有意なままであった。また，母親に「お子さんのことを説明してください」とだけ教示し，その発話の内容と子どもの誤信念課題成績との関連をみた研究では，母親の心的状態語の使用量と子どもの誤信念課題成績との間に有意な正の相関が認められた（de Rosnay et al., 2004）。

　日本では園田（1999）がごっこ遊びと本読み場面に限定して母子の心的状態語の使用と誤信念課題の成績との関連をみている。その結果，それぞれの場面における母親の思考状態に関する言葉の使用と誤信念課題の成績とに正の相関があり，母親の感情状態に関する言葉の使用はごっこ遊び場面においてのみ，有意ではないが正の相関の傾向がみられた。

これらの結果を踏まえて，心的状態語の使用に関する介入の効果についてみた研究がある。心的状態語を多用した物語を読まされた子どもを2つのグループに分け，実験群ではその後実際に心的状態語を使用するゲームを行い，統制群では行わなかった。その結果，心的状態語を聞くだけではなく，子ども自身がそれらを使用することが心の理論発達を促進した（Ornaghi et al., 2011）。

2 母親の会話スタイルと心の理論発達

母親の心的状態語の使用量のみならず，会話スタイルと心の理論発達の関連も検討されている。たとえば，ピーターソンらは4歳〜5歳7カ月の子どもをもつ母親に質問紙を用いて，設定されている仮想場面で自分だったらどのような言葉の使い方をするかについて4つの選択肢から選ばせている。その結果，心的状態語を用い，因果関係について明確に説明している選択肢を選んだ母親の子どもほど誤信念課題成績がよいことが示された（Peterson & Slaughter, 2003）。またスローターらは，30名の母親に2時点で文字の書かれていない絵本を見せ，内容について子どもに説明してもらい，その発話と子ども（3歳2カ月〜4歳9カ月）の誤信念課題成績との関連についてみている。その結果，母親が認知に関する因果関係について説明することと誤信念課題成績との間に有意な相関がみられた（Slaughter et al., 2007）。

またラフマンらは，親子の相互作用について質問紙で尋ね，その言葉の使い方と子ども（3歳1カ月〜5歳3カ月の子ども64名）の心の理論発達との関連をみている（Ruffman et al., 1999）。親子の相互作用については，5つの項目（たとえば，「子どもが自分に嘘をついていると思ったことはありますか？」）について「はい」「いいえ」で回答してもらい，「はい」と答えた際には「そのとき，あなたは何と言いましたか？」と尋ねた。その結果，「あなたが同じことをされたらどんな気持ちがする？」というように「感情の視点取得を促すような回答」と子どもの誤信念課題成績との間に有意ではないが正の相関の傾向があり，「子どもを叱る」や「子どもに取ったものを返しに行かせる，もしくは謝りに行かせる」というような「叱責する回答」と子どもの誤信念課題の成績との間には有意な負の相関が認められた。さらに，ロジスティック回帰分析を行い，年齢と言語能力を排除すると「叱責する回答」をしたか否かによって子どもの誤信念課題の得点に差がみられなくなるのに対して，「感情の視点取得を促す回答」をした母親の子どもは依然として，そうでない母親の子どもと比較して誤信念課題の得点が高いという結果になった。このことから，母親が心的状態について子どもに考えさせるような

発話が心の理論の発達を促すと考えられる。

　日本においても，東山が母親の言葉の使い方と心の理論発達との関連について検討している（東山，2011）。53名の母親とその子ども（5歳4カ月〜6歳6カ月）を対象に，子どもには心の理論課題（東山，2007；Wellman & Liu, 2004）を実施し，文字が書かれていない絵だけの図版（CAT : Children's Apperception Test）3枚を用いて母子でストーリーを作成してもらい母親の会話のスタイルを5つのカテゴリーに分類した。図版の内容について子どもの意見を受容したり，子どもがわからないと言った場合に補助・補足したり，子どもの言ったことが不適切であった場合に訂正・示唆するような会話スタイルは「子ども主導」とした。一方で，図版の内容について先回りしたり，誘導したり，子どもの言ったことが不適切であった場合，頭ごなしに否定するような会話スタイルは「母親主導」とした。図版に関係のない発話（「ちゃんと座りなさい」等）は「その他」とした。また，「子ども主導」と「母親主導」の発話はそれぞれ「心に焦点化」（登場人物の心や行動の理由，子どもの考え方や日常生活，母親自身の考え方に言及）しているか，「物に焦点化」（登場人物の名前や図版に描かれている物について言及）しているかに分けた。母子によって発話数が異なるため，母親の発話数（「子ども主導」「母親主導」「その他」を合算したもの）を分母とし，「子ども主導で心に焦点化」している発話数，「子ども主導で物に焦点化」している発話数，および「母親主導で心に焦点化」している発話数と「母親主導で物に焦点化」している発話数を分子にしてそれぞれの割合を算出した。その結果，母親の「子ども主導で心に焦点化」した会話スタイルは，子どもの心の理論成績と有意な正の相関があり，「母親主導で物に焦点化」した会話スタイルは強い負の相関があった。その関連は，子どもの言語能力や母親の学歴の影響を排除しても変わらなかった。したがって重回帰分析を行ったところ，「母親主導で物に焦点化」した会話スタイルが有意に子どもの心の理論成績と強い負の関連があるという結果となった。

　これらの結果は，自己や他者の心に注意を向けることや，子どもに対して感情の視点取得を促すような会話を行うといった母親の会話スタイルが，心の理論の成績と正の関連があることを示している。その一方で，母親が子どもに行動を強制したり，統制するような発話や叱責するような発話は，心の理論の成績と負の関連をもつことが示されており，望ましい会話スタイルよりも関連が強い結果となっている。したがって，足りないものはよくない影響を及ぼすが，豊富であることが必ずしもよりよい影響を及ぼすわけではなく，母親の会話スタイルがほぼよいという状態の good enough（Winnicott, 1971）であれば，ある程度心の理論は発

達するという可能性が示唆される。

3　母子のコミュニケーションの質と心の理論発達

　聴覚障害児に関する一連の研究から，親とのコミュニケーションの質が心の理論発達に差をもたらすことが示されている。聴覚障害の親をもつ聴覚障害児は幼児期から手話を用いて会話をしている。それに対して聴者の親をもつ聴覚障害児は，親が手話を覚えるか，子どもが親の口の動きを読み取り発話で答えるように意思伝達の訓練をしている。たとえばピーターソンらは，聴覚障害の親をもつ聴覚障害児と聴者の親をもつ聴覚障害児に誤信念課題を実施したところ，聴覚障害の親をもつ聴覚障害児は定型発達児と差がみられなかった（Peterson & Siegal, 1999 ; Peterson et al., 2005）のに対して，聴者の親をもつ聴覚障害児は自閉スペクトラム症児と同様に遅れがみられたと報告している（Peterson & Siegal, 2000）。その理由は，親も聴覚障害者である場合，そうではない親とくらべて手話が堪能であるので，豊富な言葉（手話）を用いて子どもとコミュニケーションがとれるため，子どもにわかりやすい言葉を使っているからではないかと考えられる（Schick et al., 2007 ; Woolfe et al., 2002）。これは定型発達の親子にもいえることであり，親が子どもの気持ちや考え方を考慮して，子どもにとってわかりやすい言葉を使用することが心の理論発達を促進するだろうし，逆に子どもにとってわかりにくい言葉を使うことが心の理論発達に悪影響を及ぼすであろうことが示唆される。

第2節　きょうだい関係と心の理論発達

1　きょうだいの有無と心の理論発達

　親との社会的関係のみならず，きょうだいとの関係も子どもの社会的認知能力を発達させると考えられる。パーナーらは，イギリスの3歳1カ月～4歳9カ月児80名を対象として家族の人数やきょうだいの有無と心の理論発達との関連について検討している。その結果，家族サイズが大きいことや，きょうだいがいることが誤信念課題成績によい方向に働いていた。さらに年上のきょうだいがいることと年下のきょうだいがいることの効果をみるために，3歳2カ月～5歳9カ月児で兄や姉のいる15名，弟や妹のいる27名を対象に誤信念課題成績をみてみると出生順位による成績には一貫した結果が得られなかった（Perner et al., 1994）。
　ラフマンらによるイギリスの2歳3カ月～6歳11カ月児250名と日本の2歳11カ月～6歳2カ月児214名を対象にしている研究においても，兄や姉の存在が

誤信念課題成績によい影響を及ぼしていた。しかし，弟や妹の存在は誤信念課題成績とは関連がなかった（Ruffman et al., 1998）。オーストラリアにおける3歳3カ月～5歳6カ月児を対象とした2時点での縦断研究では，対象児の年齢や言語能力に関係なく2人もしくはそれ以上のきょうだいをもつ子どもが両時点において，ふり課題（1時点目）や見かけと本当の区別課題（2時点目）と誤信念課題（両時点）の合計得点が有意に高かった（McAlister & Peterson, 2007）。イランでも，4～5歳児142名を対象に，きょうだいの数と心の理論課題成績との関連をみているが，両者の間に有意な相関は見出されなかった（Shahaeian, 2015）。

　日本においては，許（1999）が4歳6カ月～6歳7カ月児72名を対象に，一人っ子，二人きょうだい，三人以上のきょうだいにおける誤信念課題成績の差を検討している。しかし，きょうだい数による有意な差は認められなかった。また，宮澤・村上（2015）は，3歳3カ月～6歳7カ月児54名を対象にきょうだいの有無と心の理論課題との関連をみている。その結果，5歳1カ月未満の子どもではきょうだいの有無が心の理論成績と関連するが，それ以上の年齢では関連がみられなくなった。

　以上のように，きょうだいの有無，またはきょうだい数と心の理論発達に関する結果はまだ一致をみていないのが現状である。すなわち，きょうだいの有無や数よりも，子どもが経験する社会的関係の質が心の理論発達と関連していることが考えられる。

2　きょうだいというものに関する経験や知識と心の理論発達

　きょうだいの有無が心の理論発達と関連するか否かについては，まだ結論が出ていない。これは誤信念課題や心の理論課題があまりにも子どもの日常生活とはかけ離れた課題であるからかもしれない。より子どもの経験や知識を活用できる課題であれば結果はかわるかもしれない。心の理論に経験や知識が関係しているという根拠として，ウェルマンらは心の理論研究には社会が個人の行動に影響を及ぼすという側面を考えなければいけないとしている（Wellman & Miller, 2008）。すなわち，他者の行動をその個人の心的状態などだけから考えるのではなく，社会が何をその人たちの義務とし，何をその人たちに許容しているかということの影響も考えるというように，心の理論をより広義に扱わなくてはならないということである。

　たとえば，キャンプでトイレ掃除をしている少年の行動理由を考えるとする。従来の心の理論で考えられてきた欲求－信念推論スキーマを用いると，「少年は

270　第Ⅳ部　社会的相互作用

トイレをきれいにしたいから」というように説明されるだろう。しかし，その少年はノルマとしてトイレ掃除を任されているのだとしたら，「それはキャンプにおける少年の仕事だから」という説明になるだろう。この説明は決まりごとを遂行しなければならないという道徳観念に基づいた行動であり，個人の心的状態とは関係がない（Wellman & Miller, 2008）。このウェルマンらの主張のように，他者の行動の理由を考える際には，その個人の心的状態だけではなく，その個人が守らなければいけないと思っている社会規範や義務などの道徳観念についての経験や知識の量，またそれらの内容がかかわっていることになる。つまり，きょうだい関係においても自分がどのように振る舞うべきか，どのようなことを許容されているのか，についての経験や知識が相手の行動を推論することに関係していると考えられる。

　先行研究でも出生順位によって親の養育態度が異なることが指摘されており（たとえば，Someya et al., 2000），出生順位によって親から求められる振る舞いや許容される内容が異なり，それが経験や知識の違いに結びついていると考えられる。また，一人っ子においては，きょうだいというものに関する経験や知識も乏しく，きょうだい間の葛藤場面に対してどのように振る舞うべきかについてわからないことも多いかもしれない。

　東山（2012）はこの経験や知識の量に関する研究として，きょうだいがいればよく起こるであろう葛藤場面を設定し，心の理論発達ときょうだいの有無との関連について，2つ以上歳の離れた妹か弟が1人だけいる長子の小学1年生20名（6歳9カ月〜7歳9カ月）と一人っ子の小学生1年生20名（6歳9カ月〜7歳8カ月）を対象に検討している。「母親」，「父親」，「他人」の3種類の大人が登場する場面を設定し，それぞれの大人が下のきょうだいを優遇する場面を図版で見せ，「この場面で，母親／父親／他人が下のきょうだいを優遇したのはよいと思う？悪いと思う？」と尋ね，その理由も聞いた。大人が下のきょうだいを優遇する場面は「体力的に下の子を優遇すべき場面」と「きょうだいの上下にかかわらず平等にすべき場面」の2場面と3種類の大人で合計6場面が設けられた。体力的に下の子を優遇すべき場面は，調査対象児と同じ7歳の子と下のきょうだいが電車に乗っていたら，前に座っていた人が下のきょうだいだけに席を譲ってきた，というような場面である。それに対して，きょうだいの上下にかかわらず平等にすべき場面は，下のきょうだいが7歳のおもちゃをとってけんかになったときに父親が7歳の子だけ叱った，というような場面である。その結果，きょうだいの有無における心の理論課題成績（Wellman & Liu, 2004）には有意な差が認められな

かった。しかし、下にきょうだいがいる子どもは一人っ子と比較して、下のきょうだいを優遇する大人に対して6場面すべてにおいて一貫して「いいと思う」と評価する割合が有意に高かった。その理由については「体力的に下の子を優遇すべき場面」でも「きょうだいの上下にかかわらず平等にすべき場面」でも「大人の心に言及した説明」（「上の子を持ち上げたら重いし、お母さんはおんぶできないから」、「お父さんはたぶんお兄ちゃんは我慢できると思ったから」、「お店の人は弟が泣いちゃうと思ったから」など）をする割合が一人っ子と比較して有意に高かった。それに対して一人っ子は、下のきょうだいを優遇する大人を「悪い」と評価する割合が有意に高く、「よい」と評価した子どもでも、その理由について尋ねると「下の子は小さいから」や「上の子は大きいから」というような不十分な説明や、説明になっていない理由が有意に高かった。

　きょうだいの有無で心の理論課題には差が認められなかった（4点満点に対して下にきょうだいのいる群は平均2.50点、一人っ子群は2.15点であり、天井効果は認められない）のに対し、大人が下のきょうだいを優遇する課題では、下にきょうだいがいる子どもの方が有意に大人の立場に立った回答をしていた。これは自身の経験や知識を使って他者の立場を推論することができる課題だからであると考えられる。

第3節　ピア関係と心の理論発達

1　ピア関係と心の理論発達

　ピア関係とは年齢や立場がほぼ等しい人間どうしの関係のことであり、幼児期やその後の心理的な適応の本質を支えている。ピア関係や社会性は、子どもの社会情動的発達や認知的発達に重要な役割を果たすということが指摘されている（Rubin & Burgess, 2001）。とくに遊びを通したピア関係は、子どもの全体的な発達に大きな役割を果たすと考えられている。心の理論とピア関係についての関心は増大しているにもかかわらず、両者の関連について検討している研究はほとんどないのが現状である。

2　教師評定によるピア関係と心の理論発達

　カナダにおける2時点（1時点目：M＝6歳2カ月、2時点目：M＝8歳5カ月）での縦断研究では、2つの小学校から集められた調査協力者によりピア関係と心の理論発達との関連について検討している（Bosacki, 2015）。心の理論は二次的誤信

念課題（Perner & Wimmer, 1985）で測定され，ピア関係については「ピアの排除」に関する7項目，「ピアへの心配や恐れ」に関する4項目，「ピアへの非社交性」に関する6項目，「ピアへの社交性」に関する7項目について教師に3件法で回答してもらった。一次的誤信念課題は，A（人）はα（物）がβ（場所）にあると勘違いしていることを理解できるかという課題である。それに対して二次的誤信念課題は，Aはαがβにあると思っているとB（別の人）は勘違いしていることを理解できるか問う課題である。すなわち，一次的誤信念課題より入れ子構造がひとつ増えることによって難度が上がっているのである。この二次的誤信念課題とピア関係との関連をみた結果，1時点目の心の理論成績が2時点目での「ピアへの心配や恐れ」と有意な正の相関があった。興味深いことに1時点目の「ピアへの心配や恐れ」と2時点目の心の理論成績には有意な相関が認められなかった。回帰分析を行ったところ，1時点目での心の理論成績が2時点目での教師評定による「ピアへの心配や恐れ」を予測することがわかった。

　日本においては，森野（2005）が3〜6歳児144名を対象にして，教師評定による社会的技能やピアからの人気と心の理論発達について検討している。その結果，年中の子どもは誤信念課題成績がよいほど社会的技能も高いと評定され，年長の子どもでは誤信念課題成績がよいほど人気があると評定された。また，言語能力を統制したあとの誤信念課題成績と感情理解成績の関連をみると，年少児では両者が関連しないのに対して，年中児では弱い関連が，年長児では強い関連がみられるようになった。つまり，これは認知的な心の理解と感情的な心の理解は年齢が小さいときは異なる経路をたどるが，年齢とともに統合されていくということを示唆していると考えられる。

3　子ども自身の評定によるピア関係と心の理論発達

　子ども自身によるピア関係の評定はある程度，年齢が大きくならないと不可能である。ギリシアにおける子ども自身の評定によるピア関係と心の理論発達との関連についての研究では，10歳〜12歳の5，6年生243名を対象にしている（Kokkinos et al., 2016）。社会的技能に関しては「協力」，「アサーション」，「共感」，「自己制御」について3件法で尋ね，ピア関係については5項目について4件法で尋ね，心の理論は二次的誤信念課題で測定した。その結果，ピア関係と心の理論発達には関連が認められず，社会的技能の「自己制御」のみが心の理論発達と有意な相関が認められた。

4　異年齢のピア関係と心の理論発達

以上の研究は，同学年におけるピア関係を対象としているが，異年齢とのピア関係と心の理論発達についてみている研究がある。松永・郷式（2008）は，日本の3歳3カ月〜6歳6カ月児125名を対象に，異年齢の子どもと接することと心の理論発達についての関連をみている。3種の誤信念課題（位置移動タイプ2種，予期せぬ中身タイプ1種）それぞれの通過・不通過を従属変数として，月齢，きょうだいの有無，同年齢保育か異年齢保育かという保育形態を独立変数としてロジスティック回帰分析を行った。その結果，位置移動タイプの誤信念課題においては，一人っ子で同年齢保育を受けている（異年齢交流の機会が少ない）子どもの通過率が低かった。予期せぬ中身タイプの誤信念課題においては，異年齢交流の影響はみられなかった。すなわち，位置移動タイプの誤信念課題においてのみ，異年齢交流がその発達に促進的に働いたと考えられた。

5　ピアからの人気と心の理論発達に関するメタ分析

以上のように，ピア関係と心の理論発達に関する実証研究はそれほど多くないうえに，一貫した結果が得られていない。最後に，この両者の関連について初めてメタ分析した研究を紹介する。スローターらは，1987年から2013年まででピア関係と心の理論との関連をみている44の研究の中から①英語か日本語で書かれた研究，②就学前，もしくは学齢期の定型発達児を対象としている研究，③心の理論の測定には少なくとも1つの標準的誤信念課題が用いられている研究，④ピアからの人気は本人に問うものではなく，ピアによるソシオメトリックテストで得られた人気度や，ピアや教師によって測定された人気度を対象としている研究，⑤ローデータが手に入る等の条件を満たす20の研究についてメタ分析を行った（Slaughter et al., 2015）。2,096名の子どもが対象となったが，ピアからの人気に対する心の理論成績の有意な主効果が認められた。しかし，その説明力は3.6％と小さかった。これはピアからの人気が心の理論成績だけではなく，パーソナリティや行動要因などともかかわっているからだと考えられた。

ピア関係が心の理論発達にどのような影響を及ぼすかについては，まだ明らかになっていない点が多い。そのため，今後はピア関係の測定方法や心の理論発達の測定法を統一した研究が待たれるところである。

まとめ

　本章では親子関係，きょうだい関係，ピア関係といった社会的関係と心の理論発達との関連について展望した。親子関係は子どもにとって最も身近であるため，数多くの研究が行われてきた。母親の心的状態語の使用や因果関係への言及，また，子ども自身に考えさせる会話スタイルや子どもの気持ちや考え方に考慮した言葉の使用が，子どもの心の理論発達と関連し，叱責や母親主導の会話スタイルはネガティブな影響をもたらしていることが明らかになっている。しかし，親子関係といっても母親に関する研究が主で父親との関係に着目した研究は見当たらない。今後は父親を対象とした研究も重要になってくるであろう。

　きょうだいとの関係については，研究の数も少なく心の理論発達との関連についての結果が一致をみていない。これはひとつにきょうだいとの年齢差や本人やきょうだいの言語能力等を調査協力者間で統制することが困難であることが原因であると考えられる。また，出生順位によって親の期待が異なるということは，必然的に親の言葉の使い方や会話スタイルにも差がみられると考えられる。そして対象としている子どもの年齢が小さいために，親の影響力が強く，きょうだいの影響が見出せていない可能性もあるだろう。

　ピアとの関係についても，研究数が少ないうえに結果が一致していない。低年齢の子どもを対象とした場合，教師による評定が行われるため，子どものピア関係を正確にとらえられていない可能性がある。複数の教師で評定を行い，その一致度をみるというようなことが必要かもしれない。

引用文献

Adrián, J. E., Clemente, R. A., & Villanueva, L. (2007). Mothers' use of cognitive state verbs in picture-book reading and the development of children's understanding of mind : A longitudinal study. *Child Development*, **78**, 1052−1067.

Astington, J. W., & Baird, J. A. (Eds.) (2005). *Why language matters for theory of mind*. New York : Oxford University Press.

Bosacki, S. L. (2015). Children's theory of mind, self-perceptions, and peer relations : A longitudinal study. *Infant and Child Development*, **24**, 175−188.

Brown, J. R., Donelan-McCall, N., & Dunn, J. (1996). Why talk about mental states? The significance of children's conversations with friends, siblings and mothers. *Child Development*, **67**, 836−849.

de Rosnay, M., Pons, F., Harris, P. L., & Morrell, J. (2004). A lag between understanding false belief and emotion attribution in young children : Relationships with linguistic ability and mothers' mental-state language. *British Journal of Developmental Psychology*, **22**, 197−218.

Dunn, J., Brown, J., Slomkowski, C., Tesla, C., & Youngblade, L. (1991). Young children's understanding of other people's feelings and beliefs : Individual differences and their antecedents. *Child Development*, **62**, 1352−1366.

唐沢　穣. (2001). 社会的認知とは何か. 唐沢　穣・池上知子・唐沢かおり・大平英樹 (著), *社会的認知の心理学：社会を描く心のはたらき* (pp.3−12). 京都：ナカニシヤ出版.

Kokkinos, C. M., Kakarani, S., & Kolovou, D. (2016). Relationships among shyness, social competence, peer relations, and theory of mind among pre-adolescents. *Social Psychology of Education*, **19**, 117−133.

許　佳美. (1999). 幼児の「心の理論」の発達ときょうだい数及び母親の養育態度との関係：中・日比較調査. *京都大学大学院教育学研究科紀要*, **45**, 136−148.

松永恵美・郷式　徹. (2008). 幼児の「心の理論」の発達に対するきょうだいおよび異年齢保育の影響. *発達心理学研究*, **19**, 316−327.

McAlister, A., & Peterson, C. (2007). A longitudinal study of child siblings and theory of mind development. *Cognitive Development*, **22**, 258−270.

宮澤友真・村上千恵子. (2015). 心の理論の多面的な発達におけるきょうだいの影響. *信州大学教育学部研究論集*, **8**, 29−43.

森野美央. (2005). 幼児期における心の理論発達の個人差，感情理解発達の個人差，及び仲間との相互作用の関連. *発達心理学研究*, **16**, 36−45.

Nelson, K. (1996). *Language in cognitive development : The emergence of the mediated mind*. New York : Cambridge University Press.

Ornaghi, V., Brockmeier, J., & Gavazzi, I. G. (2011). The role of language games in children's understanding of mental states : A training study. *Journal of Cognition and Development*, **12**, 239−259.

Perner, J., Leekam, S., & Wimmer, H. (1987). Three-year-olds' difficulty with false belief : The case for a conceptual deficit. *British Journal of Developmental Psychology*, **5**, 125−137.

Perner, J., Ruffman, T., & Leekam, S. R. (1994). Theory of mind is contagious : You catch it from your sibs. *Child Development*, **65**, 1228−1238.

Perner, J., & Wimmer, H. (1985). "John *thinks* that Mary *thinks* that..." attribution of second-order beliefs by 5- to 10-year-old children. *Journal of Experimental Child Psychology*, **39**, 437−471.

Peterson, C. C., & Siegal, M. (1999). Representing inner worlds : Theory of mind in autistic, deaf, and normal hearing children. *Psychological Science*, **10**, 126−129.

Peterson, C. C., & Siegal, M. (2000). Insights into theory of mind from deafness and autism. *Mind and Language*, **15**, 123−145.

Peterson, C. C., & Slaughter, V. (2003). Opening windows into the mind : Mother's preferences for mental state explanations and children's theory of mind. *Cognitive Development*, **18**, 399−429.

Peterson, C. C., Wellman, H. M., & Liu, D. (2005). Steps in theory-of-mind development for children with deafness or autism. *Child Development*, **76**, 502−517.

Premack, D., & Woodruff, G. (1978). Does the chimpanzee have a theory of mind? *Behavioral and Brain Sciences*, **1**, 515−526.

Rubin, K., & Burgess, K. (2001). Social withdrawal and anxiety. In M. Vasey & M. Dadds (Eds.), *The developmental psychopathology of anxiety* (pp.407−434). New York : Oxford University Press.

Ruffman, T., Perner, J., Naito, M., Parkin, L., & Clements, W. (1998). Older (but not younger) siblings facilitate false belief understanding. *Developmental Psychology*, **34**, 161−174.

Ruffman, T., Perner, J., & Parkin, L. (1999). How parenting style affects false belief understanding. *Social Development*, **8**, 395−411.

Ruffman, T., Slade, L., Devitt, K., & Crowe, E. (2006). What mothers say and what they do : The relation between parenting, theory of mind, language and conflict/cooperation. *British Journal of*

Developmental Psychology, **24**, 105−124.

Schick, B., de Villiers, P. A., de Villiers, J. G., & Hoffmeister, R.（2007）. Language and theory of mind : A study of deaf children. *Child Development*, **78**, 376−396.

Shahaeian, A.（2015）. Sibling, family, and social influences on children's theory of mind understanding : New evidence from diverse intracultural samples. *Journal of Cross-Cultural Psychology*, **46**, 805−820.

Slaughter, V., Imuta, K., Peterson, C. C., & Henry, J.（2015）. Meta-analysis of theory of mind and peer popularity in the preschool and early school years. *Child Development*, **86**, 1159−1174.

Slaughter, V., Peterson, C. C., & Mackintosh, E.（2007）. Mind what mother says : Narrative input and theory of mind in typical children and those on the autism spectrum. *Child Development*, **78**, 839−858.

Someya, T., Uehara, T., Kadowaki, M., Tang, S. W., & Takahashi, S.（2000）. Effects of gender difference and birth order on perceived parenting styles, measured by the EMBU scale, in Japanese two-sibling subjects. *Psychiatry and Clinical Neurosciences*, **54**, 77−81.

園田菜摘.（1999）. 3歳児の欲求, 感情, 信念理解：個人差の特徴と母子相互作用との関連. *発達心理学研究*, **10**, 177−188.

東山　薫.（2007）. "心の理論" の多面性の発達：Wellman & Liu 尺度と誤答の分析. *教育心理学研究*, **55**, 359−369.

東山　薫.（2011）. 5, 6歳児の心の理論と母親の心についての説明との関連. *教育心理学研究*, **59**, 427−440.

東山　薫.（2012）. "心の理論" の再検討：心の多面性の理解とその発達の関連要因. 東京：風間書房.

Wellman, H. M., & Liu, D.（2004）. Scaling of theory-of-mind tasks. *Child Development*, **75**, 523−541.

Wellman, H. M., & Miller, J. G.（2008）. Including deontic reasoning as fundamental to theory of mind. *Human Development*, **51**, 105−135.

Wimmer, H., & Perner, J.（1983）. Beliefs about beliefs : Representation and constraining function of wrong beliefs in young children's understanding of deception. *Cognition*, **13**, 103−128.

Winnicott, D. W.（1971）. *Playing and reality*. London : Tavistock Publications.

Woolfe, T., Want, S. C., & Siegal, M.（2002）. Signposts to development : Theory of mind in deaf children. *Child Development*, **73**, 768−778.

人名索引

【A】

Adamson, L. B. 221, 242
Adrián, J. E. 266
Agnetta, B.（アグネッタ） 104, 135
Ainsworth, M. D. S. 224, 244
Aitken, K. J. 182, 253, 255
Albuquerque, N.（アルバカーキー） 106
Allen, J. G. 223, 224
Allison, T. 133
Altshuler, J. L. 185
天野幸子（Amano, S.） 253, 258, 259
Amodio, D. M. 135
Anderson, J. R.（アンダーソン） 94, 121
安藤寿康 80
Andrews, T. J. 48
Anisfeld, M.（アニスフェルド） 251
Anston, C. 169
荒堀みのり（Arahori, M.） 107
Arsenio, W. F. 186
Aslin, R. N. 225
Astington, J. W. 198, 266
渥美剛史（Atsumi, T.） 90
Aureli, F. 77
Austin, J. L.（オースティン） 205
Axelsson, E.（アクセルソン） 101
東洋 226

【B】

Baetens, K. 14
Bahrick, L. E. 142
Baillargeon, R.（ベイラージョン） 12, 13, 91, 118, 171, 172, 209
Baird, J. A. 266
Bakeman, R. 242
Baldwin, D. A. 212
Ballif, B. 182
Band, E. B. 185
Banerjee, R. 175
Bardi, L. 13
Bargh, J. A. 133
Baron-Cohen, S.（バロン＝コーエン） 2, 7, 8, 60, 194, 215, 241
Barrett, J. L. 9
Bartocci, M. 142
Bartz, J. A. 83

Bates, E. 170
Bateson, M. 249
Batki, A. 115
Batson, C. D.（バトソン） 75
Bayley, N.（ベイリー） 21
Begus, K. 161, 170
Bell, R. Q. 221
Bensalah, L. 77
Bentin, S. 41, 51
別府哲 168, 169, 176
Bernard, J. 222
Bertenthal, B. I.（バーテンサール） 42, 105, 115, 116
Biagi, L. 15
Bianco, F.（ビアンコ） 200, 201
Birch, S. A. J. 176, 177, 195, 210
Biringen, Z. 244, 245
Blake, R. 40
Blakemore, S.-J. 136
Bloom, P. 176, 177, 195
Borke, H. 182
Bornstein, M. H.（ボルンシュタイン） 20-22, 28, 221, 223, 226
Borton, R. W. 142
Bosacki, S. L. 272
Botigué, L. R.（ボティゲ） 101
Botvinick, M. 143
Bowlby, J.（ボウルビィ） 224, 243
Brand, R. J. 226, 259
Brass, M.（ブラス） 129, 130, 135
Bremner, J. G. 222
Bretherton, I. 182
Brodt, S. 68
Brooks, R. 28, 165
Brooks-Gunn, J. 22
Broomfield, K. A. 197
Brosch, T. 238
Brosnan, S. F. 107
Brothers, L. 36
Brown, J. R. 266
Bruce, V.（ブルース） 48
Bruner, J. S.（ブルーナー） 1, 2, 163, 169, 253, 256, 261
Buddin, B. J. 186
Burgess, K. 272
Burkart, J. M. 95, 96

Bushnell, I. W. R.　24, 250
Buttelmann, D.（バトルマン）　90, 106
Butterworth, G.（バターワース）　155, 157, 169, 213,
　　254, 261
Byrne, R.　88

【C】

Calder, A. J.　48
Call, J.（コール）　76, 90, 103
Campos, J. J.　115
Cantlon, J. F.　54
Caramazza, A.　27
Carey, S.（ケアリー）　215
Carlson, S. M.　9, 30
Carpendale, J. I. M.　174
Carpenter, M.（カーペンター）　135, 154, 212, 255
Carr, L.　133
Carriger, M. S.　28
Carruthers, P.　27
Carter, A. S.　245
Carter, E. J.　43
Cascio, C. J.　144
Castelli, F.（カステリ）　40, 63, 64
Cattaneo, L.　132
Cavanna, A. E.　68
Chance, S. A.　63, 64
Chang, D. H. F.　38, 40
Chartrand, T. L.　133
Chen, X.　130
Chess, S.（チェス）　222
Cheung, H.　175, 197
Chien, S. H.　50
千々岩眸（Chijiiwa, H.）　108
Christ, C. C.　82, 83
Clements, W. A.　172
Cohen, J.　143
Cole, P. M.　185
Colombo, J.　28
Colonnesi, C.　160
Cooper, R. P.　225
Cords, M.　93
Couchoud, E. A.　183
Cowie, D.　144
Craig, A. D.　142
Craighero, L.　40, 42
Crockenberg, S. C.　185
Csibra, G.（チブラ）　28, 117, 146, 148, 206, 211, 213
Custance, D.（カスタンス）　107

Cutting, A. L.　187
Cutting, J. E.　39

【D】

Dahl, A.　79
Damasio, A. R.（ダマジオ）　142
Dapretto, M.　133
Darwin, C. R.（ダーウィン）　77
Dautenhahn, K.　129
David, S. P.　82
Davies, M.　69
Davies-Thompson, J.　49
Davis, M. H.　80
de Gelder, B.　41
de Haan, M.　51, 52
de Rosnay, M.　184, 187, 266
de Vries, J.　141
de Waal, F. B. M.（ドゥ・ヴァール）　75, 93, 120
DeCasper, A. J.　145, 222
Decety, J.　67, 134
Deen, B.（ディーン）　53
Delafield-Butt, J.　228, 229
DeMulder, E. K.　243
Denham, S. A.　182, 183, 186, 187
Dennett, D. C.　168
D'Entremont, B.　169
Desimone, R.　47
Devine, R. T.　194
di Pellegrino, G.　14, 132
Dittrich, W. H.　39
Dolgin, K. G.　115
Donaldson, S. K.　186
Dorey, N. R.　102
Downing, P. E.　36
Dricu, M.　67
Dumontheil, I.　12
Dunbar, R. I. M.　88
Dunfield, K. A.　79
Dunn, J.　186, 187, 266
Dupierrix, E.　158
Duranton, C.　105

【E】

Edwards, R.　187
Eimas, P. D.　222
Eisenberg, N.（アイゼンバーグ）　75, 77, 78
Elsner, B.　145
Emde, R. N.　122, 221, 222, 239, 244

人名索引　　279

Emery, N. J.（エメリー）　155
遠藤利彦　161, 241
Engell, A. D.　48
Essler, J. L.（エスレル）　107
Ewbank, M. P.　48

【F】

Fagan, J. F.　22
Fahrenholz, F.　83
Falett, J.　94
Fantz, R. L.（ファンツ）　114, 222, 250
Farah, M. J.　39
Farroni, T.（ファローニ）　10, 50−52, 115, 148, 155, 169
Feldman, R.　147
Fernald, A.　225
Ferrari, P. F.　133, 137
Field, T. M.　115, 122, 147
Fifer, W. P.　145, 222
Filippetti, M. L.　143
Filippova, E.　198
Fivaz-Depeursinge, E.（フィヴァッツ＝デパーサンジ）　260
Flavell, J. H.　144
Flombaum, J. I.　89
Fogassi, L.　14, 68
Fogel, A.（フォーゲル）　2, 11
Fonagy, P.（フォナギー）　240, 244
Fong, B.　141
Fox, R.（フォックス）　42, 116
Franco, F.（フランコ）　260
Frantz, L. A.（フランツ）　100
Freire, A.　42
Freud, S.（フロイト）　221
Frith, C. D.　64, 65, 135, 145
Frith, U.（フリス）　63−65, 135
Frühholz, S.　67
Fu, G.　149, 198
藤永保　221
藤澤啓子（Fujisawa, K.）　79
古市剛史（Furuichi, T.）　95
古見文一　201

【G】

Gácsi, M.（ガーチ）　103, 105
Gallese, V.　8, 68, 225
Gallup, G. G.　140
Gao, T.　38

Gauthier, I.　47
Gelman, S. A.　20, 27
Geraci, A.　171
Gergely, G.（ゲルゲイ）　26, 28, 42, 90, 117, 146, 148, 206, 230, 253
Geuze, R. H.　169
Gibson, E. J.　161, 171
Giménez-Dasí, M.　199
Gimpl, G.　83
Gliga, T.　213
Glocker, M. L.　238
Golarai, G.　54
Goldman, A.　8
Gomez, J.（ゴメズ）　54
Goren, C. C.　114
郷式徹（Goshiki, T.）　76, 170, 173, 176, 177, 274
Gosling, S. D.　102
Grassmann, S.（グラスマン）　213
Grice, H. P.（グライス）　206
Gross, A. L.　182
Gross, C. G.　47
Gross, D.　185
Grosse Wiesmann, C.　15
Grossman, E. D.　40
Grossmann, K. E.　224
Grossmann, T.　15, 53, 115, 148
Grueneisen, S.　200
Guajardo, J. J.　117
Guionnet, S.　134
Guntupalli, J. S.（ガンチュパリ）　49
Guy, M. W.（ガイ）　52

【H】

Haberl, K.　230
Haggard, P.　143
Hala, S.　22
Halit, H.　51, 52
Hamilton, A.　14
Hamilton, W. D.（ハミルトン）　77, 91
Hamlin, J. K.（ハムリン）　11, 79, 119
Happé, F. G. E.（ハッペ）　28, 193, 194
Hare, B.（ヘア）　89, 95, 102, 105
Harlow, H. F.（ハーロー）　224
Harmon, R. J.　222
Harris, C. R.（ハリス）　108
Harris, P. L.　181−185, 187, 188, 210
Harris, R. J.（ハリス）　49
Harter, S.　186

Hatfield, E. 75
服部裕子（Hattori, Y.） 93
Haxby, J. V.（ハクスビー） 47-49
林創（Hayashi, H.） 175, 193, 197, 198, 200
Heavey, L. 194
Hecht, J. 108
Heider, F.（ハイダー） 37, 40, 90
Hespos, S. J. 141, 144
Heyes, C. M.（ヘイズ） 128-131
平井真洋（Hirai, M.） 41, 43
開一夫（Hiraki, K.） 15, 43, 161, 162
Hirschfeld, L. A. 20
Hoeksma, J. B. 223
Hofer, T. 117
Hoffman, E. A. 47
Hoffman, M. L. 76
Hommel, B. 145
Honda, Y.（本田結城子） 53
Honzik, M. P. 21
Hood, B. M. 170
Hopper, L. M. 107
Horowitz, A.（ホロヴィッツ） 108
Huber, L. 103
Hubley, P. 229, 252, 254
Hughes, C. 192, 194
Huizinga, M. 196
Hunnius, S. 169

【I】
Iacoboni, M. 14, 133
市川寛子（Ichikawa, H.） 53
飯高哲也（Iidaka, T.） 51
乾敏郎（Inui, T.） 132, 136
犬塚朋子 231
Ionta, S. 144
入來篤史（Iriki, A.） 146
Israel, S. 83
板倉昭二（Itakura, S.） 22, 23, 118, 146
Izard, C. E. 187

【J】
James, W.（ジェームズ） 145, 221
Jarrett, N.（ジャレット） 155, 254
Jimura, K.（地村弘二） 71
Johansson, G. 38
Johnson, M. H.（ジョンソン） 10, 15, 22, 24, 50, 52, 250
Johnson, S. C. 118

Jones, A. C. 102
Jones, S. S. 122
Josephs, I. E. 185

【K】
柿木隆介（Kakigi, R.） 41, 53
Kaland, N. 194
Kaminski, J.（カミンスキ） 103, 105
鹿子木康弘（Kanakogi, Y.） 76, 118, 120, 121, 146
金沢創（Kanazawa, S.） 53
Kanwisher, N. 47
唐沢穣 265
加藤義信 173
川上文人（Kawakami, F.） 250
川上清文（Kawakami, K.） 251
川田学 229
Kaye, K. 228, 242
Key, A. P. F. 51
木下孝司 173, 174
Király, I. 118
岸本健（Kishimoto, T.） 160
Kisilevsky, B. S. 250
Knafo, A.（ナフォ） 81, 82
小林洋美（Kobayashi, H.） 88, 158
小林恵（Kobayashi, M.） 53
Kochanska, G. 30
Koenig, K. L. 122
Koenig, M. 210
Kohlberg, L.（コールバーグ） 119
Kokkinos, C. M. 273
米田英嗣 68
Kopp, C. B. 21
Koren-Karie, N. 243
幸島司郎（Koshima, S.） 88, 158
Köster, M. 31
子安増生（Koyasu, M.） 76, 185, 187, 188, 206
Kozlowski, L. T. 39
Krupenye, C. 91
Kuhlmeier, V. A. 79
Kühn, S. 134
鯨岡峻 228
Kummer, H. 93
黒島妃香（Kuroshima, H.） 89, 102
許佳美 270

【L】
LaBarbera, J. D. 115
Lagattuta, K. H. 183

人名索引 281

Lamm, C. 67
Langford, D. J. 75
Langton, S. R. 36
Larsen, J. T. 186
Lecanuet, J. P. 141
Lecce, S.（レッチェ） 188, 200, 201
Lee, S. J. 141
Leekam, S. R. 197, 215
Leerkes, E. M. 185
Legerstee, M.（レゲァスティ） 2, 220, 225, 226, 228, 229, 233, 256
Leppänen, J. M. 52
Lerner, R. M. 221
Leslie, A. M. 28
Lewis, C.（ルイス） 172, 174
Lewis, M. 22, 140, 182
Licata, M. 246
Lieberman, M. D.（リーバマン） 225
Lin, S. 196
Liszkowski, U.（リシュカフスキ） 11, 149, 157, 162, 165, 231
Little, C. 245
Liu, D. 11, 29, 265, 268, 271
Lorenz, K. Z.（ローレンツ） 122, 224, 238
Luo, Y. 118

【M】

Macchi Cassia, V. 50
Mahler, M. S.（マーラー） 244
Mancini, G. 137
間野陽子（Mano, Y.） 68
Marino, L. 140
Marsh, L. 14
Marshall-Pescini, S.（マーシャル＝パニーニ） 108
Martins, E. C. 245
増山真緒子 228
Mather, G. 39
松井智子（Matsui, T.） 200, 206, 210, 214
松永恵美 274
松永渉（Matsunaga, W.） 38, 42
松中玲子 161, 162
Mayer, J. 107
McAlister, A. 270
McCall, R. B. 21, 28
McCarthy, G. 47
McCleery, J. P. 51
McDaniel, C. 42, 116
McGrath, S. K. 22

Méary, D.（メアリー） 42
Meins, E. 240, 243
Meltzoff, A. N.（メルツォフ） 10, 11, 24, 28, 122, 128, 129, 142, 147, 165, 239, 252
Merola, I.（メローラ） 106
Met, A.（メット） 104
Michalson, L. 182
Michel, C. 68
三木研作（Miki, K.） 52
Miller, J. G. 270, 271
Miller, S. 193, 194
Milligan, K. 9, 168
皆川泰代（Minagawa-Kawai, Y.） 53
Miranda, S. B. 222
宮津寿美香 261
宮澤友真 270
溝川藍（Mizokawa, A.） 185, 187, 188, 197
Moll, H.（モール） 163
Molnar, P.（モルナー） 252
Moore, C. 169
Moore, C. F. 198
Moore, M. K.（ムーア） 10, 24, 122, 128, 129, 142, 147, 239, 252
Morgan, R. 143
守口善也 69, 70
森口佑介（Moriguchi, Y.） 9, 13
森野美央 273
Morissette, P. 105
Morton, J.（モートン） 22, 250
Moses, L. J. 9, 30
Muller, U. 9
Munafò, M. R. 82
村上千恵子 270
Murray, L.（マーレイ） 24, 25, 148
明和政子（Myowa-Yamakoshi, M.） 137, 225, 250

【N】

Nadel, J.（ナデール） 259
永澤美保 105
Nagy, E.（ナギー） 250, 252
内藤美加（Naito, M.） 197, 199
中野茂 259
仲渡江美（Nakato, E.） 53
中易知大（Nakayasu, T.） 42
Natu, V. S. 49
Nehaniv, C. L. 129
Neisser, U. 173
Nelson, C. A. 51, 115

Nelson, K. 174, 265

Neri, P. 39

Nestor, A. 49

Nettle, D. 249

New, J. 36

Nitzschner, M. （ニッツシュナー） 108

野村香代 168, 169, 176

Northoff, G. 68

Nowak, M. A. 78

Nunner-Winkler, G. 186

【O】

小川健二 （Ogawa, K.） 132

小川誠二 （Ogawa, S.） 61

大西隆 （Ohnishi, T.） 68

岡本真一郎 197

Olff, M. 83

Olineck, K. M. 28

Olson, K. R. 79

Onishi, K. H. 12, 91, 171, 209

Ontai, L. L. 243

Oppenheim, D. 243

Ornaghi, V. 267

苧阪直行 176, 178

Osterhaus, C. （オスターハウス） 193−195

Otsuka, Y. （大塚由美子） 53

大藪泰 222, 227, 229, 231−234

小沢哲史 161, 241

【P】

Pavlova, M. 39, 42

Pawlby, S. J. 131

Peelen, M. V. 40

Pelphrey, K. A. 43

Peña, M. （ペーニャ） 158, 159

Perner, J. （パーナー） 7, 8, 12, 59, 91, 167, 168, 172−174, 187, 193, 209, 265, 269, 272

Perrett, D. I. 47, 133

Perry, S. 93

Peterson, C. C. （ピーターソン） 267, 269, 270

Peykarjou, S. 51

Pfeifer, J. H. 134

Pfeiffer, T. 78

Phillips, A. T. 29

Piaget, J. （ピアジェ） 1, 2, 6, 27, 119, 126−128, 256

Pillow, B. H. 175

Pitcher, D. 48

Plomin, R. 81

Plotnik, J. M. 140

Poldrack, R. A. 71

Pons, F. （ポンズ） 181−183, 185, 186, 188

Portmann, A. （ポルトマン） 221, 238

Posner, M. I. 169

Poulin-Dubois, D. 28

Povinelli, D. J. 28, 89, 149

Prato-Previde, E. （プラート゠プレヴィーデ） 106

Preissler, M. A. （プレイスラー） 215

Premack, A. J. 38

Premack, D. G. （プレマック） 7, 38, 60, 90, 167, 168, 186, 265

Preston, S. D. 75

Prior, H. 140

Proffitt, D. R. 146

Prouvost, C. （プロブスト） 108

Puce, A. 133

【Q】

Quintanilla, L. 199

【R】

Raikes, H. A. 243

Ramenzoni, V. C. 149

Range, F. （ランゲ） 104, 107

Ray, E. D. （レイ） 128, 130, 131

Rayment, D. J. 102

Reddy, V. （レディ） 148, 226, 251, 256, 258, 259

Reid, V. M. 6, 43

Reiss, D. 140

Rheingold, H. L. 221

Riedel, J. （リードォル） 105

Riese, M. L. 222

Rizzolatti, G. （リゾラッティ） 14, 40, 68, 132

Robinson, J. 221

Rochat, P. （ロシャ） 131, 135, 141, 143−146, 251

Rodrigues, S. M. 83

Rogoff, B. 242

Rolls, E. T. 47

Romero, T. 76, 83

Ronfard, S. 184

Rose, S. A. 28

Rosenthal, R. 188

Rossion, B. 51

Rothbart, M. K. 222

Rotshtein, P. 48

Rovira, K. 260

Rubin, K. 272

Ruble, D. N. 185
Ruffman, T.（ラフマン） 12, 172, 266, 267, 269, 270
Russell, J.（ラッセル） 172

【S】

Saarni, C. 185
Saby, J. N.（サビー） 134, 135
Sadeh, B. 48
Safford, A. S. 41
Sagi, A. 76
Said, C. P. 48
Samson, D. 67
Sander, L. W. 223
Santiesteban, I.（サティステバン） 69, 136
Santos, L. R. 89
佐藤徳（Sato, A.） 145, 146
Savolainen, P. 100
澤田匡人 199
Saxe, R. R. 15
Saygin, A. P. 40
Scaife, M.（スカイフ） 163, 169, 253
Schaafsma, S. M. 68
Schaal, B. 141
Scherer, K. R. 189
Schick, B. 174, 269
Schino, G. 77
Schulze, C.（シュルツ） 213
Schurz, M. 63, 64
Schwab, C.（シュワッブ） 103
Schwartz, G. M. 182
Scott, L. S. 51, 52
Sebanz, N. 39
Sebastian, C. 149
関温美（Seki, Y.） 197
千住淳（Senju, A.） 115, 211
瀬野由衣 173, 175
Setoh, P. 13
Shahaeian, A. 270
Shamay-Tsoory, S. G. 134
Shannon, L. M. 100
Sharp, C. 244
Shelton, J. R. 27
Shiffrar, M. 39
嶋田総太郎（Shimada, S.） 15
島尾永康 15
清水真由子（Kato-Shimizu, M.） 79
Shimizu, Y. 118
篠原郁子 240, 243

潮海侑紀（Shiomi, Y.） 197
Shirer, W. R. 71
Shiverick, S. M. 198
Siegal, M. 269
Sigg, H. 94
Sigman, M. D.（シグマン） 20-22, 28
Sigmund, K. 78
Simion, F.（シミョン） 10, 42, 50, 115, 116
Simmel, M.（ジンメル） 37, 40, 90
Skerry, A. E. 146
Slaughter, V.（スローター） 174, 267, 274
Sodian, B. 186
Sokolov, A. 39
Someya, T.（染矢俊幸） 271
Sommerville, J. A.（サマービル） 31, 117, 146
園田菜摘 266
Sontak, L. W. 222
Sorce, J. F. 11, 162, 182, 244
Southgate, V. 43, 91, 118, 161, 170
Spelke, E. S.（スペルキ） 20, 27, 38, 79
Sperber, D.（スペルベル） 206, 207, 209, 210
Sprung, M.（スプラング） 188
Stack, J.（スタック） 172
Stekelenburg, J. J. 41
Stern, D. N. 143, 221, 227, 228
Stone, L. J. 221
Stone, T. 69
Strack, F. 147
Striano, T. 6, 145, 162
Su, Y. 82, 84
Sullivan, K. 11, 175, 193
Sumi, S.（鷲見成正） 39
Surian, L. 171, 209
Surtees, A. 144
Sutton, R. E. 188
Symeonidou, I. 196
Symons, D. 240
Szetei, V. 106

【T】

高橋康介（Takahashi, K.） 38
高橋道子 251
瀧本彩加（Takimoto, A.） 96
Talwar, V. 197
田村綾菜 198
Taylor, M. J.（タイラー） 52
Téglás, E.（テーグラッシュ） 105, 106
Thalmann, O. 100

Thomas, A.（トマス） 222

Thompson, R. A. 243

戸田須恵子（Toda, S.） 11

Todd, J. 160

徳山奈帆子（Tokuyama, N.） 95

Tomasello, M.（トマセロ） 2, 76, 78, 79, 88, 94, 106, 148, 158, 160, 213, 229, 230, 232, 233, 251, 253–256, 261

外池亜紀子（Tonoike, A.） 101

東山薫 268, 271

Tremblay, H. 260

Tremblay-Leveau, H. 259

Trentacosta, C. J. 187

Trevarthen, C.（トレヴァーセン） 2, 24, 25, 148, 182, 227–229, 242, 250, 252–256, 259

Trimble, M. R. 68

Trivers, R. L.（トリヴァース） 77, 92

Troje, N. F.（トローヤ） 38–40

Tronick, E. Z.（トロニック） 2, 123, 148

Tsakiris, M. 143

常田美穂 155, 158, 159

Turati, C. 50

Turcsán, B.（トォールチャン） 102

【U】

内山信（Uchiyama, M.） 37

Udell, M. A.（ウデル） 103, 105

Uzefovsky, F. 82

Užgiris, I. Č. 131

【V】

Vaish, A. 76, 79, 108, 120, 162, 212

Vallortigara, G. 42

van den Boom, D. C. 223

Van der Meer, A. L. H. 131, 250

van der Meer, L. 67

van Elk, M. 118

Van Overwalle, F., 14

van Schaik, C. P. 95

van Veluw, S. J. 63, 64

Varouxaki, A. 175

Vilà, C. 100

Virányi, Z. 104

von Grünau, M. 169

Vonholdt, B. M. 100

Vygotsky, L. S.（ヴィゴツキー） 1, 6, 242

【W】

Walk, R. D. 161, 171

Wallis, L. J.（ヴァリス） 104

Walton, G. E. 250

Wang, Z. 196

Warneken, F.（ワーネケン） 78, 79, 81, 93

渡辺英治（Watanabe, E.） 38, 42

渡邊克巳（Watanabe, K.） 38

Watson, J. S. 142

Weimer, A. A. 194, 201

Weisz, J. R. 185

Wellman, H. M.（ウェルマン） 7, 8, 11, 27, 29, 30, 168, 171, 183, 206, 265, 268, 270, 271

Werhahn, G.（ヴェルハン） 104

Westerman, M. A. 186

Westhoff, C. 39

Wheatley, K. F. 188

White, S. 194

Whiten, A. 88

Wilkinson, G. S. 92

Willey, L. H.（ウィリー） 204

Wilson, D. 206, 207, 209

Wimmer, H.（ウィマー） 7, 59, 91, 167, 168, 174, 187, 193, 265, 272

Winnicott, D. W.（ウィニコット） 220, 268

Winston, J. S. 48

Wobber, V. 102

Wolff, P. H. 146, 222, 226

Woodruff, G.（ウッドラフ） 7, 60, 90, 167, 168, 186, 265

Woodward, A. L.（ウッドワード） 11, 28, 42, 117, 146, 258

Woolfe, T. 269

Wu, N.（ウー） 82, 84

Wynn, K. 119

Wynne, C. D.（ウィン） 105

【Y】

Yale, M. E. 123

山田康智（Yamada, Y.） 141

やまだようこ 154

山口真理子（Yamaguchi, M.） 30

山口真美（Yamaguchi, M. K.） 53

山本真也（Yamamoto, S.） 93

山下和香代（Yamashita, W.） 53

矢内原巧（Yanaihara, T.） 250

Yarkoni, T. 64

安田朝子（Yasuda, A.） 145

矢藤優子　164
Young, A.（ヤング）　48
Yuill, N.　183, 187
結城雅樹（Yuki, M.）　189

【Z】

Zahn-Waxler, C.　75, 76
Zak, P. J.　83
Zelazo, P. D.（ゼラゾー）　9, 231
Ziv, Y.　245
Zmyj, N.　143

事項索引

【アルファベット】

AIM（active intermodal mapping）　129, 130
ASD（autism spectrum disorder）　60, 64
ASL（associative sequence learning）理論　130
AToM（advanced theory of mind）　193, 198, 199
AToM 課題　194, 195
BOLD（blood oxygen level dependent）効果　61
BOLD 信号　62
CAT（Children's Apperception Test）　268
DSM-5　215
EA（emotional availability）　244, 245
EEG　60
EPI（echo planar imaging）　61
ERP（event-related potential）　41, 43, 51
fMRI　43, 47, 53, 54, 61, 62, 64, 132
fMRI 順応法　49
joint attention　155
joint visual attention　155
like me　256
MEG　60
MM（mind-mindedness）　240, 241
MRI　61
mRNA　82
N170　41, 51, 52, 54
N190　41
N290　51, 52
Neurosynth　64
NIRS（near-infrared spectroscopy）　50, 52, 53, 61
OXTR　83, 84
P400　51, 52
PET　60, 61, 63, 64
SNP（single nucleotide polymorphism）　82–84
SPECT　60, 61
still face パラダイム　123
still-face　253
TEC（Test of Emotion Comprehension）　181, 188, 189
TMS（transcranial magnetic stimulation）　40, 48
WPPSI 知能診断検査　30

【あ行】

アイコンタクト　104, 105, 148, 156, 158, 253, 257
アイスクリーム屋課題　175, 193
アイトラッキング　192
　――システム　106

アウェアネス　176
アカゲザル　89
アクティヴ・インターモーダル・マッピング　129
足場かけ　241, 243
アタッチメント　222, 224, 243, 245
　――理論　243
アナロジー　256
アニマシー知覚　37
アフォーダンス　146
アルギニン・バソプレシン受容体遺伝子　82
一塩基多型　82
一次的誤信念　175
一次の心の理論　193
一次の誤信念課題　193, 195, 197
一般互恵性　78
遺伝子多型　82, 83
遺伝と環境の交互作用　81, 84
遺伝率　81
意図：
　――・目的の認識　89
　――する主体としての自己の感覚　147
　――性　252
　――明示的コミュニケーション　207
　――理解　229
　――をもつ主体　255
イヌ　95, 100, 101
　――の社会的認知能力　109
　――の性格形成　102
　――用ビッグファイブ尺度　102
異年齢交流　274
意味創出の作業　228
いら立ちやすさ　223
因果的関係の理解　127
インターサブジェクティビティ　250
　生得的――理論　252
　第一次――　252, 253
　第二次――　254, 255
動き情報　37, 42
動きの手がかり／生得説　116–118
嘘　198, 209
　――の発達　197
映し出し（mirroring）　223, 240
運動情報　129
運動指令　141, 143
　――の遠心性コピー　145

運動スキルの発達　146
運動前野　40, 132
エピジェネティクス　84
エピソード記憶　68
縁上回　132
延滞模倣　127, 128
応答性　244
大型類人猿　137, 140
オオカミ　100, 101, 104
オキシトシン　83
　　──受容体遺伝子　82, 83
大人の手の動き　258
思いやり　76
親子関係　275
親子相互作用　243
親子の社会的相互作用　221
親子やりとり　241
親の行動　226
音楽性　228

【か行】

解釈の受容　210
外受容感覚　256
外側身体領域　40
概念的自己　140
海馬傍回　52, 53
会話スタイル　267
顔：
　　──選好反応　50
　　──選好領域　53
　　──認知　114
　　──の表情認知　115
　　──の向き　89
　　──領域　47, 48
学業成績　187, 201
学習理論　224
覚醒　176
　　──期　222
下後頭回　47, 48
下前頭回　14, 66–68, 132, 133, 136, 137
下前頭前皮質　49
下前頭葉　67
下側頭溝　41
課題への動機づけ　199
語りかけ　239
家畜化　95, 100, 104
　　──仮説　105
下頭頂小葉　66–68, 132–135, 137

カニクイザル　93
神の誤信念　8
カメレオン効果　133
感覚運動　69, 222
　　──期　126
　　──経験　128
感覚入力　129
眼窩前頭皮質　53, 134
間主観性　227, 228, 250
　　第一次──　227
　　第二次──　229
間主観的関係　234
間主観的な社会的相互作用　232
感情：
　　──調整　185
　　──調整能力　245
　　──の外的原因の理解　182, 187
　　──の共有　147
　　──の誤信念課題　184
　　──理解　186, 240, 243
　　──理解の発達　181, 182
　　基本的──　182
間接互恵（性）　78, 92, 93
関連解析　82, 83
関連性の伝達原理　207, 208
関連性理論　206, 207, 209
幾何学図形　117, 119, 120
気質　222
期待違反法　21, 25, 30, 192
期待外れのプレゼント課題　184
キツネ　95
機能的磁気共鳴画像（法）　47, 61
基本的感情　182
逆模倣　134
9カ月革命　255
吸啜行動　228
鏡映化（mirroring）　223, 227
共感　74–76, 80, 83, 133, 134
　　──性の低さ　144
　　情動的──　134, 136
鏡像自己認知　140
きょうだい関係　275, 271
きょうだいの数　270
共通感覚　142
共同作業　94
共 同 注 意　11, 26, 134, 148, 154, 155, 157, 158, 160,
　　162, 163, 165, 170, 212, 229, 233, 234, 241, 250, 253–
　　255, 257–260

──研究　249, 261
　早産児の──　159
　聴覚的──　163
共同注視　155, 156, 254
　──の形成　156
強膜　158
共有環境の影響　81
共有表象　225
共律動的フロンティア　229
協力行動　76
協力的傾向　95
協力的養育仮説　95
近赤外分光法　50, 60
群衆の中の視線効果　169
経験する主体としての自己の感覚　147
経験説　129–131
経験知（の）理解　230, 231
経頭蓋磁気刺激（法）　40, 48
血縁淘汰　91
楔前部（けつぜんぶ）　66, 68
ゲノム　100
言外の意味　205
言語：
　──IQ　29
　──学　205
　──機能　9
　──情報　206
　──的シンボル　231
　──能力　174, 266
原自己　142
顕示的手がかり　105
原始反射　250
原初的会話　252
原初的な道徳判断　119
語彙学習　212–215
　──パラダイム　214
語彙能力　240
行為の目標や意図　116
攻撃性　95
交互凝視　157
虹彩　158
高次感情　107
向社会性　81
向社会的（な）行動　31, 74, 76–79, 135
口唇欲求　224
構造化　244
交替構造　228
光点運動　39, 41, 115

行動遺伝学　80
行動主義心理学　221
行動調整力　230
後頭葉　67
後部上側頭溝　40, 41, 43, 64, 67
後部帯状回　66
合理的模倣　230, 231
「子−大人−物」パラダイム　261
互恵的利他主義　92
心の出会い　257
心 の 理 論　6–9, 14, 27, 28, 59, 60, 63, 64, 66–71, 76, 77, 90, 155, 165, 167, 172, 174, 176, 186, 187, 196, 201, 206, 209, 243, 254, 261, 265–269, 272
　──課題　64, 265, 270
　──研究　192
　──の訓練　200
　一次の──　193
　高度な──　193
　二次の──　193, 197, 200
個人差　222
個人的苦痛　75
誤信念課題　7–9, 12, 26, 27, 60, 63, 90, 167, 168, 171–174, 176, 199, 200, 265, 269, 270, 274
　──成績　266, 267, 270, 273
　一次の──　193, 195, 197
　感情の──　184
　幼児版の──　13
誤信念（の）理解　7, 192
コミュニカティブな信号　103
コミュニケーション　205–212
ゴムの手錯覚　143, 144
語用論　205, 206
　──的コミュニケーション　204–206, 209–211, 214

【さ行】

罪悪感　108
サリー・アン課題／サリーとアン（の）課題　7, 8, 60, 193
サル　137
三角形のアニメーション課題　63
三項関係　11, 229, 234, 240, 241, 255, 257, 258
3 次元 EPI 高速撮像　62
三者関係　259
酸素化ヘモグロビン　61
ジェスチャー　205
視覚　144, 147
　──的コミュニケーション　158, 159

事項索引　289

――的断崖　115, 161, 162, 170
――フィードバック　143
時間的拡張自己　173, 174
磁気共鳴画像　61
自己：
　　――意識　140, 149, 249, 257
　　――意識の情動喚起　250
　　――家畜化説　95
　　――鏡映像　173
　　――肯定感　243
　　――参照機能　68
　　――視点抑制　67
　　――主体感　134
　　――受容感覚　141–144, 147, 256
　　――受容ドリフト　143, 144
　　――身体所有感　134
　　――推進性　38
　　――制御能力　147
　　――中心性の克服　196
　　――調整　222
　　――の身体感覚　147
　　――への気づき　227
　　概念的――　140
　　原――　142
　　時間的拡張――　173, 174
　　中核――　142
志向的な行動　169, 172
指示的意図　212, 213
事象関連電位　41, 51
視床枕　50
姿勢の制御　146
視線　89, 115, 148, 211, 213
　　――回避　155
　　――交替　229
　　――追従　169, 155, 158, 159, 170
　　――追従課題　104
　　――追従行動　104, 254
　　――追従反応　106
　　――の参照的性質　115
自他相互作用　253
舌出し反応／舌出し模倣　128, 251
「自－他－物」関係　260
実行機能　9, 13, 196, 200
　　――課題　9, 30
　　――の発達　173
　　――の未熟さ　177
嫉妬　108, 199
視点取得　69, 75, 76, 196

――課題　144, 201
児童期（学童期）　192
自動模倣　131, 133, 134
　　表情の――　137
自発的微笑　250, 251
自分のような　227
自閉症（児）　8, 60, 169, 194
自閉スペクトラム症　4, 60, 144, 215, 261, 269
シミュレーション説　8, 69, 135
シミュレーション理論　255
シャーデンフロイデ　199
社会化　233
社会性の発達　22, 31, 197, 201
社会的（語用論的）コミュニケーション症　215
社会的技能　273
社会的参照　106, 161, 171, 182
　　――行動　11, 241
社会的失言課題　175, 194, 195, 198
社会的随伴性　11, 24, 25
社会的推論能力　209
社会的相互作用　2, 187, 220, 225, 231, 233, 234, 242, 265
　　――への巻き込み　242
社会的知性仮説　88
社会的注意　29, 30
社会的手がかり　106
社会的な情報交換　205
社会的なリーチング　149
社会的認知　1, 6, 7, 22, 167, 174, 226, 265
　　――スキル　114
　　――の発達　168
　　――の発達連続性　2
　　――の連続性　29, 30
社会的比較　199
社会的微笑　122, 147, 239, 251
社会的評価能力　119
社会的文脈　199
社会的傍受　108
社会的理解　167, 174
社会認知的理論　2
社会脳　225, 226
　　――仮説　36
謝罪　198
出生順位　271
馴化　21
馴化－脱馴化法　222
上丘　50
上側頭回　134

上側頭溝　40, 41, 43, 48, 49, 52, 53, 64, 132, 133, 135, 136
　　──顔領域　49
　　──（の）後部　14, 47
冗談　197
象徴遊び　127
情緒的信号の発信　122
情緒的利用可能性　244
情動　133, 233
　　──活動　222
　　──関係論モデル　226
　　──共鳴　226, 227
　　──系神経回路　137
　　──性　227
　　──知　222, 227, 230, 232, 233
　　──的共感　134, 136
　　──伝染　75−77
　　──（の）共有　230, 233
　　──反応　226
　　──への気づき　227
情報意図　207
食物分配（行動）　92, 93
叙述の指さし　88, 231, 260, 261
所有権　93
白目　88, 158
進化的収斂　106
新奇選好　21
神経科学　3
新生児：
　　──期の顔認知　115
　　──の視覚能力　221
　　──の情動表現　222
　　──の聴覚　225
　　──反射　250
　　──微笑　122, 239
　　──模倣　10, 24, 122, 128, 134, 147, 239, 251, 252
新世界ザル　92, 96
身体図式　142, 143
身体の自己所属感　143
心的語彙／心的状態語　240, 266, 267
心脳問題　70
シンボリックな遊び　231
シンボル　231, 232
推論　206, 212, 213
　　──的発話解釈　209
ストレンジストーリー課題　193−195, 198, 200
スマーティ課題　193
生育環境　220

静観性　227
正義の味方　120
精神間から精神内へ　242
精神分析　224
生得説　129, 131
生得的インターサブジェクティビティ理論　252
生得的教育仮説　206, 211
生得的反射　126
生物：
　　──学的知覚　40, 41
　　──検出器　43
　　──の動き　38
　　──らしい動き　42, 133
　　──らしさ　36, 37, 116
生理的早産　221, 238
生理的微笑　239
前運動野　66, 68
前関心　120
全ゲノム塩基配列解析　101
選好注視法　222
線条体　134
染色体　84
前頭前野　137
前頭頂間溝　43
前部前頭前野内側部　135
前部島皮質　134, 142
相互注視　155, 156
相互的な模倣　147
早産児の共同注意　159
双生児法　80
想像遊び　232
ソーシャルブレインネットワーク　40
即時模倣　126
側頭極　52, 64, 66, 68
側頭後頭皮質　53
側頭−頭頂接合部／側頭頭頂結合　14, 15, 64, 135

【た行】
第一次インターサブジェクティビティ　252, 253
第一次間主観性　227
　　──期　229
第一次循環反応　126
第一者アプローチ　256
対応問題　129, 132
第三項　259
第三者アプローチ　256
第三者評価　108
胎児期の感覚　141

事項索引　291

対象の名称　160
第二次インターサブジェクティビティ　254, 255
　　──理論　257
第二次間主観性　229
　　──期　230
第二者アプローチ　16, 256
大脳辺縁系　133
第四項　234
他者：
　　──志向性　256
　　──視点取得　77
　　──の意図理解　254
　　──の視線　249
　　──の視点　148
　　──の注意状態　103
　　──評価　79
　　──への気遣い　75-77
　　──理解　89, 256
脱酸素化ヘモグロビン　61
脱文脈　199
ダブル・ビデオ・パラダイム　24
単一光子放射型コンピュータ断層撮影　60
誕生日課題　193
知能テスト　21
注意　21
　　──の回復　21, 29
　　──の共有　155, 156
　　──の減衰　21, 29, 30
中核自己　142
中側頭回　41, 66, 67
聴覚障害児　174, 269
聴覚的共同注意　163
聴覚能力　222
直示的信号　148
直接互恵性　77, 79
チンパンジー　7, 76, 89, 90, 93-96, 140, 158
追視　26
定量的磁気共鳴画像　54
ディレクター課題　11
適合のよさ　223
手助け行動　93
伝達意図　207, 208, 211
動作の感覚結果の予測　145
同情　75
　　──行動　120
頭頂間溝　14, 132
道徳性　198
道徳的感情　186

道徳的な概念　121
道徳の発達　76, 118
島皮質　133, 134, 137
倒立効果　39
ドーパミン経路　82
トップヘビー図形　115

【な行】

内側前頭前野／内側前頭前皮質　14, 15, 53, 64, 66, 68, 135, 136, 148
仲間　198
慰め行動　76
2カ月革命　251
二項関係　241
　　──期　229
二次的誤信念　174, 175
二次的誤信念課題／二次の誤信念課題　11, 187, 193-195, 197, 198, 200, 272
二次的信念　11
二次の心の理論　193, 197, 200
二重接触　141
2段階説　105
ニホンザル　90
乳児：
　　──期の親子関係　238
　　──図式　238
　　──と養育者との相互作用　223
　　──の心　221, 240
　　──のシグナル　224
　　──の初期能力の発見　221
　　不自由な──　250
　　無能な──　221
　　有能な──　221
乳幼児の語彙量　160
ニューヨーク縦断研究　222
ニューラルネットワークモデル　130
ニューロイメージング　60
認識的警戒心　206, 210, 214
認知的共感　69, 77
認知発達の連続性　20
妬み　199
脳イメージング研究　132
脳機能画像　60
　　──研究　63, 64
脳機能局在論　70
脳磁図　60, 62
脳波　51, 60, 62

【は行】

バイオロジカルモーション　10, 24, 37–40, 42, 115, 116
　　——知覚処理　41
背側前帯状回／背側部前帯状回　66, 134
背内側前頭野　67
発達の連続性　28, 122, 257
発話　205
　　——（の）解釈　205–207, 210
　　——の関連性　210
　　——の信頼性　210
話しかけ　240
母親の会話スタイル　268
母親の感受性　224
母親への選択的反応　250
パレイドリア　37
反射的注意のシフト　169, 170, 176
ハンドリガード　143
反応性　222
反復配列多型　82
ピア関係　272–275
ピーボディ絵画語彙検査　29
比較認知科学　3, 97
非共有環境の影響　81
非侵入性　245
非敵意性　245
人の顔　250
ヒトの視線　104
ヒトの見た目／経験説　116–118
「人−人−人」関係　260
一人っ子　271
皮肉　197, 209
　　——の理解　198
評価型間接互恵性　78, 79
表情　182
　　——の自動模倣　137
　　——の知覚情報の多段階モデル　67
　　——模倣　127
　　——理解　182, 187
敏感性　244
風景選好領域　53
フェイス・トゥー・フェイス　158, 159
フォワード推定　64
腹内側前頭前皮質　134
不公平忌避　107
フサオマキザル　89, 93, 94
不自由な乳児　250
ふり　26

フリーライダー　92
ブローカ野　68, 132
文化：
　　——化　233, 234
　　——学習　231
　　——継承　232
　　——創出　232
　　——的な違い　226
ベイリー乳児発達尺度　21
ヘップ学習　130
ベビースキーマ　122
辺縁系　137
扁桃体　49, 133
包括適応度理論　77
紡錘状回　47, 48, 52–54
　　——顔領域　48, 49
　　——身体領域　40
ボノボ　95
微笑み革命　251

【ま行】

マークテスト　140
マーモセット　96
マインド・マインデッドネス　240
マクシ（課題）　27, 90, 168
マザリーズ　148, 211, 225
マントヒヒ　93
右前頭前皮質　53
ミトコンドリア DNA　100
ミラーシステム　40
ミラーニューロン　8, 14, 66, 68, 69, 132, 225
　　——システム　133–137
　　——ネットワーク　14, 15
見る　249
無能な乳児　221
無表情　253
目　169
目から心を読むテスト　194
メタ表象説　8
メンタライジング　14, 135–137, 223, 227, 228, 259
　　——ネットワーク　14, 15
モーショニーズ　226, 259
目的志向性　38, 245
目的志向的な動き　42
目標帰属　116, 117
——能力　118
目標志向性　25, 28
モジュール説　8

モジュール理論　2
物の永続性　127
模倣　68
　　──の社会的機能　133
　　──の発達　126
　　──の連合系列学習モデル　131
　　──抑制　136, 137
　　延滞──　127, 128
　　逆──　134
　　合理的──　230, 231
　　自動──　131, 133, 134
　　新生児──　10, 24, 122, 128, 134, 147, 239, 251, 252
　　相互的な──　147
　　即時──　126
　　表情──　127
　　表情の自動──　137

【や行】

やりとりへの巻き込み　244
有能な乳児　221
有標性　223, 227
指さし　11, 134, 156, 157, 160, 161, 170, 213, 261
　　──行動　104
　　叙述の──　88, 231, 260
　　要求的な──　149
養育者としての有能感　223
養育動機　238

養育の質　244
要求的な指さし　149
要求の仕草　170
幼児版の誤信念課題　13
陽電子放出断層撮影　60
予期せぬ移動課題　168
予期的注視　192
抑制機能　135
抑制制御　196
抑制能力　173
四項関係　231, 232, 234

【ら・わ行】

リカーシブな意識　176
リズム構造　228
利他行動　77, 91, 92
　　──の進化　91, 94
利他性　83
リバース推定　64
領域一般的　27
領域固有性　20, 27, 28
理論説　8, 69
類人　92
ルージュテスト　140
ルーティング反応　141
霊長類　88-90, 107, 120, 137, 158
連合系列学習　130
ワーキングメモリ　196

●シリーズ編者

一般社団法人 **日本発達心理学会**
出版企画委員会
委員長 尾崎康子
委 員 藤野 博・子安増生

●編著者紹介
尾崎康子 (おざき やすこ)【序章担当】
東京教育大学大学院博士課程単位取得満期退学。博士（心理学）。現在，相模女子大学人間社会学部教授。主要著書『社会・情動発達とその支援』（共編著）ミネルヴァ書房，2017 年 他。

森口佑介 (もりぐち ゆうすけ)【第 1 章担当】
京都大学大学院文学研究科博士課程修了。博士（文学）。現在，京都大学大学院教育学研究科准教授。主要著書『おさなごころを科学する——進化する乳幼児観』新曜社，2014 年 他。

●執筆者紹介（執筆順，【 】内は担当章）
板倉昭二 (いたくら しょうじ)【第 2 章】
京都大学大学院理学研究科博士課程霊長類学専攻修了。理学博士。現在，京都大学大学院文学研究科教授。主要著書『発達科学の最前線』（編著）ミネルヴァ書房，2014 年 他。

平井真洋 (ひらい まさひろ)【第 3 章】
東京大学大学院博士課程修了。博士（学術）。現在，自治医科大学医学部准教授。主要論文 'Body configuration modulates the usage of local cues to direction in biological-motion perception.'（共著）Psychological Science, 22, 1543–1549, 2011 年 他。

大塚由美子 (おおつか ゆみこ)【第 4 章】
中央大学大学院博士後期課程修了。博士（心理学）。現在，愛媛大学法文学部准教授。主要著書『社会脳シリーズ 8 成長し衰退する脳——神経発達学と神経加齢学』（分担執筆）新曜社，2015 年 他。

守口善也 (もりぐち よしや)【第 5 章】
東北大学医学部卒業，埼玉医科大学専攻課程修了。医師・博士（医学）。現在，ルンドベック・ジャパン開発本部・メディカルアフェアーズ部長，国立精神・神経医療研究センター精神保健研究所客員研究員他。主要著書『自己を知る脳・他者を理解する脳——神経認知心理学からみた心の理論の新展開』（分担執筆）新曜社，2014 年 他。

大西賢治 (おおにし けんじ)【第 6 章】
大阪大学大学院人間科学研究科博士後期課程中退。博士（人間科学）。現在，東京大学大学院総合文化研究科研究員。主要論文 'Preschool children's behavioral tendency toward social indirect reciprocity.'（共著）PLoS ONE, 8(8), e70915, 2013 年 他。

服部裕子 (はっとり ゆうこ)【第 7 章】
京都大学大学院文学研究科博士課程修了。博士（文学）。現在，京都大学霊長類研究所助教。主要論文 'Spontaneous synchronized tapping to an auditory rhythm in a chimpanzee.'（共著）Scientific Reports, 3, 1566, 2013 年 他。

黒島妃香 (くろしま ひか)【第 8 章】
京都大学大学院文学研究科博士課程修了。博士（文学）。現在，京都大学大学院文学研究科准教授。主要著書『誤解だらけの "イヌの気持ち"』（分担執筆）財界展望新社，2015 年 他。

藤田和生（ふじた　かずお）【第 8 章】

京都大学大学院理学研究科博士後期課程修了。理学博士。現在，京都大学大学院文学研究科教授。主要著書『動物たちは何を考えている？——動物心理学の挑戦』（編著）技術評論社，2015 年 他。

鹿子木康弘（かなこぎ　やすひろ）【第 9 章】

京都大学大学院文学研究科博士課程修了。博士（文学）。現在，NTT コミュニケーション科学基礎研究所・日本学術振興会特別研究員。主要著書『発達科学の最前線』（分担執筆）ミネルヴァ書房，2014 年 他。

明和政子（みょうわ　まさこ）【第 10 章】

京都大学大学院教育学研究科博士課程修了。博士（教育学）。現在，京都大学大学院教育学研究科教授。日本学術会議連携会員。主要著書『まねが育むヒトの心』岩波書店，2012 年 他。

佐藤　徳（さとう　あつし）【第 11 章】

早稲田大学大学院文学研究科博士後期課程単位取得退学。博士（心理学）。現在，富山大学人間発達科学部教授。主要論文 'Intersubjective action-effect binding : Eye contact modulates acquisition of bidirectional association between our and others' actions .'（共著）Cognition, 127, 383–390, 2013 年 他。

岸本　健（きしもと　たけし）【第 12 章】

大阪大学大学院人間科学研究科博士課程修了。博士（人間科学）。現在，聖心女子大学文学部准教授。主要論文 'Cross-sectional and longitudinal observations of pointing gestures by infants and their caregivers in Japan.' Cognitive Development, 43, 235–244, 2017 年 他。

郷式　徹（ごうしき　とおる）【第 13 章】

京都大学大学院教育学研究科博士課程修了。博士（教育学）。現在，龍谷大学文学部教授。主要著書『幼児期の自己理解の発達——3 歳児はなぜ自分の誤った信念を思い出せないのか？』ナカニシヤ出版，2005 年 他。

溝川　藍（みぞかわ　あい）【第 14 章】

京都大学大学院教育学研究科博士課程修了。博士（教育学）。現在，椙山女学園大学人間関係学部講師。主要著書『幼児期・児童期の感情表出の調整と他者の心の理解——対人コミュニケーションの基礎の発達』ナカニシヤ出版，2013 年 他。

林　創（はやし　はじむ）【第 15 章】

京都大学大学院教育学研究科博士課程修了。博士（教育学）。現在，神戸大学大学院人間発達環境学研究科准教授。主要著書『子どもの社会的な心の発達——コミュニケーションのめばえと深まり』金子書房，2016 年 他。

松井智子（まつい　ともこ）【第 16 章】

ロンドン大学ユニバーシティカレッジ文学部言語学科博士課程修了。PhD。現在，東京学芸大学国際教育センター教授。主要著書『子どものうそ，大人の皮肉』岩波書店，2013 年 他。

大藪　泰（おおやぶ　やすし）【第 17 章】

早稲田大学大学院文学研究科博士課程中退。博士（文学）。現在，早稲田大学文学学術院長，教授。主要著書『共同注意——新生児から 2 歳 6 か月までの発達過程』川島書店，2004 年 他。

篠原郁子（しのはら いくこ）【第 18 章】
京都大学大学院教育学研究科博士課程修了。博士（教育学）。現在，国立教育政策研究所主任研究官。
主要著書『心を紡ぐ心――親による乳児の心の想像と心を理解する子どもの発達』ナカニシヤ出版，2013
年 他。

中野　茂（なかの　しげる）【第 19 章】
北海道大学大学院博士課程単位取得満期退学。修士（教育学）。現在，札幌国際大学人文学部教授。主
要著書『遊びの保育発達学』（共著）川島書店，2014 年 他。

東山　薫（とうやま　かおる）【第 20 章】
聖心女子大学大学院博士後期課程単位取得満期退学。博士（心理学）。現在，龍谷大学経済学部准教授。
主要著書『「心の理論」の再検討――心の多面性の理解とその発達の関連要因』風間書房，2012 年 他。

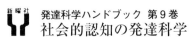

発達科学ハンドブック 第9巻
社会的認知の発達科学

初版第1刷発行 2018年3月28日

編　者　尾崎康子・森口佑介
シリーズ編者　日本発達心理学会
発行者　塩浦　暲
発行所　株式会社新曜社
　　　〒101-0051　東京都千代田区神田神保町3-9
　　　電話(03)3264-4973(代)・Fax(03)3239-2958
　　　E-mail: info@shin-yo-sha.co.jp
　　　URL http://www.shin-yo-sha.co.jp/
印刷所　亜細亜印刷
製本所　イマヰ製本所

Ⓒ Japan Society of Developmental Psychology, 2018　Printed in Japan
ISBN978-4-7885-1575-8　C1011